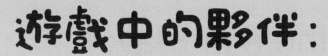

遊戲中的夥伴：

阿德勒取向的遊戲治療

Terry Kottman & Kristin Meany-Walen◎著

程翼如、萬光珊、蔡美香、鍾巧鳳◎譯

Partners in Play:
An Adlerian Approach to Play Therapy
Third Edition

Terry Kottman and Kristin Meany-Walen

就和平常一樣，獻給 Jacob 與 Rick，
我遊戲中永遠的夥伴。

紀念 Byron Medler，
那個讓我做自己的人。

致 Jeff Ashby，
那個不斷幫我探索自己的人。
——愛你們的 Terry

來自於 Kristin：

致 Skyler——啟發我讓我成為更好的人，
還有給予我好多練習阿德勒遊戲治療的機會！

致 Terry Walen——當我生命中的夥伴。

致 Terry Kottman——
相信我並信任我對這本書的貢獻。
我希望我讓你感到驕傲。

目次 CONTENTS

關於作者

Terry Kottman, PhD, NCC, RPT-S, LMHC，成立「鼓勵區」（The Encouragement Zone），在那裡專為女性提供遊戲治療的訓練跟督導、生活教練、心理諮商，還有「遊戲鋪」（playshops）。Kottman 博士發展了阿德勒遊戲治療，這是一個結合個體心理學與遊戲治療概念及技巧的方法。她時常舉辦工作坊，並創作與遊戲治療、活動心理諮商、學校心理諮商及生活教練有關的著作。她是《遊戲中的夥伴》（*Partners in Play*）、《遊戲治療實務工作手冊》（*Play Therapy: Basics and Beyond*），以及其他許多書籍的作者。

Kristin Meany-Walen, PhD, LMHC, RPT-S，是美國北愛荷華大學心理諮商系的助理教授。Kristin 積極地研究並發表探索阿德勒遊戲治療效果跟應用的文章。除了教學與研究之外，她也在學校跟私人心理諮商診所提供兒童跟青少年心理諮商的服務。自 2017 年秋季，她開始在美國北德州大學諮商與高等教育學系擔任助理教授。

譯者簡介

程翼如

學歷：美國北德州大學諮商博士

現職：美國萊德大學（Lawrenceville, New Jersey）
諮商學系助理教授

證照：美國專業心理諮商師執照（Licensed Professional
Counselor [LPC]）
美國國家認證諮商師執照（National Certified Counselor
[NCC]）
美國遊戲治療師證照（Registered Play Therapist [RPT]）

經歷：美國北德州大學諮商學系全職講師
美國德州私人諮商診所諮商師

萬光珊

學歷：美國北德州大學諮商碩士

現職：國際社區服務文教基金會諮商心理師

證照：中華民國諮商心理師執照

經歷：台北市失親兒福利基金會諮商心理師
靈糧神學院教牧諮商所遊戲治療兼任講師

蔡美香

學歷：美國北德州大學諮商博士

現職：國立臺南大學諮商與輔導學系副教授

證照：中華民國諮商心理師執照

　　　台灣輔導與諮商學會諮商督導

　　　美國遊戲治療師證照（Registered Play Therapist [RPT]）

經歷：中國文化大學心理輔導學系助理教授暨學生諮商中心主任

　　　台灣遊戲治療學會常務理事

鍾巧鳳

學歷：美國北德州大學諮商博士

現職：國際社區服務文教基金會諮商心理師

證照：中華民國諮商心理師執照

　　　美國國家認證諮商師執照（National Certified Counselor [NCC]）

經歷：台灣遊戲治療學會繼續教育課程講師

　　　台北市學生輔導諮商中心遊戲治療研究案外聘督導

　　　台中市學生輔導諮商中心國小專輔教師外聘督導

譯者序

　　近幾年，遊戲治療在台灣越來越為人所熟知。從事兒童心理相關工作的專業人員也越來越認同需要以遊戲來和孩子建立關係、探索議題。然而，在眾多與兒童工作相關的中文專業書籍當中，卻一直缺少一本完整詳盡介紹阿德勒遊戲治療的專書。因此，2016 年年底，翼如找巧鳳討論，決定把 Terry Kottman 博士與 Kristin Meany-Walen 博士的 *Partners in Play: An Adlerian Approach to Play Therapy (3rd edition)* 翻成中文，其後巧鳳又邀請美香及光珊加入，如此才形成了翻譯這本書的四人團隊。

　　剛巧，譯者四人於美國北德州大學求學時期，以及 Kottman 博士兩次訪台演講期間，先後認識了她本人。課堂上的她，教學認真投入，幽默風趣且精力充沛，我們四位譯者每次上完課都感到收穫豐富，並且更了解怎麼樣將阿德勒的概念與技巧運用於遊戲治療實務中；私底下的她，親切又平易近人，不僅為當時接待她的我們（巧鳳與光珊）準備小禮物，更在對談的過程中讓人對遊戲治療工作有更深入的了解，幫助我們發展出更開放、更自由的態度。美香與孟心陪同 Kottman 博士在台北採買遊戲玩具及沙盤物件時，她總是眼睛發亮、興致高昂地想了解東方玩具及物件的意涵，她的熱情、真誠、常保一顆學習之心的態度，也深深烙印在我們心中。翻譯期間，當遇到對書中阿德勒的概念與用詞有疑惑與不確定時，由翼如代表團隊透過信件往返詢問 Kottman 博

士，她總是願意提供進一步的說明與澄清，讓我們十分感謝。

本書除了詳細闡述如何結合遊戲治療與阿德勒的理論技術、如何運用阿德勒理論對兒童進行個案概念化，並進行家長及教師諮詢；全書更以阿德勒諮商的四個階段為基礎架構（與個案建立平等的關係、探索個案的生活型態、協助個案洞察生活型態、重新導向和再教育），針對第一至第四階段的工作如何運用理論的概念，以及如何使用不同的策略技巧，給予讀者詳細的指導與說明。同時，更特別用一章的篇幅來解釋與示範鼓勵與設限這兩種回映技巧。另外一位作者 Meany-Walen 博士在本書的撰寫上和 Kottman 博士相輔相成，採用同一個案例 Phoebe 與其家庭系統，作為貫穿各個階段工作的個案實例說明，幫助讀者能更具體地了解與有系統地學習阿德勒遊戲治療。本書的另外一個特色是，在內文中包含了極為豐富的參考資源，原文作者一一列出了可結合於遊戲治療中供兒童閱讀的繪本書目、可提供給心理師建議家長參考的教養書籍、各式各樣的創意媒材與桌上遊戲，以及在本書最後提供一系列可於實務工作上運用的工作單與檢核表。針對上述參考資源，譯者除了譯出中文名稱外，在中文名稱之後也同時保留這些資源的原文名稱，以方便讀者上網搜尋。

本書的誕生感謝心理出版社林敬堯總編輯、陳文玲編輯，以及細心幫我們把文句潤飾得更為通順的校對人員；也感謝中國文化大學王孟心老師，在必要時提供諮詢與建議。翻譯的過程中，我們四位譯者花費了無數的時間開會討論與反覆斟酌每一個專業術語，力求使全書翻譯風格相近並用語一致，且能貼近作者原意。這是我們第一次嘗試翻譯一本書，雖經多次校閱，可能仍有疏漏，不足之處望各位讀者不吝指正。

程翼如、萬光珊、蔡美香、鍾巧鳳

前言

我（Terry Kottman）在過去三十年裡「編撰」阿德勒遊戲治療，這是將阿德勒理論的概念與技巧整合到遊戲治療實務中的一種方法。助人專業人士（心理師、學校心理師、社工師、心理學家、精神科醫師、幼兒園工作者、教師、校長，以及任何其他與兒童有治療性互動的專業人士）可以在與經歷情緒、行為或學業問題的兒童工作時，使用阿德勒遊戲治療。（因為有很多不同的專業人士希望經培訓成為遊戲治療師，我們在本書中交換使用*心理師* [counselor] 或*遊戲治療師* [play therapist] 這兩個名稱。）事實上，這本書可以被改編以用來幫助任何能夠且願意使用遊戲作為溝通媒介的人（包括青少年和成年人），但是本書致力於與兒童一起工作。

阿德勒遊戲治療是一個過程，在這之中心理師（1）與兒童個案建立一個平等的關係；（2）探究兒童的生活型態；（3）發展關於兒童內在和人際動力困難的假設（從兒童與兒童生活中其他人的觀點來看）；（4）針對兒童及任何其他對兒童有強烈影響力的人設計處遇計畫（例如：家長和教師）；（5）幫助兒童獲得洞察，並對自己、這個世界和他人做出新的決定；（6）教兒童與他人連結的新技巧；（7）幫助兒童練習與他人互動的新技巧；以及（8）與家長和教師進行諮詢，並協助他們發展與兒童有關的更積極正向的觀點，及學習與兒童互動的鼓勵性策略。

　　與年幼兒童心理健康有關的擔憂持續增加。許多助人專業人士注意到對於使用兒童的語言與他們溝通之能力的需求──即遊戲的語言和隱喻。因此，遊戲治療領域正在迅速增長。遊戲治療學會（Association for Play Therapy）已經從一個由一群朋友聚集談論與兒童一起工作的小團體，成長為擁有約 6,000 名會員的組織。該學會制定了註冊遊戲治療師和遊戲治療督導的標準。許多在世界各地與兒童從事治療性工作的專業人士，都表示希望獲得成為合格遊戲治療師所必要的培訓與被督導的經驗。

　　這種對遊戲治療領域日益增加的興趣是我寫初版《遊戲中的夥伴：阿德勒取向的遊戲治療》（Partners in Play: An Adlerian Approach to Play Therapy, 1995）的主要原因之一。我相信執業中的心理師與培訓中的心理師需要實用的、應用取向的指導，來了解如何使用遊戲與兒童溝通，並幫助兒童朝積極正向的方向發展。我至今仍對此堅信不移。在接下來的幾年裡，我一直繼續學習了解兒童和家庭（從我的兒子 Jacob、從其他的孩子、從家長、從教師、從其他心理師、從我的學生、從研討會參與者，以及從描述與兒童和家庭互動的新舊想法的書籍）。在這些想法和經驗的基礎上，阿德勒遊戲治療不斷發展。自從我寫了這本書的第一版，我已經添加了很多概念化兒童的策略、嘗試與兒童和家長直接工作的新技巧，以及發展了一套系統化的方法來設計兒童和家長的處遇計畫（以及在適當時候可以適用於教師和其他學校人員）。這個發展促使我在 2003 年寫第二版的《遊戲中的夥伴》。隨著時間的流逝，遊戲治療的世界一直在增長和發展，阿德勒遊戲治療以及我對兒童、家庭和學校的了解亦是如此。在過去的幾年中，我一再被要求寫第三版的《遊戲中的夥伴》，但我很猶豫──我害怕我沒有任何新的東西可以提供，即使我持續不斷地研究了廣泛且過多的科目（領導、生活教練、舞蹈跟肢體活動、沙盤治療、創傷及其對兒童的影響、能量等）。我聯繫我之前的一個學生（現為同事）Kristin Meany-Walen，她是一

位透過做研究以及寫與阿德勒遊戲治療有關的著作，而對該領域有重大貢獻的驚人年輕女子。我問她是否願意和我合作完成新版的書。她說：「好啊！」（提示：她在這本書中寫了研究這一章，那不是我的專長。）與 Kristin 寫這本書是令人愉快的經驗，Kristin 啟發我、穩固我，並讓我得以完成這本書。另外，事實證明了我們兩個其實是有很多東西可以分享給大家。（這在當時誰能猜想得到呢？）

🔺 阿德勒遊戲治療的發展

現在⋯⋯在我們端上主菜的肉之前（對素食主義者而言是馬鈴薯），我想要說一個關於阿德勒遊戲治療起源的小故事。當我在修習博士班的諮商實習課程（practicum）時，個案量匱乏。有一天，教授詢問：「這個班級中有誰曾經修過遊戲治療？」我們全都氣餒地看著他。我們沒有任何一個人曾經修過遊戲治療。接下來他又問：「有誰修過兒童諮商的課程？」依舊沒人回答。最後，他看起來有點孤注一擲，問道：「誰有跟孩子工作的經驗？你們之中沒有人是老師嗎？」我膽怯地舉起手，心裡明白我真的沒有他想要的那種背景。我說：「我以前在小學教書。現在我在高中做諮商。我有一些跟年幼孩子工作的背景，但不是和他們諮商。」

他回答：

不得不這麼做了。我們需要這個個案。我們這個學期沒有足夠的個案。我會讓一個有豐富遊戲治療經驗及訓練的博士班學生，藉由觀察每個單元來督導你。這就像在職培訓。你會做得很好的。

在那樣的評註下，我開啟了一段我希望永遠不會結束的學習歷程。我開始

學習使用玩具和遊戲與兒童溝通。

　　這個特別的個案，Claire，是一位住在寄養家庭的兒童。她的親生父母去年決定不想再負起照顧孩子的責任。他們將七歲的女兒丟在當地購物中心並離城而去。兒童保護服務機構（Child Protective Services）將這個小女孩安置在寄養家庭。Claire 那時藉由攻擊家中其他孩子，來處理她的被遺棄以及她的失落與受傷。與親生父母同住的那幾年，Claire 並沒有經歷到大量的規範和監督，她幾乎想做什麼就做什麼。現在她住在寄養家庭，對遵循架構及規則難以調適。她口頭侮辱她的寄養家長，公然違反所有的家庭規則。

　　雖然 Claire 的寄養家長希望她參加某種形式的諮商，但是他們沒有時間、也沒有資源讓她去心理諮商所。接下 Claire 這個個案，我的部分責任是去她的幼兒園接她，並且在我們結束後送她回去。

　　相當誠實地說，當我閱讀 Claire 的初談表及她的生活史，我嚇壞了。這個反應不必然是理性的。我曾經教過情緒困擾的孩子，那些孩子的問題遠比初談表所描述的更糟糕。然而，教導他們跟擔任他們的心理師似乎是不同的世界，而我害怕自己不能幫助到 Claire。更糟糕的是，我害怕我的訓練不足，在不了解如何進行遊戲治療之下，甚至有可能傷害到她。

　　我花了整整一個星期試圖立即成為一位遊戲治療的專家。我每天晚上都熬夜，整個週末都在閱讀遊戲治療書籍。我向曾經修過 Garry Landreth 博士遊戲治療課程的學生借課堂筆記，並記住這些知識。我花好幾個小時在電話裡跟那位即將督導我的博士班學生交流討論。我在諮商中心觀察有經驗的學生如何以遊戲治療和兒童工作。我所蒐集到的資訊幾乎都是關於*非指導性*遊戲治療——這一種心理師著重在反映孩子說什麼、做什麼及感受到什麼的取向，相信當兒童的感覺被表達、辨識及接納時，他們便能接納自己的情感，這讓情緒得以紓解並加以處理（Landreth, 2012）。那時是 1984 年，在這個領域的著作文章相當

少，幾乎所有的資料都集中在非指導性策略。

等到我開車去幼兒園接 Claire 時，我已成為一本行走的（行車的）非指導性遊戲治療百科全書。然而，我有一點掛念兩件事情：我的個性及我的理論定向。從我所觀察到及所閱讀到的非指導性遊戲治療，我不確定我的個性及我平常與人互動的方式（特別是與兒童），是否和此取向是一致的。我的個性傾向於精神飽滿及聲音宏亮。我的人際互動風格及我的諮商風格傾向於指導性和積極性，而不是非指導性。我也有認知上的不協調，因為我已經決定阿德勒理論符合我概念化人們的方式，同時我相信治療是幫助人們在他們的生活上做出改變。我不確定我要如何在看待人和改變上，將那些信念與非指導性觀點互相調和。

我曾經預期 Claire 可能會有敵意及不願意和我去大學的諮商中心。然而跟我的預期相反，她跳上跳下地期待著。她對於來大學感到很特別。前往諮商中心的路途中，Claire 和我在車上聊得很不錯，我們互相認識彼此並表現得有一點傻傻的。她告訴我一些關於她「真正的」家庭及她的寄養家庭，在每個家庭她最喜歡誰，以及她喜歡和他們一起做什麼。我想我比 Claire 更緊張不安。我們兩個都踏上了一段冒險的旅程，但她比我更有信心，這將是一個積極正向的冒險。

當我們到達諮商中心，我帶她參觀一下，以便讓她熟悉這裡的環境設施。我們持續地聊天說笑。接著我帶她到遊戲室，我說：「這是我們的遊戲室，在這裡你可以做很多你想做的事。」我坐在椅子上並看著她探索遊戲室。我追蹤她的行為，並重述她對我陳述的內容。每當我覺察到她表達了一種情緒，不管是語言或非語言，我都向她反映該情感。當 Claire 要我跟她一起玩，我告訴她我知道她想要我跟她一起玩，但這是她自己玩的時間。當時間結束後，我們沿著走廊走回我的車上，一邊說笑、聊天。我們重複了這個例行程序五、六次。

　　從我的督導及我的教授那兒得到的回饋都是正向的，但我相當不安。我在遊戲室裡感到不舒服、矯揉造作，好像我正試圖扮演一個角色。我覺得我和 Claire 的關係在遊戲室外比在遊戲室裡更好。在遊戲室，我感到緊繃——總是試圖用正確的方式說出正確的事——並感到無聊。我看著她，試圖跟著她的引導，並了解她所表達的想法及感受，但似乎在遊戲室裡她從來沒有允許自己呈現非常多自身的想法與感受。

　　我也並非總是能自在地讓 Claire 帶領方向。在遊戲及對話中，她避免揭露任何關於她的家庭、她的被遺棄或她現在情況的想法或感受。她似乎想要假裝她的生活中令人傷心或害怕的事情從未發生過。她喜歡假裝自己是可以用魔杖控制周邊一切的仙女公主。即使她的寄養家長回報她在家裡的行為依然失控，但她在遊戲室裡表現得彷彿她非常混亂的生活一切都在掌控之中。雖然我明白遊戲治療的過程是漸進的，但我有某種緊迫感。如果 Claire 的行為沒有改善，這個寄養家庭也會放棄她，然後她會在生活中面對另一個拒絕與動盪。我不確定只是跟隨 Claire 的帶領如何能克服所有問題。

　　有一天，在開車回到幼兒園的時候，我所有的疑惑都具體清晰了起來，當 Claire 說：

Terry，為什麼你在去遊戲室和回到幼兒園的路上，表現得像個有趣好玩的人，但是你在那個有玩具的房間裡表現得有點奇怪？你不太微笑或大笑，或是問任何問題。就只是坐在那裡，告訴我我在做什麼和說什麼。好像你在遊戲室裡不是一個真的人。

　　在那一刻，我意識到真正的問題是什麼。我在遊戲室裡不是真實的人。我是一個我認為非指導性遊戲治療師應該要有的樣子，而那不是真正的我。我把我的個性和我對人的信念——這些我幫助人最有價值的工具——留在了遊戲室

的門外。就在那時我立即決定，去找出一種在遊戲室裡運用我的個性和對人的信念這兩者的方法。

因為我了解我的個性，而當我和大人工作時，我看待人的方式符合阿德勒理論，所以我開始研究阿德勒學派關於兒童的觀點。大多數阿德勒治療師，以家族治療、給家長教養資訊或給教師班級經營方案的形式，在家庭和學校的脈絡中和孩子工作（Bitter, 2014; Lew & Bettner, 1998, 2000; Nelson, 2011; Sweeney, 2009）。有很多直接與兒童工作的書籍、章節和文章，但是沒有一個作者詳細討論如何從阿德勒學派的觀點運用遊戲治療（Adler, 1930/1963; Bordon, 1982; Dinkmeyer & Dinkmeyer, 1977, 1983; Lord, 1982; Nystul, 1980; Yura & Galassi, 1974）。

對 Claire 及我接下來的遊戲治療個案，我開始嘗試方法，將我的個性和對人的本質有關的信念帶進遊戲室。我參加在遊戲治療不同取向上經驗豐富之專業人士的工作坊與課程。在我與孩子和他們家長的諮商工作上，我也接受大量的督導。阿德勒遊戲治療從這個過程中演變發展。多年來，我繼續實驗將遊戲治療的實務與個體心理學的概念及策略整合。阿德勒遊戲治療不是一個已完成的取向，它仍在逐步形成。Kristin 和其他專業人才正在幫助刺激它的發展。我希望閱讀這本書能幫助你更真實地和你的個案在一起，並且採用對你來說合理的概念，運用它們來更好地理解及幫助和你工作的孩子。無論你是正在諮商的新領域中培養技巧，或是正在完善你已經有的技巧，獲得有經驗專業人士的訓練與督導是必須的。在個人和專業這兩者上，諮詢其他的治療師可以幫助我們繼續成長。

◆ 章節概要

　　第一章「所以，遊戲治療是什麼，以及我們為何應該在乎？」的主要焦點是解釋遊戲治療不同的要素，像是使用遊戲與玩具作為治療過程一部分的原理、玩具的選擇、遊戲室的安排與適合遊戲治療的個案類型。

　　第二章「到底你可以如何結合阿德勒理論與遊戲治療？」討論對了解個體心理學所需的各種概念，包括社會鑲嵌與社會情懷、生活型態、行為的目的性、重要 C 信念（有連結、有能力、有價值和有勇氣）、人格優先順序、自卑感、偏差信念、個人邏輯，以及創造性與自我決定論。在第二章中，我們簡要地介紹阿德勒學派的四個階段，以及在阿德勒遊戲治療中這些階段運作的方式、阿德勒遊戲治療的目標、心理師在阿德勒遊戲治療中的角色。

　　第三章「這孩子是怎麼了？運用阿德勒學派的概念來了解兒童」是運用阿德勒學派中不同的概念於此遊戲治療取向的指引，以幫助心理師獲得對孩子與其動力的了解。重點放在重要 C 信念、不適應行為的目標和人格優先順序。我們運用案例研究的簡短片段，具體說明心理師如何在遊戲治療中和孩子運用這些概念。

　　在第四章「和家長及教師諮詢？喔！天啊！」我們開始解釋在阿德勒遊戲治療過程中，將家長與教師納入為積極參與者的重要性，以及討論讓家長與教師參與並且維持他們參與其中的技巧。我們解釋為了達到以下目的之方法：（1）與家長和教師建立關係；（2）探索家長與教師的生活型態，並蒐集他們對兒童生活型態之看法的資訊；（3）協助家長與教師洞察自己的與兒童的生活型態；以及（4）藉著教導鼓勵技巧、行為管理技巧與溝通技巧，重新導向與再教育家長及教師。人格優先順序與重要 C 信念是這個過程中的關鍵要素，所以本章包含描述與舉例，旨在說明可以如何把這些概念應用在與家長及

教師的諮詢。

　　阿德勒遊戲治療取決於治療師與個案之間的平等關係。第五章「我該從哪裡開始？與兒童建立一個平等的關係」提出關於如何和孩子在遊戲治療中建立民主式關係的意見。其中包括你可以如何使用以下方法的討論：（1）追蹤、重述內容和反映情感來幫助孩子在遊戲裡覺得自在；（2）後設溝通和回歸責任給孩子來傳達對於他們的了解和尊重；（3）以問問題的策略來溝通對於孩子生活的興趣；（4）積極的和孩子互動，包含以角色扮演技術還有其他關係上的工具來和他們建立穩固的連結；以及（5）一起整理房間來強化和孩子的關係。在這章的最後一部分，我們提出了一個案例來說明如何運用這些技巧和孩子建立關係。

　　鼓勵和設限是阿德勒遊戲治療中重要的元素。在第六章「說『好！』說『不！』？鼓勵與設限」中，你會學習到如何運用鼓勵來和孩子建立關係，幫助孩子獲得自信和自我效能感，並且幫助鞏固孩子在行為和態度上做的改變。這個章節提供了一個闡釋，是有關基於個案的重要 C 信念和人格優先順序，你可以如何制定鼓勵的技術。在這個章節的後半部分，我們提出了阿德勒學派的設限技巧、關於適當限制的解釋，以及幫助孩子學習產生替代性適應行為的方法。這個章節結尾設計了一個案例，以闡明如何結合設限過程的步驟，並基於孩子的重要 C 信念、不適應行為的目標和人格優先順序，來制定設限策略。

　　阿德勒治療師把生活型態看作是一個人用來理解情況和與他人互動的獨特方式。當你探索孩子的生活型態，你便開始了解這個孩子如何看待自己、這個世界和他人。第七章「這個孩子是誰，還有他怎麼會變成這樣？探索兒童的生活型態」包含了你可以運用來探究孩子生活型態的不同策略，包括探索孩子的家庭氣氛和出生序，以及早期經驗回憶。用延續自第五章開始的案例來說明阿德勒遊戲治療在這個階段的一個實際應用。

　　在第八章「有了這所有的訊息，我可以做什麼？發展阿德勒生活型態概念化和處遇計畫」，你會學習到如何把所有在探索兒童和家長（有時候還有教師）的生活型態時所蒐集到的訊息，整合到一個關於孩子的正式概念化中（適當的時候還會有家長和教師的）。這個章節也包括你可以如何使用這個概念化，以及運用對孩子內在與人際動力的一個系統化了解，來為他／她發展一個處遇計畫（當需要時，也會包括家長和教師）。從第五章開始並在第七章繼續的案例，在這章為這孩子以及她的家長做概念化和處遇計畫，來讓這些過程更加具體化。

　　阿德勒相信個案不會改變他們的行為，直到他們獲得對自己生活型態的洞察。阿德勒遊戲治療的第三個階段用不同的技術來協助孩子獲得對他們的生活型態和行為的洞察。第九章「獅子和老虎和熊，喔，天啊！協助兒童獲得洞察」詳述了運用以下技術的方法：後設溝通和試驗性的假設、互相說故事和其他的隱喻性技術、繪畫和藝術、沙盤活動、舞蹈和肢體活動、冒險治療技術、立即性、面質和幽默，來幫助孩子開始了解他們如何看待自己、這個世界和他人，以及這些感知如何影響他們的行為。為了幫助孩子將他們的學習普及化，你常會指出在遊戲單元所發生的事和在其他地方所發生的事之間的連結。從第五章、第七章還有第八章接續的案例，說明了阿德勒遊戲治療在這個階段的實際應用。

　　阿德勒治療最後一個階段的目的，在第十章「我可以如何逐漸結束並收尾？重新導向及再教育」中被陳述，旨在幫助個案學習新的方式來看待自己、這個世界和他人，在不同的場域中有新的行為方式，以及用新的方式和他人互動。在這個階段，你會運用腦力激盪和問題解決策略來幫助孩子產生替代的感知和行為。你或許也會積極地教導孩子所沒有的技巧，像是社交技巧、協商技巧和分享權力的方法。遊戲室變成一個實驗室，孩子可以在一個安全、沒有威

脅的環境中，練習這些新的感知和技巧。這個章節也含括關於把另一個孩子帶進遊戲治療過程中，以及有關遊戲治療結案的資訊。從前面幾章接續下來的案例說明了阿德勒遊戲治療在這個階段的樣子。

第十一章「誰？我嗎？進行研究？」是設計來鼓勵你（以及任何可能有興趣的人），考慮執行關於阿德勒遊戲治療的研究。這個章節包含一般來說支持遊戲治療的研究，以及支持阿德勒遊戲治療的研究。我們也探討從事研究時需要考量的部分，以及為阿德勒遊戲治療在每個階段需要的技巧提供了一個詳細的描述。

我們已經編寫了一些補充的資料，讓你可以在與孩子、家庭和學校工作時使用。我們在這一版的書中收錄了一些附錄和可以提供給家長的講義，讓你在和有特定不適應行為目標的孩子，以及那些在特定的重要 C 信念上有掙扎的孩子工作時可以使用。我們也有「小抄」來提醒你，在概念化個案以及發展處遇計畫時，你需要考量什麼。假如你想要做研究，我們提供了一張可以用來測量治療忠實度（treatment fidelity）的檢核表。（假如你想要的話，你也可以把它們用在督導阿德勒遊戲治療師上。）你可以在美國諮商學會（ACA）的線上書店（www.counseling.org）找到書裡面的這些補充資料。

致謝辭

感謝：

Laura Brown 以及 Leigh Johnson-Migalski 2014 年在芝加哥阿德勒大學兒童和青少年課堂上的學生，幫助我們精煉了對於偏差信念（faulty convictions）的解釋。

Amy Lew 和 Betty Lou Bettner 發展和推廣了重要 C 信念，他們給予這個世界了解兒童的禮物。

Leah、Dawn 與 Nate，以及愛荷華州 Cedar Falls 的 Cup of Joe 裡其他所有令人驚奇的工作人員，因著他們的支持、鼓勵和煮的咖啡，那裡是全宇宙最棒的咖啡店。

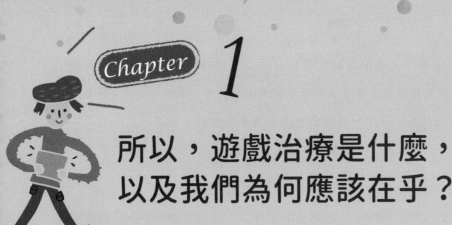

Chapter 1

所以，遊戲治療是什麼，以及我們為何應該在乎？

　　我們非常高興你問了這個問題。官方來說，根據遊戲治療學會（Association for Play Therapy, 2014）的定義，遊戲治療是「系統化的運用一個理論模式來建立一個人際歷程。在這個歷程中，受過訓練的遊戲治療師使用遊戲的治療性力量（therapeutic powers）來幫助個案預防或解決心理社會層面的困難，並達到最佳的成長與發展」（para. 1）。正式來說，遊戲治療是使用玩具、藝術媒材、遊戲、沙盤和其他遊戲媒介，來和個案做治療性的溝通的一種方法；給予個案一個安全與滋養的關係，讓他們能探索和表達情感，洞察自己的動機以及與別人的互動，並且學習與練習社交合宜的行為（Henderson & Thompson, 2011; Homeyer & Sweeney, 2011; Kottman, 2011; Landreth, 2012; Ray, 2011; Schaefer, 2011）。非正式來說，遊戲治療是以玩具、故事及藝術來和個案做心理諮商（通常是孩子，但並非總是如此）。VanFleet、Sywulak 和 Sniscak（2010）形容得最簡要：「在遊戲治療裡，無論採取何種形式，*遊戲就是治療*」（p. 12）。遊戲治療中的心理諮商運用兒童的自然語言——遊戲，作為治療性互動的基礎。在遊戲裡，大部分兒童所做的和所說的，是以象徵性、隱喻性的形式，來溝通關於兒童世界裡的關係與處境。

一個遊戲治療師並非期待孩童能夠在認知上討論他們遊戲的意義與內容，而是清楚知道孩童潛意識的議題會透過遊戲浮上表面。並且，隨著潛意識資料的出現，孩童利用遊戲和遊戲治療師所創造的環境來「處理」（work through）他們需要面對的議題，以重獲情感與社交層面的健全。（VanFleet et al., 2010, p. 12）

根據遊戲治療的取向，心理師可以用許多不同、有療效的方式和個案交流：自由遊戲、指導性遊戲、競賽遊戲、藝術技巧、隱喻的故事敘說、讀書治療法（bibliotherapy）、戲劇治療策略、冒險治療技術、沙盤活動、以支持為主的遊戲介入（prop-based play interventions）、肢體活動與舞蹈、音樂，或任何其他創作性過程。在撰寫這段時，我們發現如果要詳細描述所有這些策略，這本書會變得長達數千頁且過分的昂貴，所以我們需要想出如何讓你取得資訊，又不會讓這本書的第一段被一連串的參考文獻堵塞。所以為了取代這樣的過程，我們製作了一份列出參考文獻和資源的附錄（見附錄 A）。阿德勒遊戲治療中，我們在和孩子與家庭的工作裡（有時候也和他們的老師）運用這所有的形式。

🔶 遊戲治療的原理

是什麼讓遊戲治療有療效性？Schaefer 和 Drewes（2013）列出「遊戲的治療性力量」，如：促進溝通交流（自我表達、接觸潛意識、指導式的教導與非指導式的教導）；促進情緒健康（情緒宣洩 [catharsis]、發洩壓抑的情感 [abreaction]、正向情緒、反制約恐懼感、壓力預防和壓力管理）；提升社交關係（治療性的關係、依附的形成、社交能力和同理心）；以及增強個人的力量（有創意的解決問題、恢復力、道德發展、促進心理發展、自我調節和自尊）。如果你有興趣對這些治療性力量做更多的學習，在 Schaefer 和 Drewes（2013）的書裡，有一章介紹了每種力量。

　　遊戲治療是一種特別適合諮商孩童的方式，因為遊戲對孩童來說很自然。由於大部分十歲以下的孩童尚未發展出抽象推理技巧及語言能力，所以很難讓他們坐在心理師的辦公室裡清楚描述出他們的想法、情緒和行為。年幼的孩童對於清晰地說出是什麼困擾他們，很少有能力或很少會感到自在，但他們幾乎總是能自在地用玩具和遊戲，透過隱喻的方式來表達自己（Kottman, 2011; Nash & Schaefer, 2011）。

　　大部分年幼孩童接收語言的能力發展得比表達語言的能力更好，孩童還是經常可以理解一些概念，即使他們不知道如何用言語來表達它們。這樣的差異意味著，即使當孩童自己沒有抽象的語言推理技巧或字彙能夠清楚表達一些想法時，心理師可能可以用字詞成功地和孩童溝通想法。因為如此，心理師經常可以結合遊戲和語言來與孩童溝通交流。

　　孩子在單元中所做或所說的每件事，都在傳達這個孩子如何看他／她自己、這個世界和他人（Kottman, 2011）。一個父親因癌症而性命垂危的六歲孩子拿著所有玩具士兵，讓他們躺平在地上，看著你然後說：「他們死了。沒人可以幫他們。」一個四歲的孩子指揮你東、指揮你西，並且抗拒任何他應該和你輪流或與你分享權力的建議。一個八歲的孩子拿著爸爸娃娃，讓他把媽媽娃娃從娃娃屋的樓梯上推下去，並且在小孩娃娃試圖阻止他時，嘲笑小孩娃娃。孩童的遊戲和遊戲中的言語代表著他們生活型態和生活處境的象徵。在阿德勒遊戲治療中，你的工作是在遊戲室裡觀察孩童，了解孩童的生活型態和生活處境是如何透過遊戲表現出來，並開始把那樣的了解清楚地向孩子表達。你會結合互動式遊戲、言語詮釋和故事敘說與孩子溝通交流。

　　對於通常有能力描述自己怎麼了的較大學齡兒童、青少年及成人而言，將遊戲治療作為一個介入方式是有其他原因的。對年紀較大的學齡兒童（有時被稱為大小孩 [tweens]）和青少年來說，遊戲可被用來建立關係，單單因為遊戲充滿了樂趣與歡樂（B. Gardner, 2015; Milgrom, 2005）。遊戲有時能干擾青少年抗拒的天性，他們通常是被拖來治療的（有時真的就是一邊踢人加尖叫）。遊戲治療也給青少年一個機會，讓他們能運用治療關係「在朝向健康的個體化以

及與一個不具虐待性、不具懲罰性的成人分離的方向邁進時，能在發展的連續
向度上來回遊走」（Milgrom, 2005, p. 4）。邀請他們運用動覺與視覺類的道具、
玩具、藝術材料和其他媒材來表達自己，也可以減輕一些因坐在某人對面、要
有眼神接觸，並被期待分享內心深處祕密而產生的壓力。使用遊戲作為溝通媒
介也鼓勵青少年表達他們的創造力並透過經驗學習，這能漸漸灌輸他們對自己
的所學有一種所有權感（B. Gardner, 2015; Kottman, Ashby, & DeGraaf, 2001）。
容許青少年透過隱喻來象徵式地交流，而不是強迫他們直接溝通，能幫助青少
年感到安全的去探索和表達那些他們在其他狀況下，可能會想要隱藏或逃避的
痛苦與／或感到驚恐的想法、情緒與經驗。

　　雖然大多數的成人出於自己的自由意志進入治療，但他們也可以從遊戲治
療中獲益。根據 Brown 和 Vaughn（2009）以及 Frey（2015），成人也需要遊
戲。遊戲治療提供成人機會培養洞察、減輕壓力、改善溝通、促進自我效能並
鼓勵精熟的能力。遊戲治療還能夠增進創造力、身心整合、幸福感、合作、洞
察與社交技巧。在與青少年和成人的單元中，我（TK）結合遊戲治療與談話
治療而發現遊戲治療能夠促進關係的建立，對我和個案來說，這把單元變得更
愉快。遊戲治療亦幫助個案產生並深化洞察，讓個案去「理解」他們平常會抗
拒面對的事情，然後在單元中的抽象對話及個案每天「真實」生活裡的情境之
間建立橋梁。

🔶 遊戲治療的場域

　　所謂遊戲治療的「完美」環境是你有無限的空間、資源和支持，去打造屬
於你自己的客製化遊戲室。然而，在真實世界中，只有極少的、幸運的心理師
有機會在這樣的環境中工作。不管你在哪裡工作，遊戲空間應該反映你的個性
與你對兒童和遊戲治療的哲學觀。這個空間也應該反映你所服務的特定個案族
群。有些心理師在他們的遊戲空間裡，只有少數的玩具和有限的視覺刺激，因
為他們和容易分心的兒童工作。其他的心理師在他們的遊戲空間裡，有一個舞

台和很多戲服，因為他們個人是富戲劇性的，而且喜歡使用戲劇演出和個案工作。有些心理師需要秩序與架構，或有心理師只有有限的空間，必須把每樣東西都固定好——架子、廚房設備及／或沙箱。

在阿德勒遊戲治療裡，遊戲室的設計中，最重要的要素就是心理師的態度。如果心理師在遊戲室裡感到快樂、安全和自在，那麼孩童就會感到快樂、安全、自在與受歡迎。對阿德勒治療師而言，必要的是記得運用彈性和想像力去創造一個治療師能感到自在且個案能感到安全的空間。

♥「理想」的遊戲室

Landreth（2012）完整描述了設計這個稀有設施——「理想」的遊戲室的實際考量。他建議，一個理想的遊戲室大約是 12 英尺×15 英尺（3.6 公尺×4 公尺），有一個在 150 到 200 平方英尺之間（大約 14×19 平方公尺）的區域範圍。這個區域範圍給孩童空間移動，同時也讓他／她相對靠近遊戲治療師。如果遊戲治療師要和一個小團體工作，這樣大小的房間可以同時舒適地容納好幾個孩子。

讓孩童在遊戲室裡能夠有隱私是重要的。在一個有窗戶或單面鏡的遊戲空間裡，設置窗簾或百葉窗會有幫助，這樣如果在遊戲治療過程中發生某些敏感需要審慎處理的事情時，遊戲治療師或孩童可以決定他／她是否需要一些隱私。

使用可清洗的牆壁漆料和地板也會有幫助，如此孩童可以弄髒弄亂而不用害怕要承擔負面後果。可能最好的布置是用乙烯基塑料地磚去鋪設地板（這種材質的表面容易清洗，必要的時候也是容易替換的），並且用可清洗的中性顏色亮光漆粉刷牆壁。然而，當這些都不可能的時候（例如：這個空間鋪設了地毯，或是你沒有花不完的經費），你必須考量當顏料、膠水或其他會造成混亂的媒材潑灑到地上時，你會如何反應。如果這對你來說會是嚴重的問題（或是會讓你無法繼續對製造混亂的孩子保持正向積極的態度），那麼做出一些調整

會是明智的（例如：避免使用手指畫顏料，或在地毯上規劃出一個藝術區並鋪上塑膠墊），或是對這些媒材設定嚴格的限制。

遊戲室裡盡可能設置許多必要的櫃子，來容納所有玩具與媒材，而不致混亂或太擁擠。若櫃子的高度不超過 38 英寸（96.5 公分），會有助於矮小的孩童能伸手搆到最上層的櫃子。為了安全起見，適當的做法是把陳設玩具的櫃子牢固地釘於牆上。這能防止意外事件，像是櫃子被撞倒，以及防止故意事件，像是生氣的孩子把櫃子拉倒，弄在你身上（這樣也可能很難對孩子維持正向積極的態度）（Kottman, 2011; Landreth, 2012）。

理想的遊戲室包括水槽，水槽要有流動的冷水，而不要有具潛在危險的熱水。如果可能的話，設立一點平台空間（countertop space）（不論是連接水槽還是與它分開），有利於提供位置給藝術作品或「學校作業」放置。一個貯藏如顏料、黏土、額外紙張等媒材的櫥櫃會極其有幫助，因為如此一來你就可以控制取用，而也許能預防孩子失控狂亂地使用你的庫存（請見第六章的限制，以防你沒有這樣一個櫥櫃）。裝在牆上的白板或黑板，或裝設一個畫架，能為自我表達提供一個安全的工具。一間和遊戲室有門相通的小廁所，可以排除經過走廊到廁所來回路程的權力爭奪，但是如果上述是不可能的，有一個靠近遊戲室的廁所也差不多行得通（Kottman, 2011; Landreth, 2012）。

遊戲室的設置與特點也必須要考量到噪音（Kottman, 2011）。遊戲室應該離建築物裡其他人口擁擠的區域越遠越好，這樣噪音——不管是對大樓裡的居民或是經過的人來說——才不會是一個問題。如果遊戲室的天花板能安裝吸音牆磚去降低噪音，也會有幫助；然而，再一次地，除非你有無限供應的資金去裝備你的遊戲室，上述的條件可能並不合理。

遊戲室裡的家具應該用木頭製或塑膠模製，並且其設計應符合孩童的需要。如果你會和家長在遊戲室裡工作，那麼具備也能符合他們的家具就是重要的。你需要一個能坐著的地方，而這個椅子（或枕頭）應該要能提供你某種程度的舒適，但不會讓你太放鬆到破壞你專注在孩子身上的能力，或是影響你和家長談話時的清醒程度。

♥ 其他（完全可愛的）遊戲治療空間

　　心理師不需要一間理想的遊戲室才能用遊戲治療和孩童工作。（我們想要提到的是，我們兩個都沒有所謂接近「完美」或甚至「理想」的遊戲治療環境，而我們仍然和個案工作得很好。）Kristin 用一個袋子裝著玩具進到小學裡，然後看當天學校哪裡有空出來的空間就在那裡工作。Terry 靠著一位親切和善的學校心理師大方地分享她的辦公室——一間正中央有著大桌子的房間，學校相關人員會在放學之後在那裡開會。在你遊戲室的正中央有一張會議桌是較不理想的，然而這樣仍行得通——孩子未曾看過這本書（或是任何遊戲治療的書），所以他們不知道任何關於理想遊戲室的事。

　　許多遊戲治療師有「會旅行的玩具」（have toys — will travel）（Drewes & Schaefer, 2010; Niel & Landreth, 2001）。學校心理師經常隨身帶著一袋玩具，從這間學校去到下一間學校。有些在社區機構工作的心理師會進入孩童的學校或家中進行遊戲治療單元。許多在醫院或安養機構工作的心理師會進入病房，在病床旁進行遊戲治療。沒有遊戲治療理想空間或甚至固定環境來做遊戲治療單元的心理師，會需要找一個稍微安靜、不會被打擾分心且相對有隱私的空間。（有些時候在一個擁擠的家裡或學校，這是很困難的，所以你需要記得只要盡全力去試，然後希望有最好的結果。）有一個地方（一張桌子、地板上的一塊區域）能夠把玩具用可預測性的陳設方式擺放出來也是有幫助的。為了避免拖著一堆東西來來去去而弄傷自己，你甚至可能會選擇帶不同玩具進入遊戲單元，這取決於在特定的單元中，你想要和這個孩子工作什麼。除了這些改變之外，遊戲治療的歷程在較不理想的空間中與在理想的空間中是相同的。

◆ 適合阿德勒遊戲治療的玩具

　　玩具是孩童在遊戲治療裡溝通的媒介，所以玩具的選擇必須是一個謹慎考

慮的過程（對我們而言這很困難，因為如果可以的話，我們會想把每個被生產製造的玩具都買來塞進我們的遊戲室）。在評估要納入什麼樣的遊戲媒材作為遊戲室的治療性組成部分時，心理師應該考慮它們是否能：（1）促進廣泛的創意與情緒表達；（2）容許在遊戲室裡有語言與非語言的探索及表達；（3）對孩童而言，是有趣與好玩的；（4）能被使用於投射性或隱喻性的遊戲；（5）能被不同發展階段的孩童所使用；（6）提供孩童感到成功的經驗；（7）可以用於個別遊戲與互動遊戲兩者；（8）適用於不同文化；以及（9）是製造精良的、持久耐用的、安全和衛生的（Kottman, 2011; Landreth, 2012; Ray, 2011）。

在遊戲治療期間，孩童將會使用玩具與遊戲媒介：（1）和心理師建立一個正向積極的關係；（2）表達許多不同的情感；（3）探索與重演真實生活的情境與關係；（4）測試限制；（5）增強自我概念；（6）增進自我了解；以及（7）提升自我控制（Landreth, 2012）。在阿德勒遊戲治療中，重要的是有玩具讓孩童可以用來：（1）探索家庭星座與家庭氣氛；（2）檢視偏差信念、所感知到的威脅和過去的創傷；（3）探索控制與信任議題；（4）探索與表達和家庭動力及與他人關係相關的情感；（5）探索和表達他們獲得個人重要性／意義（significance）並與他人連結的獨特方式；（6）探索與表達他們的創造力與想像力；以及（7）練習新的態度與行為。

為了能提供讓孩子有上述這些經歷的玩具，阿德勒遊戲治療師以五種類別的玩具來裝備他們的「工具箱」：家庭─撫育類玩具、驚嚇類玩具、攻擊類玩具、表達類玩具，以及扮演─幻想類玩具。擁有下列不同清單中的每樣玩具並不是必要的（試圖這樣做會很瘋狂──你和孩子在遊戲室裡就不會有任何空間了）。然而，從全部五種不同類別的遊戲媒材中，擁有一些代表性玩具是非常重要的。一項探討孩童在遊戲室裡如何使用玩具的研究顯示，孩童經常使用到每一個類別中的玩具（Ray et al., 2013）。孩童有越多的選擇去表達他們自己，他們就越有可能清楚地溝通交流。你需要在這兩者之間找到平衡：有足夠的玩具能讓遊戲有廣泛的可能性，以及有一間不會因為太擁擠而對你與孩子造成壓迫的遊戲室。

♥ 家庭—撫育類玩具

　　孩童使用這類玩具和治療師建立關係，探索他們對於家庭關係的理解與情感，並重新創造發生於遊戲室之外的事件。許多時候，重要 C 信念（Crucial Cs；有連結、有能力、有價值、有勇氣），不適應行為的目標，以及家庭星座—出生序議題（這些主題的深入討論，請見第三、六、七章），會以家庭—撫育類玩具來表達與探索。孩童經常使用這些玩具去演出他們的家庭氣氛，或是給予或尋求撫育。這個類別包含下列玩具：

- 娃娃屋
- 嬰兒娃娃
- 嬰兒搖籃
- 動物家族
- 人類手偶
- 嬰兒衣物
- 嬰兒奶瓶
- 絨毛玩具
- 兒童搖椅
- 溫暖、柔軟的毛毯
- 鍋子、平底鍋、碗盤和餐具
- 玩具的清潔用品，如掃帚和畚箕
- 幾個不同家族的可彎折娃娃
- 沙箱裡的沙，附帶可被用於沙子裡、各式各樣的家庭類物件
- 「似人類」的物件（像是小丑），可被用來作為一個家庭成員，但又不那麼明顯是家庭成員
- 空的食物容器，像是早餐穀片的盒子和瓶罐
- 木製或塑膠製的廚房設備器具（如果空間允許）

　　無論你個案量當中的種族構成是如何，你都必須提供孩童來自不同人種的娃娃。這樣鼓勵孩童探索各種群體之間的差異與相似之處，並探索他們自己的身分認同。如果可能，提供幾個不同種族的家庭也是很重要的。這樣讓生活在繼親家庭或大家庭（extended families）的孩童有足夠的娃娃在遊戲室裡再造自

己的家庭結構。這樣還容許被男同性戀或女同性戀伴侶撫養的孩童有兩個母親娃娃或兩個父親娃娃。許多孩童（特別是那些遭受性虐待的孩童）會想要脫掉和穿上家庭成員的衣服，所以家庭成員娃娃的衣服應該是可移除的（有魔鬼氈或鬆緊帶結構的衣服較合適）。你不會想要每次娃娃一裸體，就得一直把衣服黏回去或是買新的娃娃。

有時候一個娃娃家族看起來太像一個真實的家族，這對某些孩子來說可能非常有威脅性。這些孩子可能更願意用廚房用具或看起來不像人類的家族去演出家庭動力。為了促進這個歷程，我們喜歡有幾個不同物種的塑膠動物家族——某些物件會大於其他的物件，所以它們可以代表家長與孩子。如此給孩童一個方式去探索家中正在發生的事，而不用直接面對處理家中本就存在的議題。他們甚至可以用不同物種來代表家族成員以組成一個家庭。例如，我（TK）可能會選一隻鹿代表我溫柔的丈夫，一隻猴子代表我調皮淘氣的兒子，以及為我自己選一隻水獺代表我的愛玩耍。

對於某些孩子來說，探索家庭的情況是如此可怕，以致於他們甚至無法使用廚房用具或動物家族。我們總是有幾個小物件（如小丑或矮人），看來有點像人，但不能被清楚地認作是一個家庭。這為那些極度保護家庭的孩童及對揭露家庭動力感到焦慮的孩童，提供了一個更為間接的途徑去處理家庭和撫育類的議題，而無須承認他們遊戲的主題是關於一個家庭。

♥ 驚嚇類玩具

兒童使用驚嚇類玩具來處理他們的恐懼，無論是基於現實還是幻想。他們可以表現出被嚇到的樣子，然後他們可以保護自己免於任何令人恐懼的事物，或是要求心理師保護他們。以下是適用於驚嚇類玩具的例子：

- 塑膠蛇
- 塑膠怪獸
- 玩具老鼠
- 恐龍

- 昆蟲
- 鯊魚
- 龍
- 鱷魚
- 各種代表兇猛、危險或可怕的動物手偶（例如：狼、熊、鱷魚）

　　兒童傾向對可怕的玩具有明確具體的反應。例如對某些兒童來說，昆蟲是非常令人恐懼的，然而對於其他兒童而言，昆蟲是迷人或有趣的。因此有各式各樣的驚嚇類玩具是重要的，如此一來，遊戲室裡有不同的東西能激起不同兒童的焦慮。我們也喜歡每一種驚嚇類玩具都有好幾個，這樣兒童可以組成恐怖家族和許多敵人戰鬥，並且在同樣的物種裡有「好的」驚嚇類玩具與「壞的」驚嚇類玩具。

　　雖然擁有全部這些不同的驚嚇類玩具不是必要的，但我們認為遊戲治療師應該要確保在玩具蒐集中包含幾條蛇，以及一隻有中空身體和尖銳牙齒的鱷魚或鯊魚。許多被性虐待的孩子在他們的遊戲中會使用蛇；有時候用蛇像是生殖器的形狀去直接地演出性虐待的情形，其他時候用蛇去演出威脅或恐嚇的感覺。他們喜歡把其他玩具或自己的手指放入張開的嘴巴中，假裝用牙齒咬斷它們，作為表現出自我保護主題的一種方式。在遊戲室中放蛇，讓孩童能表現出這些主題，而無須直接談論它們。這也讓孩子能對蛇做「壞事」，作為一種戲劇化懲罰施虐者的方式，並練習維護自己安全的能力。重要的是要注意，許多其他的兒童也喜歡玩這些玩具，所以如果一個孩子在玩這些玩具，這並非就是受虐的診斷特徵。有時候，蛇就只是一條蛇而已。

　　如果一個孩子有特定的恐懼或經歷了引起焦慮的特殊狀況，取得一個能更準確代表所害怕對象的玩具經常是有幫助的。例如，如果 DeShawn 目睹了火車撞死他的妹妹，遊戲室裡有一輛火車可能就很重要，以便他可以處理對這個事件的情緒。如果 LeeAnn 重複做著鬼在追她的惡夢，遊戲室裡有鬼的手偶也許會有幫助。同時請記得，除非你想要或需要一個藉口買更多「東西」，否則儘管孩子真的需要某些東西來代表某個特定的恐懼，他／她其實也可以（並且將會）把遊戲室裡的其他東西變成期望的目標。舉例來說，如果 DeShawn 在

遊戲室裡找不到火車，他可以把一輛車或一個小盒子假裝成火車。

♥ 攻擊類玩具

兒童使用攻擊類玩具表達憤怒與恐懼的情緒，學習將他們的攻擊性用象徵的方式表現出來，以及探索權力與控制的議題。他們也可以使用攻擊類玩具來象徵性地保護自己免於危險，像是由驚嚇類玩具所代表的那些危險。這一類玩具對兒童建立能力感也非常重要。當兒童意識到他們可以維持自己的安全（在遊戲治療單元裡，透過持有武器的象徵遊戲），他們經常在其他環境中，也開始發展出更高的自我效能感。攻擊類玩具亦提供兒童一個重要的方法，在安全的環境裡去測試界線並發展自我控制。以下是這個類別中一些玩具的清單：

- 站立式的拳擊不倒翁
- 武器（例如：軟式子彈槍、玩具手槍、手槍皮套、劍、橡膠製的刀）
- 玩具士兵和軍用車
- 用於枕頭戰的小枕頭
- 用來綑綁的繩子
- 海綿橡膠球棒
- 塑膠盾牌
- 手銬

我們要確保遊戲室裡的武器看起來不像真實的武器──這些武器通常是顏色明亮的或雷射光類的槍。我們這樣做是為了表達一個區別，而這個區別在於真正的武器是危險的且不應該被用來攻擊另一個人，而假裝的武器是我們可以用來象徵性地表現出攻擊性。

手銬和繩子是玩出權力與控制主題的絕佳玩具。它們對於探索信任議題也是有用的。然而，你必須確認所取得的手銬有內建一個安全釋放開關，因為孩子滿常佔用手銬的鑰匙，然後他們就消失離開了。而你不會想要在有人前來放

你自由之前，在辦公室裡被銬在椅子上好幾個小時。

有些心理師傾向不在他們的辦公室裡加入攻擊類的玩具或武器。這通常是因為他們想避免向孩童傳達任何形式種類的暴力是可被接受的概念（無論是象徵性的或實質的），或是他們需要遵守工作環境裡的行為規範（如學校心理師）。關於這個議題，你必須遵循自身想法的支配。在沒有攻擊類玩具的情況下，執行阿德勒遊戲治療是絕對有可能的。孩童會找到其他的方法去玩出保護與攻擊的遊戲主題，而無須用實際的玩具去代表這些要素。例如，如果Cassandra 想要在單元裡演出射死追她的怪獸，她會用她的手、魔杖、手偶或任何她挑中的其他東西，去創造一把想像的槍。

在你為遊戲室買入可能讓你個人備感威脅的驚嚇或攻擊類玩具之前，檢視你自己在權力和控制、信任及恐懼上的議題也很重要。當特定的玩具引發心理師的議題時，孩子可以感覺得到，而他們可能利用這個覺察，設法去脅迫或控制治療過程。你可以在與孩子進行單元之前，先決定攻擊類玩具的遊戲規則。例如，我（TK）的規則是孩子可以用任何他們想要的方式為自己銬上手銬，但他們只能在我的身體前面銬上我的手。因為當我無法控制我的手時，我會感到害怕，對於我的手在我身後不能動，我會不自在。在我向要把我銬上手銬的孩子解釋手銬的規則時，我會自我揭露這樣的情緒。在我的遊戲室中，我不再有站立式的拳擊袋，因為我注意到許多和我工作的兒童，至少是有重大憤怒與攻擊議題的那些孩子，在整個單元裡都只是在打拳擊袋，而把其他東西排除在外。我發現自己在這些單元裡感到無聊，而當我在單元結束之後把孩子帶回他們的教室時，他們比起其他時候無可避免地展現更少的自我調節並有更強的攻擊性──這讓我無法受到他們老師的喜愛。

♥ 表達類玩具

表達類玩具和其他藝術媒材是了解兒童如何看待自己、他人和這個世界的絕佳工具。兒童使用表達類玩具來探索關係、描繪自我形象、表達情緒與認知

想法、了解問題、找出解決方法並培養創造力。表達類玩具也提供一個途徑來培養對技巧的掌控，這能提高自信、自尊和自我控制。大多數表達類玩具在本質上是有藝術性或創造性的。下列是此一類別裡一些媒材的實例清單：

- 畫架與廣告顏料
- 手指畫顏料
- 彩色筆
- 膠水
- 羽毛
- 報紙
- 鉛筆
- 透明膠帶
- 毛根
- 亮片
- 針線
- 棕色紙袋
- 海報佈告板
- 牛皮紙
- 水彩
- 蠟筆
- 彩色鉛筆
- 亮片膠
- 小毛球
- 培樂多或黏土
- 剪刀
- 蛋盒
- 貼紙
- 小珠子
- 可做成手偶的襪子
- 毛線
- 美術紙
- 雜誌，可用於拼貼畫的圖片與字詞

有一個給孩童使用表達類玩具去創造的地方是重要的。對於許多創作品來說，這僅僅意味著在遊戲區域的地板上有一個大的乾淨空間。如果你夠幸運而能有一間真正的遊戲室，一個兒童用的餐桌或書桌對創作作品來說就是完美的工作平台。（這真的是我 [TK] 唯一一個會感激會議桌在我遊戲室正中央的時候——當我們做藝術—手工藝的作品時，可以把東西散開）。根據孩童的年齡、他們平時的混亂程度、遊戲場域裡對整潔的要求，你可能也要有一件畫畫工作服，以保護孩童的衣物，以及一片大的塑膠片（如：野餐桌布）以保護遊戲室的表面。

在你出門去買一堆可能造成混亂的藝術媒材之前（除非你像我們一樣著迷

於辦公室用品），這也是你需要考慮的部分。如果你對顏料濺到地板上或膠水沾到地毯會感到焦慮，這將會變成某些孩子拿來控制單元歷程的一個弱點。你需要對你在遊戲室裡提供的藝術媒材（以及對媒材被濫用或作品變得很狂亂之後果），感到非常自在。我（KMW）最初對於顏料可能被混在一起，以及其對下一位個案使用顏料的能力可能造成影響，感到非常焦慮。我被挑戰而去探索自己對乾淨、整齊秩序和公平的個人規則（不是指導方針——是規則），如此我才能對不小心或故意弄混顏料的孩子保持彈性。

♥ 扮演一幻想類玩具

　　兒童使用扮演一幻想類玩具來探索不同的角色、表達情緒、測試替代性的行為和不同的問題解決方式、假扮成別人，以及表現出他們在真實生活中觀察到的情況。他們也可以使用這些玩具隱喻地探索關係與想法，並溝通交流他們的態度、思想和經驗。扮演一幻想類玩具可包括以下清單中的材料：

- 面具
- 魔法棒
- 幾塊不同顏色的布料
- 動物手偶
- 電話（兩台）
- 手偶劇場小舞台
- 大枕頭
- 醫療箱
- 磚塊和其他建築材料
- 人類手偶
- 掃帚、熨斗、燙衣板
- 動物園動物和農場動物
- 武士和城堡類
- 外星人或外太空生物的物件
- 帽子、首飾、領帶、皮包、戲服和其他裝扮的衣物
- 汽車、卡車、飛機和其他交通工具類玩具
- 幻想類的怪物／動物／人物手偶（如：女巫、男巫、獨角獸、鬼、公主、外星人）

　　在選擇扮演一幻想類玩具時，你應該盡量避免選擇已具有角色身分的玩

具。透過避免用與電視節目、電影之類有所連結的玩具，你能鼓勵兒童將玩具當成投射的對象，在玩具上施加自己的想法與身分認同。我（KMW）經常把我或我家人不再穿戴的衣物，如鞋子、伴娘禮服、腰帶、西裝和領帶及帽子帶進遊戲室。如果你有服裝與帽子，你需要考慮到有蝨子和其他噁心狀況的可能性。有些心理師因為這種隱藏的危險，而選擇避免擁有這些遊戲物品；而其他的心理師考慮到這點便使用可經常被清潔或消毒的帽子與服裝。你需要決定什麼對你、你的個案和你的場域來說是最好的。

♥ 玩具的布置與安排

讓玩具公開陳列很重要，以便讓兒童能容易接近使用（Kottman, 2011; Landreth, 2012; Ray, 2011; VanFleet et al., 2010）。玩具應該在容易觸及的範圍內，並且被放置在可預料的地方。藉著把玩具放在同樣的基本位置，遊戲治療師可以確立遊戲區域是一個兒童能感覺安全，並期待一致性與慣例的地方（這經常與他們在家中和其他環境裡所經歷到的形成對比——對我們而言，有時在我們的生活中也是如此——擁有一個你知道你可以指望東西被放在可預料的位置的地方是很美好的）。如果玩具按類別放置，孩童更容易記住玩具所在的位置。如果心理師有一間固定的遊戲室，那麼為玩具設置架子是有幫助的。許多以遊戲治療作為與兒童工作形式的心理師，必須湊合著使用共用或臨時空間。這不應該對心理師進行遊戲治療單元的能力產生不利的影響。對那些必須隨身拖著玩具的心理師而言，僅僅把玩具以具有可預測性的順序放在地板或桌上，也同樣能運作順利。

◆ 適合遊戲治療的個案類型

大多數的遊戲治療師和年幼的兒童工作——通常介於三至十歲之間。也有可能和小於三歲的幼童工作，特別是經歷了創傷的兒童（Carey, 2006; Gil, 2010;

Levine & Kline, 2007; Schaefer, Kelly-Zion, McCormick, & Ohnogi, 2008; Terr, 1990），但是治療過程比起和較大的兒童工作來得更緩慢、更具象。根據兒童的發展階段和兒童述說生活中發生的事情之能力與傾向，遊戲治療也可以用在較大的兒童身上，甚至有治療師將遊戲治療用於青少年與成人（Ashby, Kottman, & DeGraaf, 2008; Frey, 2015; Gallo-Lopez & Schaefer, 2005; B. Gardner, 2015; Garrett, 2014; E. Green, Drewes, & Kominski, 2013; Ojiambo & Bratton, 2014; Schaefer, 2003; Trice-Black, Bailey, & Riechel, 2013）。如果治療師提供一個較為結構式活動取向的歷程，或假如遊戲室內有更為精密複雜的玩具，如手工藝用品、木工材料、辦公室設備與用品，以及看起來較成熟的遊戲媒材，遊戲室將能吸引較大的青少年前期孩子和青少年（如果你需要藉口，這會給你一個購買更多「東西」的理由）。

在我們的經驗中，阿德勒遊戲治療適用於各種主述問題。這種介入策略特別能幫助有這些情況的孩童：（1）權力與控制議題（例如：發脾氣、與老師或家長爭奪權力、霸凌行為）；（2）經歷某種創傷（例如：性侵、被忽略、家長離婚、好朋友或家庭成員的死亡、自然災難、領養）；（3）自我概念低落（例如：容易放棄、有詆毀自己的評論）；（4）與家人相處困難（例如：手足競爭、和家長爭吵）；以及（5）社交技巧薄弱（例如：難以結交朋友、無法和同學和平相處）。

◆ 與多元文化族群工作

隨著當今世界不斷在變化的動力，遊戲治療師必須有能力與各種多元文化族群的家庭和兒童工作（Chang, Ritter, & Hays, 2005; Gil & Drewes, 2005; Kim & Nahm, 2008; Post & Tillman, 2015; Vaughn, 2012）。為了解孩童或家族的文化對個案的發展、世界觀和人際互動行為的影響，遊戲治療師需學習技巧與概念，以便能準備好去回應他們的遊戲治療個案與其家庭之多元性（Gil & Drewes, 2005; Post & Tillman, 2015）。多元性可包括人種、民族、信仰、靈性、政治觀

點、性傾向、社經地位、年齡、文化適應能力和有能力—有障礙的程度，但不僅限於此。為了變得具有文化敏感度與回應不同文化的能力，遊戲治療師致力於發展對自身文化之世界觀的了解，以及文化對於個案及其家庭之影響的覺察。一個具有文化回應能力的遊戲治療師在遊戲室中，可能包含有多種民族與文化的玩偶、無明顯特徵的玩具，以及多種的信仰象徵物。與來自各種文化的兒童工作的遊戲治療師，也可以將特定能引起孩子共鳴的玩具囊括進來，例如來自世界特定區域的娃娃、來自各國的貨幣，以及孩童祖國的傳統服飾。另一個具有文化回應力的例子是設計一個坐輪椅的兒童能適用的遊戲室，裡面的玩具、架子與椅子特意設在輪椅的高度，方便兒童容易取用。

◆ 不同取向的遊戲治療

在諮商兒童（和青少年與成人）中，有許多不同的使用遊戲的方式。每種遊戲治療取向都有其獨特的方式來概念化個案、定義心理師的角色，以及與個案和其家長互動。根據心理師對人的信念、他／她本身的個性及所服務的個案族群，心理師可能選擇嚴格遵守某一特定的遊戲治療理論取向，或以折衷的方式應用不同的理論取向。我們相信遊戲治療師應該尋求與他們對人的基本信念及本身個性最一致的理論取向。Schaefer（2011），以及 Crenshaw 和 Stewart（2015）對遊戲治療的主要理論取向提供了詳細的資訊。

摘要

　　遊戲治療通常被用作與年幼兒童工作的一種介入方式。年幼的兒童缺乏抽象的語言溝通能力，來足夠清晰地表達他們的困難，以獲得心理師的支持和幫助。遊戲治療似乎對經歷各種困難的兒童都是有用的。遊戲治療亦能被用來幫助較大的兒童、青少年和成人，讓他們能從一種有趣、不具威脅性、富有創造性的表達性藝術形式的治療方式中受益。

　　與年幼的兒童工作時，遊戲治療師必須小心地選擇能幫助孩子表達想法與情緒的玩具。玩具的安排與遊戲治療環境中的氣氛必須提供舒適與一致性，讓兒童對於表現出有問題的狀況與關係是感到安全的。與年齡較大的兒童、青少年和成人工作時，遊戲治療師會將所用的媒材調整到更適合個案的發展階段。

　　雖然每一種遊戲治療取向對於遊戲治療歷程與玩具的選擇，都有其本身的哲學觀和理由依據，阿德勒遊戲治療師使用遊戲治療歷程來幫助個案對於他們怎麼看待自己、他人和這個世界有更好的了解，並學習以新的態度來取代自我挫敗的態度。阿德勒遊戲治療師選擇能促進這類探索並幫助個案學習和他人互動的新方式的玩具。阿德勒遊戲治療似乎對有這些議題的孩子最具功效：有與控制和權力相關議題的兒童與青少年、自我概念低落與社交技巧薄弱的兒童與青少年，以及曾經歷過某種創傷的兒童、青少年與成人。

其他相關資源

● 遊戲治療是什麼？以及它如何運作？

http://www.a4pt.org/?page=APTYouTubeChannel

http://www.a4pt.org/?page=PTMakesADifference

http://cpt.unt.edu/about-play-therapy/what-play-therapy/

http://ct.counseling.org/2010/11/the-power-of-play/

http://c.ymcdn.com/sites/www.a4pt.org/resource/resmgr/Publications/
Play_Therapy_Best_Practices.pdf

● 遊戲室的設置

http://cpt.unt.edu/about-play-therapy/playrooms/

http://www.kimscounselingcorner.com/2012/08/20/unique-
inexpensive-or-diy-ideas-for-a-play-therapy-or-childs-room/

https://www.pinterest.com/bluedaylily2/my-dream-play-therapy-office/

● 遊戲治療出版品

http://www.a4pt.org/?page=PlayTherapyPub

http://cpt.unt.edu/researchpublications/literature-home/

● 遊戲治療的理論取向

http://www.journalofplay.org/sites/www.journalofplay.org/files/pdf-
articles/1-2-article-play-therapy.pdf

http://potentiality.org/drjwilcoxson/wp-content/uploads/2008/05/
PLAY-THERAPY-Menassa.pdf

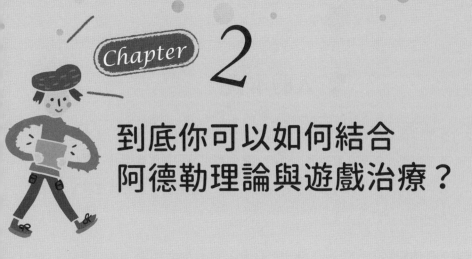

Chapter 2

到底你可以如何結合
阿德勒理論與遊戲治療？

　　阿德勒（Alfred Adler）於二十世紀早期發展的心理學理論——個體心理學（Individual Psychology），是阿德勒遊戲治療所依據的基礎。這個理論（它對我們是非常合理的，而我們希望對你也是）對於人的本質提供了一個解釋——他們的人格如何形成、如何與他人互動、如何被激發動力，以及如何變成適應不良。我們也喜歡阿德勒學派對治療目標的定義與治療師角色的描述，並將其推展至遊戲治療中。

　　當你探索本章的想法時，你將需要檢視你本身對於人的本質、治療目標和治療師角色的信念。我們相信除非一個心理師對人以及治療師工作的基本信念，與個體心理學的基本原則是一致的，否則他／她不該以阿德勒遊戲治療來執業。這些哲學信念不一定要在所有觀點上都完美的符合，那樣也不切實際。然而，如果你將要成為一位阿德勒遊戲治療師，你大多數關於人的本質、人格形成、人的動機與諮商關係等信念，應該與本章所提到的相似。

🔶 人的本質

> 阿德勒心理學的基石是相信人是不可分割的、社會性的、創造性的、做決定
> 的生物，其信念與行為是有目的的。因此，把個體視為一個想法、情感與信
> 念都以一致與統一的行為模式所存在的整體來看，才能對其有最好的理解。
> （Carlson & Slavik, 1997, p. xi）

　　根據阿德勒的觀點，人是（1）鑲嵌於社會中的（socially embedded）；（2）目標導向的；（3）主觀的；以及（4）創造性的生物，必須從整體的觀點來看待（Ansbacher & Ansbacher, 1956; Maniacci, Sackett-Maniacci, & Mosak, 2014）。這些是個體心理學的基本原則，理論中的其他一切都是基於它們是組成人類本質之關鍵成分的概念（換句話說，我們表現得「彷彿有如」這些概念是真的，並且可以應用於了解兒童、家長、教師和其他在遊戲治療歷程中的人）。

❤人是鑲嵌於社會中的

　　根據阿德勒理論，心理師為了真正了解一個人，必須記得人是鑲嵌於社會中的（socially embedded）——他們是與他人連結的系統中的一部分。阿德勒學派的實踐者相信，所有人類都有歸屬的需求（Adler, 2011/1938; Ansbacher & Ansbacher, 1956; Jones-Smith, 2015; Maniacci et al., 2014; Sweeney, 2009），且人透過與他人的關係得到歸屬之處。為了建立與維持歸屬感，兒童觀察這個世界，來決定他們可以獲得重要性／意義（significance），並融入於不同群體中的方式。兒童所歸屬的第一個群體就是他們的家庭（畢竟除了接生的醫生與產房裡的護士，這是他們所遇到的第一群人）。隨著兒童漸漸長大，他們會看到其他家庭成員對不同的行為與態度如何反應。他們注意到哪些行為獲得了關注，而哪些無法；哪些行為提升了歸屬感，而哪些沒有。個人隨著時間發展出阿德勒

學派的實踐者所謂的生活型態（lifestyle）。（抱歉，阿德勒理論中有**很多的**專業術語，但如果你願意忍受我們，我們保證最終所有一切都會說得通，甚至對你了解、幫助個案的能力有所助益。）

● 生活型態

根據 Maniacci 等人（2014, p. 66），

生活型態（如阿德勒學派的實踐者所定義的）是運用個性、特質、氣質，和心理與生物歷程，來在社會生活的基礎中找到所屬之地。

如果一個孩子不能以正向積極、有用的方式來建立在家中的歸屬感，他／她就會決定以一種負向消極、無用的方式融入家庭。最終，這種建立歸屬感的方式就會變成他／她的生活型態：孩童基於這樣的觀點，看待自己、這個世界、他人和全部所有行為。生活型態是個人思考、情感和行為的集合模式，幫助他／她在生活之中掌舵。生活型態創造了可預測性和情緒安全感。隨著孩童長大與成熟，他／她將會在不同的社會脈絡中，表現出他／她的生活型態，包括：鄰里、學校、工作、戀愛與婚姻。

人格優先順序（personality priority）的概念是對一個人的生活型態得到洞察的有用工具（Dillman Taylor, 2013; Kfir, 2011; Kottman & Ashby, 2015）。人格優先順序是在個人追求歸屬感中最重要的部分。根據其類型，分為四種可能的優先順序：安逸、取悅、控制及卓越。為了辨認一個人的人格優先順序，心理師會檢視：（1）自己對個案的反應；（2）個案的行為；（3）個案的主述議題或對生活的抱怨；（4）個案的生活目標；（5）個案的內在資產；以及（6）生活中，個案有意逃避的部分。（關於運用人格優先順序於遊戲治療，更多細節請見第三章；運用人格優先順序於家長諮詢，更多細節請見第四章。）

弔詭之處在於，大多數時候，一個人的生活型態對個人來說並不明顯。Maniacci 等人（2014）形容生活型態如同用來穿梭於生活經驗之中的地圖，通常是在於個人的覺察之外。阿德勒學派治療師最主要的任務之一，是觀察個案

生活型態的各個方面，並運用各種策略幫助個案更加覺察到他／她的思考、情感與行為模式。

● 心理「框架」

在大多數的家庭中，當孩童六歲或七歲時，整個家庭對於這孩子是怎麼樣的以及他／她會如何表現，已有固定的見解。當孩子進入幼兒園或小學時，即使在非常短的時間內，學校人員也可能被鎖在一套這孩子是怎樣的及他／她會如何表現的觀點中。（這種狀況在幼兒園學生集合的第一個小時，就發生在我的 [TK] 兒子 Jacob 身上。）這些信念與期待構成了孩童生活於其中的心理「框架」（psychological "box"）。這個可以定義孩童是誰以及他／她會做什麼的框架，變成孩童生活型態的界線。這個框架可以是積極正向或消極負向的，但無論是哪種，它幾乎總是侷限住孩子。對於孩童，不同種類框架的例子有：

- Mariah 的框架是一個「野孩子」。她會冒險且喜歡探險活動。人們期待她是大膽而危險的。她相信自己必須敢於下賭注，並且比其他人更勇敢無畏，才能被接納與重視。她經常接受挑戰，並屈服於同儕的壓力。

- Kiku 的框架是一個「聰明的孩子」。她「必須」總是表現得很聰明、也聽起來很聰明。每當她做出愚笨或傻呼呼的事情時，她就感到很糟，並可能被處罰。她「必須」在功課上得到完美的分數，並且在標準化測驗中取得好成績。

- Armin 的框架是一個「懶惰的孩子」。他是一個在學校或家中，從未做過任何事情的低成就者。因為每個人對由他而來的貢獻或成就抱持著低期待，所以沒人曾要求他做任何事。

- LeShandra 的框架是一個「好孩子」。她「必須」總是表現得完美。她不准犯任何錯誤、變得髒亂或是發牢騷。如果她不那麼完美，要嘛她會被嚴厲的處罰，要嘛每個人完全無視她的過失，就好像沒有發生過一樣。

- Alexander 的框架是一個「壞孩子」。他相信他「必須」總是表現得很可惡。他不被期待能做好任何事、變得體貼懂事或行為良好。即使當他做好某件事時，他也很少因正面積極的想法或行為而得到讚許，因為其他人相信這不是他的性格，因此而懷疑。

- Linnea 的框架是一個「恐懼的孩子」。她相信為了在家中獲得重要性／意義，她「必須」總是很害怕。其他的家庭成員預期她是害怕的，因此家庭生活經常圍繞在保護 Linnea 不受任何她所恐懼的事物傷害。她得到關注與感受到有力量的主要方式，就是透過她的恐懼。當家庭成員和她互動時，通常是使她安心，或者因她感到害怕而斥責她。

- Kwazi 的框架是一個「負責任的孩子」。他為他的手足和朋友負責任，其他人依靠著他的可靠和充足準備。他的家人期望他會犧牲自己的樂趣來照顧家庭的需要。他有幾次沒有做出合理而值得信賴的決定時，因他「不成熟、自私與不可靠」的行為，而受到嚴酷的嘲弄與懲罰。

關於這框架，真正困難的是當孩童生活之中的每個人，包括孩童本身，開始表現得彷彿這些（由內在與外界）強加於孩童身上的僵硬期待，構成了孩童是怎樣的人以及他／她必須是怎樣的人。在許多情況下，當孩子行事的方式不符合這個框架時，其他家庭成員（或學校人員）會給予孩子讓他／她必須回到預期模式的回饋。有時被其他人視為是負向消極的孩子，當他在社交上表現得合宜恰當時，他的表現會被打折扣或被忽視。如果被認為是「好孩子」的孩子表現不合宜，通常其他人會為他／她的不當行為找藉口（例如：「她只是今天心情不好」或「是另一個孩子惹到他的」）。

當人們讓僵硬的期待主宰了想法、態度和行為時，他們就會卡在陷阱之中。當個人開始引發情境，並在情境中向自己再次證明，他們就是自己所相信的那個樣子，這種情況就變成了一個圈套。他們表現得有如自己的內在形象是真的，引起他人的反應來證實他們的確屬於他們的框架。舉例來說，因為 Mariah 相信自己是野孩子，所以她涉入危險的行為。與她互動的其他兒童和大

人，以對她印象深刻或是感到擔憂來回應，這都在告訴她一個訊息：只有當她以超越極限的行為刺激其他人時，她才值得被讚美與關注。這樣的回饋促使 Mariah 去做更多誇張與冒險的活動，因相信「典型標準」的行為是不夠的。

● 社會情懷

我們滿足歸屬感需求的方式之一，是透過社會情懷（social interest）（抱歉，我們知道又是更多的專業術語）。阿德勒學派的實踐者相信人是社會動物，有與生俱來發展社會情懷的能力，以及與其他人類之間的連結感（Kronemyer, 2009; La Voy, Brand, & McFadden, 2013; Maniacci et al., 2014; Overholser, 2010; Watts, 2012）。社會情懷是：

> 覺察到個人是歸屬於人類群體及宇宙中的一部分，並且了解他／她的行為對影響這社群中的生活狀態負有責任。作為一個人的存在，最根本的感覺就是身為眾人之中的一份子。社會情懷……可以被認為是成功適應（心理健康）的指標：社群感發展得越成熟，自卑感及與之相連的疏離感與孤立感就越少。（Griffith & Powers, 2007, p. 11）

這種天生的能力必須先由家庭、再由其他的社會力量培育與養成，才能旺盛發展。作為社會情懷發展的一部分，孩童必須與他們的主要照顧者形成依附關係，然後這些照顧者再幫助他們擴大這種連結——首先是手足，再來是鄰居的孩子、同學、老師，以及他們遇到的其他人。如果得到適當的鼓勵與刺激，兒童終將推展其社會情懷的情感至整個人類、地球及地球上的其他生物。社會情懷被認為是心理健康的判斷標準（Nelson, Lott, & Glenn, 2007; Sweeney, 2009）。

La Voy 等人（2013）指出：「個人與單一他人，及個人與較大社群之間的關係是互利互惠的，每個連結都對其他人的健康與福祉有貢獻」（p. 282）。社會情懷或「社群感」（community feeling）描述了一個人對於他人改善整個社群的貢獻有所連結和感激。以利他的方式努力朝生活目標奮鬥的人，正是展現出社會情懷。以對社會無用或傷害他人的行為來自私地走過生命的人，顯示出削

弱的社會情懷（Adler, 1927/1954）。

● 對阿德勒遊戲治療師的實際含意

　　社會鑲嵌（social embeddedness）的這個信念，決定了阿德勒遊戲治療師必須在有其他人的背景脈絡之下，考量孩童及其行為，而不是單獨的考量孩童一人。因為孩童的第一個社會環境是家庭，你會想要去探索孩童與他／她的家長及其他家庭成員之間的關係，以了解孩童是如何在家庭裡獲得重要性／意義與歸屬感。對於年紀較大的孩童來說，你也將考量其他的社會環境，像是社區、教會、幼兒園和學校。

　　因為我們相信孩童是鑲嵌於社會中的，所以我們不願意在沒有結合家長諮詢的情況下，與孩童會面。我們相信從孩子的角度以及其他家庭成員、教師或重要他人的角度，才能最佳地理解一個孩子的生活型態。為了產生長期的改變，很必要的是：（1）孩子轉變他／她看待自己、他人和這個世界的方式；以及（2）家庭成員願意調整他們看待與回應孩子的方式。如果你在學校或其他場域工作，有時候難以讓家長參與其中，那麼將系統中的其他重要他人納入成為媒介，來探索孩子如何在那個系統中獲取歸屬感會有所幫助。

　　透過在諮詢期間所問的問題，我們試著了解孩子如何在家庭、社區與學校環境之內找到歸屬感。我們也可以去孩子的學校或幼兒園，觀察孩子和同儕與老師的互動，或是諮詢老師或學校心理師有關孩子在學校的行為與表現。我們運用所有藉此蒐集來的資訊，幫助我們了解孩子。

　　孩子如何在家中建立重要性／意義，及家中的其他人對他／她如何反應，為了對此產生我自己（TK）的看法，我經常要求整個家庭參與一次或兩次單元，讓我得以觀察在家中的關係與互動模式，以及每位家庭成員的人格優先順序在家中是如何展現的。在我探索這部分時，最重要的層面之一是關於孩子本人與孩子生命中的重要他人，對於孩子所持有的任何僵化信念與期待──孩子的框架。

　　在我們和兒童的工作中，很大一部分是當孩子試著再次證明他們就是自己

相信的那個樣子時，避免和孩子一起繞著他們的框架打轉。我們試著確保，當孩子表現得彷彿他們認為自己的樣子就是真實的時候，我們不要用增強負向消極自我信念的方式去反應（或即使是增強正向積極自我信念，這仍然是侷限了孩子）。我們這麼做的目的是喚起在所有孩子身上的創造性天賦。在我們與孩子生活裡的重要他人做諮詢時，我們和家長、其他家庭成員及教師工作，來改變他們對於孩子自我挫敗或自我侷限之想法與行為的思考與反應模式。

　　大多數來到遊戲治療的兒童，似乎社會情懷都發展不佳。我們對孩子及其家庭的主要責任之一是提升社會情懷。我們使用與孩子的連結和關係，來鼓勵他們與其他人有情感上的連結（attachment）。我們確保孩子知道在他們的陪伴之下，我們感受到了很大的快樂。我們以尊重對待他們，也期望他們尊重我們。如果孩子需要撫育，我們願意在遊戲室裡將撫育的情節表現出來。我們可以相互餵養、餵食娃娃、在搖椅中搖晃或表現其他充滿愛的行為。在讓孩子結束治療之前，我們經常帶第二個小孩進入治療中──一位手足、我們的一位個案或孩子的一個朋友──或是將孩子納入團體遊戲治療的歷程中，這樣我們得以促進孩子與他人連結的擴展。

　　請記住，我們不會成為孩子生活裡的主要影響（畢竟，我們一個星期可能花四十五到五十分鐘和孩子在一起，對照孩子生活中的其他人，他們花更多的時間和孩子一起），我們與家長工作來增加他們與孩童之間的連結感，教他們如何培養社會情懷。許多時候，我們會讓一或兩位家長和孩子一起進入遊戲單元。在這些單元中，我們示範以積極、撫育性的方式和孩子互動，並邀請家長練習與孩子建立連結。我們經常給家庭成員特定的回家功課，指定合作性的活動與好玩的體驗。在我們的家長諮詢中，我們教導他們如何使用鼓勵與孩子建立正面積極的關係。我們也教家長幫助孩子擴展社會情懷的策略。這些技巧包括提供與手足、親戚和鄰居建立連結的經驗；分享與輪流；做慈善捐款或志工服務來幫助比較不幸的人們；以及對環境與其他物種的擔憂採取行動。當我們在學校和孩童工作時，我們也徵求老師們的幫助，來建立孩童的社會情懷。

♥人是目標導向的

　　阿德勒學派的另一個重要概念是，所有人類的行為都是有目的性和目標導向的（Adler, 1927/1954; Jones-Smith, 2015; Maniacci et al., 2014; Sweeney, 2009）。阿德勒相信人們既非由本能所驅動，也不是單單經由經驗、遺傳、氣質或環境所形成的。雖然這當中的每一個因素，對人格的形成與決定行為都有一定程度的影響力，但是人類生活中的原始驅動力是朝著不同的生活目標前進。人們選擇他們的行為，朝著他們的目標移動。這些目標可能不在他們的覺察之中，但他們仍然總是朝著它們前進。

● 辨認目標

　　在阿德勒學派治療中，辨認一個人的目標是了解這個人的關鍵之一。

> 如果我們知道一個人的目標，我們就可以去解釋與了解這些心理現象要告訴我們什麼，為什麼這些現象被創造出來，一個人用他先天的內在素質創造了什麼，為什麼他創造成這樣，而不是別的樣子。他的性格特質、他的感覺與情緒、他的邏輯、他的品行與他的審美觀一定要是以怎樣的方式組成，他才有可能達到他的目標。（Ansbacher & Ansbacher, 1956, p. 196）

　　阿德勒治療師總是觀察個案的行為，來探索那個行為的目標。當治療師和個案能了解行為的目的，這讓治療師有了一個方法來幫助個案決定他／她是否要繼續朝向那個目標努力，並且在他／她所有行為的選擇之中保留那個特定行為。（考量行為的目標有多重要，我們怎麼強調都不夠——我們的學生非常厭倦我們嘮叨這點，但在阿德勒遊戲治療的歷程中，它是必不可少的部分。如果你能懂得個案行為的目標，你就得到幫助個案用更健康的方式來滿足需求的關鍵。）

　　儘管人們的行為有很多不同的目標，但 Dreikurs 和 Soltz（1964）將氣餒的

兒童的不適應行為目標分為四個基本類別：獲得關注（attention）、權力（power）、報復（revenge）和證明不足／不能勝任（proving inadequacy）。在嘗試確定哪一個是孩童正在追求的目標時，你需要考慮幾個因素：孩童的行為、其他人對孩童行為的反應，以及孩童對被糾正的反應（Dinkmeyer, McKay, & Dinkmeyer, 2007; Dreikurs & Soltz, 1964; Nelson, 2011; Nelson et al., 2007）。（關於這些目標，更多的資訊請見第三章。）

當你幫助孩童擺脫由這四個目標所驅動的不適應行為時，你也可以支持孩童用一個或多個正向積極行為的目標來取代：參與、獨立、合乎義理與有能力勝任（Dinkmeyer et al, 2007）。這之中第一個目標是**參與**（involvement）。受這個目標所激勵的孩子會幫助他人，展現他們藉由貢獻而得到歸屬感的信念。努力於第二個目標**獨立**（independence）的孩童，相信他們可以做出負責任的決定，並擁有適齡的權力。這些孩子是內在資源豐富的，表現出自律與自我控制，並能照顧自己。朝第三個目標**合乎義理**（fairness）前進的孩童，對合作感興趣，並對他人的傷害展現寬容。這些孩童以仁慈和關懷回報殘酷與傷害。受此目標激勵的孩童通常在與有影響力的成人之互動中，經驗到這些價值觀。第四個目標是**有能力勝任**（competence）。被此目標激勵的孩童相信他們是可以成功的。他們想學習為自己思考，表現自己的能力並信任自己。

Lew 和 Bettner（1998, 2000）假設了另一組積極正向目標，他們提出孩童是朝重要 C 信念而努力的。在這個模式當中，孩童需要：（1）與他人**有連結**（connecting）（合作的積極正向目標）；（2）是**有能力**的（capable）（自我仰賴的積極正向目標）；（3）**有價值**（counting）或是**重要／有意義**的（有貢獻的積極正向目標）；以及（4）**有勇氣**（courage）（有復原力的積極正向目標）。（在第三章中，我們對每一項會更詳細的闡述——實際上，我們會對它們無止盡地講下去。）

● 對阿德勒遊戲治療師的實際含意

大多數來遊戲治療的孩童都在追求不適應行為的目標，而非正向積極行為

的目標。作為一名阿德勒遊戲治療師，你必須能夠辨識這兩種目標的類型，因為治療的最終目的是幫助孩童邁向行為的積極正向目標，而非不適應行為的消極負向目標。每當你注意到在遊戲室中的孩子被更社交合宜的目標所驅動時，你可以鼓勵因這目標所產生的行為。孩童逐漸放下達成消極負向目標並向積極正向目標邁進，你也可以將此作為一個增進幸福與穩定的路徑及改善心理健康的氣壓計。

♥ 人是主觀看待生活的

阿德勒理論基於現象學的觀點，相信人是根據他們對事實的主觀詮釋而做決定，並非根據實際的事實本身（Adler, 1927/1954; Ansbacher & Ansbacher, 1956; Eckstein & Kern, 2009; Kronemyer, 2009; Maniacci et al., 2014）。人透過早已形成的感知與生活型態上的信念來過濾現實，再次向自己證明他們所相信的自己、他人和這個世界。

● 偏差信念

年幼的孩童非常善於觀察，為了感知自己和這個世界，不斷地掃描周圍氣氛，但是他們經常對事件與互動做出不正確的解讀（Sweeney, 2009）。舉一個解讀不正確的例子，一個七歲的女孩 LaShandra 相信是她本身的不當行為造成家長離婚。

因為年幼的兒童是以自我為中心（egocentric）的，所以他們傾向於相信生活中所發生的每件事都在某種程度上與自己有關。這可能導致偏差的理解（misperceptions），孩童會將這一系列對自己、他人和這個世界的基本信念，以及邏輯上遵循這些信念所產生的行為，都納入他們的生活型態（Griffith & Powers, 2007）。這些偏差的理解與詮釋會演變為大量的**偏差信念**（mistaken beliefs）——和自己、他人與這個世界有關的自我挫敗與令人氣餒的想法。偏差信念可以是關於自己、他人與這個世界的消極信念（例如：「我很胖，沒人

要跟我做朋友」)，或是根據偏差的觀念，而認為某些事可以也必須是真的（例如：「生命是公平與確定的」或「我是完美的，而且必須是」)。基於這些偏差信念，人們發展出經常不在他們覺察之中的個人邏輯（private logic），但那卻是他們推論及許多假設、決策、態度與行為的基礎。Oberst 和 Stewart（2003）定義個人邏輯為「一種與大多數人相當不同的詮釋現實的方式」（p. 25）。阿德勒指出這種個人邏輯干擾了個體日常的功能運作。他相信，一個人發展出常理（common sense）會更有幫助——「意指那是其他人能分享共有與接受為合理的」（Ansbacher & Ansbacher, 1956, p. 253）。隨著 LaShandra 長大，她可能會把要為家長離婚負責的信念，推論到每次她的關係出問題時，她就是那個該被責怪的對象。在這種個人邏輯的基礎上，她可能決定避開友誼與其他關係。一個阿德勒心理師會和 LaShandra 合作，用常理取代她的個人邏輯。

● 自卑感

　　因為在自我感知（self-perception）與自我理想（self-ideal）之間總是存在著差異，所有人都會經驗到自卑感（feelings of inferiority）（Ansbacher & Ansbacher, 1956; Duba, 2012; Kottman & Heston, 2012; Maniacci et al., 2014）。對於自卑感有兩種可能的反應：氣餒或激勵鼓舞。（顯然，我們希望世上所有人都走上被激勵鼓舞的路線，而不是氣餒路線，不過這樣的話，我們會失業。）

　　因自卑感而氣餒的人，通常會感到被壓垮與毫無價值。為了回應這些情緒，他們可能選擇放棄之路或過度補償之路。放棄並停止嘗試採取建設性行動的人，藉由完全地關閉自己，來回應他們的氣餒感。他們可能貌似並表現出有憂鬱或自殺的傾向，或者他們可能只是對自己和他人極其負面與令人沮喪。被自卑感所壓垮的第二個反應涉及過度補償。有這種反應的人經常發展出「優越感情結」（superiority complex）。他們花大部分的時間和精力，試圖反擊自身的自卑感，藉此證明他們「事實上」不遜於其他人——他們比別人更好。透過努力讓自己優於其他人，而變得迷戀於勝過別人，並要讓別人知道自己超越了他們。

那些選擇被自卑感激勵鼓舞的人，將他們想要成為的樣子與他們感知到自己的樣子這兩者之間的差距，視作一種挑戰。透過朝著自我理想邁進，努力克服自我懷疑的感覺。他們不允許自己被自卑感壓垮，而寧願將這些感覺當成氣壓計，用來幫助他們更了解自己，同時了解想要改善自己、關係及其他生活層面的什麼地方。

● 對阿德勒遊戲治療師的實際含意

在阿德勒遊戲治療中，你必須注意到對各種狀況的主觀詮釋。當你從家長、孩子、老師身上蒐集資訊時，記住每個人在特定情境下對關係與所涉入的情況會有不同觀點，這會超級有幫助。在細究各個不同的觀點時，你需要提醒自己，沒有一個所謂對現實正確的詮釋。因為孩童是主要的個案，對他／她的觀點多加思考是重要的，試著了解孩童對他／她所觀察到的事件與互動是如何詮釋。這樣，當孩童使用個人邏輯，並將潛在的消極負向、有害或自我挫敗的（偏差）信念納入他／她的生活型態時，你才可能辨認得出來。

在試圖阻止孩童將錯誤的假設或消極負向的詮釋納入他／她的生活型態時，陳述（presentation）的方式是關鍵。因為大人經常有的過失是告訴孩子應該如何詮釋情況及應該如何思考不同關係與意見，所以你會試驗性地提出可供替代的詮釋。如果你和孩子的看法不同，提供「另一種看待事物的方式」，有時候是有助益的──並非是一個較佳的詮釋，而是一個可能的替代，一個不同的詮釋。你必須密切注意自己本身對事件的詮釋，以及你的語言與非語言反應，以避免向孩子傳達他／她看待事物的方式應該有所不同。

作為一名阿德勒遊戲治療師，你需要對孩童感到被自卑感壓垮及變得氣餒的跡象保持警覺。一些孩童單單是藉由拒絕參與生活，來展現氣餒之感。他們可能表現出憂鬱、自殺傾向、退縮、成就低落或其他任何形式的封閉。其他孩童藉由過度補償自我不足感，來展現出氣餒之感。他們可能欺負別人、吹噓自大、毀謗他人，不然就是虛假做作地抬舉自己於他人之上。

對於處理自卑感會有困難的孩童，最佳的介入策略之一就是鼓勵。（請參

閱第六章，在遊戲室中使用鼓勵的方式。）教導與孩童接觸的家長、老師和其他大人如何鼓勵孩童是很重要的，並幫助他們學習把自卑感視為一種挑戰，而不是打擊。

♥ 人是有創造力的

根據 Beames（1992）：

> 個體心理學深刻地意識到並欣喜於人類每個成員個體的獨一無二。這種獨特性被視為是每個人與生俱來的、根本的、神秘的創造力之表現。正是這種創造性的元素，人們用純粹主觀與驚人的不可預測之個人方式，去詮釋、修改、表達生命當中存在的事實（遺傳、環境）。（p. 34）

在個體心理學中，焦點在於每個個體特殊與奇妙的特質。作為追尋頌揚每個人的創造力與獨特性的一部分，阿德勒心理師幫助個案探索他們的內在資產、目標、重要 C 信念、人格優先順序、個人邏輯，以及想法、情緒與行為。心理師採用生命的整體論觀點，審視個案在五項人生任務中的獨特性：工作（work）、朋友（friends）、愛（love）、找尋人生意義（靈性－存在；spirituality-existential），以及接納自己（自我－自我調節；self－self-regulation）（Adler, 1931/1958; Bitter, 2012; Mosak, 1977）。

● 自我決定

阿德勒學派的實踐者相信每個人藉由做出選擇，表達自身創造性的能力。自我決定（self-determination）在個體心理學中是一個關鍵原則，因為它意味著承認人類選擇對情境與關係做出獨特詮釋，並表現得彷彿這些詮釋是真的一樣的能力。

重要的不是一個人生來帶有什麼，而是這個人怎麼使用這些天生配備……為

了了解這一點，我們認為有必要假設仍有另一種力量的存在，即個體的創造力量。（Ansbacher & Ansbacher, 1956, pp. 86-87）

這也意味著人類有自由可以做出不同於以往的新選擇與詮釋。做選擇的能力容許個人在整個生命期間，不斷地鍛鍊自己的創造力與獨特性（Adler, 1927/1954）。在個體心理學中所有令人興奮的概念裡（好吧，我們是這樣認為的），這是我（TK）最喜歡的概念之一，因為這表示人可以改變他們的情緒、態度、想法與行為，甚至可以改變人生的方向，而這使得阿德勒理論變得難以置信的樂觀。

● 對阿德勒遊戲治療師的實際含意

阿德勒學派相信人們有做新選擇與重新詮釋情境的能力，這提供了一個媒介讓遊戲治療師和兒童一起工作，來走出他們的框架、改變他們生活型態的模式、增進他們的社會情懷、改變他們行為的目標，以及其他許多決定他們人生道路的考量。身為阿德勒遊戲治療師，你的主要職責之一是發現每個孩子如何表達他／她特別又奇妙的自我，並因他／她的獨特，向孩子、家長及與孩子互動的其他人傳達慶祝之感。有時，孩童會用他人不欣賞的方式表達獨特性。例如，Jeremy 在學校經常因為咒罵與使用不恰當的言語冒犯了別人而惹上麻煩。身為心理師的 Barry，試著去了解 Jeremy，她注意到他一致性地以非常有創意的方式運用語言。Barry 的工作是幫助 Jeremy 認可和讚揚這一獨特的內在資產，並體認到他能以更具建設性、更有用的方式來使用這種獨特掌控語言的能力。

⬧ 治療的目標

根據 Maniacci 等人（2014），阿德勒學派治療的主要目標是協助個案：（1）增進他們的社會情懷；（2）減少他們的自卑感；（3）克服氣餒感覺的同時，認出與運用個人的內在資源；（4）改變他們的生活目標及關於自己、他人和

這個世界的偏差信念；（5）改變消極負向的動機或利己主義的價值觀；（6）
獲得與他人平等之感；以及（7）成為社會上合作並有貢獻的一分子。並非所
有個案在每個目標上都需要幫助。在初次單元之中，治療師與個案（及個案的
家長或教師，視情況而定）共同合作決定哪些治療性目標適合個案。在遊戲治
療中，阿德勒學派心理師運用遊戲、故事、藝術、沙盤、肢體活動與舞蹈，和
其他治療性策略，促使孩童從消極破壞性的目標與不適應行為，邁向積極建設
性的目標；培養重要 C 信念；增進孩童的社會情懷；調整任何關於自己、他
人和這個世界的自我挫敗信念；降低氣餒感；以及幫助孩童認可自己的內在資
產（Kottman, 2011）。

🔔 阿德勒遊戲治療的四個階段

個體心理學的治療過程包含了四個階段：（1）建立關係；（2）探索個案
的生活型態；（3）協助個案洞察他／她的生活型態；以及（4）重新導向與再
教育個案（Jones-Smith, 2015; Maniacci et al., 2014; Watts, 2013）。在阿德勒遊戲
治療中，心理師和孩童一起在遊戲室裡經歷前三個階段。第四階段的執行會分
別在遊戲室裡與遊戲室外，目標是讓孩童能在遊戲室之外，運用他／她正面積
極的資源。這四個階段也都用於和孩童生活中的重要成人的諮詢之中，像是教
師或家長。

在第一階段，心理師使用追蹤非語言行為、重述語言內容、反映情感、提
問的策略、與孩子積極互動、以合作的方式清理遊戲室、鼓勵，以及設限，來
和孩童建立平等的關係，並在適當的時候，運用孩童使用的隱喻。同時，在家
長諮詢的過程中，心理師運用許多策略，像重述語意、反映情感、鼓勵、辨認
人格優先順序和重要 C 信念，來和孩童的家長建立關係。如果遊戲治療師和
教師做諮詢，這些相同的技巧在和他們建立關係上也是不可或缺的。

在第二階段，為了探索孩童的生活型態，遊戲治療師觀察孩子的遊戲與其
他互動，使用提問的技巧和藝術治療策略，從孩童與家長身上蒐集孩童行為的

目標、重要 C 信念、人格優先順序、家庭星座（family constellation）、家庭氣氛（family atmosphere）、內在資源、個人邏輯，以及早期經驗回憶（early recollections）等資訊。心理師整理這些資訊成為對孩童的個案概念化，在治療的第三階段與孩童及家長分享：幫助孩童與他們的家長對孩童的生活型態得到洞察。在家長諮詢中，心理師也探索家長對自己身為家長的想法、教養策略、婚姻議題，以及有可能妨礙家長與孩子積極互動能力的個人議題。使用源於第二階段所形成的了解來發展處遇計畫，它概述了和孩童與家長合作的治療目標與策略。

　　作為第三階段過程的一部分，心理師使用暫時性假設、詮釋、隱喻、藝術技巧、面質、立即性和幽默，幫助孩童檢視他／她的態度、感知、情緒、想法和行動，以決定哪些地方他／她想要改變，而哪些地方他／她想要繼續保持。在家長諮詢中，心理師使用相同的策略幫助家長增加他們對孩童與其動機的了解，增進他們對自己身為家長的洞察，並決定教養策略，以支持孩子正在做出的改變。

　　在重新導向與再教育階段，心理師幫助孩童與家長在遊戲治療單元裡、家庭中和其他環境裡，操作執行這些決定。遊戲治療師使用腦力激盪、問題解決和教導，向孩童傳授各種互動技巧，並向家長傳授教養技巧。在單元中練習新獲得的知識與技巧，有助孩童與家長在於其他情況中練習之前，鞏固他們所學到的，並能從遊戲治療師身上得到鼓勵，與學習鼓勵彼此。

　　這些階段並非分離獨立的。心理師持續在整個過程中建立關係。心理師可能選擇在蒐集資訊的過程中，結合技術來幫助個案洞察他／她的個人邏輯或偏差假設，或者在個案得到洞察時，教導一些新技巧（重新導向與再教育階段）。在許多情境下（如：學校、私人診所、機構），心理師可能會感到壓力而催促這個歷程，並直接進入重新導向與再教育階段。然而必須要抵抗這樣的誘惑，不跳過任何一個的走完所有四個階段。

　　試著採取捷徑的方式時要小心。在我們與兒童和他們家庭工作的經驗中，跳過階段根本無法產生有效與持久的介入，就像把 OK 繃貼在問題上。如果

你不花時間和個案建立關係或了解問題的動力，在個案這一方，動機會很薄弱；在你這一方，會只有一點點的治療影響力能去幫助個案做出有意義與正向積極的改變。如果你只是建立了和諧的關係和探索問題，但沒有幫助個案得到洞察，個案便沒有基礎來創造與維持行為和態度的改變。為了使個案有動機、認出他／她的資源，並有建設性地將積極的改變轉為行動，走完四階段中的每一個階段所累積的經驗是很必要的。

♠ 治療師的角色

阿德勒治療師的角色是積極與具指導性的。治療師提供資訊、引導、積極的示範、現實檢驗（reality testing）、鼓勵、尊重與支持性的面質（Jones-Smith, 2015）。在阿德勒遊戲治療中，治療師的角色是極其流動的，根據治療階段而改變（Kottman, 2009, 2011）。在第一階段中，遊戲治療師是相對比較不具指導性的，在單元中表現得有如夥伴，邀請孩子分享權力與責任，也邀請家長在治療性的歷程中，感受到共同合作的投入感。在這個階段中，治療師角色很大的成分是鼓勵孩童與家長，使他們獲得自信與能力感。

在第二階段，遊戲治療師的角色轉變為較積極與指導性的模式。治療師有如偵探，蒐集關於孩童與家長的態度、感知、思維過程、情緒、互動等資訊。在這一階段的尾聲，治療師形成對孩童生活型態的個案概念化，以及在適當的時候發展出與孩童、家長和教師合作的處遇計畫（Kottman, 2009, 2011）。

在第三階段，遊戲治療師再次成為夥伴——一個帶著重要訊息來和孩童與家長溝通交流的夥伴。在這個階段大多數的時間裡，遊戲治療師是非常具有指導性的。治療師挑戰孩童對自己、他人和這個世界那些長期且自我挫敗的偏差信念；邀請孩童與家長在態度與看法上做出改變；推動孩童與家長掌握額外的重要 C 信念；鼓勵社會情懷的提升；並在家庭功能的許多方面促進變動（Kottman, 2009, 2011）。

在重新導向及再教育階段，遊戲治療師是積極的老師與鼓勵者。治療師在

此階段的主要功能是幫助孩童與家長學習並練習新技巧，增加他們行為上的功能，並在日常生活中應用新的、更積極的自我感知與對他人的感知。治療師通常在單元中會花時間教導並提供機會，練習自我肯定的技巧、協商技巧、社交技巧、教養技巧、溝通技巧，以及其他孩童與家長可以用來和他人互動與處理問題情況的有用策略（Kottman, 2009, 2011）。

🔷 文化：領先他的時代

在阿德勒形成並發表他對於人性及人如何發展的概念時，他意識到文化在創造生活型態上的角色。然而，就像當時其他的理論家一樣，他是從自身的經驗中獲得靈感的。因此，和平、平等、整體論與社會情懷等價值並非全球通用的價值，而在價值觀顯著不同的情況下，需要做出調整（Sperry & Carlson, 2012）。

阿德勒以他「有男子氣概的抗議」（masculine protest）之概念，引起社會上對於性別角色的關注（Jones-Smith, 2015; Kottman & Heston, 2012; McBrien, 2012），這是基於阿德勒不同意弗洛依德早期關於女性想要像男性的驅動力之信念。阿德勒認為，假定性別之間的不同使得男性更加優越，這是一種社會或文化現象，而事實上，這現象使所有的性別都受挫（Adler, 1927/1954）。

阿德勒還相信沒有了解一個人的社會經驗或文化，就沒辦法了解一個人。他堅定地認為人在生活與經驗生命的氣氛中產生了挑戰與鼓勵，人們在這之中創造了他們的生活型態。換句話說，一個人的文化與他對自己在社群與社會上所處地位的感知，在一個人對自己、他人和這個世界的信念上扮演了很大的角色（Oberst & Stewart, 2003）。

《個體心理學期刊》（*The Journal of Individual Psychology*）注意到世界各地文化的重要性，以及文化與阿德勒學派理論之間的相互關係。Jon Carlson 所編輯的一期特刊專門討論阿德勒學派理論與不同文化，像是伊斯蘭教（Alizadeh, 2012）、保加利亞（Walton & Stoykova, 2012）、亞洲（Sun & Bitter, 2012）、希臘（Nicoll, Pelonis, & Sperry, 2012）和南非（Brack, Hill, & Brack, 2012）。其他關於

阿德勒學派理論及文化更特定主題的刊物也已經出版。Oryan（2014）描述了與家長和家庭工作時，了解文化的重要性。Duba Sauerheber 和 Bitter（2013）描述了就阿德勒諮商而言，宗教與靈性的意義。

阿德勒遊戲治療能和來自不同文化與種族的兒童工作融洽（Fallon, 2004; Kottman, Bryant, Alexander, & Kroger, 2009）。

> 阿德勒學派的概念與許多民族和文化群體的價值觀一致。這個一致性的存在，主要是因為阿德勒學派的認知與行動導向技巧有相當大的彈性。阿德勒學派強調個體對這個世界的主觀看法與詮釋，也導致對種族價值與感知的反應。（Herring & Runion, 1994, pp. 218-219）

身為一名阿德勒遊戲治療師，你有責任要不斷地學習與了解各種文化，以及文化在個案身上可能有的影響（Gil & Drewes, 2005; Hinman, 2003; O'Connor, 2005; Post & Tillman, 2015; Vaughn, 2012）。重要的是要記住，具備處理文化差異的能力是一段旅程，而非一個終點。作為繼續培養處理文化差異能力的方法，你可以持續檢視你的信念，以及你對其他文化私下或不那麼私下的偏見。舉例來說，關於那些可能會影響你與多元文化個案工作能力的信念，你可以問自己一些問題：

- 對低收入家庭的工作倫理或智力表現，你的信念為何？
- 關於教養與管教風格，你對亞洲人或亞裔美國人、歐洲人或歐裔美國人，以及非洲人或非裔美國人，有何看法？
- 當你了解到一個孩子是由祖父母、同性家長、單親家長，及／或已婚家長所撫養時，你的第一個內在反應是什麼？
- 對宗教節日與你不同的兒童／家庭，你會如何安排單元時間？
- 對那些不會說你的語言的家庭，你會提供給他們什麼資源？

諮詢、督導與個人諮商都會是提升你對於其他文化的自我覺察、知識與效能等，有所收穫的方法。

摘要

　　根據阿德勒學派理論，人是社會鑲嵌的、目標導向的與具創造力的。他們從主觀的角度看待自己、他人和這個世界。因為阿德勒遊戲治療師基於這種人性觀來概念化孩童，所以他們必須考慮家庭與社區對孩童的人格與互動模式的影響。他們也必須了解孩童行為的目的與動機，以及孩童獲得歸屬感與重要性／意義的獨特個人方式。透過阿德勒遊戲治療的四個階段，心理師與孩子建立和諧關係，探索孩子的生活型態，幫助孩子對他／她的生活型態有所洞察，並以孩子改變對自己、他人和這個世界的觀點為基礎，來教導孩子以新的方式和他人互動。在阿德勒家長諮詢的四個階段中，心理師與家長建立平等合作的關係、探索家長對孩童生活型態的感知，並探索家長的生活型態、幫助家長洞察自己和孩子的生活型態，以及教導他們與孩子互動的新技巧，並從一個更積極正向主動的架構來看待自己身為家長的角色。阿德勒遊戲治療的最終目標是治療師運用和孩童與其家長的關係，幫助家庭成員提升他們對內在動力與人際動力的了解，並邀請他們運用那樣的洞察，在態度、想法、情緒與行動上，去創造深遠、積極與永久的改變。

其他相關資源

◗ 阿德勒學派心理學

http://www.alfredadler.org/what-is-an-adlerian

http://alfredadler.edu/about/theory

http://www.goodtherapy.org/adlerian-psychology.html

◗ 阿德勒遊戲治療

http://www.hbftpartnership.com/documents/uploadResources/
Adlerian_Therapy_Kottman.pdf

https://www.psychotherapy.net/video/adlerian-play-therapy

這孩子是怎麼了？
運用阿德勒學派的概念
來了解兒童

　　執行阿德勒遊戲治療的一大部分（但並不是全部），是運用阿德勒學派概念化的過程來了解兒童與他們的動力。藉著思索兒童的重要 C 信念（Lew & Bettner, 1998, 2000）、不適應行為的目標（Dinkmeyer et al., 2007; Dreikurs & Soltz, 1964; Nelson, Lott, & Glenn, 2013），以及他們的人格優先順序（Henderson & Thompson, 2011; Kfir, 1981, 2011），阿德勒遊戲治療師會逐漸形成對兒童生活型態的了解，以及生活型態是如何反映在他們的行為、想法、態度與關係的模式上。我們相信這所有的概念也可以應用在成人身上，在我們與家長和教師諮詢，以及督導與訓練遊戲治療師時，可以運用這些概念來提升我們的了解（Kottman, 2011）。（有關如何將這些概念應用於家長與教師的更多資訊，請參閱第四章。）

🔻 重要 C 信念

　　作為對研究的回應，Lew 和 Bettner（1998, 2000）發展出重要 C 信念的概念，提出了在生活中成功的孩子是和他人有穩固關係的、被他人所看重的，並

有著對生活某些方面擁有控制權的感知。比起辛苦掙扎的孩子，成功的孩子似乎有著四種信念作為潛意識上對行為的指引。根據 Lew 和 Bettner（2000）的觀點，下列這些信念是內在的確信：

- 與他人**有連結**（connect），感受到家庭與社群意義；
- **有能力**（capable）照顧自己；
- 被他人重視，知道自己是**有價值**（count）、有影響力的；
- **擁有勇氣**（courage）。

當孩童有重要 C 信念所給予的重要保護，他們便能成長為負責任、有生產力、樂於合作、獨立、有復原力、有內在資源、有所貢獻且快樂的人。

在阿德勒遊戲治療的第一與第二階段，你將觀察孩子的行為、詢問孩子問題（以許多不同的方式），並蒐集從家長而來的資訊（時機適當時，也可從老師那裡蒐集），目的是了解孩子是否將每一種信念都整合到他／她的自我感知中（Kottman, 1999）。以此調查為基礎，你會評估每一種重要 C 信念是這個特定孩子的強項還是弱點。在此評估的基礎之上，你可以規劃如何促進尚未納入孩童信念系統的重要 C 信念，在治療中第三與第四階段，使用在遊戲室中的互動，並幫助家長與老師學習協助孩童由內培養此種內在保護。

♥ 有連結（Connect）

孩童需要有歸屬感，並感到與他人有連結（Lew & Bettner, 1998, 2000）。那些渴望以積極方式與他人連結、擁有與他人連結所需技巧，以及對自己與他人連結的能力有自信的人，會在社交上感到安全，並相信自己是有所歸屬的。他們會對他人伸出雙手並結交朋友。他們能和其他孩子與大人建立與維持正向積極的合作關係（這些通常是不會被送來治療的孩子，所以你可能在專業上永遠不會和他們有交集）。

當有這種歸屬感的孩子進入遊戲治療時，他／她會很快與你建立關係，在

遊戲室裡對夥伴關係表現得自信又自在。當你從孩子、家長與老師身上蒐集資訊時，可得知孩子明顯在學校與社區中容易結交朋友與維持友誼，並和其他家庭成員積極地互動。

雖然 Lew 和 Bettner（2000）沒有談到這個問題，但在我們的經驗中，有的孩子似乎只是部分相信自己的連結能力，但對這種能力沒有百分百的信心（Kottman, 1999）。這些孩童通常在治療初期和心理師建立關係時，會有一點躊躇遲疑，但是對可能建立一個舒服的連結是保持開放態度的。根據自我陳述與他人的報告，他們能夠與他人建立關係，但可能在維持友誼並發展強而有力的社會網絡上有所掙扎。

尚未學到社會情懷價值，或者尚未學到與他人連結之必要技巧的兒童，會感到孤立與不安（Lew & Bettner, 1998, 2000），而經常被送來做遊戲治療。這些孩子不相信他們是有所歸屬的，因此表現得彷彿他們就是沒有歸屬一般。當他們表現得有如沒有歸屬一樣，並預期別人會拒絕他們，此時他們通常會從別人那裡接收到這個信念是正確的反應，這增強了他們的疏離感。有時候，不以建設性方式連結的兒童，決定透過負向消極手段來連結，這總比一點連結都沒有要好。由於這個決定，這些孩童經常以消極負向、自我毀滅的方式來尋求關注，好讓自己感覺到他們在群體或家庭中是有一個位置的，即使是一個負向的位置。

在遊戲室裡，這些孩子可能難以與你連結，有時候是避免眼神接觸、抗拒進入遊戲室，或對於可能的合作性活動，拒絕遵循你的提議等。當你從不相信自己可以連結或並不具有與人連結所必備之社交技巧的孩童之家長與老師那邊，蒐集關於孩童的社交互動資訊時，在交友以及與人維持關係上——在家、在學校、在社區中，形成了一貫困難的寫照。這些孩子傾向成為被社會拒絕者、被社會孤立者或是代罪羔羊。

在遊戲治療的第一階段當中，對沒有信心或必備技巧與人連結的孩童，你需要在努力建立關係上，與克制自己不在他們準備好之前去逼迫他們進入關係之間保持平衡（或者事實上，你決定其實你不想要與他們建立關係）。你需要

記住，你如此決定就是遵循他們慣有的模式，就再次證明他們對自己與他人早已形成的確信。你要避免傳達對他們連結能力的不認同或洩氣。比起你對較容易連結的孩童所做的，做更多的追蹤行為、重述語言內容、反映情感與鼓勵，對這些孩童會是有幫助的。

一旦你覺得你已經開始建立了連結，你可以很慢地進入第二階段的治療，只問一兩個問題，只要求孩童做你覺得他們會玩得開心的活動，像是畫畫或手偶劇。在整個第二階段中必須努力加強與孩童的連結。如果你感覺到對孩童生活型態的探究會威脅到你們的關係，那麼你的這個調查就需要再等等，以確保這個關係不會受到影響。

在阿德勒遊戲治療的第三階段期間，你可以使用玩具、故事、書籍、在其他關係中的例子，或是孩童所遇到狀況的例子，去運作建立關係的價值、孩童對於與人連結的情緒與信念，以及孩童連結的能力。以下是這些策略的一些例子：

- 「我在想，那個章魚既興奮又害怕要跟那條魚做朋友。」
- 「這些手偶娃娃對彼此非常友善。」
- 「我打賭故事中的小女孩擔心沒人喜歡她。我想她一定覺得好寂寞。」
- 「有時候我害怕我的朋友可能喜歡別人勝過喜歡我，而我決定無論如何還是要跟他們成為朋友，因為我真的很喜歡有朋友，即使我不是他們最要好的朋友。」
- 「我注意到，每當我談到你班上的其他孩子時，你都認為他們不可能會想要和你做朋友。你覺得這樣的想法如何阻止了你和他們交朋友？」（最後的這一個策略，你會只用在精通語言表達的孩童身上——因為許多有天賦的孩童落在「低連結」的類別，這可能是一個非常適合和他們互動的方式。）

對於社會情懷程度較低的兒童，我們經常使用能提高與人連結價值感的介入方法（如：讀書治療法、隱喻性的故事敘說、角色扮演、肢體活動）。我們

也向他們的家長及老師傳達關心他人以及與人連結都是重要價值觀的訊息。一些可能對家長與教師有幫助的資源，包含了：《給孩子的社交規則：孩子需要成功的 100 大社交規則》（ *Social Rules for Kids: The Top 100 Social Rules Kids Need to Succeed* ）（Diamond, 2011）；《新社交故事書》（ *The New Social Story Book* ）（Gray & Atwood, 2010）；以及《如何結交與維持友誼：幫助孩子克服 50 個常見社交挑戰的訣竅》（ *How to Make & Keep Friends: Tips for Kids to Overcome 50 Common Social Challenges* ）（Briggs & Shea, 2011）。

在第四階段中，我們提供示範、角色扮演與手偶劇的經驗，幫助孩子學習與練習社交技巧。通常，我們運用《國小兒童行為改變策略：教導利社會技巧指南》（ *Skillstreaming the Elementary School Child: A Guide for Teaching Prosocial Skills* ）（McGinnis, 2011）及《我的嘴巴是火山：活動與創意書》（ *My Mouth Is a Volcano! : Activity and Idea Book* ）（Cook, 2009）這兩本書裡的活動。我們也教導家長與老師給予孩童積極正向的回饋，來幫助他們克服有關與他人連結能力的消極負向信念。

♥ 有能力（Capable）

孩童需要相信自己是有能力照顧自己的（Lew & Bettner, 1998, 2000）。感到有能力的孩子立基於他們本身的能力。他們表現出自我控制與自律。這些孩童知道他們可以依靠自己，他們願意為自己與自己的行為負責任。他們對自己的能力有實際的評估。當拿定主意要做某件事時，他們有信心自己能夠成功。因為他們相信自己是有能力的，所以他們表現出能勝任與自我肯定的樣子。有強烈能力感的孩童，無論在遊戲室裡面與外面，對於自己做事情的能力都展現出信心。聽這些孩子談論家庭與學校時，你會注意到他們擁有強烈的自我效能感，並清楚知道他們能夠做好的事情。

在遊戲室裡，有時候感到有能力的孩子會對自己的能力有所猶豫，但是當治療師鼓勵他們去做時，他們通常會願意嘗試新事物。他們可能會描述成功的

努力，但傾向把焦點集中在那些奮力掙扎的時候，而不是當他們勝利的時候。他們在敘述證明能力的情況時，經常聽起來好似這些成功讓他們感到驚訝。這些孩童對於具體成就的正向回饋持開放的態度，但對於接受他人概括普遍的讚美恭維，有時會遲疑。有些孩童視不同情境而感到有能力──我（TK）兒子在課業上辛苦掙扎，但在電玩遊戲上超棒。他對玩超級瑪莉兄弟的能力十分有自信，但同時覺得自己在學校像個失敗者。

感到自己沒能力的孩童經常覺得自己是不足／不能勝任的（Lew & Bettner, 2000）。他們對自己的能力缺乏信心，這成了一種自我實現預言（self-fulfilling prophecy）。因為這些孩子對自己的能力沒信心，所以他們反覆地經歷失敗。他們經常破壞自己的努力，以確保努力的最終結果是證明他們對自己的信念。即便在成功的情況下，他們仍會找到方法將最終的結果解釋為自己已失敗的驗證。對自己的能力缺乏信心的孩童，可能會藉由壓制他人來試圖控制他人。有時候這些孩子用有計畫有系統的反抗，努力向別人傳達他們是不會被控制的。其他未將能力感納入自我信念的孩子，則變得過度依賴他人，期待別人來照顧自己，因為他們認為自己沒有照顧自己的技能。

遊戲單元中，掙扎於相信自身能力的孩童，表現出大量的自我懷疑。在遊戲室裡，這些孩子比較不情願去嘗試任何需要技能與專門知識的新活動，而且常常不願意用新的方式去玩他們「已經知道如何玩」的玩具。在描述其他環境裡的經驗時，他們不斷提供自己缺乏能力的證據，詳細描述自己的失敗，從不提及任何他們可能有過的成功。

「鼓勵」是你在遊戲的所有四個階段中主要的介入工具（Kottman, 1999）。在任何可能的時候，你可以聚焦在指出孩童的內在資產與技巧。運用你和孩子的互動，來幫助探索他／她可能會感到有能力的領域，以及認為也許未來有可能展現能力的領域，這會是有幫助的。

在第三階段，你會想要開始對孩童對於自己的能力缺乏信心做出一些猜測。你可以針對孩子對自己有能力勝任的懷疑「潑冷水」（spit in the child's soup），來表明這並非採取最有建設性與正確的立場。為了做到這點，有時候

你會透過隱喻進行溝通，而且希望能直接對孩子生活中的情況做處理（關於此技術的詳細討論，請參見第十章）。以下是這些策略的一些例子：

- 「當情況對那隻兔子變得有點困難時，她認定自己就是沒辦法做到。你覺得她真的不行嗎？」
- 「在故事裡，這個男生相當確定他沒辦法踢球，所以他甚至沒有嘗試。如果他想要學踢球，你認為他應該做什麼？」
- 「你不想試試看把子彈裝進手槍裡，因為你不知道它是怎麼被裝進去的。但你一看到槍管內部，你就搞懂了。」
- 「你說你不會畫畫，但你畫了大多數來這裡的小孩都會感到很自豪的一些畫。」

在整個過程中，邀請孩童參與我們認為他／她可以從中體驗到成功的活動（例如：需要一點點技巧或不需要技巧的遊戲、由我們創造故事情節的手偶劇，以及不需要藝術才能的勞作作品）。我們也教導孩童特定的技能（例如：用球打倒一堆積木，或是在手銬上練習打開逃脫的開關），以幫助孩童獲得能力感。我們不斷密切注意最微小的進步跡象、願意嘗試新事物的輕微意願，或者自豪感與成就感的表達，並對孩子朝向有能力感邁進給予鼓勵。有時在面對孩子的洩氣並抗拒以更積極的眼光看待自己時，要成為一個鼓勵機器是很累人的。千萬不要放棄尋找小小的改變，然後提醒自己這個孩子成為負能量怨婦（Negative Nancy）或喪氣鬼（Discouraged Doug），並非只為了要讓你感到挫敗。消極負向的陳舊習慣是很難拋在腦後的。

♥ 有價值（Count）

兒童需要知道他們是重要和珍貴的、他們是有價值的，不需要透過從他人身上贏得尊重與愛才能證明（Lew & Bettner, 1998, 2000）。那些相信自己是有價值的孩童，有自信能讓這個世界有所改變，也能對他人的生命做出有建設性

的貢獻。這些孩子感到自己是珍貴並受重視的。他們承認自己作為個體與生俱來的內在價值。因為他們對於自己是重要的以及可以做出正向貢獻有信念，所以他們的行為是有建設性與有助益的——他們的行為方式能為他們的家庭、社區與學校帶來改變。

在遊戲室裡，知道自己有價值的孩童，有自信你會相信他們是特別與重要的（Kottman, 1999）。這並非傲慢，而是確認別人會重視他們，不必做任何事來得到認同與接納。他們也認可自己在學校、家庭與社交場合的正向貢獻。他們經常敘述自己幫助他人的情況、擔任年幼孩童的小老師、操場上處理衝突的和事佬等。

其他孩童則認為，只有當他們符合某些具體條件時，他們才是有價值的（Kottman, 1999）。例如，他們也許認為只有當他們照顧別人；當他們是漂亮、會運動或強壯的；或當他們讓其他人做所有決定時，他們才有價值。因為他們的重要性是有條件的，這些孩童在他們相信能讓自己有價值的任何事物上都非常努力。他們極度的焦慮，因為他們相信如果不符合任何用來定義自己價值的條件時，便沒有人會在乎他們了。我們兩個（TK 和 KMW）都傾向陷入這個深淵——我們傾向於相信，我們需要繼續做得更多、更快、更好——我們的價值取決於我們的貢獻，所以我們知道很難對這種模式放手。

在遊戲室裡，相信自己只有在符合某些條件時才有價值的孩童，會花費大部分的時間和精力去確保自己符合這些條件。如果你不按照這些孩子的期望回應，也就是用一些評論去增強他們認為自己的重要性／意義是有條件性的，這些孩子經常會變得極度焦慮或有敵意。當他們描述在遊戲室之外的互動時，這些孩童會清楚地表示他們認為可以獲得接納的唯一方法就是遵守一套特定的條件。

不相信自己是有價值的孩子，會覺得自己微不足道（insignificant）（Lew & Bettner, 2000）。他們經常認為沒有人注意到他們或聽到他們要說的話。大多數覺得自己沒價值的孩子會發展出薄弱的自我形象。他們可能放棄、可能試圖威嚇他人，或藉由表現優越來過度補償。因為這些孩童認為他們沒有能力以積極

正向的方式得到接納或造成影響，所以他們以消極負向的方式行事或從與他人的互動之中退縮，以確認自己不會被接納或做出有建設性的貢獻。

在遊戲室中，這些孩子的行為常常是為了證明自己沒有價值。他們可能會發表消極負向的自我陳述、拒絕回答在治療環境以外關於生活的問題、不斷地順從他人、拒絕遊戲、認為治療師都沒有在聽等。這些孩子敘述那些遊戲環境之外的經驗，來證實自己是微不足道與毫無價值的信念。

當和不相信自己有價值的孩童建立治療關係時，對於這個孩子以及你可以和他／她一起共度的時間，你必須傳達真誠的興奮（Kottman, 1999）。確保你專注於孩子所做與所說的，並給予孩子回饋，讓他／她知道你有多重視你們的互動和他／她的意見與經驗。表明你相信孩子是特別與重要的言論會有所幫助，而在你的諮詢單元中，你也可以教導家長與老師這麼做。有一些可能幫助孩子的資源如：《一小匙的勇氣：鼓勵小書》（*A Teaspoon of Courage: The Little Book of Encouragement*）（Greive, 2006），以及《午餐盒之信：寫給孩子愛與鼓勵的紙條》（*Lunch Box Letters: Writing Notes of Love and Encouragement to Your Children*）（Sperando & Zimmerman, 2007）。你也可以同時推薦《兒童的五種愛之語》（*The 5 Love Languages of Children*）（Chapman & Campbell, 2012），內容包含大人如何向孩童傳達他們是有價值的建議。

相信自己是在有條件的情況下才有價值的孩童，會不斷地檢視關係，來確認人們只會在符合那些條件之時重視他們。我們要非常小心地監督與自我管理我們的評論與非語言行為，以便可以傳達我們對孩童的關懷是無條件的。

在第二階段中，我們詢問問題旨在探索孩童感到自己重要與特別的情況及關係，尋找孩童曾經造成改變的經驗。在協助孩童洞察生活型態時，我們對孩童不覺得自己重要的地方進行後設溝通，同時使用鼓勵提醒孩童，他／她有潛力發揮強而有力正向影響的其他地方。有時，建構治療性的隱喻或使用讀書治療的書籍，對激發孩童相信自己是有價值的會有所幫助。當孩子將他／她的影響力或重要性打折的時候，我們會對孩子用「潑冷水法」。相關的一些例子如下：

- 「今天見到你真開心。和你在一起，讓我今天心情很愉快。」
- 「當故事裡的小男孩說他很高興見到他的朋友時，他的朋友聽起來好像不相信他。」
- 「你知道很多關於車子的事。根據你今天告訴我的，我知道我的金龜車哪裡有問題了，謝謝你幫了我。」
- 「當駱駝謝謝小豬的幫忙時，小豬反駁說他根本一點幫助都沒有。你認為怎麼樣？」
- 「即使你在學校有好的點子，但聽起來你認為沒人會聽你的。」
- 「這個芭比娃娃好像認為只有她穿著漂亮衣服、髮型很完美的時候，大家才會喜歡她。我想任何只是因為她那天頭髮不好看而不喜歡她的人，不會是一個很好的朋友。」

在治療的第四階段中，我們試圖找到方法，讓孩子能在遊戲室裡做出積極正向的貢獻（例如：找到一個丟失的玩具、幫忙把彩色鉛筆削尖，以及帶較小的弟妹參觀遊戲室）。我們也建議家長及老師在為這個世界創造改變的精神下，找到方法讓孩子為了家庭、學校或社區做出貢獻（例如：幫助媽媽把生活用品提進家裡、幫班上把點心時間的牛奶從餐廳拿回來，或擔任年幼孩童的小老師），以及與他們一起合作來傳達對孩子無條件的接納與支持。在我（TK）擔任遊戲治療志工的學校裡，我邀請一些孩子跟我一起巡視校園並撿垃圾。雖然起初有些人不情願，但看到我們帶來的改變，其中幾個孩子受到了激勵，提議在單元期間把這個項目當成活動之一。

❤有勇氣（Courage）

兒童需要有勇氣。他們必須願意面對生活的任務，並在即使不知道能否成功的情況下去冒險。

要使兒童盡可能的全面發展，他們就必須要有不顧失敗與恐懼而繼續前進的

勇氣。勇氣並非不會恐懼；勇氣是儘管恐懼也願意繼續前進，並完成所需要做的。（Lew & Bettner, 2000, p. 15）

　　有勇氣的孩童會感到有希望、自信並與他人平等。即使當他們害怕時，這些孩童也願意冒險，因為他們相信自己可以處理具有挑戰的情況。他們是有復原力的、不放棄的，或不允許自己被氣餒壓垮，或過度被他人的意見所影響。有勇氣的孩童會告訴自己：「我知道我可以應付任何出現在我面前的挑戰」，並且因為這樣的信念，他們就能辦到。

　　在遊戲治療中，孩童透過願意承擔風險並嘗試新行為和經驗，而表現出勇氣（Kottman, 1999）。他們是靈活的思考者，願意分享權力而不會感到被威脅或貶低。他們描述遊戲室之外的情形是，即使事情不如他們所預期，他們仍然堅持著；即使他人不同意自己，他們仍然捍衛自身的信念。這些孩子的家長與老師描述了他們有勇氣的行為與復原力，他們目擊了孩子不會讓恐懼戰勝自己的證據。

　　有一些勇氣、但不全然勇敢的孩童可能會猶豫嘗試新的活動。然而，他們通常願意接受大人和同儕的鼓勵與正向回饋。當他們對自己處理恐懼的能力變得更有自信時，這些孩子會得到希望感與平等感，從而增加了勇氣。當這種情況發生時，是極其激勵與鼓舞人心的，這是讓我們兩個持續回到學校去做志工服務的原因之一。

　　沒有勇氣的孩童感覺自己不如人、氣餒、無望和能力不足。他們很容易被恐懼與氣餒所壓垮，逃避他們可能會失敗的挑戰。家長與老師經常描述這些孩子很容易放棄，發展出不良的工作習慣、懼學症、選擇性緘默症或憂鬱傾向。因為他們不嘗試新經驗或進入新關係，也不要求他們的生活改變或只要求一點點改變，這些孩子透過生活確認了他們對於自己的信念——自己是低人一等且不足的。

　　在遊戲治療中，缺乏勇氣表現在孩童身上就是他們乾脆不冒任何風險，或不嘗試任何不能保證會成功的遊戲經驗。這些孩子在遊戲單元中只做一點點或

根本不做任何事，這對遊戲治療師來說可能變得非常令人挫折。和缺乏勇氣的孩子建立關係是相當緩慢的，所以這個階段的關鍵是耐心（Kottman, 1999）。你要緩和地邀請孩子嘗試新經驗，伴隨著你願意充分地慢慢來而不讓孩子被焦慮所壓垮。當你遇到孩子在勇氣上掙扎時，使用大量的回歸責任給孩子。你應該避免為孩子做他們自己可以獨力完成的事情，並且避免為他們下決定。針對孩子即使是小小的冒險或嘗試新事物的情形進行後設溝通也會有幫助。

在第二階段，這些孩子傾向忽略問題，以確保他們的答案不犯錯誤。除了事實性問題以外，「我不知道」是他們通常的答覆。當這種狀況發生時，我（TK）使用一種從 Gerald Corey（個人通訊，1988 年 3 月）改編而來的技巧。首先，我對孩子說：「如果你知道的話，那答案會是什麼？」如果這樣做行不通，我會轉而尋求「外來」的協助。有時候，我帶著一個仙女或巫師的手偶，向手偶問問題，希望孩子幫手偶回答，或駁斥我給手偶的荒謬答案。其他時候，我會問孩子，如果我問他最喜歡的老師、阿姨或祖父母其中一人這個問題，他們會告訴我什麼。

在協助孩子洞察他／她的生活型態時，你可以猜測焦慮是如何阻止孩子體驗可能的有趣經驗，或如何阻止他們完成有能力可以做到的事。你也可以針對勇氣如何創造希望感以及缺乏勇氣如何造成絕望感，進行後設溝通。這些介入策略的例子如下：

- 「看起來飛鼠很害怕從這棵樹跳到另一棵樹，儘管她知道她可以做到。她相當難過也對自己有一點失望，因為那樣看起來會很好玩、很刺激。」
- 「這個小水獺不願意和其他的小水獺一起去游泳。你認為是什麼阻止了他去游泳？」
- 「你決定不要用手指畫，因為你怕你可能會犯錯。」
- 「我猜你不想決定用什麼顏色畫房子，因為你害怕那可能不是完美的選擇。在這裡，並沒有所謂完美的選擇這件事。」

在重新導向與再教育的階段中，我們發現把任務分成小部分會有幫助，這樣孩童「失敗」的風險就降低了。我們有時會設置一些情境，可以讓我們教導孩子成功地精熟新經驗所需的特定技巧（例如：在把疊疊樂積木抽出來之前，如何測試每個積木；如何移動手偶的嘴巴，好讓它看起來像在講話）。我們兩個會故意犯錯（或不是故意的，這樣很省事），示範「不完美的勇氣」，去展現在遊戲室裡冒險、嘗試新活動、感到丟臉，或經歷失敗絕對不是毀滅性的。為了顯示我（TK）害怕很多事情，但沒有讓恐懼阻止我做我想要做的事，我使用自我揭露，講述我生活裡的故事，關於向自己證明我可以成功面對挑戰的情況。當我這麼做時，我很小心地讓這些揭露相對地簡短，如此遊戲單元才不會變成「都在講我」。我也監督自己如何呈現我的故事（不論是語言上或非語言上），因為我不想要因孩子的恐懼而傳達出對他／她的論斷或不認同。

◆ 不適應行為的目標

在嘗試了解與改變氣餒的兒童的目標時，必須記住兒童的不適應行為是他們試圖滿足需求的結果，即使是用不適當的方式（Burke, 2008; Lew & Bettner, 2000; Nelson, 2011; Nelson et al., 2013）。感到氣餒的兒童的目標會陷入於追求這四個主要類別：獲得關注、權力、報復及證明不足／不能勝任的（Dreikurs & Soltz, 1964）。

為了確定孩童的目標，你會需要蒐集關於孩童情緒與行為的資訊、與他／她互動的成人的情緒與反應，以及當他／她經歷到批評與懲罰時的回應（注意你自己對孩童不適應行為的感受與反應也會有幫助；同時，重要的是要記得，你的反應大概不同於其他成人的反應──至少我們希望是如此──我們遊戲治療師應該比其他成人更包容孩子）。因為四個目標中，這些因素都會有所不同，你通常可以確定孩童正努力追求的是哪個不適應行為的目標。做出這個決定很重要，因為在遊戲單元中的介入策略，會根據心理師對孩童目標的了解而有所不同。知道孩童的目標對規劃家長與教師諮詢也會有幫助，因為用來處理

不適應行為的阿德勒技術，某種程度上是針對特定目標的。最終，你要想出解決之道來幫助孩童學習用適當與利社會（prosocial）的行為來滿足他／她的需要。這也可能包含幫助家長、家庭成員、學校人員學習辨認孩童的需求，幫助孩童透過正向積極的行為來滿足需求。在某些情況下，包含改變家庭與教室系統運作的方式，使不適應行為對孩子不再「有效」。

♥ 獲得關注（Attention）

目標是獲得關注的兒童認為，只有當他們是注意力的中心時，自己才是重要且有意義的。當別人沒有注意到他們時，他們就感到渺小與不重要。他們覺得自己需要獲得關注才有所歸屬。這些兒童有四種可能的途徑來獲得關注：積極且有建設性的方式、消極且有建設性的方式、積極且有破壞性的方式，及消極且有破壞性的方式（Dreikurs, 1948; Lew & Bettner, 2000; Nelson, 2011; Nelson et al., 2013; Pepper, 1980）。孩童通常首先試著透過建設性的方式來獲得關注，但是如果他們覺得以正向「有用」的方法並未得到接納與歸屬感，他們就會轉為使用破壞性的模式。孩童根據個人勇氣與活力的程度，來使用積極或消極的模式。擁有大量勇氣與精力的孩子採取積極的途徑來獲得重要性／意義。感到氣餒、被打敗與害怕的孩子則採取消極的途徑來得到歸屬。

每一個子類別都有其獨特類型的典型行為。選擇採取積極且有建設性方式獲得關注的孩童，典型地會有很多積極正向的行為與風格，而這一切都是為了能讓他們成為被關注的中心。這些孩子通常都是老師的寵兒或模範學生，用美好良善去獲得認同。他們經常是非常合乎道德的，且可能會以打小報告來獲得關注。積極且有建設性的尋求關注者，會誇張炫耀似地為別人做好事——一直吸引人關注他們的好行為。這些孩童很少被送來諮商——雖然當他們成年之後，可能必須去諮商，因為他們傾向於鎖定在滿足他人的需要而不是自己的。（我們兩個都希望我們家的孩子有用這一種類型來獲得關注，但我們皆沒有那麼幸運。）

選擇採取消極且有建設性方式獲得關注的孩童，典型地會展現出和積極且有建設性孩童同類的行為（Dreikurs, 1948; Pepper, 1980）。主要的區別是消極且有建設性的孩童會以比較不明顯的方式做出這些行為，然後抱持希望地等待別人注意到，並給予他們渴望獲得的關注。有時候消極且有建設性的尋求關注者就像是緊黏著的藤蔓，期待別人照顧他們。這些孩子也可能因為好看的外表或迷人的個性，得到許多關注，並經常發展出對被讚美與被服務的渴望。因為他們的行為是消極且有建設性的，他們也很少被轉介來諮商——太可惜了，因為幫助他們找到更好的方式來獲得關注，會很容易成功。

選擇採取積極且有破壞性方式獲得關注的孩童，通常會做相對較為明顯消極負向的事情來獲得關注（Burke, 2008; Dreikurs, 1948; Pepper, 1980）。這些孩子經常是班上的小丑或家中自作聰明的人（smart alecks）。他們通常以相當明顯又吵鬧的負向行為來引起注意。他們可能是滑稽的、愛爭辯的、過度活潑的、容易分心或欺負人的。

Pepper（1980）描述了屬於這一類別的幾個不同類型的孩童。炫耀就是孩子使用浮誇的負向行為來獲得關注。他／她喜歡使人感到震驚，並可能發表一些聲明只為了引起注意。妨礙人的孩子變成討人厭的人來獲得關注與重要性／意義。白目又亂講話的（enfant terrible）孩子故意打破有禮得體與常規慣例的規則來取得關注，這樣的孩子時常打斷別人並講話粗魯，他／她在與其他孩童及大人互動時，可能是機智、狡猾和聰明的。像是一個行走問號的孩子會不斷地問問題，即便他／她已經知道答案了。情緒不穩定的孩子很容易放棄，並需要不斷地再三保證和支持，即使他／她有能力做許多事情。一個用積極且有破壞性來尋求關注的孩子，可能曾經使用這些行為中的任一種或所有行為來獲得關注。

選擇採取消極且有破壞性方式獲得關注的兒童，不像積極且有破壞性尋求關注的兒童那樣明顯（Dreikurs, 1948; Pepper, 1980）。這些孩子經常被認為是懶惰或依賴的。他們可能顯得很害羞，或用靦腆來讓他人專注在他們身上。他們可能是邋遢的、一直遲到或不願意做家事。這些行為都是獲得關注的消極手

法。消極且有破壞性的尋求關注者，也可能是表現出大量恐懼與焦慮的孩子，不斷地需要感到安心與被照顧。

當大人和以受到關注為動機的孩童互動時，他們會覺得略微地煩人。大多數時候，當這些孩子尋求被關注時，大人就會給予關注——不論是積極正向的或消極負向的。對用建設性方式來尋求關注的兒童，大人一開始的反應是正向的。但隨著時間過去，這些孩童不斷地需要參與其中及受到關注，這需求就開始變成關係中緊繃的張力。而對於用破壞性來尋求關注的孩童，大人有時會試著哄騙他們轉為較適當的行為。

為了回應他人的糾正，尋求受關注的孩童會短暫地減少或消除煩人的行為。當別人注意到他們時，他們似乎感到滿意並停止需索與人互動。然而，當他們不再是被關注的焦點時，他們的焦慮就逐漸加劇，接著很快就回復到他們通常用來獲得關注的行為。不論是用正向或負向行為來停留在聚光燈之下，這些渴望受到關注的孩童很少被轉介，因為他們的行為通常不足以讓生活中的大人苦惱到要送他們來遊戲治療。這些孩童被糾正的時候，會修正他們的行為，這會讓他們避免將適當行為的界線推至超出可容忍的範圍。

尋求關注的孩童相信自己必須是被關注的焦點，為了與之反其道而行，你可以用三種不同的策略：忽視、給予關注及後設溝通。當這些孩子用不適當的方式尋求關注時，比如表現得很滑稽或很依賴，最好的方式是忽略他們。藉由當他們不尋求關注時去注意到他們，你會鼓勵這些孩子探索其他更積極正向來獲得重要性的方式（像是第二章討論到的，行為的積極正向目標或致力於發展重要 C 信念）。你也可以針對他們行為的目的，進行後設溝通。這種介入策略最適用於阿德勒遊戲治療的第三階段，作為幫助孩童洞察他們不適應行為的目標。關於目標是獲得關注的一些後設溝通的例子如下：

- 「你真的想要我注意到你。」
- 「當我們在一起時，如果我沒有注意到你，好像有時候你會害怕我不喜歡你。」

- 「有時候我覺得你真的很喜歡你媽媽都在忙你的事，而不要注意到你弟弟。」

　　介入的最終目標是讓孩童領悟到，他們不需要透過成為被關注的焦點來獲得歸屬感或重要性。和尋求關注孩童的家長與教師工作時，你可以建議他們如何使用這些相同的技巧，來幫助孩童把這樣的想法普及至遊戲單元以外的環境。

♥ 權力（Power）

　　目標是權力的孩童，相信只有當他們有掌控權時，自己才有價值（Burke, 2008; Dreikurs, 1948; Nelson, 2011; Pepper, 1980）。他們認為需要控制自己（有時候是控制其他人與情境），而且他們相信必須向他人證明自己不可被掌控。當情勢不在他們控制之中時，他們感到自己不重要與毫無價值，並試著透過任何可用的手段，重新取得權力。尋求權力來獲得重要性／意義的孩子，典型地會向世界上其他人表現出自信與優越的面孔，有時候甚至是自大的。然而，這並非他們真正的感覺。這些孩童經常試著以較為建設性的方式取得重要性／意義，但是透過這些方式他們並未得到歸屬感，所以他們相信自己必須要試著贏得權力，才能感到安全與放心。有時候，他們沒能擁有適齡的權力，所以覺得需要從他人那裡「偷取」。

　　以控制為目標時，雖然沒有建設性的型態，但有分積極的與消極的。積極與消極尋求權力的表現，最主要的區別在於孩童投入他們行為的精力程度。積極尋求權力的孩子藉著爭辯、吵架、唱反調、公然挑戰，和權威者與同儕爭奪權力。許多時候，他們用發脾氣來得到自己想要的。他們也可能公然說謊，在遊戲中以作弊取勝，用其他形式的不誠實來控制情況與其他人。消極尋求權力的孩子藉著不服從、健忘、操弄他人、固執己見、懶惰和不合作，來爭奪權力。消極的孩子不會公然挑戰別人，而是以一種被動攻擊的方式來達成目的。

　　大人遇到尋求權力的孩子時，通常會對他們生氣。他們容易因孩子對控制的需求而感到被威脅或挑戰。大人經常用以下的方式對這樣的挑戰做出反應：忙於和這些孩子進行權力爭奪、威嚇他們，或是藉由說教來引導他們遵循規則與架構。這些策略在以權力為動機的孩童身上鮮少成功。當他們被懲罰時，尋求權力的孩童傾向加劇他們的負向行為。積極尋求權力的孩子會更用力地反抗，而消極尋求權力的孩子會更努力地被動攻擊。

　　根據我們的經驗，以權力為目標的孩童通常來自三種情形之一的背景：（1）孩子的家庭不讓他／她有合理或適當的權力及責任；（2）孩子的家庭允許他／她擁有過多的權力與責任；或（3）孩子的家庭是混亂、雜亂無章、缺乏安全感與架構的。我們需分辨這三種背景，因為我們在遊戲單元裡的介入風格，會根據尋求權力孩子生活中的潛在動力而有所不同。

● 擁有太少權力的兒童之背景與遊戲治療介入策略

　　家中不允許有任何一點權力的孩童，經常覺得有需要對情勢進行一些少量的控制，並透過對所有情勢索求權力來過度補償自己。這些孩子的家長經常是過度保護的，或是極度嚴格與獨裁的。這些家長替孩子做他們自己就可以完成的事情，持續幫他們刷牙、穿衣服、切肉排、選擇服裝、決定他們要做什麼、可以去哪裡，以及可以和誰做朋友。即使當這些孩子發展上適合擁有一些有限的權力與責任時，他們也很少有機會練習控制自己與自己的生活。由於他們很少被允許做決定、負責任，甚至控制自己日常生活的小層面，這些孩子便透過操控或發脾氣，逐漸發展出控制他人的需要。他們變得一心想要得到少量的權力，以致於每個互動都成為孩子決心要贏並獲得控制的權力爭奪戰。

　　我們和擁有太少權力的孩子工作的策略，是在初期單元中讓他們充滿控制權，接著再漸漸地引進我們會和他們分享權力的想法。在第一次單元中，我們不在遊戲室裡下任何決定。我們把所有的選擇都留給孩子，並不斷回歸責任給他們。我們有時候會使用第五章所討論的「悄悄話技巧」（whisper technique）來達成這一點。

　　通常這些孩子對和他們分享權力有負向的反應，因為他們不確定要如何應付，甚至可能認為這是某種陷阱。曾經有孩子對著我們尖叫說自己無法做決定，而我們是大人，決定遊戲單元中發生什麼事是我們的工作。我們也遇過其他的孩子就是拒絕做決定，並被動地坐著等待我們掌控全局。（如果我們表現出願意承擔控制權，同樣是這些孩子，就會試圖從我們這裡搶奪權力，有點像是「我逮到你了」式的互動。）我們對這些反應進行後設溝通，並猜測對他們來說，信任我們並對單元中所發生的事負起責任，有多麼困難。

　　隨著關係的發展，孩童開始對擁有權力感到更加自在，將之視為很自然的事而非被強迫才發生的，這時你就可以開始請他們和你分享權力。你會想要傳達這樣的想法：無論是他們或是你負責掌控，他們都可以在單元中感到自在與安全。要達成這一點，你需要安排和他們分享權力的方式。舉例來說，你可以建議為你們玩的任何遊戲輪流制定規則；你可以不使用悄悄話技巧而將角色扮演帶往不同的方向；你可以設置遊戲情境來扮演。監測孩子對這個過程的反應是很重要的，以便能夠反映他們的感覺，以及對他們所發生的事進行後設溝通。

　　在家長諮詢中，我們和家長工作來教導他們讓孩子行使適齡的控制權。有時候，家長沒有足夠關於兒童發展的資訊，而根本沒有意識到孩子自己應該能夠做些什麼。在這種情形下，我們可能會要求家長閱讀兒童發展書籍，如：《幼兒發展里程碑》（*Developmental Milestones of Young Children*）（K. Petty, 2009）；《年齡與階段：健全童年發展的家長指南》（*Ages and Stages: A Parent's Guide to Normal Childhood Development*）（Schaefer & DiGeronimo, 2000）；《年齡與階段：從出生至八歲的發展描述與活動》（*Ages and Stages: Developmental Descriptions and Activities, Birth Through Eight Years*）（Miller, 2001）；《你的五歲小孩：晴朗與寧靜》（*Your 5-Year-Old: Sunny and Serene*）（Ames & Ilg, 1979）；《你的七歲小孩：低音階裡的生命》（*Your 7-Year-Old: Life in a Minor Key*）（Ames & Haber, 1985）；或其他由 Gesell 人類發展中心（Gesell Institute of Human Development）所出版的書，其中包含關於在特定年齡對「正常」兒童該期待些什麼的資訊（世上真有任何一個「正常」的兒

童嗎？）

有些家長由於自己本身的議題，難以與其他任何人分享權力。我們常常轉介這些家長去個別心理諮商，但很難讓他們對諮商過程感興趣，因為這意味著要放棄某些控制權。他們也可能抗拒學習和孩子互動的新方法。我們發現鼓勵追求權力的家長與子女分享權力最有效的方法是，教他們如何給予有限的選擇。這個策略讓孩子對自己的生活有一定的控制權，但不要求家長真的放棄在家中做出所有的決定。

● 擁有太多權力的兒童之背景與遊戲治療介入策略

在家中擁有過多權力的孩童，相信他們在與他人（以及世上其餘所有人——哎呀！）的互動當中，都需要等量的權力。這些孩童的家長可能有：（1）對教養持放任態度；（2）太多的個人議題，使得他們被困在自己的困難當中，沒有精力去樹立界線與架構，而導致**親職化兒童**（parentified children，被期待在家中承擔家長角色的兒童）；（3）強烈取悅他人的需求，使他們不願意對孩子設限；以及（4）許多焦慮，使他們傾向過度保護與溺愛孩子。這類孩童在發展上預備好做選擇之前，他們就在生活的各個方面做出自己的決定。他們經常照顧自己，或許也照顧幾個兄弟姊妹。有時候他們很受寵，並期待別人應承他們每一個願望。當家人以外的人不讓他們擁有已習得從他人而來的控制權，這些孩子就試圖從他人手裡搶奪，因為沒了他們慣有的權力，會讓他們感到不安。這導致了與權威人物之間不斷地權力爭奪，他們認為權威人物侵犯了他們成為有力量的權利。

在遊戲單元中，你會需要從第一個單元開始，和擁有太多權力的孩童建立平等分享權力的夥伴關係。這樣你可以幫助他們學到，他們能放棄要求完全的掌控每一種情況而仍然能生存，並感到安全與快樂。這些孩子通常對你要彼此分享權力的想法有負向的反應，他們可能試圖把你拉進權力爭奪中。當這種情況發生時，最好的辦法是後設溝通他們的目標，並避免與他們進入權力爭奪。和尋求權力的孩子進行後設溝通的例子如下：

- 「你想要改變規則，這樣你才可以贏。」
- 「看起來讓我用你的方式去做，對你真的很重要。」
- 「我在想你喜歡當老大，並且告訴我要做什麼。」

避免權力爭奪的一些做法是給予選擇、尋求解決方案或設立結果（請見第四章與第六章）。這些策略維持了民主的關係，並讓孩童擁有一定程度的權力而沒有讓他們控制整個情況。很重要的是，要避免把孩童的行為看成是針對你個人，而在任何方面感到被挑戰與威脅。提醒自己（身為一個大人——甚至當你真的不覺得自己像大人時），比起孩子們，在生活中你擁有更多的自由與選擇，而在你與他們的互動中，你必須像個大人般保持冷靜與心平氣和。

對親職化的兒童，我們確保自己不期望他們在單元中過於負責。我們常常避免要求他們幫忙清理房間，我們試著把他們拉進傻呼呼又像孩子般的行為中（雖然這些孩子經常比我們還要更嚴肅正經，所以這可能是困難的工作）。對被溺愛的兒童，我們避免縱容嬌慣他們或降低對他們的期待。我們要表達我們的信心，這些孩子無須被過度保護或得到所有想要的一切，也能成長茁壯。

對於子女擁有太多控制權的家長，我們針對需要建立恰當界線與架構的教養技巧去工作。這些家長特別需要學習如何設定選擇與合理的結果，如何尋找讓孩子不會有太多權力的解決方案，如何判斷問題歸誰所有，以及如何避免被扯入權力爭奪中。

我們針對可能會干擾教養的輕微個人議題與家長一同工作，或是，如果家長有重大個人議題，我們通常會轉介他們去個別心理諮商。我們想要這些掙扎於有效教養能力的家長感到被賦能（empowered），並開始承擔家長的責任，而不是期待孩子來承擔。為了達成這個任務，我們使用鼓勵並教導管教的技巧。對於有個人議題的家長，以及過於努力試圖取悅孩子的家長，我們請他們看看自己的難處是如何影響了他們與孩子的關係。溺愛孩子的家長需要檢視他們溺愛的目的，並獲得更多關於溺愛放縱對孩童發展與自尊之傷害的資訊。我（TK）傾向於過度溺愛我的獨生子，《愛太多的家長：好家長可以如何學習更

有智慧地去愛與培養有品格的孩子》（*Parents Who Love Too Much: How Good Parents Can Learn to Love More Wisely and Develop Children of Character*）（Nelson & Erwin, 2000）這本書是對我有幫助的資源。（雖然我的確不再和第一個給我這本書的朋友說話——只有幾個月——真的。）

● 混亂家庭裡的兒童之背景與遊戲治療介入策略

有些家庭裡，孩童沒有安全感或被保護，因為整個家庭都失控了。這可能是因為家長這邊有精神疾病、藥物濫用、健康欠佳或酗酒。在某些情況下，家庭中的混亂是源於家長缺乏教養能力，無能建立幫助孩子感到安全所必須的架構與日常行程。許多這樣的家庭經歷了不同的社會福利服務，尋求穩定卻不可得。對於這些孩子，致力追求掌控是他們用來保護自己的生存技巧。

我們對混亂家庭中兒童的介入策略，類似於對擁有太少權力兒童的介入方式。起初我們讓他們在遊戲單元中控制所有的互動，然後我們會漸漸引進分享權力的想法，以便他們可以經驗到即使不在自己的掌控之下，他們也能感到安全。我們要提供孩童一個可以放鬆、享受遊戲、盡情單純地做個孩子的安全環境。

我們有時會猜測，在一個很少有秩序與安全的家中，身為其中的一分子是什麼樣的感受。當我們這麼做時，會小心地避免像是在批評家長。實際上對我們來說並不難，因為我們相信這些家庭中（以及所有其他家庭中）的家長，是盡其所能地以他們覺得合理的方式在行使職責。

對混亂家庭產生重大影響是困難的，部分是因為有太多問題，以致於似乎不可能造成任何穩固的調整。家庭成員抗拒協助，因為改變似乎會威脅到他們。有太多壓垮人的問題，讓家庭成員似乎無法學到足夠的方法，或變得精神上足夠健康，而能以有效的教養方式來進行互動。

雖然我們相信和這些家庭系統性的工作是很重要的，但有時候教導孩童生存的技巧，以及教導在不威脅或挑戰其他人的情況下獲得掌控環境的方法，似乎是更適合的。例如，八歲男孩 Lonnie 的媽媽患有精神疾病，我（TK）可能

教他如何辨別當媽媽停止服藥時會出現的徵兆，以及當這種狀況發生時，他可以如何聯絡負責的大人來照顧他。

♥ 報復 (Revenge)

　　以報復為動力的兒童為著他人加諸在自己身上的痛苦與傷害，尋求扯平或處罰他人（Burke, 2008; Dreikurs, 1948; Nelson, 2011; Nelson et al., 2013; Pepper, 1980）。尋求報復的兒童經常經驗到某種虐待——身體方面的、性方面的、情緒方面的——或是被疏忽，而他們想要在任何人有機會傷害自己之前大力反擊，藉由這個方式在今後保護自己。他們在生命中感受到太多痛苦，以致於他們想要去傷害別人。在某些情況下，孩子只經驗過痛苦的關係，並且相信建立與維持關係的方式就是施加痛苦。在其他情況下，以權力為動機的孩童，在嘗試讓事情按照己意而行卻受到阻礙時，會因為挫折而導致自己感到受傷，就以進行報復的方式發洩在他人身上。尋求報復的孩童感到自己是不被接納的、不被愛的，以及沒有人要的。許多時候，這些孩子認為他們應該受傷害，並預期別人拒絕自己，所以他們會先發制人的攻擊，在他們被拒絕以前先拒絕別人。

　　雖然沒有建設性的報復形式，但卻有積極形式與消極形式表現在不同類型的行為上。尋求積極報復的孩童是暴力、懷有惡意和殘酷的。不是在身體上就是在情緒上，這些孩子經常是傷害其他孩童與大人的霸凌者。當他們輸掉比賽時，會試圖懲罰那些打敗他們的人。以報復為動力的兒童有時也有尿床和便汙衣服的表現。雖然可能是生理問題導致大便失禁與尿床，這應該要經過醫學檢查，但也可能是孩子向幫他們清理的大人隱喻性地傳達自己的情緒。積極報復導向的兒童經常會透過偷取他人最喜愛的物品來傷害他們。

　　消極報復的兒童在他們傷害人的意圖之中，所展現出的行為是比較細微的。他們經常是陰晴不定、容易生氣、威脅人或退縮內向的。他們可能會拒絕參與活動，或是破壞他們加入的活動。消極尋求權力與消極尋求報復之間的不同是孩童的意圖。權力類的孩子想要掌控，而報復類的孩子想要傷害別人。

因為尋求報復的孩童非常善於執行此一意圖，所以當大人遇到他們時，常常感到受傷。有些大人對這種痛苦的反應是藉由避開這些孩子來保護自己，這樣更證實了孩子認為自己不被愛的信念。其他大人對尋求報復的孩童所造成的痛苦，以傷害這些孩子來試圖扯平的方式去反應。這樣證實了孩子的負面自我形象，進一步激化了他們報復的渴望，以保護自己免受將來的傷害。當他們經歷到任何形式的糾正或懲戒時，這些孩童會認為懲罰是為了傷害他們而設計的。他們立即的反應就是更加努力地去傷害別人。

當我們和以報復為動機的孩童工作時，我們常常需要提醒自己，他們試圖傷害我們是因為他們曾受傷害，而不是因為他們喜歡將痛苦加諸於他人。這樣能幫助我們避免將他們的行為看成是針對個人，並讓我們保持積極樂觀，儘管他們努力把我們從身邊推開。

與尋求報復的兒童進行遊戲治療的關鍵是耐心與一致性。因為這些孩子長期以來對鼓勵他們的任何嘗試抱持懷疑，所以你需要堅持不懈且不因他們的反應而灰心。在你和這些孩童所有的互動裡，努力傳達尊重與關懷。很重要的是，確保限制是公平及可預測的。當你設限時，要比平常更加注意維持你的語言及非語言溝通，是陳述事實而不帶有批判性。即使做了這些努力，尋求報復的孩童也常常認為你用設限的過程，進一步地拒絕與傷害他們。當後設溝通這些孩子行為背後的目標時，記得保持你的聲調不受任何情緒影響，並單純地標明行為目標，這樣會有所幫助。以下是對報復的目標進行後設溝通的例子：

- 「我猜你在生我的氣，因為你想射擊軟式子彈槍，所以你踩在槍上，試著報復我。」
- 「看起來是因為那個男娃娃對女娃娃做的事，所以你想傷害男娃娃。」
- 「可能你認為如果你咒罵我，你就會傷害我的感覺，然後我就會離開、不跟你說話。」

在孩子情緒受傷的原由是家長或其他家庭成員的情況下，你必須先確認任何的虐待或疏忽都已經停止。如果孩子持續處於受虐的狀態，那麼必須找到方

法確認孩子擺脫危險，並搬到他／她可以感到安全與受保護的地方。你應該知道你所屬地區的強制通報規則。

即使在所有家長傷害性的行為都停止的情況下，修復受損的親子關係也是一個緩慢的工程。家長需要學習能持續地支持孩子，不帶批判地設限，抗拒被激怒，並且獲得客觀中立的觀點來看待傷人的行為。孩子必須學會信任家長，開始相信自己是可愛的、是重要的，以探索新的、積極正向的方式來得到重要性／意義，保護自己的安全而遠離傷害。你在這過程中的主要功能是鼓勵孩子與其他家庭成員，不讓他們放棄彼此或自己。給家長一個地方宣洩他們本身的受傷與挫折也很重要，幫助他們處理自身的議題，使孩子不會受到更進一步的傷害。

在某些家庭中，即使家長並非孩子傷痛的來源，孩子也表現出對家長進行報復的需要。這通常是因為孩子對於成年的家庭成員沒有充分地保護他／她免於傷害而感到受傷。在某些情況下，孩子對於把負向情緒發洩在傷害他／她的人身上感到不安全，但對於把這些情緒發洩在不具威脅的家長身上是感到安全的。

♥ 證明不足／不能勝任（Proving Inadequacy）

試圖證明不足／不能勝任的兒童，是真實地感到氣餒。他們藉由逃避讓自己感到有所不足的活動，來保護自己免受生活的要求（Burke, 2008; Dinkmeyer et al., 2007; Dreikurs, 1948; Nelson, 2011; Nelson et al., 2013; Pepper, 1980）。孩子有時候會決定自己不能把事情做得像是：（1）他們想要做的一樣好；（2）其他人可以做的一樣好；或是（3）他們應該能夠做的一樣好。感到不足／不能勝任的行為通常是消極的（例如：孩子不會嘗試、很容易放棄，或逃避其他人的陪伴），但是氣餒的最終形式是積極主動的：自殺。

在某些家庭中，家長因為自己個人的氣餒感，而促成了孩子負面的自我形象。家長的氣餒可能以疏忽、過度有野心、壓迫、悲觀、批判及不可能的高標

準等形式呈現。有時候孩童因為把自己拿來與手足或同儕進行不利地比較而感到灰心。在孩童有某種挑戰性的條件／狀態的案例中，像是學習障礙、注意力不足／過動症（ADHD）、肢體障礙或心智發展遲緩，他們對自己無法像他人一樣做到的評估可能是準確的。然而，在多數的情況下，產生的氣餒與所面對的問題是不成比例的。

當大人在與那些致力於證明自己是不足／不能勝任的孩童互動時，他們通常感到無助、無望，就像孩童一樣的氣餒。他們不知道要怎麼做才能幫助孩子，甚至當他們試著介入時，孩子不是不回應就是以消極的方式回應。家長與老師經常放棄這些孩子，因為他們傾向於變得更惡化而不是進步。如果真的很氣餒的孩子經驗到失敗或被糾正，他們會陷入更深的絕望中，甚至放棄了對於成功或進步的小小嘗試。

在遊戲單元中，大多數認為自己是能力不足的孩子，會拒絕投入任何種類的遊戲，因為害怕自己不會成功。我們絕對不會批評他們不活動，也不會暗示（不管在語言或非語言的溝通上）我們認為他們應該要做些什麼。我們透過和家長與老師的對話，找尋有關他們內在資產的資訊，因為孩子不相信自己有任何長處。鼓勵可以支持這些孩子的能力感。我們特別尋找在某些活動中他們付出努力或進步的情況。讓他們參與可以成功的活動很重要，這需要低風險的玩具與媒材。有時完全賴於機率而非技巧能力的桌上遊戲會有幫助，溜滑梯和爬樓梯（Chutes and Ladders）與糖果樂園（Candyland）是這類遊戲媒材的範例。手指畫與沙子也是和這類孩童工作時極佳的介入工具，因為用這些媒材不可能犯錯。

有時候與致力於證明自己能力不足的孩童工作時，最好是在一個只有有限玩具與活動可以選擇的房間中進行遊戲單元。因為這些孩子很容易感到被壓垮，沒辦法想像自己能成功地應付，理想中的遊戲室可能會對他們形成壓迫。如果可能的話，你可以帶一或兩項低風險的遊戲或玩具到房間，這樣失敗的機會與分心的事物就比較少。因為這些孩子決心再次證明他們自己已經相信的，所以如果遊戲室中有潛在能讓人失敗的活動，他們會把這類遊戲找出來，以證

明他們對自己的看法。

對這樣的孩子，你主要的工作會是給予無限的鼓勵，以及你個人對每個人潛力的信念，而這將是你需要不斷地向孩子與他們的家長傳達的一點。有時候後設溝通孩子的目標也是有助益的，雖然這些孩童幾乎很少有任何明顯的反應。與致力於確立自身不足／不能勝任的孩童進行後設溝通的例子如下：

- 「有時候你好像就是不想再試了，因為你不認為自己可以像 Joseph 一樣做到。」
- 「我猜，當它行不通的時候，你感到很受傷，所以你就放棄了。」
- 「看起來你希望你可以那樣做，而你有點害怕去試試看。」

行為目標是證明自身不足／不能勝任的孩童，他們的家長大多數是氣餒的。你和這些家長的主要工作是給他們大量的支持，使他們不要放棄。鼓勵他們在教養能力上的努力與進步是會有幫助的。你可以請求他們消除自身任何可能造成孩子氣餒的行為，並建議以較積極的方式與孩子互動。家長必須學會認出孩子身上小小的進步，並慶祝孩子任何形式的冒險行為。這是一個緩慢、有時是痛苦的過程，但是在支持之下，這些家長能學習鼓勵孩子，而促成孩子態度與行為的改變。

◆ 人格優先順序

Kfir（1981, 1989, 2011）概念化一種類型學，她將其稱為**人格優先順序**（personality priorities），作為發展了解生活型態的一種方法。她形容人格優先順序是根據一個人相信自己如何獲得歸屬感、重要性／意義、與掌握感的一種行為與反應模式。Kfir 認為個體以人格優先順序為工具，用來處理或逃避僵局（所感知到的創傷事件），並達到對於恐懼與自卑的掌握感。她的類型學以四種人格優先順序所組成：控制（controlling）、取悅（pleasing）、道德優越（being morally superior）及迴避（avoiding）。

以 Kfir 的概念為基礎，Pew（1976）延伸了「第一優先順序」（number one priority）的概念，他將其定義為：「一個我們自我創造的、前後一致的生活方式的體現，是遍布於所有我們人類活動的主題」（p. 1），或慣常思考情況以及與他人建立關係的模式。他認為重要的是看每個人努力避免的壓力經驗，與他／她努力追求達成的正向目標。他把優先順序分為控制（control）、取悅（pleasing）、卓越（superiority）及安逸（comfort）。

Langenfeld 和 Main（1983）進行調查人格優先順序分類的因素分析研究，發展出了研究工具，測量 Kfir 與 Pew 所假設的優先順序。在他們的研究當中發現了五個因素，而不是本來所預期的四個因素。他們將這幾個因素分類為實現（achieving）、超越他人（outdoing）、取悅（pleasing）、分離（detaching）及迴避（avoiding）。Dillman Taylor（2013）所發展的阿德勒人格優先順序測驗（Adlerian Personality Priority Assessment），是用於辨認個案人格優先順序的評估工具，以因素分析來提供：「文獻中最常被使用的四因素人格優先順序之架構強而有力的實證支持：卓越（superiority）、控制（control）、安逸（comfort）、取悅（pleasing）」（p. 85）。

在使用人格優先順序的概念時，我（TK）結合了 Kfir、Pew、Langenfeld 和 Main、Dillman Taylor 等的想法。我強調避免每個優先順序的消極負向方面與朝向每個優先順序的積極正向方面努力。我使用由 Pew 所發展、Dillman Taylor 的研究所支持的分類，但是我添加了從 Langenfeld 與 Main 所進行的研究中所得來的資訊：把以控制為優先，分為兩個子類別（那些只投入在控制自己的人，與那些投入在控制每件事與每個人的人）；以及以卓越為優先，也分為兩個子類別（實現成就者 [achievers]，是有志成為他們能做到最佳的樣子，而無須貶低他人的人；以及超越他人者 [outdoers]，是透過和別人比較來衡量自身價值的人）。

我們都帶著每個優先順序（控制、取悅、卓越與安逸）的一小部分在過生活，所以有著不同人格優先順序的人之間的差別，並非總是明確或顯著的。當我們研究孩子的生活型態（及當我們考慮家長、老師等的生活型態），我們在

找尋這些優先人格中的哪一個（有的時候是兩個，因為我們經常看到人們有一個主要的與一個次要的人格優先順序），被當作是處理狀況與關係的組織模式。當我們考慮一個孩子的人格優先順序，我們會問自己以下的問題（改編自 Dewey, 1978），來發現這個人透過控制、取悅、卓越或安逸中的哪一個，去追求歸屬、重要性／意義，與掌握感：

1. 這個人在生活中努力實現什麼？
2. 這個人需要什麼，來讓自己感受到有歸屬與重要性／意義？
3. 這個人需要什麼，來讓自己對生活中不同的情況感到有掌握感？
4. 這個人有什麼內在資產？什麼是他／她可以做得很好的？
5. 這個人在生活中試圖逃避什麼？
6. 這個人抱怨了什麼？他／她相信自己在生活中缺少什麼？
7. 當這個人再也無法應付處理時，會發生什麼事？
8. 這個人與他人互動的方式，讓他／她付出了什麼代價？
9. 這個人處理問題的方式，讓他／她付出了什麼代價？
10. 其他人對這個人的反應是什麼？

　　沒有一個人格優先順序比其他的優先人格更有利。個體所表現出的每種人格優先順序都會付上一定的代價，也會留下一些優勢。每個人格優先順序都有長處與辛苦掙扎之處，所以試圖改變個案的人格優先順序是不必要也不恰當的。我們概念化個體的運作功能，將之放在由建設性至破壞性的連續向度上衡量，而我們和個案工作的目標是協助他們將人格優先順序的功能運作從破壞性的範圍，移動到建設性的範圍。為了做到這一點，我們運用後設溝通、故事敘說、沙盤、生活教練（life coaching）、肢體活動和各種遊戲治療技術，以及家長與教師諮詢。我們可能還需要和孩童生活中的重要他人工作，幫助他們將自己的人格優先順序由破壞性轉變至較有建設性的範圍中。

♥ 控制（Control）

目標是控制的兒童，透過試圖維持控制與向他人顯示他們無法控制自己，來獲得重要性／意義、歸屬感，與掌握感（Ashby & Kottman, 1998; Eckstein & Kern, 2009; Kfir, 1989, 2011; Nelson et al., 2013）。這些孩童在感知到情況與關係都不在自己控制之下的時候，會覺得不安與沒有力量。他們會不斷地努力避免失控或感到失控，因為他們相信自己必須要控制住以避免危險或丟臉的情況。人格優先順序是控制的兒童很少有許多朋友，且經常經驗到高焦慮，有時候甚至表現出身心症的徵狀。因為他們強大的控制需求，這些孩子難以放手、自由自在，並像其他孩子一樣的玩耍──他們無法感到自在的只是當個孩子。在努力去維持控制之下，他們經常在連結與勇氣上辛苦掙扎（特別是那些以控制整個宇宙為目標的孩子），他們把別人逼走，避免冒任何的風險。他們可能會用發脾氣、有所保留、完美主義、跋扈或被動攻擊式的行為，去確保自己對控制的努力追求會成功。這些行為常常導致他們被其他孩子拒絕或迴避，被其他大人批評或壓迫。這些孩子也能以適當方式非常有力量。他們是強而有力的領導者、有條不紊、負責任、有生產力、可靠及堅持不懈的（記住，每個人格優先順序都有正向特性與會垮台的因素）。

在遊戲治療室裡，以控制為其人格優先順序的孩童傾向於涉入權力爭奪和測試限制。他們想要掌管，並且難以分享權力。他們經常表達對遊戲治療過程的不滿，試圖征服你並控制關係的發展。因為這種人格優先順序導致這些孩童不適應行為的目標是權力，他們的行為與以權力為導向的兒童那部分所描述的行為是一樣的。再一次強調，在面對這些兒童並為他們設計遊戲治療的介入策略時，考慮家庭背景的動力與生活經驗是很重要的。在和人格優先順序是控制的孩童工作時，最主要的是要記住，如果你讓他們將你扯入權力爭奪中，你就已經對這個過程失控了。你必須集中在把自己控制好的能力上，避免試圖控制他們，並不將他們的行為視為針對你個人。

根據孩童的背景，建立最終我們會在遊戲室裡分享權力的氣氛（與有些孩子會發生的較快，有些孩子較慢），通常是個有用的程序。我們在孩子身上使用有限的選擇（如：「你想要用水彩顏料還是用色筆畫你的家庭圖？」）（這樣互動的隱含意義是我們要畫一張家庭圖）。我們也輪流「負責掌管」。如果有一個我們想要孩子做的活動（像是畫身體輪廓或手偶劇），我們先做我們想要做的，當完成後，接著換我們做孩子想要做的。

這些孩童經常拒絕口頭回答問題，所以觀察他們的非語言反應就變得極度重要（通常這些反應都很微小，畢竟這些孩子真的很擅於控制）。有時候當孩子選擇用沉默來回應我的一個問題或猜想時，我（TK）就會變得很滑稽，對我所提的問題編造出荒謬的答案。如果我沒有過度使用這項技巧，它就會非常有效，因為這些孩子無法抗拒不去糾正我。

我們想要鼓勵這樣的孩童就表現得像個孩子般，不用擔心犯錯或維持控制。在我們和他們建立關係，並使他們相信我們之後，能吸引他們更加有自發性並愛玩耍。我們在桌上塗抹刮鬍膏、把我們的腳放到手指畫顏料中、用噴灑顏料的方式製作 T 恤，以及製造魔法藥等。

在後設溝通中，我們溫和地指出他們控制全局的需要，以及當無法控制時，他們的恐懼像是什麼樣子。我們也會猜測在與人的關係中，他們對控制的需要與所付出的代價之間的關聯，以及他們處理問題的能力。當孩子試圖控制我們時，這會如何影響了我們，對此我們給予他們回饋；不帶論斷與批評地告訴他們，當這種情況發生時我們的感受如何。我們鼓勵孩子的內在資產，以及為冒險和與人連結所做出的任何努力。對於孩子願意與我們及生活中的他人分享權力並一起合作，我們指出他們的這些進步。若孩子的主要人格優先順序是在控制中的功能失常（dysfunctional）範圍，與他們後設溝通的一些例子可能有：

- 「你喜歡當老大，命令我去做你要我做的事情。」
- 「我猜有時候你班上的其他小孩覺得你有點煩，因為你從不讓他們決

定要玩些什麼。」

- 「當你用發脾氣的聲音跟我說話的時候，我不想要一直去做你叫我做的事。如果你用比較親切的聲音跟我說話，我可能會比較願意去做你想要做的事。」

- 「你跟我說由我來決定今天我們要做什麼的時候，我覺得很開心和興奮。」

♥ 取悅（Pleasing）

透過取悅別人來獲得歸屬感與掌握感的孩童，相信自己只有藉由讓別人快樂才能得到接納與愛（Ashby & Kottman, 1998; Kfir, 1981, 1989, 2011; Nelson et al., 2013）。取悅他人者對自己的價值感到沒有自信，且不斷地努力獲得他人的認同，以使自己感到被接納。努力取悅他人的孩童，似乎在勇氣上掙扎，並認為自己是沒有價值的，或只有當他們可以符合他人所設的條件時才有價值（例如：以照顧他人來使人對於他們身而為人的價值留下印象；試圖成為完美的樣子來獲得別人的接納）。因為這些孩子害怕被拒絕，他們透過讀取他人的心思，並給予他人「他們所想要的」，來避免憤怒與衝突。他們也壓抑自己本身的憤怒，因為他們相信如果表達了挫折或敵意，他們會被拒絕。

取悅他人者很少要求他們所需要的，他們在關係中不會率先帶頭，因為害怕被拒絕。他們抱怨缺乏他人的尊重與幫助，並且缺乏自我尊重與自信心。這個人格優先順序所付出的代價是，他們是高焦慮的，並且為了不是自己造成的狀況（如戰爭、饑荒、貧窮及傳染病等）而承擔愧疚與責任。這些孩子很少滿足自己的需求，即使當他們有很棒的想法時，其他人傾向於忽視他們；或當其他人因他們的建議而得到讚許時，沒有承認他們的貢獻。一開始，其他人是真的喜歡和取悅他人者在一起。畢竟，他們是善良、有幫助、能滋養照顧人、可靠、負責任、友善和開朗的，並且在被問及時，願意承擔任何任務的。然而，一陣子之後，取悅他人者的焦慮、對情緒內外一致的掙扎，以及他們不斷需要

再三保證，往往會消磨關係，導致惱怒與迴避。當這種情況發生時，取悅他人者將這些反應解釋為被拒絕，並加倍努力取悅人。

在遊戲室裡，這些孩子是順從並合作的。他們非常小心地只表達「正面」情緒，而當他們的確在表達生氣或受傷時，他們會偷偷摸摸地做，並試圖在稍後收回情緒。取悅他人的小孩花費大量的人際精力在高度警戒地觀察自己讓你高興或不高興的一點小跡象，並準備以取悅人的行為做出反應。他們在被要求之前，就會主動清理遊戲室；做任何他們想嘗試的活動之前，都會尋求許可；如果他們濺出或打破任何東西，他們會一遍又一遍地道歉。致力於取悅別人的孩子，（含蓄地與明確地）尋求自己是有價值的認同與認可。在他們需要知道你認同他們的情況下，他們可能會侵犯你的個人空間，站得比其他孩子還要靠近。他們也會問更多關於私人與關係的問題，力求向自己證明他們對你是重要的。

在與這些孩子工作時，我們使用許多技術，這些技術是我們會用在掙扎於重要 C 信念當中的有勇氣與有價值的孩子身上。鼓勵是對這些孩子的真正關鍵，但它可能是兩面刃。我們想要讓他們知道，我們認為他們很美好，並且我們的關懷是無條件的，同時，我們想要傳達，他們不必做任何事來得到我們的接納。為了達成這個目的，我們警惕自己避免對取悅他人的孩子使用評價性的詞語，並小心地監督我們的非語言溝通。我們會反映他們對我們的反應有不安全的感覺。關於身為一個取悅他人者自身的掙扎，我們進行自我揭露（當然，如果你並非一個取悅者，你不需要這麼做——你可以向人格優先順序更像你自己的孩子進行自我揭露）。使用後設溝通去指出他們需要確認他人的許可；隱藏憤怒、挫折或攻擊性；需要身體上靠近我們；以及對他們沒理由感到愧疚的事情覺得內疚等，這些都會對這些孩子非常有幫助。就像人格優先順序是控制的孩童一樣，讓人格優先順序是取悅的孩童能傻呼呼及犯錯——玩沙子或水，弄得很亂而不必清理，這會很有趣好玩。（講到清理，對這些孩子，我們常選擇在遊戲治療中省略一起清理遊戲室。對取悅他人的孩童來說，能恣意把玩具與藝術媒材放得到處都是並直接走出去，這會令人感到相當釋放。）對於人格

優先順序是在取悅的功能失常範圍內的孩子，一些後設溝通的例子會是有幫助的：

- 「你看著我是想要確定，你把水倒在沙箱中是可以的。」
- 「你看起來有點緊張我是否在生氣，因為今天學校把你趕出去了。」
- 「即使你在媽媽那裡惹麻煩了，我也永遠不會對你生氣。」
- 「確保其他人對你是高興的，這對你很重要。」
- 「你好像要非常努力，這樣其他人才會喜歡你。」

在遊戲治療重新導向與再教育階段，我們教導人格優先順序是取悅的兒童人際關係的技巧，為了讓他們能更常得到他們想要的。我們練習談判技巧、自信堅定的行為、要求所想要的與拒絕別人的步驟，以及表達可能不為社會所接受的情緒之活動。我們也與這些孩子的家長工作，讓孩子在家庭裡能只是個孩子，並幫助他們練習自我確信的技巧。《老鼠、怪獸與我：年輕人的自信堅定》（*The Mouse, the Monster and Me: Assertiveness for Young People*）（Palmer, 2009）；《大聲說出來、好好相處！學習強大的能力、想法中止，及更多交朋友的工具，停止嘲笑，感覺自己很好》（*Speak Up and Get Along! Learn the Mighty Might, Thought Chop, and More Tools to Make Friends, Stop Teasing, and Feel Good About Yourself*）（Cooper, 2005），對於想要幫助有這樣議題孩子的家長，這些都是很好的資源。

♥ 卓越（Superiority）

透過卓越感來得到歸屬感與掌握感的兒童，力求在他們所做的每件事上達到完美（Ashby & Kottman, 1998; Kfir, 1981, 1989, 2011; Nelson et al., 2013）。為了使自己被其他人接納，尤其是獲得他們生活中重要的大人們的接納，他們認為自己必須付出所有（相當可觀）的精力達到成就。人格優先順序是卓越的孩童乃在逃離自身強烈的自卑感。傾向於超越他人的孩子，藉由試圖證明自己比別人「更好」，來彌補這些自卑的感覺。傾向於實現成就的孩子，透過無論他們

做什麼都是「最好的」，來彌補這些自卑的感覺。超越他人者與實現成就者都想要避免無意義與徒勞之感。

　　人格優先順序是卓越的孩子非常努力，對成就有著高標準，也有高層次的社會情懷；他們博學有見識、理想主義、負責任、可靠並堅持不懈。然而，他們經常在能力感、相信自己有價值，以及與人連結上感到掙扎。他們也可能缺乏勇氣，固著於能保證自己成功的項目與關係。

　　因為許多這類的孩童是競爭心非常強的，或對旁人來說是試圖將成功設在一個不合理的高標準，所以其他的孩子（及大人）會感到自己能力不足、自卑或被挑戰。這些孩童為的是要「更多」，而如此努力的代價是感到過度操勞、過度參與、過度負責與承擔過度的壓力。他們抱怨自己過於勉強與過於投入，而沒有時間與精力玩樂。因為他們給自己的標準是不可思議的高，所以他們花過多的時間懷疑「這樣夠好了嗎？」與「我做的足夠了嗎？」

　　在遊戲治療中，這些孩子像小大人一樣來到單元裡，成熟而認真的努力證明自己比起其他人更有能力、更正確、更有用、更聰明、更擅長運動、更會玩遊戲、更會堆積木，或更會演手偶劇。實現成就的孩子與自己競爭，想要比自己過去做得更好。超越他人的孩子想要比其他來遊戲室、班上或社區裡的孩子，或他們的老師、家長及遊戲治療師做得更好。他們用成就來獲得關注，所以他們的遊戲經常旨在證明自己的能力，而他們在遊戲室之外的各種情況與關係的故事，都是用來說明他們對各種技能的精熟。致力於卓越的孩子從「我什麼都知道」的角度來和遊戲治療師互動。無論自己的主述議題或診斷是什麼，即使是年幼的孩童也對這些是專家，並且想在遊戲單元中炫耀自己的知識。

　　你需要記得最重要的事情是（特別是如果你的人格優先順序之一是卓越），和這些孩子建立關係的最佳方法就是去承認他們在自身領域的專長與能力。你需要確認自己不陷入他們是否比你還更懂恐龍（或憂鬱症、或颶風、或……），或是比你更會做黏土雕塑（或建造一座塔、或溜滑板、或……）的爭奪戰中。他們需要有一個不必競爭或證明自己的關係——在其中，只是做他們自己，他們就有其與生俱來的價值。

對這些孩子，鼓勵是很重要的，但如何表達它卻是微妙的。即使他們自己有高標準，但傳達你對他們沒有不可思議的高標準是必要的。你將需要承認他們的優勢，同時表達即使他們無法符合自己的高標準，你也接納與重視他們。

我們對以卓越為導向的孩童，使用很多後設溝通：談論他們證明自己的需要、他們對於自卑感的掙扎、他們缺乏意願去嘗試無法保證能成功的經驗。當他們抱怨自己被壓垮的同時，卻不願意放棄足球隊、芭蕾舞課及課後輔導等，我們會用潑冷水法。以下是與人格優先順序是在卓越的功能失常範圍內的孩子進行後設溝通的一些例子：

- 「讓我知道你真的很擅長運動，對你來說很重要。」
- 「當你在某事上無法成為最棒的，你好像會很掙扎。」
- 「如果你的功課沒有拿到一百分，好像你就認為自己不夠好。」
- 「當你不能完美地完成某件事時，你似乎對自己超級生氣……也對其他人生氣。」
- 「當事情不像你想要的那樣子發展時，有時候你好像就因為它不完美而放棄了。」

在第三與第四階段，我們教導以卓越為導向的孩童做決定的策略，旨在幫助他們更經常地說不。我們教導他們認知技巧，來平息暗示他們能力不足的自我對話，以及學習分派委託與尋求幫助的方法。練習說「我不知道」、「我不確定怎麼做」、「這已經夠好了」、「我是夠好的」。（練習對自己說這些話，也是對我們有好處的──給個案遊戲治療，也給我們自己遊戲治療──每個人都得到益處。）

❤ 安逸（Comfort）

人格優先順序是安逸的孩童，尋求和睦、快樂、舒適與樂趣（Ashby & Kottman, 1998; Eckstein & Kern, 2009; Kfir, 1989, 2011; Nelson et al., 2013）。他們

希望找到別人照顧與溺愛自己。尋求安逸的孩童是隨和、圓融、能理解人的、可預測的、有同理心及不論斷人的。他們很容易與人連結，因為他們對別人的要求很少，並且不會多管閒事。

這類孩子試圖逃避壓力、緊張、責任及付出努力。在他們的生活中，為了將這些負面因素減到最小，他們為自己設定非常低的標準，閃躲來自他人的期望，也閃躲「過度」努力與負責任。因為他們的標準很低，他們作繭自縛而掙扎於重要 C 信念之中的能力與價值。他們用做得很少來增強他們對自身能力的信念，對他人與許多情況沒有多少影響，侷限自己去感受似乎能創造改變的能力。他們也可能表現出有限的勇氣，不想嘗試新事物或冒險。人格優先順序是安逸的孩童，有時會抱怨自己缺乏生產力與成就。大人們與其他孩子經常將這類孩子歸類為懶惰、愚笨、缺乏運動或音樂能力，或者就是動作太慢了。這些孩子經常在關係中感到自己被輕視，他們傾向認為自己為互動與經驗所帶來的優勢不被別人所賞識。當別人對這類孩童的被動，以表達不耐煩、惱怒和無聊來回應時，情況尤其如此。

在遊戲治療中，和人格優先順序是安逸的孩子建立關係是相當有趣的。他們是自發的，而且只要不用付出太多努力，他們都願意嘗試新事物。他們順其自然去享受的能力是令人愉快與放鬆的。特別是如果在人格優先順序是控制的孩子上，你有很沉重的個案量時，他們願意遵循遊戲室規則這點令人耳目一新。

人格優先順序是安逸的孩子通常在治療的第二階段會願意回答問題。然而，如果是必須思考的答案，他們就會經常說不知道。他們對這些問題及任何你想要他們花費精力做的事，都表現出興趣缺缺或不太有好奇心的樣子。假如你要求他們演手偶劇或畫畫，他們經常會說他們比較喜歡不那麼費勁的活動（像是坐在枕頭上和讓沙子在手指頭間流瀉）。這種缺乏意願將自己交付於治療過程的情況，可能會持續至第三與第四階段（如果他們還有繼續來治療的話）。對人格優先順序是安逸的孩子而言，最必要的是對他們要慢慢來並將壓力減至最輕的需求，不要感到不耐煩。這表示你需要修改你的要求，以便這些

要求能被快速並簡單地達成。這些孩子不是那種會熱烈地贊成建造一座堡壘或寫書與畫插畫的孩子。如果你不耐煩、惱怒或不認同，這些孩子將會關閉自己，然後關係可能就此結束。

我們使用鼓勵對他們的內在資產給予積極正向的回饋，並認可他們一點點的努力或進步。回歸責任給孩子對這類孩童是重要的技巧，因為他們會試圖讓我們加入照顧他們並為他們做決定的行列，以便讓自己不必承受壓力與緊張。透過後設溝通他們對安逸的需求、他們與他人互動的結果，以及他們的成就感，我們有時候可以激勵他們重新評估自己的一些選擇，或是激勵他們在特定情況與關係中做出更多的努力。和人格優先順序是在安逸的功能失常範圍內的孩子進行後設溝通的一些例子如下：

- 「你認為有人強迫你要做得更好的時候，你會不喜歡，所以你就不要試了。」
- 「我在想你喜歡用最省事的方式來做事，然後當這種狀況發生時，有時候你的老師可能會生你的氣。」
- 「聽起來你認為這樣會太麻煩，所以你不想要這樣做。」
- 「你只喜歡做聽起來好玩的事情。」
- 「對於為什麼你的朋友因為你不讓事情來煩你而感到如此不高興，你好像很困惑。」

根據我們對人格優先順序是安逸之孩童的重要 C 信念的看法，我們可能會用類似用於不確定自己有能力、有價值，或似乎缺乏勇氣的孩童身上的策略。許多時候，人格優先順序是安逸並感到氣餒的孩童，努力證明自己是能力不足的。對於這些孩子，我們用的策略會和本章所描述與目標是證明自己是不足／不能勝任的孩童工作時的策略類似。

◆ 尋找模式

雖然大多數的時候，會有一個模式橫跨不同情況與關係，但是孩童在他們對重要 C 信念的掌握上、在不適應行為目標的追求上，或在人格優先順序的表達上，不總是完全一致的。舉例來說，Lindsay 在家裡可能是真的感到有能力，但在學校卻掙扎於對自己能力上的信心；Alonso 在家可能努力爭取權力，而在學校則努力爭取獲得關注；Mulan 可能取悅她的家長，而控制她的老師。阿德勒遊戲治療師必須對於不同環境與不同人的變動有所警覺，並隨之調整治療性的介入策略。

為了了解兒童並設計與其工作的遊戲治療策略，我們是以分離的系統介紹了重要 C 信念、不適應行為的目標，以及人格優先順序，但是這樣可能讓人有些誤解。你可能已經注意到這些概念常常是互相重疊並互相吻合的。當你根據本章所提到的理念與孩子一起工作時，你會開始注意到橫跨眾系統的模式，因為這些模式是互補，而非分開的。

摘要

阿德勒遊戲治療師必須學習辨認孩童對於重要 C 信念的掌握、不適應行為的目標，以及人格優先順序，以概念化孩子的生活型態，並設計符合他們需求的遊戲治療介入策略。藉由了解每個重要 C 信念、不適應行為的目標，與人格優先順序，遊戲治療師可以在阿德勒遊戲治療的四個階段中，選擇適用於遊戲治療與家長諮詢的特定技術。

 ## 其他相關資源

● 重要 C 信念

http://www.adleriansociety.co.uk/phdi/p3.nsf/imgpages/0939_
KarenJohn-ASIIPConf-April2011.pdf/$file/KarenJohn-ASIIP-Conf-
April2011.pdf

http://www.google.com/url?sa=t&rct=j&q=&esrc=s&source=web&cd=
2&sqi=2&ved=0CCUQFjAB&url=http%3A%2F%2Fwww.
imdetermined.org%2Ffiles_resources%2F150%2Fa_teachers_guide_
to_undertanding_and_motivating_students1.doc&ei=-
hRqVfr0OdGZyASw_IGADw&usg=AFQjCNEzqm9ZFkqRb1AD
LFHwbLjyF5rzVw&bvm=bv.94455598,d.aWw

● 人格優先順序

http://digital.library.unt.edu/ark:/67531/metadc4794/m2/1/high_res_
d/dissertation.pdf

● 兒童發展

http://www.cdc.gov/ncbddd/childdevelopment/
http://files.eric.ed.gov/fulltext/EJ603020.pdf

Chapter 4

和家長及教師諮詢？
喔！天啊！

　　在兒童的社會情境中，家長和教師是最有影響力與最重要的人。和家長與教師做諮詢是阿德勒遊戲治療中不可缺少的一部分，因為這些大人可以對兒童及他們的生活型態產生重大影響。關於兒童的發展歷史、學習風格與互動模式，家長與教師是寶貴的資訊來源。他們還能為兒童在遊戲治療過程中所做出的改變提供支持。隨著孩子學習以新的方式看待自己、他人和這個世界，並且開始發展新的態度還有練習社交上更合宜的行為，家長與教師可以幫助他們將所學應用於許多在遊戲單元之外的不同場合。很多時候，家長與教師需要心理師的幫助，使他們看待自己與孩童的方式能往積極正向的方向移動。他們可能也需要改變與其他大人及兒童互動的模式。

　　有些孩童似乎在家庭的關係與情境裡有較多的掙扎，有些在學校遇到一大堆的問題，而另一些則是在兩個地方都有困難。我們以孩子在哪裡經歷到最消極負向回饋的最初報告作為基礎，來決定和孩子生命中的重要大人諮詢時的聚焦之處。對一個與其他家庭成員之間有困難，但在學校卻似乎沒有類似困難的孩子，我們可能把諮詢時間全部花在家長的身上，而不諮詢老師、學校心理師或其他學校人員。對一個在學校十分辛苦掙扎（不是行為上，就是學業上）但

是在家中似乎很好的孩子，我們可能會集中在和教師或其他學校工作人員做諮詢。如果孩子在兩個環境中都遇到問題，我們將與家長及學校人員合作，確保孩子在任何他／她決定做出的改變上，都能得到一致、全面的支持。

在和家長與教師的諮詢中，我們遵循相同於遊戲治療中所使用的阿德勒四階段模式。這些階段——建立關係、蒐集關於生活型態的資訊、協助個案洞察生活型態、重新導向，以及再教育個案——正如在遊戲治療的歷程中並非互相沒有關聯的，它們在諮詢的過程中也不是分離獨立的。無論在哪個階段工作，我們都持續在整個過程中處理關係，單單因為關係是在我們互動過程中可能產生改變的基礎。

基於個案的準備狀態與需求，我們評估是否要與其他的階段同時重疊進行。舉例來說，對於家庭成員都非常氣餒的 Brown 一家，如果我（KMW）認為教導家長鼓勵的新技巧，他們會有所響應，並應用所學於孩子的身上，那麼可能很適合在第一或第二個單元中就做此教學。如果我（TK）覺得 Ajabu 老師的人格優先順序對她與學生的關係產生了負向影響，我可能會早在我們第二或第三次的諮詢單元中，分享我對此的推測。不過，如果我認為在我們建立更強有力的關係後，她會對這個回饋更加開放，那麼我可能會等到晚一點才這麼做。

我們曾訓練過的許多心理師都有一點害怕和大人工作（好吧……有時候他們私底下是感到膽戰心驚的——畢竟，他們選擇和孩子工作是有原因的）。檢視自己與成人工作的感覺是很重要的。如果你是那些想到要和大人建立支持關係就會感到受威脅的人；當大人以不符孩童的最佳利益行動時，你會害怕面質他們的人；或是對於自己幫助大人洞察、教導他們技巧的能力會感到不安的人，你將需要探索與這些問題有關的潛在議題。如果自己去探索太令人害怕，找督導或心理師一起做可能會有所幫助。

◆ 家長諮詢

家長的參與是阿德勒遊戲治療中非常重要的一部分。雖然即使沒有家長的

參與，孩童也可以進步，但在這個過程中，當家長是積極的夥伴時，改變更有可能是系統性並持久的。當孩子知道家長夠在乎他們到願意改變自身的行為，對孩子而言就更容易放棄防衛姿態，並全心地進入與遊戲治療師的關係。當家長對觀察到孩子的積極正向改變表示支持時，孩子通常更願意改變自己的態度與行為。

可能並非總是能讓家長每週都參與遊戲治療的歷程，家長諮詢的安排會隨著每個家庭和遊戲治療的場域而有所不同。許多學校心理師和一些機構心理師沒有時間或資源讓家長參與每一個與孩子的單元，所以他們必須為了諮詢單元而制定一種不同的時間表。例如，為了讓家長能參與過程，這些心理師可能會選擇每隔一星期與家長進行五至十分鐘的電話談話，或一個月一次長達一小時的諮詢。心理師可能要求接受遊戲治療的孩子之家長，參加以阿德勒原則為基礎的教養課程。這些課程通常使用這些書籍作為課程的資訊來源，例如：《養育能做到的孩子》（*Raising Kids Who Can*）（Bettner & Lew, 1990, 1998）；《了解與激勵孩子的家長指南》（*A Parent's Guide to Understanding and Motivating Children*）（Lew & Bettner, 2000）；《家長手冊：有效教養的系統性訓練》（*The Parent's Handbook: Systematic Training for Effective Parenting*）（Dinkmeyer et al., 2007）；《積極正向管教》（*Positive Discipline*）（Nelson, 2011）；《平靜家庭風暴的家長團體手冊》（*Parent Group Handbook for Calming the Family Storm*）（McKay, 2005）；或是《積極教養：養育快樂與成功孩子的家長指南》（*Active Parenting: A Parent's Guide to Raising Happy and Successful Children*）（Popkin, 2014）。有時候，要求家長閱讀一本以阿德勒原則為基礎的教養書籍，是進行家長諮詢—家長教育探索的最佳方式。一些其他可能吸引家長的書籍有：《並非不乖：針對發脾氣、情緒崩潰、睡前憂鬱和其他完全正常的孩子行為之策略》（*Ain't Misbehavin': Tactics for Tantrums, Meltdowns, Bedtime Blues, and Other Perfectly Normal Kid Behaviors*）（Schafer, 2011）；《親愛的，我毀了孩子：當吼叫、尖叫、威脅、利誘、暫停活動、貼紙圖表和剝奪特權都沒用的時候》（*Honey, I Wrecked the Kids: When Yelling, Screaming, Threats, Bribes, Time-Outs, Sticker Charts and Removing Privileges All Don't Work*）（Schafer, 2009）；《鼓勵孩子的

言語：說什麼能帶出孩子的自信》（*Encouraging Words for Kids: What to Say to Bring Out a Child's Confidence*）（Bartlett, 2012）；或是《如果我必須再跟你講一次……：讓你的孩子聽話而無須嘮叨、提醒或吼叫的創新課程》（*If I Have to Tell You One More Time...: The Revolutionary Program That Gets Your Kids to Listen Without Nagging, Reminding, or Yelling*）（McCready, 2012）。其他的心理師會使用親子治療模式（Bratton, Landreth, Kellum, & Blackard, 2006; Guerney, 2013; VanFleet, 2009, 2013），訓練家長和他們的孩子建立更堅固的關係。藉由創造性的思考，無法（或是不想要）要求家長參與遊戲治療過程的心理師可以發明其他讓他們納入治療過程的方法。

♥ 為家庭量身訂製家長諮詢

我們根據最有可能符合家庭需求的臨床判斷，來量身訂製家長諮詢。我們偏好在和孩子見面之前，用至少一整個單元和家長談話，來開始與家長建立關係並聽他們談論主述問題。在最初的諮詢之後，我們通常在單元裡，二十分鐘見家長、三十分鐘見孩子。基於行程的安排，我們可能這一週見家長，下一週見孩子。其他時候，我們可能結合遊戲單元與家長諮詢，將家長或其他家庭成員納入遊戲單元中。對於其他家庭，我們連著兩個或三個單元見孩子整整五十分鐘，然後於下一週見家長整個單元。你將需要決定在你的場域中什麼對你是可行的，以及什麼對你所工作的家庭是最適合的。

基於家庭的需要而量身訂製家長諮詢時，有很多因素需要考慮。一些重要的考慮因素有：家長參與在遊戲治療歷程中的意願、家長的婚姻狀況、孩子問題的嚴重程度、家庭問題的嚴重程度、家長的關係、家長所展現的教養技巧，以及家長所經歷的個人難處。

如果是一個雙親家庭，我們會試著讓雙方家長都參與。通常打電話來的一方會說另一方不願意或不能參加諮詢，因為他／她不感興趣、沒有時間、不贊成心理治療，或一些其他原因。令人驚訝的是，這種情況發生於已經離婚的家

長，也發生於家長仍是已婚並住在一起的情況。在這種情況下，我（TK）通常會說我要直接與另一方家長聯繫。當我聯繫另一方時，我會說我需要他／她的幫助才能幫助孩子。我會討論到，雙方家長都比我還要更加了解孩子，因為我一個星期與孩子在一起不到一個小時。我也會談到需要盡可能從多個觀點來真正了解孩子，我同樣地重視家長雙方的看法，並且家長雙方的投入對孩子的成長至關重要。我也提及，有時我會要求家長在家中做些不同的事情，我想要雙方都聽到我的建議，以便我能得到所有當事人的回饋。為了尊重他們的需求，我表達願意按照他們的行程做合理的調整去安排家長諮詢單元，並強調他們不需要每一次單元都來。當我強調他們對孩子及孩子的進步有多重要時，很少家長會繼續對我的個人邀請以某種程度的抗拒參與來回應。

如果孩子處於繼親家庭或共同監護的情形下，對心理師來說很重要的就是，至少與花大量時間和孩子在一起，或對孩子有管教權力的任一家長或繼父／母會面。對於離婚了仍在監護權戰爭中的家長或仍矛盾地互相糾纏的家長，與他們重複地進行諮詢單元通常不會有成效。然而，有時候有一或兩次包含孩子生活中所有大人的諮詢單元來解釋遊戲治療的歷程，並為了孩子的利益，強調一致性與溝通的重要性是會有幫助的。

在許多家庭中，問題通常源於家庭的困難，而非一直被標籤為「被認定的個案」（identified patient）的那個孩子。當家庭問題較輕微時，家長諮詢的內容通常有鼓勵家長做得好的地方，提出對管教和溝通模式微調的建議，以及幫助家長學習監測孩子在家中行為的變化。對於有著根深蒂固的問題而影響孩子的家庭，家長諮詢是更為複雜的。心理師可能選擇轉用家族遊戲治療（Bowers, 2013; Gil & Selekman, 2015; Higgins-Klein, 2013），轉介家庭做家族諮商，或幫助家庭取得其他資源，例如到宅家族治療。

有些孩子的問題來自於婚姻雙方中存在的困難。可能是他們把家長關係中的衝突表現出來，或是成為家長的代罪羔羊或成為讓家長轉移焦點的目標。如果婚姻問題輕微，心理師可使用家長諮詢與家長工作，讓他們在婚姻關係與親子系統內能更好地溝通與合作。當婚姻問題是中度到嚴重時，心理師或許應該

盡可能轉介家長至遊戲治療脈絡之外的婚姻諮商（我們兩個都沒有做婚姻諮商——只是不喜歡那些吼叫）。

在許多案例中，困難是源於家長缺乏教養技巧。因為生養孩子沒有附帶使用者手冊（相信我們，如果有，我們會搶一本來）。當孩子出生後，家長必須學習如何管教，並提供幼兒必須的架構與生活的例行常規。這不是一套容易學習的技巧。家長也許可能缺乏溝通技巧以及與兒童發展相關的知識，這兩者對養育孩子都非常有幫助。對於家長在教養方面掙扎的家庭，家長諮詢以教導家長策略為主，像是傾聽技巧、定義問題、識別目標、產生解決方案、設定結果，與鼓勵。家長在這方面需求的程度將決定家長諮詢的頻率與內容。

有些家長有個人的議題，阻擋他們以滋養撫育的方式與孩子互動。他們可能有情緒問題、因性虐待或身體虐待而產生後遺症、掙扎於藥物或酒精濫用，或是阻礙他們與孩子有適當關係的其他困難。家長有時會有原生家庭的議題而干擾他們教養的能力。與自己的家長有未解決的關鍵議題的成人，經常難以把必要的精力奉獻給自己的孩子。對於這些家長，如果問題是相對輕微的，心理師可以進行一些短期個人諮商，作為持續進行中的家長諮詢的一部分。然而，有些家長有如此根深蒂固的困難，在家長諮詢中所花的時間根本不足以對這種情況產生明顯的影響，那麼他們需要額外的個人諮商。心理師必須不斷地監控自己本身的界線，努力使孩子及孩子的議題與家長的個人議題分開。這是個微妙棘手的情況，而且也許正是心理師希望尋找督導之時。

♥ 概念化家長的生活型態

就如同概念化孩童的生活型態使遊戲治療歷程最佳化一樣的重要，了解家長的生活型態可以幫助家長諮詢更有效（Kottman & Ashby, 1999）。你對於家長生活型態的想法，會影響家長諮詢的內容與歷程。你會使用你對家長的重要C信念與人格優先順序的了解，來引導你量身訂製你的建議與教導，作為能使家長的合作與依從達到最佳效果之方法。隨著家長形容他們的生活、他們和其

他人的關係，以及孩子主述問題的同時，你會從家長的故事與你自己對他們故事的情感反應，蒐集到關於家長的重要 C 信念與人格優先順序的重要線索。這是一個找出如何「用他們的語言說話」的方式。

在這一章裡，我（TK）描述我自己的情感反應，來闡明如何使用你的情感反應來幫助辨認家長的重要 C 信念與人格優先順序。你可能對某些生活型態的部分有完全不同的反應。目標是你開始去注意到你的反應，並使用這些反應去辨別不同的家長群，使你可以調整你的家長諮詢去回應家長的生活型態。

● 重要 C 信念

雖然 Lew 和 Bettner（1998, 2000）並未討論重要 C 信念對成人的應用，我們發現考慮家長是否已經掌握每一個重要 C 信念，在我們與他們的互動上會非常有幫助。在形成對家長的了解之過程中，我們斟酌家長是否已經發展出每個重要 C 信念，以及他們如何將自己的每個 C 信念（有連結、有能力、有價值、有勇氣）納入他們的生活型態中，因而影響了他們與孩子的關係及孩子的生活型態。

不相信自己可以適當連結的家長，或掙扎於建立連結之必要技巧的家長，經常抱怨他們關係的品質。他們在與孩子的互動中感到有距離，並且經常提及他們不知道如何與他人連結，包括他們的配偶或前配偶。他們經常有拙劣的社交技巧；缺乏在孩子身上培養社會情懷的能力，或只有有限的社會情懷；以及掙扎於教導孩子社交技巧的方法。不相信自己可以與他人連結的家長，因為這些因素，他們的孩子通常在連結上會出現問題。沒有示範合宜社交技巧的榜樣，或沒有被鼓勵發展社會情懷，這些孩童易在建立並維持關係上有困難。他們的主述問題傾向圍繞在友誼議題以及和他人的和睦相處上——在家與在學校皆是。他們經常表現出低社會情懷的態度與行為，體現在他們身為社會孤立者、霸凌者，或被社會拒絕者的角色上，對正向的社會網絡發展不足。

我（TK）通常對這些家長的情感反應是一種關係沒有連結的感覺。我經常為他們感到遺憾，因為他們似乎掙扎於關係連結，但除此之外，我有一種和

他們同在一個房間，卻沒有與他們在一起的感覺。我沒有感覺自己受到吸引想去和他們建立關係，但我卻必須努力建立連結。基於我必須在關係之中付出多少努力，我可能開始怨恨他們似乎缺乏努力去為互動做出貢獻。監控我對這些家長的情感反應是很重要的，如此我才能對關係保持正向積極的態度。

懷疑自己有能力的家長有強烈的自卑感，特別是有關他們的教養技巧。這些家長經常表示他們已經諮詢過許多專業人士，尋找能夠解決孩子所經歷的任何問題的魔法配方。這群家長的抱怨傾向分為兩個極端相反的類別。他們不是在教養的領域表達極度的自我懷疑，並假定自己要為孩子的掙扎擔負完全的責任，就是過度補償，對孩子的問題發展出一種傲慢與質疑的感覺，以保護自己遠離自我不足／不能勝任之感。為孩子的問題責怪自己的那些家長，表達對自身教養技巧的疑慮，將孩子的問題歸因於自己缺乏能力。在許多不同角色與狀況之下（例如：身為家長、身為員工、身為另一半），這些家長經常形容自己是失敗者。因為擔心自己是否有能力而過度補償的家長，易於走向另一個極端——把孩子正在經歷的問題，歸咎於孩子、他們的前妻、孩子的老師等，或是抱怨他們就是用自己被養大的方式在教養孩子，因此「對我來說，這樣有效，所以對我的孩子也應該有效」。

那些不相信自己有能力之家長的小孩通常也掙扎於類似的議題，像他們的家長一樣。他們的主述問題經常屬於低成就的類別。他們可能在學校表現不好，在運動技能上有問題，或普遍感到能力不足。這些行為源自於對自身能力缺乏信心。不相信自己有能力的孩童是不會有能力的。

將孩子的掙扎歸咎於自己缺乏能力的家長往往會激起我的保護慾——我想要幫助他們感到無愧與能力足夠的。我也想要直接跳進去教他們技巧，以便他們能停止懷疑自己的能力。這兩種反應都不是特別有幫助。我需要記住，試圖挪走個案的感覺是不尊重人的（即使是沒有建設性或用處的感覺）；承認這些感覺，並幫助個案決定他們是否希望學習對自己與教養能力的新態度，這樣會有幫助得多。我也必須記得，不論我教了多少教養技巧的課，這些家長不會成功應用這些技巧，除非他們做出一些改變，願意相信自己身為家長是可以有能

力的。鼓勵是一種工具，將有助於為他們學習並應用新的教養技巧做好準備。

對於以責怪他人為一種過度補償自卑感的方式的家長，我的反應往往是防衛的。我想要捍衛孩子、配偶、老師或我自己——不論誰是家長憤怒的焦點。提醒我自己這些家長正在盡他們最大的努力，通常會有幫助。我必須盡可能避免對他們過度補償的反應做出回應，因為爭辯該責怪誰很少會有幫助。承認潛在深層的情緒，與鼓勵這些家長他們做得好的地方，而不是指出他們再次提供自己是沒有能力的證據，這樣會更有建設性。

不接受自己是有價值的家長也分為兩個各自的陣營：（1）那些表示自己對孩子、家庭與學校只有一點或沒有影響力的家長；以及（2）那些藉由壓倒其他所有人，來試圖確保自己有價值的家長。那些已經放棄自己能成為重要的之可能性的家長，表示其他人沒有認真看待他們，或聽到他們必須要說的話。在最初的諮詢中，這些家長經常表示他們不知道任何有關孩子的事情，也無法回答關於日常例行行程、友誼等問題。這些家長經常描述帶孩子來治療的原因與其他人的要求有關——學校建議的；孩子的祖母堅持的，而且是她付錢等。他們經常拒絕參與為孩子制定治療目標的過程。自己只有一點或沒有重要性的信念，損壞了他們承擔責任的能力，所以他們放棄了對於孩子有權力或影響力的可能性。

那些不相信自己是有價值之家長的小孩可能有類似的議題——這些家長經常表示他們家庭中的所有成員都不是真正重要或有價值的，而這想法慢慢從上而下影響了孩子。其他時候，家長在家中佔有太小的地位，而使得孩子發展出一種應該享有權益之感。他們可能認定自己是家裡唯一一個有價值的人，且必須以某些方式被寵愛或讚揚。

特別是因為我掙扎於重要 C 信念中的有價值，我通常對這些家長有強烈的情緒反應，但是我的反應取決於家長以及我當時的生活如何，而可能有所不同。有時候我想要跳上一匹白馬衝出去成為他們的捍衛者，確保與他們接觸的每個人都被迫承認他們是重要的、他們的確有價值。有時候，聽他們說自己的影響力與權力有多小，我會感到氣餒而想要在角落裡縮成一團然後放棄。有時

候，對他們情願放棄自己在孩子生活中成為重要存在的權利，我感到沮喪而想做一些事來迫使他們放棄自己無能為力的立場。這些最初的反應都不能對不相信自己有價值的家長有所幫助。相反的，我需要記住，鼓勵、鼓勵、鼓勵，承認他們有使孩子生活變得更好的潛力。

其他家長藉由索求注意力與試圖支配他人（他們的孩子、學校人員、遊戲治療師），來過度補償對自身重要性／意義的懷疑，用一種極度強而有力的態度來呈現他們的觀點，試圖感受到自己的重要性／意義，並確定他們是有價值的。這些家長總是對孩子每天發生的事情有著廣泛的了解，他們對治療目標以及如何實現這些目標有著熱烈的意見。

通常我對這些家長的情緒反應，是受到他們以某種方式威脅的感覺，混合著渴望向他們表明他們不如自己假裝的那麼重要。這種挑戰感對我來說是一個重要的線索——這意味著我必須記住，在過度補償之下是有懷疑存在的。當我因他們渴望在孩子的生活中是重要的而感到被威脅時，是不可能對家長有所幫助的。我必須運用自我管理來保持對這些家長的同理與尊重。

缺乏勇氣的家長感到能力不足並且對自我有懷疑。他們被教養的挑戰弄得極度氣餒。他們形容自己的生活是嚴峻與挫敗的。他們很少冒險，並傾向在嘗試前就放棄。當他們描述自己的掙扎或孩子所面臨的困難時，他們可能會責怪他人。在狀況中他們負很少的責任或不負責任。當受到一個情況的挑戰或面質時，他們不知道如何處理，通常會關閉自己，拒絕嘗試解決方法。這些家長來到遊戲治療，通常期待治療師在沒有他們的投入與努力下解決問題。在討論主述議題時，缺乏勇氣的家長時常也會列出顯示他們孩子缺乏勇氣的行為。

這些家長透過示範自卑感、無望與絕對的氣餒，可能無意地教導孩子不可能有辦法勇敢地去處理生活的問題。那些缺乏勇氣之家長的小孩經常在他們的生活中呼應這些議題——他們容易放棄並拒絕嘗試不能保證成功的活動。他們經常在學校被標籤為低成就者。

傾聽沒有勇氣的家長是非常令人沮喪的。他們似乎有一種具傳染性的絕望氣息。當我傾聽他們時，我經常感到挫敗與無能為力，或是我可能有衝動要為

他們解決問題，這樣他們才可以感覺好一點。兩種反應都不是特別有幫助。重要的是要記住，缺乏勇氣的家長即使他們害怕，也可以學習冒險、學習做事情。如果我感到十分氣餒以至於覺得沒有什麼可以幫助他們的情況，那麼我將只會增加他們缺乏勇氣之感。當我為他們承擔了責任而要獨自讓一切變得更好時，我也在做同樣的事情。我需要阻止自己被他們的沮喪困住，並記得我對他們最強大的工具是鼓勵——指出努力和小小的進步。

● 人格優先順序

家長自己本身的人格優先順序對於他們的教養方式以及親子關係有著重大的影響（Kottman & Ashby, 1999）。當治療師聆聽家長敘說他們的生活和兒童呈現的問題時，因為不同的人格優先順序伴隨著特定的抱怨模式，家長的人格優先順序通常也會明顯呈現。即使只是在討論諮詢時間或者是治療目標，家長的人格優先順序對遊戲治療師來說經常是清楚明顯的。就像對重要 C 信念一樣，治療師也能利用他／她自己情感上對於家長的回應，作為決定家長人格優先順序的指引。我們總是考慮家長有主要跟次要人格優先順序的可能性，除此之外，我們也思考家長人格優先順序的展現落在「有建設性—健康—有功能」與「有破壞性—不健康—失功能」這個連續向度中的何處。

人格優先順序是控制的家長傾向將他們的生活形容為「無法控制的」。這類型的家長與他人關係的特徵時常包括要確保他們是能控制他人（例如：孩子或伴侶）、控制情形（例如：孩子在學校過得如何），或者控制自己。因為要控制住生活中各式各樣的元素是不可能的，所以他們經常表達憤怒或是害怕的情緒。控制型的家長經常使用**不尊重、不聽話、懶惰、不合作、壞脾氣**及**不適當**來形容他們的小孩。在安排單元時間還有治療目標時，這類型的家長比較不願意有彈性，且傾向要求治療師在時間或治療策略上配合他們的需求跟願望。

當與以控制為導向的家長互動時，我（TK）對於他們需要主導的需求常常有所反應，並因此感到無力且「無法控制的」。這類型的家長想要控制所有人際關係跟生活情境的需求也經常讓我感到挫折或是煩躁。管理好自己的情

緒、避免陷入權力爭奪，還有讓自己避免感到被控制是很重要的。

取悅型的家長對於孩子的行為或自尊心的發展感到很焦慮。他們對於自己的教養方式也有所懷疑。他們也或許會覺得自己沒有能力或是沒有價值。取悅型的家長常將生活描述成他們沮喪地試圖想要確定其他人是快樂跟幸福的。他們經常訴說伴侶是如何抱怨他們不願貫徹管教的結果，或無法遵守嚴謹一致的管教方式。取悅型的人通常從朋友、親戚、孩子的老師以及其他人那裡，得到在教養技巧上或是孩子行為上「有建設性的」建議。當這類型的家長花很多心力在避免讓孩子拒絕他們或是對他們生氣的同時，他們也容易教養出被寵壞且擁有太多權力的小孩。取悅型的家長通常將他們的小孩形容為：（1）要求很多且有過多權力；（2）過度有攻擊性或殘暴的；（3）極度焦慮、容易感到被壓垮，還有缺少勇氣。他們總是願意配合治療師的時間，也會主動提出更改單元時間以應治療師的方便。當討論到治療目標時，這類型的家長也常常不確定他們想要的是什麼。在治療的過程當中他們傾向不對特定的治療目標做出任何承諾，或是仰賴他人（伴侶、治療師、祖父母）來決定想要的治療結果。

我個人非常喜歡取悅型的家長，畢竟當他們跟我在一起時，他們強烈地想要讓我開心。這有什麼好不去喜歡的呢？因為我自己本身也是取悅型的人，我特別能同理他們經常想要取悅他人的掙扎。但是在一段時間之後，我對於這類型的家長在自己的孩子或是其他人的事務上不願意採取立場的態度感到挫折。我相信當知道這對孩子是最佳利益的時候，要能遵循結果且負起說「不」的責任是很重要的（身為一個取悅型的人，當我在教養我兒子 Jacob 時，也很困難）。與取悅型的家長工作時我常常提醒自己，他們傾向相信他們的自我價值是條件式的，而且他們需要來自我的無條件接納。在他人面前堅持自己的立場時，他們有我的支持，即使並不總是成功，我也不會不認可，如此一來便可以創造一種取悅型家長能學到自己是有能力且有價值的關係。

人格優先順序是卓越的家長時常難以承認自己其實是需要治療師的諮詢。他們經常傾向將生活描述得像童話般完美——除了這個跟他們小孩有關的極小瑕疵。卓越型的家長對於自己與孩子有非常高的要求，而他們對孩子的抱怨大

多源自於孩子在某些方面無法達到他們的期望（例如：在學校成績表現不理想、社交上過度焦慮，或是朋友不夠多）。這些家長經常認為讓他人知道自己在經歷一些問題或尋求幫助是承認自己的弱點，或承認自己在某種程度上比別人差。為了補償這種失敗的感受，這類型的家長會積極地蒐集與孩子問題或診斷方面的相關資訊，如此一來他們便能成為這方面的專家。他們的這些反應與那些覺得自己沒有能力或是懷疑自己重要性／意義的家長的反應相似。他們不是怪罪自己並感到強烈的自我懷疑跟罪惡感，就是怪罪他人（例如：他們的小孩、老師、配偶），且造成更多的互相指責。在某些情形下，這些家長也會淡化問題的嚴重程度，並忽視他人對他們孩子所給的回饋。有些卓越型的家長也會將孩子的主述問題誇張化，以表現出他們小孩的問題遠比所有其他小孩的問題嚴重。也就是說，如果他們無法保證能獲得「最佳兒童」或是「最佳家長」的獎項，寧可操弄情況好讓他們能十拿九穩地贏得「最糟兒童」的頭銜。從最一開始，這些家長會有要建立自己比治療師更卓越的傾向。他們經常將第一次電話通話或第一次單元花在審問治療師與他們孩子工作的資格，他們也會在沒有治療師的回饋下自己制定治療目標。

　　我必須承認，我對卓越型家長的第一反應通常是被挑戰的。因為我的次要人格優先順序是卓越，我會想要證明我比他們更卓越（即使他們是相當卓越的）。我也會感覺備受威脅，因為他們確實比我還清楚他們孩子特定的問題。然而，這些情緒反應毫無益處。再一次地，我必須在我對這些家長的反應上進行自我管理。（你偵測到主題了嗎？）陷入誰是比較厲害的專家的反覆競爭是沒有意義的。以一種陳述事實的方式提供自己的專業資格跟背景，並且承認自己未接觸過的領域，其實是應對這類家長質疑我的資格的最好方式。提醒自己，這類型的家長在懷疑自己的能力中掙扎，提供無條件的、同理的理解跟鼓勵比自我防備或陷入權力爭奪來得有用，儘管後者有時候是我對他們的自動回應。

　　人格優先順序是安逸的家長主要是抱怨教養小孩太辛苦。成為家長會奪走他們對自己生活做想做的事情的能力，而這些想做的事情通常是放鬆跟玩樂。安逸型的家長對於避免緊張跟壓力有強烈的需求，為人家長對他們來說可能是

不舒適的，因為這有某種程度的壓力，即使小孩並沒有經歷困境。教養面臨挑戰的兒童對他們來說是壓力倍增。安逸型的家長時常描述教養小孩比他們預期中需要更多的精力，而他們也覺得自己無法舒適地投入身為一個稱職家長所需的努力。他們不喜歡設限、提供常規或固定架構，所以他們傾向從自由放任的角度教養。這點時常造成問題，因為他們的孩子可能變得太過野蠻或懶惰。小孩也可能有不及格的成績、對其他兒童表現出有敵意或過度攻擊性的行為、拒絕做功課，或者不服從規定或是安排。安逸型家長很少將上述的這些行為視為問題。他們常將自己視為孩子的好朋友——那位可以分享童年時期的樂趣且不伴隨為人家長的責任的人。來自他人的抱怨（例如：老師、配偶、校長、岳母或婆婆）有時候會造成過度的壓力，導致他們決定採取行動帶孩子尋求遊戲治療。然而，他們時常會抱持著「將我的小孩治療好，但是不要期待我會做任何改變」的心態。這些家長很難找到方便的時間帶小孩來治療，因為治療對他們來說是不舒適且不方便的。他們很少有具體和特定的治療目標，因為他們真心想要教養簡單一些、小孩問題少一些，還有其他人少干涉他們的生活。

　　人格優先順序是安逸的家長通常很討喜。他們有趣、自然，也很好相處。我對於這類型家長的第一反應通常是很感激他們順其自然的能力。我也喜歡他們對於小孩跟童年時期那些美好事情的真誠享受。但是，隨著關係的建立，他們不願意付出努力成為更好的家長卻讓我感到挫折。當我與這類型的家長工作時，不要陷入自己那種想要他們進步且進步得很快的需求，這是非常重要的。我也不能負責提供他們改變時所需付出的精力跟動力。我需要多注意小的努力跟小的成功證據，且要有耐心地使他們讓自己有動機，而不是一味地試圖提供他們動力。

♥ 家長諮詢的階段

　　在第一階段的家長諮詢，阿德勒遊戲治療師主要是跟家長建立關係，發展合作的夥伴關係，且以優化兒童生活跟學習環境中的氣氛、態度與互動為目

標。在第二階段的諮詢，治療師使用問題策略、沙盤及藝術技巧，向家長取得關於兒童、家庭成員、學校相關人員，以及兒童世界的資訊（例如：鄰里街坊、朋友、教會）。

當治療師逐漸熟悉孩童與家長的生活型態，可將家長及孩童的重要 C 信念、不適應行為的目標、人格優先順序、偏差信念、個人邏輯，以及內在資產概念化。基於這些概念化的了解，下一步即是擬定與孩子在遊戲治療過程中，以及與家長在諮詢中的處遇計畫。（見第七章與第八章對於蒐集資訊、發展概念化、設計處遇計畫的詳細說明。）在第三階段的家長諮詢，治療師使用各種不同的技巧（例如：潑冷水法、對生活型態模式的猜測、沙盤、藝術技巧、對他們與孩童互動中所潛藏的訊息進行後設溝通，以及有趣的生活教練策略[life-coaching strategies]）來幫助家長洞察他們自己與孩童的生活型態，並試圖協助他們在對自己、孩童及親子關係的態度上產生轉變。當家長的認知與信念有所轉變時，治療師進入到第四階段的家長諮詢——重新導向及再教育。在這個階段，治療師運用角色扮演、藝術技巧、沙盤及有趣的生活教練策略教導家長教養技巧（例如：溝通技巧、問題解決技巧及鼓勵技巧），並且幫助家長對自己教養孩童的能力重建自信。

在家長諮詢的各個階段，心理師可能會根據家長的重要 C 信念與人格優先順序來調整與各個家長工作的方式（Kottman & Ashby, 1999）。當心理師與家長建立關係之後，對於遊戲治療的過程以及益處給予客製化的解釋是很有用的。在選擇策略來和家長建立關係的過程中考慮他們的生活型態也有幫助。在第二階段的家長諮詢，藉由蒐集與兒童及家長生活型態的相關資訊過程中，調整問問題的策略，心理師時常能增加可獲得資訊的深度與廣度。以能與家長溝通風格相配的形式問問題，心理師可能不會激起家長防禦性的反應。心理師也可以運用家長的重要 C 信念與人格優先順序，作為在第三階段家長諮詢方式的基礎。以提升家長聽取且接受回饋的可能性的方式，來呈現對他們生活型態模式的推論也是有可能的。在重新導向及再教育的階段，當在建議哪些教養策略是有益的以及哪些議題可能阻礙教養時，心理師可以謹記家長的生活型態。

● 與家長建立關係

阿德勒遊戲治療師在第一次與家長通電話時，便開始了讓家長參與治療。在這第一次的互動中，治療師會請家長簡短描述孩童目前的困難處與問題的歷史。這也是討論遊戲治療過程的實際層面的好時機，例如收費、幾點、哪一天，以及遊戲治療療程長短。在預約第一次治療單元之前，治療師對於遊戲治療的基本原理與過程提供簡單的解釋，並回覆家長的任何問題。第一次家長諮詢通常是沒有孩童參與的。遊戲治療師聆聽可能對親子關係、家庭氣氛及管教型態等造成影響的家長生活型態的因素之線索。治療師開始對家長的重要 C 信念與人格優先順序進行假設是重要的，對這些人格動力的了解可以幫助家長諮詢的過程。

與家長第一次諮詢時，遊戲治療師請家長更深入解釋孩童的主述問題，描述家庭或是學校試著補救問題所做過的努力，並討論治療過程中可能的治療目標。在此諮詢中，治療師時常會用不帶指責的方式，解釋家長及其他家庭成員是如何在孩童生活型態的形成過程中扮演著重要角色。

在第一次諮詢讓家長了解到家長本身及其他家庭成員的參與在整個治療過程中是很重要的。如果孩童的主述問題是源自於家庭，治療師討論的解決方案可能會包含整個家庭一起工作，改變與彼此互動的方式，並且學著如何支持被認定為個案的孩童。這也意味著有些治療單元只會針對孩童，有些則會加入不同的家庭成員，有時候是某位家長、有時候是家長雙方、有時候是一位或兩位手足、有時候是整個家庭。如果孩童的主述問題似乎是來自於學校，治療師則討論家庭需要支持孩童在家中的改變，而家長可能需要扮演孩童倡導者的角色與學校進行溝通。家長必須了解，他們的參與和改變自己態度跟行為的意願會傳達給小孩非常重要的訊息。同時，他們也需要了解到，為了發生長期性的改變，扮演鼓勵孩童進步的角色以及持續練習遊戲治療師所教導的技巧有多麼重要。

許多帶孩子來心理諮商的家長們，會覺得自己孩子需要幫忙的事實也意味著自己教養的失敗。有時候，這些自我不足／不能勝任的感覺會影響到他們和

治療師建立合作關係的意願跟能力。面對這些家長，在進入到第三或第四階段家長諮詢以提供教養策略相關建議或其他介入之前，建立關係及一個相互分享責任的意識是絕對必要的。

為了確保與家長的關係是往積極正向發展，心理師運用那些類似於在遊戲治療中建立關係所使用的技巧來與家長建立關係。（見第五章的與兒童建立關係。）心理師主動積極地聆聽、簡述、總結歸納且反映情感，好讓家長感到被聽見、被理解。有些時候，有人願意真心聆聽家庭成員便能淡化家中的緊張氣氛，且舒緩來自於必須尋求專業人士的那種罪惡感或其他的消極負向情緒。藉由問問題跟提供鼓勵，心理師表達對家長的關注與關心。與那些有意願且有興趣的家長，我們常常在此階段與他們使用一些遊戲治療的技巧。我們可能要他們畫一張表達自己身為家長角色的畫、做一個沙盤，並以不同的物件代表家中的每個成員、用一首歌來表達每個家庭成員的長處跟掙扎、用手勢或肢體活動去表達教養順利與不順利的時候，或者其他任何能與家長建立關係的新奇方式。

因為有時候在諮詢初期給予建議是言之過早（即使是來自於家長本身的要求，他們也很少在初期的歷程中真的準備好在態度和行為上做出重大改變），所以藉由問「你認為你應該做什麼？」或者說「我相信你可以自己想出一些可以嘗試的主意」，有時候是將責任回歸至家長身上的必須手法。

就兩方面而言，「鼓勵」在家長與教師諮詢中佔有關鍵的部分。遊戲治療師必須：（1）對老師和家長所做的努力與進步，使用鼓勵作為給予回饋的工具；以及（2）教導家長與老師如何在兒童及其他大人之間運用鼓勵的技巧。

在描述遊戲治療以及家長諮詢的益處時，心理師可以根據家長的人格優先順序來決定該如何呈現此敘述（Kottman & Ashby, 1999）。與人格優先順序是控制的家長，解釋遊戲治療可以幫助家長在他們自己與生活上獲得更多的控制感通常是有成效的。如此的敘述對控制型的家長而言是正確且能讓人放心的。對於主要人格優先順序是取悅的家長，心理師可以強調期望最終治療結果是一個更快樂、更平衡的兒童與家庭，伴隨著家庭成員經驗更圓滑的溝通、更多互助，及較少的壓力。在和人格優先順序是卓越的家長解釋期望的治療結果時，

心理師可以強調他們之前的成就及專長，並建議遊戲治療和家長諮詢可以協助他們延續這些趨勢，以及協助家庭成員增強他們達到為人家長之標準的能力。面對人格優先順序是安逸的家長，描述益處時則應該著重在形容遊戲治療可能讓生活壓力降低、教養變得更輕鬆有趣。

當遊戲治療師著手於與家長建立關係時，考慮家長的重要 C 信念與人格優先順序也是有用的。與那些比較不容易與他人產生連結的家長，遊戲治療師必須在第一階段的家長諮詢安排更多的時間，以確保家長在進入更深層的階段之前能對治療師有連結感。面對那些覺得自己沒有能力或不相信自己有價值的家長，治療師在第一階段的諮詢使用很多的鼓勵是很重要的，認可家長做得好的事情以及他們在孩子身上所創造的改變。與缺乏勇氣的家長，治療師要牢記「慢慢來」在建立關係過程中的重要性。這些家長時常認為各種不同的關係是具有危險性的。他們不輕易地或快速地建立關係，所以治療師對他們需要多點耐心。

人格優先順序是控制的家長對於治療師試圖要控制他們的可能性，以及諮詢過程可能會導致他們做出丟臉或錯誤之事感到非常敏感（Kottman & Ashby, 1999）。他們不信任治療過程，因此，慢慢地取得他們的信任是很重要的一步。當他們試圖控制你時，切記，這類型的家長實際上是害怕失去控制，因為對他們來說，在這些經驗中他們是感到失控的。他們對於直接的建議或是指導的接受度很低，所以你要避免告訴這些家長他們應該怎麼做。

面對人格優先順序是取悅的家長，作為他們鼓勵的來源是與他們建立關係的最佳方式（Kottman & Ashby, 1999）。你可以以一個積極正向、支持、很好取悅、不易怒及不隨意拒絕取悅型家長的樣子進入這段治療關係。在稍後的諮詢過程中，當這些家長開始相信自己可以更堅定自信且抵抗他人時，對感受到來自孩子或生命中重要他人的任何消極負向反應，你將能成為一股制衡的力量。

如果你能牢牢記住那些追求卓越的家長所展現的行為其實是在克服自己強烈的自卑感，建立關係的過程將會進行得更順利（Kottman & Ashby, 1999）。

你必須要讓自己避免感到被這些家長威脅或挑戰。為了有成功的家長諮詢，你必須給予同理、鼓勵跟支持，而非陷入誰比較厲害、比較有資格的競賽中。藉由注意到卓越型家長的專業跟內在資產，你可以與這類型的家長建立非常穩固的治療性同盟。

表現得從容自在並且維持無壓力的互動，是與人格優先順序是安逸的家長建立成功關係的要素（Kottman & Ashby, 1999）。透過溫和、積極正向的態度與他們互動，且避免因為過度熱情或過度有精力的互動方式，而讓他們感到壓力備至，你便能和這類型的家長成功建立關係。之後你可以利用這樣的治療關係來激勵安逸型的家長，去做對他們而言並非總是舒適的努力。

● 向家長蒐集資料

雖然讓家長抒發與主述議題相關的沮喪與無助的情緒時常是必要的，但在諮詢初期的大量情緒發洩之後，諮詢重心應該轉移並且每次只花幾分鐘的時間討論主述議題本身及其相關發展。你會想要避免讓孩童的主述議題變成蒐集資料的核心，因為你不想要鼓勵家庭成員繼續用主述問題來定義孩童。這很重要，因為如果每次你和家長談話時，家長花所有時間在抱怨他們的小孩或生活，這很容易令人感到窒息或挫折。（我們經歷過這個過程、做過這樣的事、學到寶貴的一課，而現在，我們想幫你們避免犯同樣的錯誤。）

在此諮詢階段，遊戲治療師向家長蒐集他們對於以下項目的看法：（1）孩童的發展史；（2）孩童的生活型態；（3）家長的生活型態；（4）其他重要家庭成員的生活型態；（5）家庭價值；（6）家庭氣氛；（7）孩童和家庭成員、其他小孩、重要學校人員的互動；（8）教養態度跟技巧；以及（9）其他任何治療師認為在了解孩童、家長和孩童生活中的相關人士，其個人內在和人際互動的動力上有必要的資訊。附錄 B 呈現「兒童的生活型態——給家長的問題」，遊戲治療師在蒐集資料的過程中可以運用此表。附錄 B 包含一系列我們可以用來蒐集關於孩童與家長資料的問題。我們不需要將全部的問題使用在每一位家長身上，而是選擇問那些能協助我們了解各個特定家庭的問題。

　　然而，坐著、問家長問題並把答案寫在紙上，可能會漸漸破壞你在第一階段建立關係上所做的努力。如果你想用些創意的方法而不只是依靠傳統的、制式化的問問題來蒐集資料，你可以運用許多遊戲治療的技巧。你可以邀請家長做沙盤、冒險治療技術、生活教練活動、表達性藝術策略（跳舞、肢體活動、藝術、詩、劇場），或是透過其他有趣的方法來蒐集資料。你要考慮有潛能可以成為最適合家長的方式——這家長對於單純的談話感到舒適嗎？這家長對於沙盤或是藝術類的過程會感到比較放鬆嗎？這家長喜歡音樂或是運用肢體嗎？問問題的方式千變萬化，你可以直接問問題然後期待口頭上的回應，而你也可以將問題變化成畫圖的刺激物、沙盤的架構，或是寫作的提示。

　　例如，你可以邀請家長進行下列的指導性沙盤，藉由挑選物件來呈現下列的訊息並將它們安置在沙盤裡：

- 我家裡的成員……（選擇一到三個物件來代表家中的每一位成員。）
- 我們家讓我煩惱的事情是什麼／關於身為家長，讓我煩惱的事情是……
- 我喜歡我們家的什麼／關於身為家長這件事，我喜歡……
- 如果有家庭小團體，這些小團體的成員分別有哪些人？這些小團體分別代表什麼／願意捍衛什麼？誰是小團體的帶領者？
- 當家裡發生衝突時……（誰與誰發生衝突？為了什麼事？衝突最後如何解決？）
- 我們家讓我引以為傲的是……
- 對（整個）家庭而言重要的是……對每一個家中成員而言，重要的是？
- 身為家長，我會對……感到生氣／因為……而生氣。身為家長，我會因為……而感到難過。
- 三至五個我曾在教養上犯過的錯誤……
- 當我犯了教養上的錯誤時，我覺得……
- 我對我家的三個願望……

- 我們的家庭規則有哪些？家裡誰最有可能違背這些規則？當規則被違背時會發生什麼事？
- 家裡被認定是個案的小孩是如何惹麻煩？當事情發生時我的感覺是？

　　如果你的個案覺得運用藝術去探索會比較放鬆，你可以用畫畫技巧或是拼貼藝術來詢問上列的問題。對於喜歡音樂的家長，你可以請他們選幾首歌來代表家中的每個成員。至於對肢體活動有興趣的家長，你可以請他們向你展示家中每位成員如何動作。

　　與兒童相關的問題，資料蒐集過程應著重在家長對於以下事項的看法：（1）孩童是如何在家庭中獲得他／她的重要性／意義；（2）孩童與其他家庭成員的互動模式；（3）孩童對於自己、他人和這個世界的看法；（4）孩童的行為、態度與動機；（5）孩童的內在資產；以及（6）孩童處理問題的方式。為了了解交織在孩子生活架構中的主題，心理師請家長描述小孩的發展史，或是請家長畫一個包含小孩發展史的家庭進展時間表。關於每個小孩的出生序、個性及他們彼此之間關係的資訊也有必要知道（可以透過問問題、運用沙盤，或是藝術技巧）。有時候請家長在家中小孩的特質上給予評價也是有幫助的，例如：聰明的、有幫助的、物質取向的，或是自私的。這些資訊都可以幫助心理師了解孩子是如何被他／她在家中的心理位置（psychological position）所影響。

　　透過詢問家中的日常作息、小孩所需分擔的責任，與小孩如何處理困難的情形，能幫助心理師了解可能的不適應行為目標、人格優先順序，以及重要 C 信念。關於孩子的哪些行為會使家長感到困擾、家長如何回應這些行為、當這些行為持續發生時他們的感受如何，還有小孩因為自己的不適應行為而受到斥責時如何回應等問題（或是沙盤、藝術技巧），能幫助心理師對孩童的目標形成假設。

　　向家長確認任何可能對孩子有負面影響的事件或情形是很重要的。大多數的家長沒有理解到像是家中成員或是寵物的死亡、家長離異、地震等事件，或

是家中有酗酒或有心理疾病的家庭成員等情形，對小孩可能會有長期的影響。心理師或許必須問一些特定的問題，並分享許多有可能對小孩造成影響的事件或情況的例子。

與家長相關的問題，焦點應該放在家長對於以下事件的看法：（1）他們的婚姻關係；（2）家長自己本身的童年時期和在其原生家庭中的位置；（3）家長和其他家庭成員的互動模式；（4）對於自己、他人和這個世界的看法；（5）對每一個小孩的態度；（6）他們教養的能力；與（7）他們對於管教的看法跟策略。你可以再次使用沙盤、藝術策略、音樂、肢體活動或是舞蹈來獲得這方面的相關資訊。透過這些過程所獲得的資訊，可以提供你家庭氣氛和家中各種關係的觀點。以下是一些你可以請家長參與的沙盤或圖畫活動的例子：

- 我決定成為家長是因為……
- 我的婚姻是……
- 當我還是個小孩時，我……
- 我從我的雙親身上學到，為人家長……
- （身為一個人、一位家長、一位伴侶……），我對我自己的描寫是……
- 這個世界是……
- 關於為人家長，我喜愛的是……
- 我生命中最糟糕的時候是……
- 我生命中最美好的時候是……

我（TK）常在這個階段使用另一個好玩的技巧（探索家庭價值以及治療目標的方法）叫做「插旗劃界」（stake in the ground），來了解對家長而言什麼是最重要的（K. Kimsey-House, personal communication, October 2001）。我請這些家長口述、畫畫或做一個沙盤，來代表他們親子關係中主要的插旗劃界（對他們很重要且願意捍衛的事情）。我解釋道，在教養我兒子的過程中我了解到，那些過去以為重要的事情（他有乾淨的房間、他在學校表現很好、他把所有的蔬菜都吃乾淨），對我而言其實並非如此重要，而其中許多事情並非真的

在我所能控制的範圍之內。對我來說真正重要的是，我和他有積極正向的親子關係，我可以在這樣的關係中表達我對他的愛與支持——這就是我主要的插旗劃界——這是我願意去捍衛的，而且在某種程度上這是我所能掌控的。我確實也有些次要的插旗劃界——我希望他可以藉由負責家事來對家庭有所貢獻，而與我的互動也是尊重的、愉悅的。這些特質是我可以以身作則、鼓勵，並且希望他可以將這些特質融入他的生活型態之中，可是，我並沒有「使」這些事情發生的能力。

在考慮根據家長的重要 C 信念還有人格優先順序來調整資料蒐集的方式時，經驗告訴我們，了解家長的情緒弱點及其起因常是有幫助的。與那些無法與他人產生連結或是缺少勇氣的家長，我們發現注重事實及有條理地問問題是較好的方式。這些家長似乎傾向心理師帶著列有問題的書寫夾板（clipboard）問問題與做筆記。如此相當沒有人情味的問答諮詢對他們而言似乎較為安心，因為在這樣的互動方式中他們不需冒任何風險。這些家長通常對於問題也會以不知道作為回答。對與他人連結有困難的家長而言，這樣的回應或許是來自於欠缺與孩子的連結；對缺乏勇氣的家長，如此的回應有可能是不願意因為聲稱自己實際上知道些什麼，而需要採取堅定的立場。有時候如果我們請家長猜測問題的答案，或是告訴我們，他們覺得一個在觀察這個家庭的人、一個重要的朋友或親戚會如何回應這些問題，其實是可以降低家長的壓力。

那些覺得自己沒有能力或是沒有價值的家長常常很害怕「只注重事實」的無人情味的方式。因此，你會想要以隨性、聊天、帶有鼓勵的方式問問題，讓他們告訴你關於他們生活的故事。他們常常擔心你會發現他們身為家長的弱點，所以回答時會含糊其辭。如果你想要更多細節，必須非常小心地避免有指責的口氣或是太過嚴肅地想要探測某些細節。如此一來，你才能維持這段關係中那溫暖且無條件接納的性質。做筆記對於那些覺得自己沒有價值的家長而言是很重要的。這樣的方式可以傳達你對他們的分享高度重視，以及相信他們在孩子的生命中有重大影響力。掙扎於能力、價值或勇氣的家長，比起直接口頭回答問題，他們更願意嘗試藝術的過程像是畫畫或沙盤。因為藉由畫畫或沙盤

表達，並沒有一定「正確」的方法。

與人格優先順序是控制或卓越的家長工作時，在資料蒐集的過程中你會需要在「有組織」與「要求不多」的中間取得平衡（Kottman & Ashby, 1999）。在諮詢的過程中存在著一條微妙的界線，如果他們認為你過於嚴厲或是過於控制，有可能引起他們的防衛心；如果你過於隨興或是沒有遵照一個既定的型態來架構晤談與組織你所收集的資訊，家長可能會對你失去耐心。比起有趣好玩的方式，這些家長會比較習慣治療師以直接問答的方式蒐集資料，因為遊戲放鬆的本質對他們而言是不自在的。控制與卓越型的家長通常會試圖控制治療師在蒐集資料時問題的焦點與流暢度，並且確保他們有機會發問以顯示自己廣泛的知識。你要確保家長回答了你所有的問題，並同時避免陷入關於會談要如何進行的權力爭奪。同時，做筆記以展現你重視他們所說的一字一句也會有幫助。你必須不帶防衛心地回答他們的問題，而當你不知道答案時也可以藉由告訴他們「我不知道」來示範不完美的勇氣。（這對我們兩個來說是非常難做到的，因為卓越是我們的人格優先順序之一。）這些家長傾向把重點放在孩子與孩子的問題上，以保護自己的弱點；因此，有時候要他們回答關於自己的問題或是生活型態是有困難的。耐心、堅持以及間接性的方法在這過程中常常是必須的。

與主要人格優先順序是取悅的家長工作時，我們將問題交錯在對話中並強調我們感激他們的配合（Kottman & Ashby, 1999）。我們也可以試著用沙盤、肢體表達、畫畫、音樂或遊戲治療的技巧讓他們放鬆一點。這些家長對批評特別敏感；我們時常要小心避免傳達任何會激起他們防衛心反應的訊息。因為取悅型家長自己本身的需求很少被滿足，他們通常很喜歡家長諮詢這個部分，因為有人願意用同理與接納傾聽他們的經驗。（因為我們兩個也是取悅型的人，所以我們可以同理他們的反應，但是我們要提醒自己不要陷入這些家長的焦慮。）

面對主要人格優先順序是安逸的家長，我們總是放鬆，在蒐集資料時採取緩慢低調的態度（Kottman & Ashby, 1999）。隨著我們偶爾地輕微點頭，這些

家長在輕鬆的氣氛之下最能欣然地回答問題，並以自己的方式敘說他們的故事。當他們抱怨小孩及其他對他們「施壓」去見遊戲治療師的人時，我們要特別有耐心。他們時常寧願怪罪他人，而非檢視自己在問題中所扮演的角色與在解決問題上的責任。（畢竟，怪罪他人遠比檢視自己要來得舒適。）

● 協助家長洞察生活型態

阿德勒遊戲治療師在這個階段的主要任務是幫助家長對自己及小孩有新的了解，如此一來才能矯正舊有的自我挫敗的態度，並以有助益性的模式取代那些自我挫敗模式的想法跟行為。治療師以強調孩童與家長的內在資產開始這個過程，促使家長以更積極正向的態度思考自己與孩子。

心理師在這階段的家長諮詢有兩個方向：（1）幫助家長用不同的方式看自己的小孩；以及（2）幫助家長用不同的方式看自己。有時候，治療師僅僅用談話的方式，而有些時候運用遊戲治療的技巧更加適合。在幫助家長轉變他們對自己小孩的看法與態度時，我們最先使用的許多方法之一是重新定義那些被家庭成員習慣上視為消極負向的行為。我們可以解釋這些行為是如何傳達孩子的創意跟獨一無二，以及這些行為有時侯又是如何對家庭產生貢獻（例如：孩子的不規矩行為是如何讓家長免於承認他們夫妻關係的問題，或是小孩扮小丑的行為是如何防止憂鬱的家長惡化至需住院治療的程度）。在那些我們想要使用遊戲治療技巧而非對話的情形之下，我們可以做一個沙盤來讓家長重新定義某些行為（例如：在沙盤角落放置一個龍捲風的物件，而這龍捲風在捲縮成團的人群上方盤旋，我們用這樣的物件來代表家長通常是如何看待他們的小孩，以及小孩對家庭的影響。然後再用一座代表連結許多人的橋的物件來代替）。我們示範如何對孩子的動機能有同理的理解，以幫助家長從孩子的角度去看待他們的行為與動機。我們從不批判的角度出發並且著重於事實，如此一來，家長便不會覺得我們在批評他們過去的行為跟態度。

在這個過程當中，我們花很多時間在使用各式各樣的技巧向家長呈現孩子的重要 C 信念、不適應行為的目標，以及人格優先順序的資訊，好讓家長開始

重新思考孩子及他／她的行為。向家長解釋我們對於孩子決定在家中還有其他關係中如何獲得重要性／意義之方式的理解——這些獲得歸屬感的方法對孩子是如何有用以及如何阻礙他們建立成功的關係與應對策略。除此之外，我們也討論孩子的出生序位置，以及任何創傷經驗對於孩子及其生活型態的可能影響。我們盡可能地用不含批判的態度猜測孩子是如何詮釋家庭氣氛，以及這樣的詮釋對他／她自己、他人和這個世界的意義是什麼。當解釋我們對小孩的偏差信念與個人邏輯的假設時，也幫助家長對孩子的長處跟掙扎建立同理的理解。

我們將會把我們對於家長本身的生活型態是如何以建設性及毀壞性的方式與兒童的生活型態互動的意見，融入到與家長的對話中。我們授予家長他們自己的重要 C 信念還有人格優先順序（有時候是以非常直接、教導性的方式；有時候則是間接、微妙的方式）。我們討論這些生活型態的元素在親子關係中可以是互補或互斥。我們提出重要 C 信念與人格優先順序的內在資產是如何幫助他們的教養方式，以及生活型態的不力之處可能如何阻礙他們與孩子的互動。我們可以畫一個圖表或是替他們做一個沙盤，來說明他們過去在原生家庭的互動可能如何影響現在的態度與行為。我們想要幫助他們檢視過去所接受到的教養方式，並且引導他們對於來自原生家庭的態度、價值及教養策略做出有自覺地複製或捨棄的決定。我們探索其他家庭動力（像是婚姻狀態、濫用藥物或酗酒問題、來自公婆或岳父岳母的教養建議、手足競爭等）是如何影響家長有效教養的能力。與某些家長，探究他們的教養態度、與教養能力有關的自我形象、管教的哲學、家長之間對如何管教的衝突，以及對家中不同小孩的態度是有幫助的。作為這過程中的一個部分，我們也想要挖掘哪些教養方式在過去是有用、無用，是哪些因素區別這些有效、無效策略的應用。這過程的目標是幫助家長轉變他們對自己與小孩的看法，好讓他們準備好去學習並且應用阿德勒學派的原理於他們的教養方式之中。

例如，在這個階段我（TK）可能會繼續使用插旗劃界技巧。當家長干預他／她無法控制的事情時（例如孩子是否一直能做正確的決定，或者孩子是否做功課），這通常造成了所有人的挫折感，這時，檢視每一個人在問題中的責

任歸屬或許會有幫助（Dinkmeyer et al., 2007）。比如說，如果家長想要孩子有個乾淨的房間但是孩子並不在乎房間乾淨與否，這是孩子還是家長的問題？在這樣的例子當中，家長對乾淨的房間很重視，但孩子並非如此。即使家長可以強迫小孩清理房間，然而，這卻只會延續權力的爭奪。（我能理解這樣的情形，因為在我兒子 Jacob 上小學時，這就是他和我先生之間很大的掙扎點。）我相信，如果家長對於某件在控制範圍之外的事情有強烈的想法，但孩子不在意或持有相反的想法時，家長需要提供活力讓這件事以積極正向的方式發生。因此，在上述例子中，家長可以主動開始清理房間、從旁協助，或是將過程中的某些部分變成遊戲或是競賽。如此一來，權力爭奪便能被轉換成促進積極正向、合作關係的有趣好玩經驗。

對大部分的家長來說，這個階段可能是最困難與最具威脅性的，因為你實際上是在請他們放棄許多舊有的想法、態度及互動方式，並且採用新的（通常是截然不同的）方式來解讀不同的關係與情形。這是家長諮詢過程中的關鍵，卻也是相當令人提心吊膽的。為了幫助家長對這樣的過程有較多的安全感，以及為了增加他們在洞察生活型態的過程中，能有認知跟情感上轉變的可能性，你需要謹記他們的重要 C 信念跟人格優先順序。

對於不容易與他人產生連結的家長，持續花功夫在關係的建立上，並且記得在每次的單元中與家長維繫關係是有幫助的。這類型的家長很少會由關係的角度去看問題，所以當在描述他們的態度與行為是如何影響他人時，你必須相當具體。避免任何批判或責怪極其重要，因為在與他人互動的領域上他們已感受到自己的不足，所以一不小心你可能會加深他們認為自己是人際失敗者的看法。

與那些掙扎於能力感或是覺得自己沒有價值的家長，你會想要用很多的同理心、鼓勵與幽默，將他們目前的教養方式與他們過去從原生家庭所學到的教養方式做連結，指出他們思考、感覺及行為的模式，而在你的這些觀察中不帶任何責怪。與家長討論你相信他們是可以的，且將變得更有能力，並可以變成孩子生活中積極正向改變的強大媒介，這樣做是非常有幫助的。你信任他們有

往建設性方向成長之能力可以是非常大的激勵。

　　對於那些缺乏勇氣的家長，你會想要在這個階段的家長諮詢慢慢來。將那些以洞察力為導向的資訊分成容易處理的小部分是必須的；如此一來，家長才不會因你所建議的改變而感到窒息。

　　為了不讓控制型的家長覺得你試著要主宰他們，當你在呈現你的詮釋、解釋與建議時，應該用相當間接且假設性的態度。提供家長許多關於生活型態的主題、行為目的、重要 C 信念，和人格優先順序可能的詮釋，並且與他們一起討論每一個詮釋可能如何應用於目前的狀況，這樣做通常是有益的。起初，將焦點放在孩子與他／她的生活型態上，家長才不會覺得受到威脅。當家長對於討論生活型態的議題似乎更加放鬆時，你可以轉移焦點至家長本身與孩子生活型態的互動上；最終，提出猜想與詮釋來讓家長覺察自身的議題。

　　對於取悅型的家長，很重要的是在這階段所有的互動之中注入鼓勵，並且避免批評與批判。如果你能夠避免傳達任何消極負向的非語言訊息，取悅型的家長通常對於理解自己是如何複製原生家庭的互動模式至目前的家庭是非常開放的。只要他們相信自己可以藉由融合新態度、新信念和新行為來取悅你，便會很積極地重新考慮他們的情況。然而，他們對於擁有自己的權力、保持堅定肯定的態度，以及對他們的孩子設限是感到非常焦慮的。因此，必須幫助這些家長在勇於面對他人以及照顧自己時，感到更加自在。

　　以合作的夥伴關係去呈現想法跟展現洞察，是與卓越型的家長工作最有效的方式。在這會面當中，雙方都持有有價值的資訊與專業，並以孩子的利益為主軸進行合作。你需要展現自己是一個有自信、有知識的遊戲治療專家，但是也需要家長在家庭方面的那份專業。這種方式引起的互相尊重也常常規避了家長可能的任何防衛反應。你可以從專注在小孩或是他／她的生活型態開始這階段的家長諮詢，如此便能在進行到討論家長與小孩之生活型態的互動之前，先建立共同主導的模式。當你在給予家長相關的建議或是詮釋時，切記用間接、假設性的口吻，就如同你跟控制型家長工作的方式一樣。

　　安逸型的家長需要你以沒有威脅性的方式呈現回饋，並且不催促他們很快

地做改變。對於這類型的家長，幽默是一個無價的手段，因為幽默讓他們用安全的方式檢視自己的問題。保持諮詢時間的簡短且限制你所投入的精力也是有幫助的；慢慢的幫助這些家長獲得洞察，能增加機會讓他們聽進你的建議，並且轉變自己的行為與態度。

● 重新導向及再教育家長

　　阿德勒遊戲治療師在這個階段花很多時間幫助家長建立新的洞察、練習應用調整過後的態度跟思考模式，以及教他們阿德勒學派的教養技巧。根據家長與孩子的需求來調整這些單元的形式跟內容是很重要的。

　　考慮家長的學習方式並以適合他們的風格提供教學是必要的。例如，有些家長只會閱讀和應用書中所教的阿德勒學派管教方式，這些家長偏好自己去獲得想法然後再與心理師討論他們實際的應用。另外有些家長需要有確切口語上的指示並附帶許多他們家庭互動的例子。與這些家長工作時，遊戲治療師可能會在單元中與家長練習技巧，然後給予一頁詳細說明的回家功課，好讓家長在單元之間能夠自己練習。有些家長在有其他家長的團體中比較容易學習，因為藉由團體的方式他們能夠分享自己的故事、了解其他家長與孩子之間的掙扎、交換處理應對的意見，並從那些有類似經驗的家長身上獲得支持跟鼓勵。其他有些家長會需要運用沙盤來探索他們可以給予鼓勵的方式、用便利貼去多注意孩子不適應行為的目標、使用角色扮演來實驗回應小孩的不同方式、在海報上畫出可以在家中培養孩子重要 C 信念的不同方式，以及其他類似的活動以作為他們學習過程中的一部分。

　　當在建議家長改變他們的管教方式和教導他們教養技巧時，考慮家長的重要 C 信念與人格優先順序是必須的。許多家長（尤其是那些覺得自己沒有能力、不相信自己有價值、缺乏勇氣，還有人格優先順序是安逸的家長）時常試一個策略幾次或是不一致地應用一個策略，然後便決定這個策略對他們沒有用。你需要鼓勵這些家長多給這些新的策略一些時間。其中一個方法便是指出他們使用舊的教養方法已經很久的時間了，公平起見，他們也應該給新的方法

一樣的時間。雖然大部分的家長不願意做到如此極端，但建議他們試個五、六年之後再放棄，這之中所隱藏的幽默能幫他們對情況產生新的看法。你也可以鼓勵家長在試新的策略時維持一致性。小孩從家長的行為學到的，遠比從他們的言語要多。家長在運用新學技巧時的不一致（這通常是人格優先順序是取悅或安逸型家長的傾向），便是向他們的孩子傳達他們對於新的溝通方式或是新的管教方式並非認真的訊息。

我們發現那些掙扎於相信自己是有能力、有價值，以及那些缺乏勇氣的家長，需要在應用技巧於孩子身上之前，先跟我們進行練習（使用角色扮演、畫畫或是沙盤技巧）。我（KMW）常常請這些家長觀摩我的遊戲治療單元，看我示範技巧。我可能會請他們在與自己孩子的遊戲治療單元中練習一些技巧，並且在指派某些技巧作為回家功課之前（私底下）給予調整的建議。當我要求他們在家運用技巧時，我會確保他們在下次家長諮詢時，有足夠的時間分享他們應用技巧策略的回饋與心得。所有的家長都需要因為嘗試新的技巧、親子關係的進步，以及即使未得到立即成功但不輕易放棄而得到鼓勵。

面對主要人格優先順序是控制的家長，教養建議應該以非權威、假設性的方式傳遞（Kottman & Ashby, 1999）。你將會發現提供這些家長不只一個處理問題行為的建議是有益的，因為如此一來，他們便會覺得自己對於處理管教的情形是有所掌控的。這些家長想要學習回應孩子不適應行為的方法，然而，他們卻有過度利用懲罰的傾向，並且忽視那些較為民主的方法。控制型的家長不喜歡以自己的回應去適應孩子的生活型態，而是傾向要求小孩去改變。他們因為自身想避免與小孩產生權力爭奪的需求，而常常想陷入與你的權力爭奪。這將會是你示範該如何有效地避免權力爭奪很好的時機。如果你想要看看家長是否有堅持所學，最好採取不是那麼直截了當的方式，並務必避免直接或間接的暗示家長「應該」遵照你的建議。藉由間接的方式呈現親職教養方面的意見，像是透過寓言故事或是分享其他遇到相同議題之家庭的故事，你時常可以避免來自這些家長的防衛性反應。

面對人格優先順序是取悅的家長，我們會給予明確且直接的教養策略，包

含有完整解說的教養手冊跟特定原則的應用（Kottman & Ashby, 1999）。在要求取悅型的家長設定更多界線之前，我們通常會教他們鼓勵的技巧，因為比起設定結果，他們對於鼓勵技巧比較自在。取悅型的人需要學習如何決定那些特定的問題為誰所有，因為他們常常假設自己應為那些並非真正「為他們所有」的問題負責。我們注意到，當取悅型的家長知道我們會問他們關於所學技巧的練習與應用時，他們較有可能真的去執行所接收到的建議。當這類型的家長認為他們可以透過在教養上所做的改變來取悅我們時，他們對於想要變成厲害的家長就會更有動力（即使是在面對來自小孩或生活中重要他人的憤怒或批評時）。在處理個人議題時，教授取悅型家長在對於他人不過度壓制的情形下堅持自己權力的能力，並去擁有管教與規範孩子的權力的能力，這是很令人興奮的。這些家長會害怕別人因為自己回應問題方式的改變所產生的反應，因此，我們也需要陪他們一起面對被拒絕的恐懼。

主要人格優先順序是卓越的家長對於那些尊重他們成就感的建議跟教學策略通常都有很好的回應（Kottman & Ashby, 1999）。我們時常透過認可他們的能力以及挑戰他們的好勝心來表達建議（例如：我只有幾位家長能夠長時間一致地鼓勵他們孩子所有積極正向的行為，但我覺得你有能力可以做到）。我們利用他們需要卓越的信念來達到一個建設性的目標。因為他們很享受智力上的挑戰，卓越型的家長通常喜歡學習新的想法，尤其是那些能實際應用的想法，像是重要 C 信念、不適應行為的目標，以及人格優先順序。這些家長以在家閱讀教材及應用技巧為傲，而且也需要有能慶祝他們成功的時候。因此，秉持共同合作掌權的精神，我們總是請他們分享他們的努力並給予很多的鼓勵。

安逸型的家長喜歡簡單、實在和應用時不需花太多力氣的建議（Kottman & Ashby, 1999）。當我們教這些家長教養技巧或是請他們練習這些新技巧時，會將我們的要求維持在非常少量（例如：「今天給 Salim 一個鼓勵」）。如此做法可以增加他們確實執行的可能性。因為這類型家長對於不安的事物會產生反感，當我們查看他們做得如何時他們也會感到厭惡。所以，我們可能會從追蹤孩童的進步著手，接著詢問家長是否有嘗試任何新的技巧。

♥ 教導教養技巧

身為阿德勒遊戲治療師，你將會需要評估家長的技巧，並決定需要教授哪些教養策略。一般來說，必要的教養技巧包括下列的策略：（1）反映式地聆聽；（2）界定問題歸誰所有；（3）識別不適應行為的目標；（4）設定合理的結果；與（5）鼓勵。有些家庭會需要獲得額外的技巧（像是設定規範、建立常規，以及提供孩童積極正向且有建設性的回饋），而你必須願意使用教導式的教學和選擇遊戲治療的工具，來幫助他們探索許多不同的民主管教策略。

● 反映式地聆聽

增進親子溝通的其中一個方法是讓家長反映孩子的情緒（Faber & Mazlish, 2012）。藉由反映式地聆聽，家長肯定了孩子以及他們的經驗。當孩子感受到被聽見、被了解，如此的過程可以加深親子關係以及孩子的自我安全感與自尊心。你可以教家長簡單的反映技巧，像是給予開放性的回應、回應非語言的訊息，以及使用情緒字。教家長反映情感最好的方式是鼓勵他們問問自己：「我的孩子現在的感覺是什麼？」想出一個能夠描述那情緒的字，然後將那個情緒字放入一個完整的句子。透過如此簡單明確反映情感的方法，你將可以減低家長因為改變溝通模式而感受到壓力的機會。反映聆聽的例子有：

- 「你聽起來很興奮，因為我們要去吃冰淇淋。」
- 「你似乎很失望，因為錯過了巴士。」

● 界定問題歸誰所有

很多時候親子間的權力爭奪來自於缺乏適當界定問題歸誰所有（Dinkmeyer et al., 2007; Gordon, 2000）。決定誰應該對問題負責最好的方式是問：「這是誰的問題？誰與誰之間正經歷一些困難？誰的目的沒有被滿足？」Gordon（2000）建議三種以家長—孩子為組合的可能答案：

1. 孩子的行為對家長並不造成困擾，可是小孩的需求—目的並沒有被滿足。例如，Kimana 因為生她媽媽的氣所以決定不想去溜冰派對了。這並不影響她媽媽的心情，然而，Kimana 錯過了快樂的時光。在這樣的情形中，這問題為孩子所有而非家長，只要家長不試著過度保護小孩所做的選擇跟行為。

2. 孩子的行為對家長並不造成困擾，小孩的需求—目的也被滿足。例如，Kimana 並非真的想要去溜冰派對，所以她決定不去了。她母親對於 Kimana 是否參加派對並不在乎。在這樣的情形中，並沒有任何問題存在。有時候家長或小孩會從一個沒有真正問題存在的情形中製造問題。

3. 孩子的行為對家長造成困擾，但是小孩的需求—目的有被滿足。例如，Kimana 並非真的想要去溜冰派對，即便她母親已經有外出的計畫，再加上找不到褓姆，她還是拒絕去。如果孩子的需求—目的沒有被阻礙，他／她將不會對參與解決問題或是配合的行為有非常高的動機。在這樣的情形中，家長有承擔問題的責任，而且必須提供一個大家都可以接受的解決方案。

你可以教家長關於以上這些問題歸屬可能的配置，並鼓勵他們去界定每一個問題是誰所有。這對家長在面臨對他／她來說根本不是問題卻與孩子陷入權力爭奪的情境時會有幫助。界定問題歸屬時常防止家長將孩子從他們自己製造的自然結果中救出。同時，這也幫助家長在那些他們是問題負責人（而非小孩）的情形中，能實際地界定他們的期待。

● 識別不適應行為的目標

如同第二章及第三章所指出，阿德勒學派的實踐者相信所有行為都是有目的的，而大多數孩童的不適應行為是以獲得關注、權力、報復跟證明不足／不能勝任為導向。阿德勒遊戲治療師教家長如何識別這些目的，並且依據孩童不適應行為的目標調整他們對孩子的回應。識別孩童目的的最佳方式是檢視孩童

的實際行為、家長遇到此行為時的感受，以及孩童被管教之後的回應（Dinkmeyer et al., 2007; Lew & Bettner, 2000; Nelson, 2011; Schafer, 2009）。我們發現，讓家長在家長諮詢時藉由他們與孩子實際發生過的例子，來練習如何識別行為的目標是有幫助的。在家長學會如何識別目的之後，他們必須學習如何回應。這裡有些對此過程非常有助益的資源，像是《親愛的，我毀了孩子：當吼叫、尖叫、威脅、利誘、暫停活動、貼紙圖和剝奪特權都沒用的時候》（*Honey, I Wrecked the Kids: When Yelling, Screaming, Threats, Bribes, Time-Outs, Sticker Charts and Removing Privileges All Don't Work*）（Schafer, 2009）；《正向教養 A–Z》（*Positive Discipline A-Z*）（Nelson et al., 2007）；還有《如果我必須再跟你講一次……：讓你的孩子聽話而無須嘮叨、提醒或吼叫的創新課程》（*If I Have to Tell You One More Time...: The Revolutionary Program That Gets Your Kids to Listen Without Nagging, Reminding, or Yelling*）（McCready, 2012）。

面對目的是獲得關注的兒童，最適合的家長回應是當他們向你要求關注時忽略他們，並且在他們沒有要求關注時給予很多的關注。那些孩子的目的是權力的家長必須學習如何設限，要能對不適應行為設立合理的結果，同時給予符合年齡的權力。讓家長能夠達成上述情形的其中一個方式，是給孩子有限制的選擇。家長必須避免陷入與孩子的權力爭奪，透過有策略地從權力爭奪中退出，家長能夠維護自己的威信。

目的是報復的兒童對家長而言特別困難，因為他們的行為常常是很傷人的。與這些孩子互動時，家長切忌將這些行為視為針對個人，並且避免展現出感覺受傷害或是感到挫折。家長對孩子必須表現得非常有母／父愛、耐心與一致，不帶憤怒或害怕的和他們一起設定不適應行為的結果。與以報復為目的的兒童工作時，記得這些孩子其實心底強烈覺得受傷，而他們的行為是源自於這些感受。

面對目的是要證明自己能力不足的兒童，在教養中最重要的元素是鼓勵（見第六章）還有毅力。一個非常有價值的資源是《說給孩子聽的鼓勵字句：該說什麼好讓兒童建立信心》（*Encouraging Words for Kids: What to Say to Bring Out a*

Child's Confidence）（Bartlett, 2012）。教養那些相信他們是天生沒有價值的兒童是非常挫折的，所以這些家長會需要很多來自於你與生活中其他人的鼓勵與支持，才能夠持續試著製造那些可以讓他們的孩子有成就感的情境與互動。

● 設定合理的結果

阿德勒教養技巧中一個很重要的元素，是學習如何給予選擇並設定合理的結果，以一種讓家長和孩子參與過程並互相尊重的方式，藉此設計讓孩子建立責任感（Dinkmeyer et al., 2007; Nelson, 2011; Popkin, 2014）。在呈現不同的選擇時，家長給予兩種選項：一個是用來矯正不適應行為的方法，而另一個是選擇不去矯正不適應行為的結果。給予選擇的例子如下：

- 「Jorge，你可以選擇在你妹妹睡覺時小聲說話，或者你可以選擇在她醒來之前待在你的房間。」
- 「Leigh，你可以選擇把你的髒衣服放進籃子裡，或者你可以選擇繼續穿著髒衣服。」

當給予選擇時，家長使用那些能傳達尊重、仁慈還有接納的口吻跟用字是非常重要的。家長千萬不能給一個他們自己不願意接受的選擇。如果家長不能忍受讓孩子穿髒衣服去學校，他們便不應該把它當成其中一個選擇。

設定的結果必須是表示尊重、合理且與所犯的過失相關（Lew & Bettner, 2000; Nelson et al., 2007）。如果兒童明顯感受到他們對於發生的事有控制權，而他們的家長也會傾聽他們的看法，便會覺得自己被尊重。合理的結果對兒童來說不應該太冗長或是太痛苦。雖然有時候要想出一個與不適應行為相關的結果是有困難的，但讓兒童能意識到他們的行為跟其影響之間有某種邏輯性的連結是很重要的。

根據 Dinkmeyer 等人（2007），家長在應用結果時須遵守以下基本原則：

1. 考慮孩子的行為、感受跟目的。

2. 溫和且堅定。

3. 避免過度保護兒童，讓他／她經驗自己行為自然且合理的結果。

4. 增加你的一致性，好讓孩子知道接下來可能發生什麼事，並且能根據合理的期待來做決定。

5. 要一直傳達對孩子的尊重（語言與非語言），即使你不同意或是不欣賞他／她的行為。

6. 鼓勵獨立性跟自我負責。

7. 不要讓他人的意見或是否定支配你的教養行為，做那些你認為是對的且尊重人的事。

8. 思考這是誰應該負責的問題，並依此行動。

9. 付諸更多的行動，減少威脅。

10. 不要與孩子爭論或是對孩子讓步。

在設定合乎邏輯的結果時，家長應該遵照以下的幾個步驟：

1. 以不批判的口吻敘述限制。

2. 反映孩子的情緒或是猜想孩子行為的目標，並且對於他／她的立場給予詮釋。

3. 邀請孩子參與建立家長和孩子都可以接受的替代行為。

4. 在這個步驟讓孩子一起腦力激盪違反協議的結果，或是等到孩子決定不要遵守協議時，再請他們一起思考產生合理的結果。如果家長決定要用腦力激盪來產生可能的結果，他們便進入協商的過程，而此協商的目的是要協定一個當不適應行為發生時孩子願意執行的結果。

5. 要求孩子遵守當初同意的結果或者以事實的方式執行結果，並一直傳達對孩子的接納跟尊重。

結果設定過程的例子：

1. 我告訴我的兒子 Jacob（當他還小的時候），他聽到教堂的鐘聲響五聲

時必須從朋友家回來：「你記得規則是當教堂的鐘在五點鐘響起時，你必須回家吃晚飯。」

2. 我反映 Jacob 對於要放棄跟朋友歡樂的時光而回家的猶豫，但我也解釋我的立場：「我知道你跟 Thomas 玩得很開心，你對於要停止玩耍並馬上回家也感到不高興。可是當大家都在吃晚餐時，我卻要一直確定你的晚餐還是熱的，這對我來說是很痛苦的。」

3. 我邀請 Jacob 一起制定雙方都可以接受的可能的問題解決方案：「你可以想出其他會讓你記得準時回家吃晚餐的方法嗎？」Jacob 回答他希望到了吃飯時間我可以打電話給他。我同意這個做法：「好的，如果你真的想要我這麼做，我願意在該吃晚餐的時間打個電話給你。」

4. 如果 Jacob 不遵守這個協議，我請他幫忙決定一個當這情形再次發生的結果：「讓我們想一下，當下次我打電話叫你回家吃晚餐而你選擇不回家時，結果會是如何。」Jacob 建議他將不能吃晚餐。我對於這樣的提議很猶豫，所以我建議當他回家時讓他吃冷掉的晚餐。我們都同意這樣的協議。

5. 下次當 Jacob 晚回家，我提醒他我們的協議，並且給他冷掉的晚餐。

雖然家長可以要求孩子在真正違反協議前就參與設立結果，這卻也同時表達了家長對孩子遵守協議之能力的不信任。我傾向在孩子選擇違反協議之後再設定結果，因為我認為這樣的做法傳達了我相信孩子會對自己負責。

● 鼓勵

為了鼓勵兒童，家長必須學著在與孩子互動時無條件地接納他們（Bartlett, 2012）。家長必須學著去認可孩子的能力、長處與內在資產。在鼓勵孩子時，即使最終的結果並非完美，家長還是能夠針對孩子的進步與努力給予積極正向的回饋，這點很重要。能夠讓孩子參與他們有興趣的活動是有幫助的，而不是期待孩子對於大人的消遣能展現出興趣。家長也能示範他們自己也會犯錯，並且不期望孩子是完美的。

🔶 教師諮詢

依據不同的情形，遊戲治療師也有可能想要取得家長的同意，以便與孩子生活中其他有影響力的大人諮詢：孩子的教師。當主述問題與學校的情形有關或是影響到孩子在學校的表現時，如此的諮詢特別重要。與教師的諮詢和家長諮詢一樣有四個階段：建立關係、蒐集生活型態的資訊、協助教師獲得洞察，以及重新導向與再教育（Kottman, 2009, 2013）。

那些運用遊戲作為介入方式的學校心理師與學校老師維持持續的諮詢，以判定孩子的困難在班上是如何顯現。通常學校心理師對孩子在學校的行為有所見解，所以他們是孩子校外心理師的絕佳資源。他們可以提供最佳接觸孩子的方式，並幫助心理師對老師的重要 C 信念與人格優先順序有初步的了解。

❤與教師建立關係

如果孩子在學校經歷問題，很多時候老師是有防禦心的，因此，避免讓你自己像是具有威脅性是很重要的。接近老師最好的方式是根據你對老師的重要 C 信念與人格優先順序的評量，來表現出你專業、願意合作的態度。向老師呈現你需要他們幫忙你了解孩子的問題，因為孩子待在學校的時間遠比遊戲室還多。如此的陳述時常會幫忙緩和那些即使是防禦心最重的老師的武裝，並且再次向老師保證，你不會侵擾他們的教室並試著告訴他們該怎麼教孩子。

❤取得與生活型態相關的資訊

因為阿德勒遊戲治療師對於掙扎中的孩童以及他／她在學校的互動需要建立一個完整的拼圖，從老師那裡了解兒童與他人互動的模式，以及對自己、他人和學校的態度是很重要的。比起沙盤或是畫畫，許多老師似乎對於回答問題

或甚至是填寫表格比較自在。根據某些特定老師對於嘗試用有趣的策略來傳達資訊的意願，你可以將遊戲治療的技巧整合至資料蒐集的過程。為了對兒童與他／她的生活型態形成完整了解，你會想要知道：（1）孩童在學校面對不同人與不同環境時的態度與行為；（2）孩童在不同科目的表現，或在餐廳、操場或遊戲區的表現；以及（3）孩童與同儕、老師、校長和學校其他人員的互動。

有時候向教師尋求他們對於兒童的家庭可能是如何促成兒童的自我形象或行為的印象是有幫助的。知道老師的生活型態、教學方式、他／她對兒童的態度，以及常用的管教方式是有用的。你也會去探索兒童的個性與老師的個性跟教學方式可能如何導致問題的發生。附錄 C 包括心理師可以用來獲得大部分資訊的問題。心理師或許也想要徵求在校觀察兒童的許可，因為直接觀察可以讓心理師體驗到教室的氣氛與了解兒童在學校與他人的關係。

♥ 與教師分享洞察

與教師諮詢其中一個主要的目的是分享關於孩童的資訊與洞察。隨著遊戲治療單元次數的增加，心理師學到與孩童相關的事情，以及他／她是如何看待自己、他人和這個世界，而這些資訊對老師是有益的。為了保護孩子的隱私權，心理師不描述遊戲單元中實際的行為，而是分享對於孩子的重要 C 信念、不適應行為目標、人格優先順序、自我形象、心理上的出生序、內在資產、對於有權威者的態度等的推測，以及其他任何能幫助老師更加了解孩子的資訊。心理師也可以巧妙地猜測老師與孩子生活型態的互動，以及孩子學習方式和老師教學方式的互動，尤其是當其中似乎存在著某種不協調組合，而影響到孩子在學校表現成功的能力時。

根據來自心理師的回饋，老師時常對學習更多適合教室整體的管教，或是面對某個特定學生的阿德勒學派介入策略感興趣。這替重新導向與再教育階段的諮詢提供一個完美的承接。

♥ 與教師的重新導向與再教育

　　心理師常常利用諮詢單元作為分享阿德勒學派信念的機會，包含了重要 C 信念、不適應行為目標、人格優先順序、合乎邏輯的結果、問題的責任歸屬、鼓勵，還有老師可以應用到課堂管理的班級會議。如果老師對於在他／她的教室採用阿德勒學派管教方式感到興奮，有許多資源提供了融入阿德勒學派概念到學校的完整計畫：《教室裡的責任：了解與激勵學生的教師指南》（*Responsibility in the Classroom: A Teacher's Guide to Understanding and Motivating Students*）（Lew & Bettner, 1998）；《合作管教的教師指南：如何管理你的教室跟促進學生的自尊》（*A Teacher's Guide to Cooperative Discipline: How to Manage Your Classroom and Promote Self-Esteem*）（Albert, 2002）；以及《教室裡的正面管教：在教室裡發展互相尊重、合作與責任》（*Positive Discipline in the Classroom: Developing Mutual Respect, Cooperation, and Responsibility in Your Classroom*）（Nelson et al., 2013）。這些書籍包含許多實際的建議，包括使用行為目的、鼓勵、溝通技巧、班級會議來了解孩童，並且促進教室中的自我負責行為與合作。

　　師生遊戲治療（Kinder Therapy）是另外一個訓練老師處理班級學生的技巧（Draper, White, O'Shaughnessy, Flynt, & Jones, 2001; Hess, Post, & Flowers, 2005; Solis, 2006; White, Flynt, & Draper, 1997; White, Flynt, & Jones, 1999; White & Wynne, 2009）。在師生遊戲治療訓練中，心理師教授老師在親子遊戲治療與阿德勒學派概念中所使用的基本遊戲治療技巧。老師一開始在心理師的督導之下在遊戲室裡練習這些技巧，最後再應用這些技巧於教室中。師生遊戲治療的目標包含增強老師—學生關係、發展學生的適應能力、增加學生學業上的參與，以及增強老師的課堂管理技巧。在一個探索老師對於師生遊戲治療看法的研究中，Edwards、Varjas、White 和 Stokes（2009）發現老師認為師生遊戲治療是可以接受且有效的，促進自身課堂管理與學生行為的進步，以及增進老師—學生關係。

摘要

　　諮詢是成功運用阿德勒遊戲治療最重要的技巧之一——與家長及教師。這些大人是取得與孩童相關資訊很好的來源，也是孩童在遊戲治療過程中開始產生重要改變的支柱。遊戲治療師使用心理諮商與教學策略讓家長及教師參與過程，使諮詢能配合個別家庭與教室的需求，並幫助家長及教師學習新的方式與孩子互動。

 其他相關資源

● **家長參與的遊戲治療**

　　https://a4pt.site-ym.com/?page=ParentsCornerHomePag
　　http://www.kathryndebruin.com/how-to-involve-parents-so-that-play-
　　　　therapy-can-be-as-successful-as-possible-october-10-2009
　　http://www.play-therapy.com/professionals.html#design

● **家族遊戲治療**

　　http://www.lianalowenstein.com/articleFamilyTherapy.pdf

● **教養技巧**

　　http://www.cdc.gov/parents/essentials/activities/index.html
　　http://childdevelopmentinfo.com/how-to-be-a-parent/parenting/
　　http://www.monkeysee.com/video_clips/14658-how-to-get-children-to-
　　　　listen

http://www.parentencouragement.org/peppubs.html
http://www.positivediscipline.com/what-is-positive-discipline.html
http://www.positiveparentingsolutions.com/wp-content/ft/Ahh-Now-I-Get-It.pdf
http://thinkitthroughparenting.com/

● 與教師的工作

http://digitalcommons.fairfield.edu/cgi/viewcontent.cgi?article=1055&context=education-facultypubs
http://www.goodtherapy.org/blog/play-therapy-gets-top-grades-from-preschool-teachers-1217122
http://incredibleyears.com/parents-teachers/articles-for-teachers/
http://www.lianalowenstein.com/articleClassroomManagement.pdf

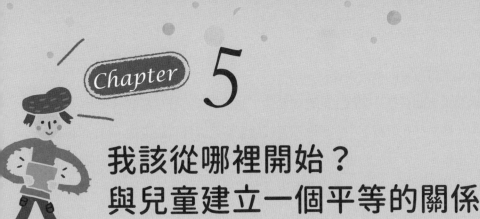

Chapter **5**

我該從哪裡開始？
與兒童建立一個平等的關係

　　我們想要與你建立關係，為了如此，我們想要從自白與某種程度的道歉開始。寫這章節的過程是很困難的。平等關係在心理諮商過程中是必要的，它也不會在第一階段建立之後停止。我們不確定該如何強調這點才足夠。所以，讓我們直說吧——平等關係是必要的，而且它在整個阿德勒遊戲治療的過程中會直接表露出來。我們另外一個挑戰是，與孩童的關係並不是唯一需要培養的關係。平等關係也必須在心理師與家長和／或老師之間建立。我們將整個第四章致力於討論如何與家長及老師工作，所以我們可以避免花很多時間在這章再次討論。我們遇到的另一個難題是第一階段有非常多的技巧能讓我們不停地討論，而我們無法省略其中任何一個。（如果你看了這章的頁數，你或許已經發現到了，抱歉！）因此，現在交代清楚了，我們將直接進入在阿德勒遊戲治療與兒童建立關係的策略之主題。

　　與孩童建立平等的關係是阿德勒遊戲治療師必須做的第一件事情。心理師想要孩童知道，心理諮商關係是一個在心理師與孩童之間分享的夥伴關係。治療關係從相互的信任與尊重開始成長。遊戲治療師在遊戲治療初期的主要任務是傳達對孩童以及他／她的能力的尊重與信任。治療師必須透過一致性、寬容

跟尊重來獲得孩童的尊重與信任。

因為這個關係是一個民主的夥伴關係，你跟兒童要分享遊戲單元中的責任與權力。雖然你在遊戲室中對於限制與其他重要元素持有決定權，但你與孩童對於在遊戲室中所發生的事情都有所貢獻。除了在孩童有可能讓自己或他人陷入危險的情形之下，不強迫孩童在遊戲室裡做或是說任何事情是很重要的。孩童會做選擇，即使你不喜歡這些決定，你還是必須尊重這些決定。

如果我們問一個問題或是做一個詮釋而孩童選擇不回應我們，我們則透過不堅持一定要得到回應作為我們對他們的尊重。如果我們請一個孩童用彩色筆畫畫或是說故事而孩童選擇不做這些事，或是以意料之外的方式來做這些我們要他們做的事（用水彩而不是彩色筆畫畫），我們接受那樣的決定以表示我們的尊重。就如同「那些人」所說的（無論「那些人」是誰），「行動勝於言辭」。對一個孩童來說，我們的行為比我們的言詞重要得多，所以我們的行為必須傳遞共享的權力與責任，而非嘴巴上談論平等關係的本質而已。在我們過去的經驗裡，如果我們要一個兒童感知我們對他／她的信任與尊重，我們的表現必須始終能讓兒童對於他／她所做的事情維持某種程度的權力與控制。我們不允許孩童傷害他們自己、他人、我們或是遊戲室裡的物品，但是除此以外，他們可以對於遊戲室裡所發生的事情做許多的決定。

遊戲治療師從孩童開始第一次心理諮商之前，到他們離開遊戲治療之後，都在與孩童建立關係。平等關係的基石是一種哲學的信念——所有的人在他們的生命中都值得獲得尊重與某種程度的權力。阿德勒遊戲治療師必須相信並使用如此的信念，作為與孩童的關係基礎。雖然建立關係是心理諮商過程的第一個階段，但並不是一個一旦遊戲治療師與孩童建立關係之後便停止的不連續階段。治療師在治療過程中持續的培養關係。就如同園丁在植物茂盛之後仍繼續澆水一樣，阿德勒遊戲治療師持續穩定地使用關係建立的策略，向孩童表達接納與賦能的哲學。

🔖 與兒童見面及接觸

阿德勒遊戲治療師在與兒童見面之前便開始平等關係的建立。為了讓這樣的過程運作，治療師通常在第一次諮詢時是在兒童不在場的情形下與家長見面。這麼做的目的是開始與家長建立關係，好讓治療師在與兒童的第一次心理諮商單元時，能專注於與兒童建立關係，並減少需要關注家長的壓力。

當你進入等候室迎接孩童到第一次單元時，向帶孩童來心理諮商的家長點個頭打聲招呼，但不多說話或完全不說話通常是有助益的。如此的做法幫助向孩童傳達你跟家長不是某種「邪惡聯盟」的訊息，以及在那個當下，那個孩童對你來說是最重要的。為了馬上開始建立關係，你會想要直接走向孩童並蹲下至他／她眼睛的高度。你可能要跪下、深蹲或是坐在小椅子或地板上。你想要確定你沒有向孩童逼近、看起來巨大、有權威，或是有壓迫感（這對我們來說不難，因為我們都不是很高）。你想要表達出你和孩童在這遊戲的世界裡是夥伴，你不想要以看起來有身材或是權力的優勢開始這段關係。

當我們與孩童打招呼時，要使用他／她的名字。我們自我介紹並告訴孩童我們有多高興看到他／她。告訴孩童我們將會一起有段美好的時光。我們想要對於即將一起分享的遊戲治療單元傳達出一種刺激跟有趣的感覺。當自我介紹的時候，我們告訴孩童我們的名字，而不是我們的姓或是頭銜。我們不打算稱呼孩童 Jones 先生或小姐，所以為什麼他／她必須稱呼我們 Kottman 博士或是 Meany-Walen 博士？我（TK）可能會說：「你好，Isaac，我是 Terry。我非常高興你今天來這裡。我們將會有一些愉快的時光！」

🔖 進入遊戲室

在你花一些時間了解小孩、讓他／她感到放鬆，並讓他／她習慣跟你相處之後，你起身並說：「到了去遊戲室的時候了。你媽媽（或爸爸）將會在這個

等候室裡等到我們回來。」很重要的是，在與家長的第一次諮詢時，確保你清楚地向家長解釋你的期待（或是機構的規則），那就是兒童在遊戲治療單元時，家長不得離開機構。避免問兒童他／她是否想去遊戲室或者是否準備好去遊戲室。即使是在關係建立的初期，你不會想要問孩童一個你將不願意兌現的問題，或是暗示一個你不願意實踐的選擇。藉由宣布你們要進入遊戲室是一個不爭的事實，你建立了一個有些事情將是由你控制，而有些事情是由兒童來控制的慣例。透過提及家長會在等候室等你回來，你努力向兒童再次保證家長不會拋棄他／她，以及兒童在遊戲室裡將會是安全且受保護的。（國小學校心理師通常已經認識學校大部分的小孩，所以比較起來，這樣的過程對機構心理師或是私人診所的遊戲治療師可能會有比較多問題。）

偶爾，孩童對進入遊戲室會感到勉強。如果治療師將遊戲室呈現成正向且刺激的地方，將他／她自己呈現成溫暖有趣的人，並且對於宣布的時機能耐心等待——等待兒童準備好，如此不情願進到遊戲室的狀況便不會太常發生。可是，有些小孩比較焦慮、對他人保持較高的警戒心，並且可能不想進入遊戲室。有時候告訴小孩他／她的家長可以跟他／她一起進入遊戲室十分鐘，然後家長再返回等候室等待，這樣做會有所幫助。如果這樣的做法還是無法消除兒童的疑慮，治療師可以請家長留在遊戲室然後僅僅觀察，或者是家長可以坐在走廊然後將遊戲室的門打開，如此一來小孩便可以知道家長並沒有拋棄他／她。我（KMW）曾經遇過有小孩把家長的鑰匙帶進遊戲室，這會幫助小孩感到安心，因為家長無法拋下他們而離開！

我們並不認同抱著或是拖著小孩進入遊戲室，或者是讓家長替我們這麼做。如果我們有一個徹底拒絕跟我們進入遊戲室的個案，我們傾向不與孩童進行遊戲治療，而在家長諮詢中與家長一起面對處理，不會強迫兒童進入遊戲室。我們相信如果我們強迫孩童進入遊戲室，我們便違背了建立平等關係所必須的互相尊重。

當我們進入遊戲室時，我們通常會說：「這是我們的遊戲室。在這裡，你可以做很多你想要做的事情。」我們不會告訴孩童他們可以做任何他們想做的

事情,因為在遊戲室中,有些事情是他們不能做的,像是傷害心理師、傷害他們自己或是其他小孩,或是破壞遊戲室裡的媒材。我們也會告訴兒童在遊戲室裡我們分享做決定的權力,我們接著解釋:「有時候我是老大並決定我們要做什麼,有時候你是老大並決定我們要做什麼,而有些時候我們一起做決定。」

🔶 你對於來遊戲治療有哪些想法?

　　時常,兒童在進入遊戲治療關係時,對於他們為什麼來遊戲治療抱持著消極負向的想法。有時候這是因為來自他們家長所傳達的訊息,而有時候是來自於他們對事件跟互動的自我中心的詮釋、他們的個人邏輯,還有對自己、他人和這個世界的偏差信念。為了開始推翻這些對遊戲治療的負面資訊或是理解,有些遊戲治療師會在等候室放一本《兒童的第一本關於遊戲治療的書》(*Child's First Book About Play Therapy*)(Nemiroff & Annunziata, 1990),或是在兒童進入第一次遊戲治療之前分享這本書給家長,並請家長讀給孩子聽。

　　為了探索孩童對於主述問題的了解,有時候在與他們的第一次單元時,我們會詢問他們認為來遊戲治療的原因是什麼。我們有可能會詢問他們認為我們會在遊戲室裡做些什麼,或者他們的家長是如何告訴他們關於來遊戲治療的事。我們時常問兒童他們對於來遊戲治療的感覺如何,以及他們認為會從這過程中得到哪些收穫。如果你是在學校工作,與兒童談論老師是如何告訴他/她關於來遊戲室的事是有幫助的。這類型的過程鼓勵兒童探索他們對於轉介到遊戲治療的原因的理解、對於遊戲治療過程的理解,以及對這段關係預先形成的觀念。這幫助我們開始了解兒童對於主述問題的主觀詮釋,還有對於遊戲治療將會發生什麼事的信念。

　　當我們認為我們了解孩童對主述問題、他/她的治療目標,以及遊戲治療過程的看法時,我們試著將我們的理解反映讓兒童知道。我們利用重述內容來捕捉他/她所說的話的精華,如此一來才能知道我們是否已經了解他/她對情形的理解。我們反映兒童對於剛剛發生了什麼事、現在正在發生什麼事,以及

即將發生什麼事的情緒。我們重述內容與反映情感的意圖，是為了要傳達我們對兒童的立場與感知的尊重，以及我們想要同理的渴望——從兒童的角度看事情。

就像與成人個案工作一樣，我們給兒童一些關於我們對遊戲治療過程的看法，以及我們身為治療師角色的資訊。為了表達我們對遊戲治療的信念，我們給兒童一個非常簡短的解釋，而其中包含了過程的描述、對我們經驗的評論，還有一個建議——遊戲治療過程通常能幫助兒童提升對自己的感覺，以及與其他人和睦相處。例如，我們可能會說：

> 在遊戲治療中，小孩有機會玩玩具或是聊聊發生在他們生活中的事情。我與許多不同的小孩在遊戲室裡一起工作。與我一起在遊戲室一陣子之後，通常這些小孩似乎對他們自己的感覺更好了一些。有時候他們也與家人或是朋友能相處得更好。

有時候在第一次單元時，我們會解釋想要與孩童建立的平等關係的本質。一些描述治療關係的例子如下：

- 「在我們的遊戲室，我們會一起玩跟工作。」
- 「在這裡，我們可以一起做很多你想要做的事情。有時候是你主導，有時候是我主導。我們會輪流當這裡的老大。」
- 「有時候你會自己玩；有時候我們會一起玩。有時候我們會聊天說話；有時候我們會安安靜靜的。我們會一起決定這些事情。」

我們也會想要讓兒童知道我們對於他們主述問題的理解。我們可能會向小孩提供家長或老師告訴我們的簡短摘要。以下是這個技巧所包含的例子：

- 對 Leonard，一個小學二年級的男孩，他的母親陳述他公開手淫，而其他的小孩也因為這個行為取笑他，你可能會說：「你母親說你有時候觸碰自己的私密處，而其他小孩因為這樣而笑你。」

- 對 Juanita，一個五歲的女孩，她的母親陳述她對自己沒有自信，並且經常說一些關於自己負面的評價，你可能會說：「有時候你似乎會說一些關於你自己的事，聽起來你有些憂傷並且不是非常喜歡你自己。」
- 對 James，一個小學一年級的男孩，在家裡跟學校都表現出偏差行為，你可能會說：「你的父親說你有時候會跟他或是學校老師起衝突。」

在這麼做的時候，將說明維持簡單並使用與兒童字彙程度類似的字句是非常重要的。你必須避免任何帶有評論的字句，像是「壞」、「好」、「惹上麻煩」或「你有問題」，並且簡單、客觀地敘述你對於所接收到的資訊的理解。在這樣的過程中避免贊同來自於家長或是老師對於主述問題的負面看法是很重要的，如此一來，你便能避免讓兒童將你與那些他／她生命中不認可或是批判他們的人分為一類。在這過程中，你只是要讓兒童知道你從老師或是家長那裡聽到了什麼，如此你不會在關係剛開始建立的時候就被秘密或是未說出口的資訊妨礙。

在我們傳達事實之後（僅僅事實——當可能時，我們會重新組織內容），我們等待看兒童如何回應。如果兒童沒有接受或公開地回應我們的敘述，我們會密切地觀察他／她的非語言反應——尋找識別反射（Griffith & Powers, 2007）。識別反射（recognition reflex）是一種對評論或互動非自主的非語言反應，揭示了人們正在感受或思考的方式。它可以是微笑、退縮、點頭、厭惡的表情、聳肩，或是任何其他表明對某個情況的情緒或認知反應所產生的身體語言。有時候兒童完全不同意家長對情形的理解。有時候他／她會澄清他／她對情況細節的看法。有時，兒童忽略了我們所說的話。孩童沒有必要承認或了解成人的觀點。無論我們得到什麼反應，這些都提供有關兒童、兒童的生活型態，以及參與轉介過程中的成人之生活型態等寶貴訊息。（我們現在說的有點超越這章的重點，你將會在第七章與第八章發現更多關於生活方式和概念化的資訊。）

建立平等關係的重要部分是探索（盡兒童發展程度上最大的可能）兒童來治療的目標。許多時候孩子被家長帶來找遊戲治療師，或由家長、老師或校長

送到學校心理師那裡，伴隨著那些已經被大人決定的治療目標。在這些情況之下，兒童很少有明確的治療目標——至少在單元初期時。然而，通常即使是一個不情願的孩童來到遊戲治療，都有他／她希望自己生活中能變得有所不同的一些事。心理師可以詢問孩童在生活、家中或學校是否有任何想要改變的事情。當目標明顯時——無論是在孩童的意識之中或覺察之外——心理師都會嘗試調節諮商過程以包含這些治療目標。

即使當兒童選擇不討論他／她的目標，有時候我們在最初的幾次單元會檢測到那些我們認為兒童想要改變的行為或態度。當這種情況發生時，依據兒童的成熟度以及我們認為他／她是否意識到這些目標，我們可能會向兒童詢問。很多時候，一個對他／她的主述問題給予很多思考的成熟兒童，會想要確保我們了解發生了什麼事，以及我們願意在遊戲室裡幫他／她面對處理這些問題。例如，對於 Andrew，一個對治療議題跟目標表達了有意識自覺的孩子，我（TK）可能會說：「你提到其他孩子在公車上取笑你。我想知道你是否可能想要和我一起處理這件事？」

心理師與兒童一起澄清那些由兒童生活中的大人所提出的目標也很重要。與一些兒童，特別是年齡較大的兒童和語言能力成熟的兒童，與他們討論如何協調所有的治療目標是適當的——那些來自於兒童、家長、教師、心理師和任何其他感興趣的各方的目標。

◆ 心理諮商過程的去除神秘化

就像與成人個案在第一次單元一樣，阿德勒遊戲治療師向孩童們說明心理諮商過程中基本且重要的組成：基本治療運作方式（logistics）、家長諮詢和保密原則。對於大多數兒童來說，這些解釋往往是簡短且具體的。遊戲治療師可以使用木偶或娃娃、做沙盤，或畫圖來傳達這些信息，如果他／她相信這些策略會增加兒童的理解力，並減少他們的焦慮或憂慮。

♥治療運作方式

讓兒童知道他們多久會來心理諮商一次、他們將在遊戲室裡待多久、他們來的日子和時間，以及兒童通常會參與遊戲治療多長的時間，這些是很重要的。我們邀請兒童詢問關於遊戲室以及會在這裡發生什麼事的問題。我們使用適合兒童的發展和語言能力的語言和概念來解釋細節。例如，對三歲的Charmayne，我（KMW）可能會說，我們會在每個星期一在一起（和他們的「與媽媽的獨處日」[Mother's day out] 同一天），每週她來的時候，我們會玩大約與一集 Dora DVD 差不多長的時間。對 Justin，一個非常聰明的八歲孩童，我（TK）會告訴他，他和他的爸爸每個星期三下課後都會來，他會和我一起玩三十分鐘，在我們玩完之後，我會和他的爸爸進行約二十分鐘的談話，然後他會在等候室等待。我可能也會提及大部分的小孩通常每週來找我一次，而這樣的過程維持約六到九個月。

♥家長與教師諮詢

我們向兒童們解釋，我們會和他們的家長或者是他們的老師進行諮詢。我們向兒童解釋這一點的方式，當然取決於我們與家長做的安排以及兒童的成熟度。例如，對於 Charmayne，我（KMW）可能會說：「我要和你的媽媽及爸爸談談跟你玩和說話的新方式，好讓家裡的每個人都開心。」對 Justin，我（TK）可能會說：

> 我每週都會和你及你的爸爸見面。你可以決定我們兩人先見面，還是我和爸爸先見面。我會和你爸爸談話以幫助他更能了解你和你的行為。我也會針對你和爸爸如何以更積極正向的方式與彼此溝通，以及用更好的方式互動提出建議，讓你們可以更好地相處，讓家裡的事情能更順利。

如果我們要和 Justin 的老師諮詢，我們會用類似的方式來解釋這個諮詢，例如：

> 我可能會和你的老師談談你在學校的事情。當我們隨著時間對彼此有更多的認識，對於我可以如何幫 Ray 老師在課堂上做一些不同的事情，好讓你在學校有更多的樂趣與學習，你可能會有一些想法。

♥ 保密

我們想要傳達給兒童：他／她對遊戲治療單元的確切內容擁有隱私權。然而，很多時候，與遊戲室的過程相關的訊息可以幫助家長或老師更好地了解兒童和與兒童進行互動。為了在兒童能理解的詞彙中傳達這個抽象概念，我們可能會說：「我不會把你在遊戲室裡說或做的事情告訴你的家長。有時候我可能會與他們分享一些我對於為什麼你做了你所做的事情的猜測，或者，我可能會告訴他們一些與你交談的新方法。」

在沒有分享單元具體內容的前提下，我們與家長或老師談論孩童遊戲的主題、行為目標、互動模式、對一個或多個重要 C 信念的掌握的動向、社會情懷或自信心的增長，以及與家長或老師互動中的內在特質或積極正向行為的進步。我們想提供那些資訊與觀點，以幫助這些重要的大人提升他們對兒童的態度、情感、想法和行動的理解，以及增加他們對小孩正在做的積極正向改變的支持。根據我們對於在遊戲室與某位特定兒童的關係之想法和感受，我們可能會建議家長或老師改變自己的行為和回應，以便他們能夠學習與兒童以更適當的方式互動。

在許多種情況下，心理師不能堅守兒童遊戲治療單元內容的保密性。當孩童在心理諮商中透露他們是受虐待的被害者，或暗示他們對自己或他人有潛在危險的信息時，違反兒童的保密原則是必要的。因為法律制度不賦予十二歲以下兒童保密的權利（Carmichael, 2006），有時候心理師覺得有義務與家長分享

心理諮商中的訊息。由於對兒童保密原則的法律限制，在初步聲明中包含對兒童解釋保密原則是適當的，例如：

> 如果我認為有人傷害你或者你可能會傷害自己或別人，我會需要讓你的家長知道。我想嘗試確保你是安全的。如果法官告訴我必須這樣做，我也要告訴你的家長在心理諮商中發生了什麼事。如果我必須這樣做，我會提前告訴你的。

♥ 給兒童名片

在第一次與孩童單元結束之前，我（TK）會給他們我的名片，並告訴他們如果需要跟我說話，他們可以隨時打電話給我。如此的動作讓兒童知道他們是我的主要個案，而與他們的關係是重要且專業的。藉由像對待成人一樣的對待兒童，我傳達對他們的尊重並更進一步建立有平等特質的關係。當我給兒童我的名片時，大部分的小孩似乎都覺得自己是特別且重要的。

◆ 阿德勒遊戲治療建立關係的技巧

阿德勒遊戲治療有許多策略是設計來幫助建立心理師與孩童之間的關係。這些策略包括追蹤行為、重述內容、後設溝通、反映情感、回答問題、問問題、回歸責任給兒童、與兒童積極互動，以及一起清理遊戲室。以下各節將討論這些策略。

追蹤、重述內容、後設溝通、反映情感、回答問題、問問題和回歸責任可以直接或間接使用。對於會直接溝通他們生活的兒童，心理師直接與兒童進行交流和溝通是適當的（例如，追蹤兒童的行為、簡述兒童所說的話的語意、後設溝通兒童的非語言反應）。與其他孩童（在某些情況下，甚至與那些通常會直接溝通的孩童），使用隱喻和間接溝通會更有效（例如，追蹤玩偶的行為、

簡述手偶所說的話的語意、後設溝通玩具士兵的非語言反應、詢問恐龍關於它家人的問題）。當間接溝通時，心理師有時會談論手偶、娃娃或角色人物，有時他／她會和玩具交談，假裝它們可以做出反應並回應，就如同它們是有生命的。

♥ 追蹤行為

　　無論是什麼理論，任何遊戲治療師建立關係的主要工具之一是追蹤行為（Kottman, 2011; Ray, 2011）。當遊戲治療師追蹤行為時，他／她會告訴兒童在那特定的時刻兒童正在做什麼。追蹤行為的目的是讓兒童知道治療師願意並能夠以兒童傾向的互動模式進行交流：遊戲。追蹤行為能讓兒童知道治療師是與他／她在一起、他／她正在做的事情很重要，以及他／她是被關注的焦點。透過追蹤兒童在遊戲室裡的行為，遊戲治療師可以表達出一種兒童的遊戲是具有意義和重要性的理解。以下是追蹤行為的例子：

- Lien 拿起一個娃娃。你可能會說：「你把那個拿起來了。」
- Karl 拿著娃娃向鏡子走去並假裝娃娃在照鏡子。你會說：「她正在看著自己。」
- Maya 畫一幅畫。你可以說：「你正在畫一些東西。」
- Oorjit 用一隻較大的恐龍踩在一隻較小的恐龍上。你可能會對較大隻的恐龍說：「你正在另一隻身上跳。」

　　追蹤時，避免對物體和動作命名非常重要。如果你使用特定名稱去識別某個物體或動作，有時候兒童會受到命名的約束（最初，這可能比看起來的更困難──相信我們，這是需要很多的練習才能變得如此模糊的）。如果你能避免給某個物體或動作指定一個特別的名字，這樣的做法可以鼓勵兒童的創造力和選擇的自由。透過不叫一個看起來像白菜的物體白菜，你給予兒童決定白菜是一個怪物頭的機會。藉由不說兒童從椅子上跳下來，你給了他在魔毯上飛行環

繞房間的機會。

在與兒童前幾次單元的期間，我們使用很多追蹤的技巧以建立我們與兒童之間的連結。我們不會追蹤兒童的每個動作行為，因為這似乎會顯得尷尬和刻意。在初期的單元裡，我們可能每兩、三個行為追蹤一次。在之後的單元，我們使用追蹤行為的次數會越來越少。

♥ 重述內容

與兒童建立關係的另一種方式是重述兒童的語言表達內容。當你重述內容時，重要的是避免僅僅是重複兒童所用的確切字句和語調。最好的重述是在兒童可以理解的詞彙脈絡中，使用你自己的字句和詞彙。內容重述應該簡述那些口語上明顯的信息，並且認出語言中的任何非語言、隱蔽信息。重述內容的例子有：

- Roger 說：「我要畫畫了。」你可能會說：「所以你決定你想要畫畫。」
- Tawana 拿起一把鐵錘並帶著釘子朝木條走去。她看著你，似乎要求許可，並說：「我即將要把這些釘子敲入木條。」你可以藉由說：「你看起來像是要得到我的允許，看看你是否可以將釘子敲入木條。」來表達你有注意到她語言和非語言的內容。
- Ang（一個曾經被性虐待的小孩）拿起有生殖器官的娃娃，移動娃娃的手讓他的手指著他的生殖器區域，並以短促尖銳的聲音說：「學校的那個男人摸我上廁所的地方。」內容重述則可以直接對娃娃說：「那個男人碰你的那個部位。」

心理師藉由重述內容向兒童展現：他們所說的話或是他／她如何表達這些話是重要且值得成人的關注。內容的重述讓兒童知道心理師正在注意他們，並且聽到他／她在語言和非語言上所嘗試做的溝通。

許多人不會對兒童、他們所說的話或非語言的交流給予仔細的關注。用你

的耳朵和你的眼睛傾聽。透過真正傾聽兒童並讓他們知道我們已經聽到了，展現出我們與許多他們遇過的其他大人有所不同。這種傾聽的意願對於兒童關係的建立是有益的。

與追蹤一樣，我們在前四或五次單元中重述內容的次數比我們往後的單元還多。隨著時間，我們相信兒童已經內化了與我們關係的重要性，我們減少了在單元中追蹤和重述內容的次數。我們花在追蹤和重述內容的時間取決於每個兒童。一個認知能力有限的兒童或一個具體思考的兒童可能需要持續的實際證明，讓他們知道我們認為他／她是重要的。具有較強認知能力的兒童或以抽象層次思考的小孩，可能可以快速消化和內化治療關係是特別的訊息。被虐待或被疏忽的兒童可能會害怕相信我們重視與他／她的關係，這可能需要持續的證據來證明這是真的。不同的兒童有不同的需求。我們嘗試根據我們在遊戲治療中遇到的每個兒童的個性，來訂製我們的方法以及使用不同介入工具的方式。

♥ 後設溝通（Metacommunicating）

在後設溝通中，心理師後設溝通（聰明吧，嗯？）；也就是說，心理師跳脫實際的互動，並溝通在關係中所發生的交流。這就像讀取言外之意（有時候甚至是言下之意）。透過後設溝通，心理師可以幫助孩童開始注意和了解自己的溝通模式。兒童常常沒有覺察到他們以某種方式做出反應或溝通。即使是那些已認知到他們溝通模式的兒童，他們通常都缺乏抽象的語言推理能力，來概念化這些模式對他們自己以及他們互動的意義是什麼。透過描述正在發生什麼事情（而時常也會透過描述那代表著什麼意思），心理師可以幫助兒童更清楚思考，他們是如何溝通以及正在溝通什麼。後設溝通有點像是一種結合多種不同技術的總括性技巧。它可以包含反映情感、問問題、對潛在訊息的猜測，以及對反應或行為意義的詮釋等。後設溝通的焦點可以著重於下列：

- 兒童部分的非語言溝通（例如，「你看向我這裡像是你想要向我確定你是否可以玩娃娃」）。

- 兒童對治療師的言論和問題的反應（例如,「當我說我們要演一個手偶劇時,你看起來很高興。我在想你真的喜歡演手偶劇」）。

- 對治療師和兒童之間互動的微妙反應或情緒（例如,「我注意到,當我告訴你朝人射子彈是違反遊戲室規則時,你似乎感到沮喪」）。

- 對遊戲治療師和兒童之間關係或遊戲治療過程的微妙反應（例如,「我在想你今天看到我好像不是很高興」）。

- 兒童溝通方式的細微差別（例如,「我注意到,當你感到沮喪時,你的聲音會變得更大聲」）。

- 兒童溝通中的潛藏訊息（例如,當 Fox 先生用力拉我的襯衫但沒有說什麼時,「Fox 先生想要我坐下來和他一起玩」）。

- 兒童行為中未明確說明的目的（例如,「當我們在五點見面時,你好像總是問跟時間有關的問題。我猜你想要確定你能去你的足球比賽」）。

我們將後設溝通概念化為具有四個不同的層次,從對於當下非常簡單的事實描述,到對於兒童個性的模式、兒童與他人連結,和對這個世界反應的整體風格有相當的詮釋。第一層次的後設溝通是當我們簡單地指出現在這裡發生了什麼事（例如,「當我提到你爸爸時,你眉頭皺了起來」）。當我們談論孩童在一次單元中或橫跨多次單元的行為、反應或態度的模式時（例如:「每當你提到你的家長離婚時,你似乎很傷心」）,這是第二層次的後設溝通。第三層次後設溝通的評論是涉及兒童在遊戲室內的行為、反應或態度的模式,延伸到遊戲室之外的其他情況和關係（例如,「我注意到跟我一起在這裡時你喜歡當老大,我猜想你在家跟你媽媽在一起時也喜歡當老大」）。第四層次的後設溝通包括指出孩童的行為、反應或態度的模式,而這些模式是孩童的個性、因應策略、人際互動風格、解決問題的方法、解決衝突的方法、自我形象,和他／她生活型態其他面向的典型（例如,對於一個一直在對另一個娃娃大聲嚷嚷的娃娃:「看起來好像你用吼叫的方式讓別人做你想要的事,而我注意到你真的很想讓別人遵循你的指示」）。

有時候，我們僅僅以根據事實的方式描述行為或模式，且對這行為或模式的意思不附加任何形式的臆測或猜想（例如，「當我說了關於他媽媽的事之後，兔子馬上躲到枕頭下面」）。其他時候，我們使用更多的詮釋性敘述，更側重於行為或模式的意義，並很少或完全不強調對行為或模式的描述（例如，「我在想，當我說你的媽媽似乎很高興與你的繼父結婚，你好像生氣了」）。隨著時間的流逝，我們對兒童的經歷有越來越多的了解，我們經常將描述行為或模式的事實敘述與這可能意味著什麼的詮釋相結合（例如，「在我剛才說你的媽媽似乎很高興和你的繼父結婚之後，你馬上皺眉頭。我想我那樣說的時候你有點生氣了」）。

當我們使用「只是事實」的方法來描述行為或模式時，我們只是做出一個聲明，且不將其用任何條件來評量。但是當我們開始詮釋意義時，我們以試驗性的方式來呈現後設溝通。因為詮釋總是推測性的，所以會想確保我們向兒童傳達了這是我們認為行為或模式的意義或潛在的重要性，並表明我們沒有試圖強迫將我們的詮釋加諸在他／她身上。這也鼓勵兒童在未感到防衛的情形下，糾正或澄清意義或潛在的重要性是什麼。這也可以確保我們不把自身的想法加諸在兒童的腦海裡。當我們是以試驗性的方式，則我們使用條件性的字詞和句子，例如，「可能是」、「也許」、「我會猜想」、「我在想」、「有一點」、「似乎好像」等。

❤ 反映情感

與兒童做遊戲治療的主要原因之一是，就發展來說，他們要以語言來溝通情緒是有困難的。因此，遊戲治療師有監測個案的情緒表達與反映這些情感的責任。兒童經常透過語言與非語言的方式表達情緒。但是，他們對自己的情感經常缺少覺察，而且他們對自己情緒的理解能力或解釋能力有限。遊戲治療提供孩童們表達和理解自己情感的管道。

與其他技巧一樣，為了能夠反映兒童的情感，你會想觀察和傾聽。姿勢、

肢體距離、手勢和臉部表情，都是兒童身體語言的重要部分。聲音的語氣和音調、說話的速度，以及句子的轉折，都傳達著情感的訊息。你必須覺察到兒童溝通的所有要素，才能準確反映情緒。Seamus 是抬頭挺胸驕傲地站著還是駝背而膽小；Kate 是靠近或遠離心理師；Sayyid 是以怯懦的聲音說話還是用大聲清晰的音色，這些都傳達許多關於兒童如何感受以及他／她對自己、這個世界和他人的看法。（請記住，你同樣地用語言和非語言的遊戲室行為與兒童溝通。注意你用你的語氣和音調、語調轉折、身體姿勢、衣著和肢體距離對兒童「說」了什麼。）

　　遊戲和語言都提供有關情緒的資訊。對於玩具、沙盤物件或藝術媒材的選擇，都可以告訴你兒童的生活中發生了什麼事。兒童玩玩具的順序也能提供有用訊息。兒童如何玩玩具，以及如何使用沙盤物件和藝術媒材，可以添加更多關於兒童正在經驗的情緒信息。Fayola 有拿起娃娃扔在地板上然後大力踩它嗎？Felipe 有選了一個娃娃抱在懷裡搖並對它唱歌嗎？Melissa 有將一個娃娃放在另一個娃娃上面並上下移動？Sekou 有用黑色的水彩遮住他所畫的家人嗎？

　　你也會想注意孩童所說的話。兒童可能透過直接向你講述來表達情緒、透過手偶或娃娃說話來表達情緒、說關於情緒或親戚及朋友的故事，或在遊戲過程中隨機對情緒發表評論。

　　雖然這些所有的因素都是兒童情感表達的重要組成部分，但對於理解各種元素的意義並沒有某種既定方法。所有的兒童都有獨特的表達方式。他們在與所認識各式各樣的人的關係裡，或是在各種尋找自我的情況下，經常會有不同的溝通模式。

　　我們的目標是去學習每一個孩童將如何與我們溝通。當我們了解之後，我們會將自己的溝通方式調整到與他們一致，以便增加機會以適合他們的方式來傳達我們的想法。我們在最初幾次單元的時間觀察和學習兒童獨特的情緒表達方式。在這些初期單元期間，我們對他們的情緒進行許多猜測，並觀察他們對於這些猜測的反應。透過這種方式，我們確定特定的兒童將如何表達自己的情緒。

你一旦了解了兒童表達情感的獨特方法，反映情感便是一種非常簡單的技巧。你所需要做的就是對於你認為兒童正在經歷的情緒做一個陳述。反映情感的例子如：

- 「當你打這個拳擊包的時候，你看起來有點生氣。」
- 「你聽起來很開心。看來你今天在動物園玩得很高興。」
- 對於一隻失去狗的手偶，「因為你的狗死了，你覺得很傷心。」
- 關於與另一個娃娃互動的娃娃，「當他的哥哥對他說那樣的話，他真的很生氣。他生氣到想動手打他哥哥。」

在反映兒童情感的時候，心理師應該保持簡單且明瞭的陳述。沒有必要給兒童一個詳細的分析，來告訴他們為什麼感覺到那些特別的情緒，或是試圖說服他們不應該有這些感覺。詢問兒童他們感受如何通常是沒有幫助的。他們很少有這個問題的答案，因為他們沒有那種程度的自我覺察或情感詞彙。

使用「那使你感覺……」（that makes you feel...）也不合適。阿德勒理論的基本前提之一是，一個人對某種情況的主觀詮釋將決定他／她對這種情況的反應。基於這信念，沒有外在的力量、人或是事件可以「使」一個人感受某種情緒。在遊戲治療中，就像成人諮商一樣，心理師的工作是使用語言來幫助個案對自己的情緒、態度、想法和行為負責。心理師可以透過謹慎地選擇在反映情感中所用的詞語，來幫助兒童覺知他／她的反應和行動為他／她所有。

有效能的情感反映需要使用兒童可以理解的詞彙。三、四、五、六歲的兒童通常以悲傷、生氣、高興和害怕的方式來思考。他們傾向用這些字詞命名他們所有的情感，或用其他同義詞來表達這些概念。他們很少有表達性詞彙（expressive vocabulary）來為其他更微妙的情緒命名。他們可能無法理解抽象的概念，或那些代表「更深層次」的情感細微差別的情緒字詞，像是羞辱、丟臉、滿足或煩躁不安。例如，Santiago 是一個在幼兒園其他同學面前被他母親打屁股的四歲男孩，他可能會覺得羞辱與丟臉，但是即使心理師為他明確地表達這些情緒，他也未必能辨識出它們。如果心理師說他感到悲傷或生氣，他會

認出他的情緒。有時候，心理師會想透過使用些微超出兒童表達性詞彙量的字詞來增加兒童的情緒詞彙（Kottman, 2011）。然後，孩童可以選擇將這個概念納入他／她的接收性詞彙（receptive vocabulary）中，並且最終也使用這些新獲得的詞彙和概念來表達。

隨著兒童年齡的增長，他們可以理解更多抽象的情緒，並準備增加他們的表達性詞彙。面對於年齡較大的兒童（七、八、九歲），如果你使用兒童可能不了解的字，那麼密切地觀察他／她對這些陳述的反應是很重要的。如此一來，你就可以了解兒童是否理解了這個字。如果兒童不理解這個情緒詞彙的意義，你可以使用不同的、較不抽象的字來澄清那個情緒反映。

通常在遊戲室裡被表達的那些表面上的情緒非常明顯簡單。七歲的男孩 Deepak 進入遊戲室，並說：「我今天在操場上打架。Billy 打我。現在我要在這裡打他。」Deepak 顯然很生氣，他想在遊戲室裡表現出這樣的憤怒。遊戲治療師的一部分責任是反映那些簡單、表面的情緒。有時候表面上的情緒是情況中唯一呈現的情緒。

其他時候，兒童可能會經驗潛在的、更深層的情緒。心理師也必須反映這些情感。Deepak 對於他在班上其他兒童面前被毆打可能會感到丟臉。他可能感到懦弱並害怕這種事情會再次發生在他身上。他可能有一千個微妙、不太明顯的感覺。在我們猜想更深層的情緒之前，我們總是會考慮我們對孩童的了解以及孩童表達情感的方式。每當兒童表達一種情緒就反映他／她更深層次的情緒，這並非必要或是理想的（這對兒童來說可能非常煩人或太有壓力）。然而，我們想要對孩童正在感受一些潛在情緒的可能性有所警覺，並準備在這些情緒存在時做出反映。

當遊戲治療師反映一種情緒時，必須觀察兒童對反映的反應。例如，如果兒童做出語言上的回應，他／她可能只是同意遊戲治療師的陳述。這通常意味著心理師對此情緒的猜測是準確的，但並沒有特別在情緒上對兒童造成影響。兒童可能在對意見分歧上不帶有很多情緒的情況下，不同意心理師的陳述或者糾正心理師的猜測。這通常意味著心理師的猜測不正確。例如，你可能會對一

個八歲的女孩 Pepita 說：「你似乎有點害怕那隻老鼠。」她可以說：「不，我不怕他。我只是不想要他在這裡。我媽媽說老鼠很髒，我不喜歡髒東西。」這種類型的分歧是相當事實層面的，通常意味著你的猜測不準確但對兒童並不特別重要。當這種情況發生時，你可以嘗試使用這個機會來展示「不完美的勇氣」（Dreikurs & Soltz, 1964, p. 38）。你可以說：「哦，我犯了一個錯誤」或「對不起，我搞錯了。謝謝你透過告訴我你的感受來幫助我。」

如果孩童以激烈的方式表現不同意你的猜測，這可能意味著反映是準確的，但是孩童現在不想處理這些情緒。例如，當你猜 Pepita 害怕老鼠時，她可能會說：「你很笨。我當然不怕那隻老鼠。我不怕任何事情。」在這種情況下，Pepita 似乎對這個評論反應過度。當這種情況發生時，你必須同時使用臨床判斷和你對這個特定兒童的了解，來決定他／她是否似乎對評論過度反應。每當兒童對你反映的某種情緒有這種回應時，你可能要猜測潛藏在反應裡的情緒，並將它們反映出來。你可以這樣說：「當我說你害怕老鼠時，你好像有些生氣。你不想讓我覺得你害怕任何事情。」為了避免進入你是否正確的權力爭奪，你可以補充說：「嗯，這是需要想一下的事情。有些人可能有點害怕老鼠。」

激烈的反應也可能意味著遊戲治療師的反映不正確，而孩童對這不準確的反映感到受傷或憤怒。在這種情況下，Pepita 可能會說：「你從來沒有對過。你不了解我。我不怕老鼠。我只是假裝但你卻分辨不出差別。」再一次地，你將避免針對你的準確性或意圖與他進入權力爭奪。你可以簡單地反映兒童的反應中所存在的情緒，像是：「因為我不了解你只是假裝害怕，你似乎感到受傷。你對於我不了解那件事而感到很生氣，是嗎？」

即使兒童保持沉默不回應，通常還是會有某種肢體或是遊戲上的回應。你必須對微妙的、非語言的提示保持警覺以了解這些反應。（很抱歉我們一直在嘮叨這個；我們是想確保你知道阿德勒遊戲治療師要注意所有類型的溝通提示。）永遠不要要求兒童做出反應，或堅持要兒童確認或否決你的猜測。你要注意兒童的肢體語言和遊戲模式，以嘗試辨別他／她的識別反射。例如，當你

反映 Sam 的情感時他正面對著你，在你一反映他的情緒之後，他立刻轉過身背對你。你可能已經做了一個以某種方式使兒童心煩的準確反映，或者你可能不準確地反映出兒童的情感而兒童以非語言的方式拒絕。Sam 也可能是決定他想要在房間另一邊的某樣東西而轉過身去拿。避免對每一種情況過度解讀是非常重要的。就像故事所說的一樣：「有時候，一支雪茄就只是一支雪茄而已。」

♥ 回答問題

　　遊戲治療中的孩童經常問遊戲治療師問題。阿德勒學派的實踐者認為，孩童對於他們所問的每一個問題幾乎總有一些目的。他們可能想與心理師有所連結、測試限制、探索心理師的反應，或者其他一百個不同的目標。在決定如何回答兒童問題之前，心理師首先需要考慮這些問題的目的。

　　O'Connor（2000）列出了兒童在遊戲治療中提出的三種主要問題類別：實際的、私人的，和與關係有關的。在一個常見問題的列表中，Landreth（2012）納入了幾個其他類型的問題，這些問題似乎適合歸類於與進行中的遊戲治療過程相關的另外一個類別。

● 實際的問題

　　實際的問題（practical questions）尋求事實、常識資訊。這可以包括如下的常見問題：

- 「我可以去洗手間嗎？」
- 「今天是星期五還是星期六？」
- 「我們還剩下多少分鐘？」
- 「你如何打開這個罐子？」
- 「我下禮拜要來嗎？還是我們下星期不會見面呢？」
- 「我要如何回到我的教室？」
- 「我媽媽還在等候室嗎？」

　　有時候，兒童只是為了事實資訊想知道問題的答案。如果是這種情況，心理師不需要對問題的潛藏含意進行詳細的猜測或後設溝通。單純用事實資訊回答兒童的問題是完全合適的。

　　通常，即使是這些顯而易見的簡單問題也有其潛藏信息。當阿德勒遊戲治療師認為有額外的意義時，他／她應該猜測兒童提出問題的目的。例如，當 Yamin 問：「我可以去洗手間嗎？」他可能只是需要去洗手間。如果你認為是這種情況，你可以在沒有進一步互動的情況下回答這個問題。不過，你可能會猜想 Yamin 問這個問題是因為他想了解關於離開遊戲室的規則，那麼你可以對這樣的好奇心進行猜測，並說：「你有點想知道是否可以在我們遊戲時間結束之前離開遊戲室。」根據孩童對這個猜測的反應，你可以回答原來的問題，或者回答孩童問題之下的潛藏問題。如果你認為 Yamin 在遊戲室中不開心或對你的一些陳述有所抵抗，而且這個問題的動機是來自於他渴望離開並逃避治療過程，你可以猜測他想要離開的渴望或他不開心和抵抗的情緒。兒童對於你對他／她問題目的之後設溝通的反應，決定了你下一步的行動。如果 Yamin 同意他的目的是逃脫，你可能不會允許他離開。如果他堅稱他只想去洗手間，你可以選擇尊重他的要求（我們想像你一定會想要這麼做），以作為繼續建立關係的平等本質的一種方式。

　　當 Joo 問：「幾點了？」她可能是擔心即將錯過她的足球賽。她可能計畫在遊戲室裡再做六件事情，並想知道她是否有時間去完成這六件事。她可能無聊或不安並且想離開，但她知道在時間到之前你不會讓她離開。她可能正在思考或感受其他一千件事情。我們會猜測這個問題的潛藏意義，然後依據 Joo 的回應作為針對這問題進一步互動的基礎。

● 私人的問題

　　有時候在遊戲治療的兒童會問私人的問題（personal questions）。例如：

- 「你結婚了嗎？」

- 「你有孩子嗎？」
- 「你幾歲？」
- 「你住在哪裡？」

大多數時候，提出私人問題的目的是要和你有某種連結或幫助降低孩童的焦慮。最有治療性的方法似乎是對於孩童所提出問題的目的做後設溝通，並提供一個非常簡短的、事實的答案。通常，當你以直截了當的方式回答問題，並顯現自己在任何方面都沒有感受到威脅，你的答案便滿足了兒童的好奇心，以及他們對連結和肯定的需求。然而，有時候兒童會堅持不懈地詢問有侵入性的私人問題。O'Connor（2000）認為這可能是企圖控制單元的一個嘗試。如果你認為兒童繼續提出私人問題的目的是獲得權力，有時候比起直接處理他／她的問題，針對他們對控制情境的慾望做後設溝通是有幫助的。

● 與關係有關的問題

第三類別是與關係有關的問題（relationship questions）。例如：

- 「你喜歡我嗎？」
- 「你跟其他像我一樣的孩子玩嗎？」
- 「我可以跟你一起回家生活嗎？」
- 「比起其他來這裡的孩子，你更喜歡我嗎？」
- 「如果你可以，你會領養我嗎？」
- 「你希望我更常來嗎？」

這些問題幾乎總是有一個公開的和一個隱蔽的含意。兒童使用關係問題來決定關係的強度，並保護自己在這段關係中不要比你投入得更多。對這種類型問題，最重要的回應就是反映出激發兒童提出這些問題的情緒，並且就其目的進行後設溝通。當孩童問：「你喜歡我嗎？」你可以如下回應道：「我猜想你不總是確定其他人是否關心你，而你想要我讓你知道我是在乎你的。」

有時候，以使兒童安心作為對關係問題的回應似乎是重要的，但大多數情況下，我們選擇不直接回答這種類型的問題。這些問題傾向於從兒童的不安全感和無價值感中發展出來，而我們回答兒童問題時所說的任何話，都將無法抵消那些自卑的感覺。我們希望與兒童不斷成長的關係，以及兒童日益增長的能力和信心，最終將能填補他們心中那空白的位子。每位心理師必須根據每位兒童和關係的潛力來決定如何處理這些問題。這些類型的問題也可能觸發心理師自己的歸屬感和自我接納感。如果你發現自己因為這些問題而感受到某種特別的情緒，你可能要考慮探索這些情緒。

● 進行中的過程問題

Landreth（2012）提供了兒童在遊戲治療中常問問題的清單。其中許多問題似乎與正在進行中的遊戲治療過程（ongoing process questions）有關。例如：

- 「這是什麼？」（指向遊戲室中的一些東西）
- 「你知道我現在要做什麼嗎？」
- 「我下一步該做什麼？」
- 「我可以把它往鏡子丟嗎？」
- 「你為什麼跟其他人說話不太一樣？」
- 「你可以幫我把它修好嗎？」
- 「玩這玩具的正確方法是什麼？」
- 「你認為我會塗什麼顏色？」

兒童提出有關進行過程問題的目的，通常是幫助他們定義遊戲治療過程的特徵，以及他們與遊戲治療師關係間的界線。兒童經常使用問題來尋求幫助、試著取悅治療師，或讓治療師為他們做決定。他們可能害怕讓治療師不開心或打破遊戲室規則。由於這些恐懼，他們的問題可能是讓自己保持安全的策略。他們可能只是害怕冒險，並希望遊戲治療師消除他們做選擇或嘗試新行為的需要。他們也可能正在嘗試建立一個遊戲，是要治療師猜測他們將要做的事情或

他們在想什麼。這很容易發展成為權力爭奪，而兒童持續地想在其中玩某種永無止境的猜測遊戲，但這並不具治療性。

　　為了避免依賴或進入某種遊戲的可能性，以及為了鼓勵兒童成長，我們通常選擇不回答這類型的問題。代替回答一個以過程為導向的問題，我們通常會做一個將責任和控制回歸給兒童的陳述（Kottman, 2011; Landreth, 2012; Ray, 2011）。例如，如果 Germaine 問：「這是什麼？」你可以回答：「在這裡，你可以決定那是什麼」或者「這些東西是什麼對你來說是有點困難的選擇。它可以是任何你想要的東西。」如果 Tessa 問：「你認為我要畫什麼？」你可以回答：「有時候你難以決定要做什麼，而在這裡那是你的決定」或者「你想要知道你將要做什麼，並想要讓我猜猜看，而你是唯一知道你將要做什麼的人。」

● 花時間思考

　　不管兒童問什麼類型的問題，在做出任何回應之前，你可以給自己一些時間去思考。無論你選擇是否回答問題，決定都應基於有意識性地考慮孩童問題中可能潛在的意義。基本上，在你對問題給予任何內容導向類型的答案之前，你會想要對兒童提出問題的目的或問題的潛在含意進行後設溝通。反映推動問題的情緒也可能是適當的。答案來自於你對孩童情緒和想法的直覺性感受。無論對孩童的問題做出什麼回應，你的最終目標是與孩童建立關係，並幫助培養孩童的自我理解和自尊心。

♥ 問兒童問題

　　有時候問問題是心理師與孩童建立關係以及開始了解孩童的生活型態時，獲取所需資訊最好、最有效的途徑。問題不應該很突然，應該從與孩童的對話或從孩童的遊戲中自然地延伸出來。心理師所問的任何問題應該與單元中正在發生的事情有關，不是依據心理師的好奇心而人為強加。重要的是要記住，心理師可以直接提出問題（例如，「在家裡所有的孩子當中，哪個孩子最常惹麻

煩？」）或間接透過隱喻（例如，「在長頸鹿家族所有的孩子當中，哪個長頸鹿孩子最常惹麻煩？」）。無論以哪種方式，孩童的答案都會提供心理師有關他／她生活型態的寶貴資訊。不要像警察審問一樣，用一系列問題壓迫兒童也是非常重要的。為了控制自己天生的好奇心，我（TK）在每一次單元裡限制自己只問四到五個問題。

● 問題的類型

開放式問題比封閉式問題能蒐集更多的訊息，因為它們鼓勵兒童不僅僅是用是或否來回答。治療師應該以**如何**（how）、**什麼**（what）、**何時**（when），及**哪裡**（where）開啟問題，並且避免問兒童**為什麼**（why）。**為什麼**的問題是成人最常問兒童的問題類型。許多大人似乎覺得問題只能在孩童回答這個古老的提問後才能解決：「你為什麼這樣做？」大多數時候，兒童們並不知道這些問題的答案，即使他們知道，答案並不會特別有助於關係的成長或是幫助成人真正了解孩童的動機。為什麼的問題是以過去為導向，它們深入探討某個特定事件的歷史前情。阿德勒遊戲治療師專注於現在和未來，只使用過去的資訊來了解兒童目前的運作，並訂定幫助兒童邁向更有建設性、更快樂的未來之計畫。

● 當兒童不回答問題時

在許多情況之下，當一個大人問兒童一個問題，兒童感受到了回答問題的壓力。如果兒童不回答，大人常常試著強迫回答或是懲罰兒童不回答問題。在阿德勒遊戲治療裡，我們想要「擺脫」這個傳統的反應。孩童對於他／她是否選擇回答你的問題總是有著控制權。孩童可能會決定對問題不給予口頭答覆，這是孩童的權利。在平等的關係中，任何一方參與者都可以選擇是否參加對話。你只需要接受孩童不回答問題的決定。記住這個也是有幫助的，即使兒童不口頭回答問題，他／她也許會透過非語言溝通或遊戲傳達一些關於問題訊息。

當兒童選擇不回答我們的某個問題時，我們通常會做出三種不同類型回應

中的一個回應。首先，我們可能什麼都不會說。這單純的是讓孩童在沒有詮釋
的情形下不做任何回答。第二，我們可能做一個事實層面的後設溝通，例如：
「你決定不回答這個問題。」這種類型的答覆傳達了我們的尊重，以及我們對
於兒童有做出這項決定之權力的信念。第三，我們可能對兒童不回答問題的目
的冒險地進行一個詮釋性的後設溝通。兒童忽略遊戲治療師問題的可能目的包
括：（1）問題可能提到一個孩童還沒有準備好和遊戲治療師一起探索的敏感
區域；（2）孩童可能因為想顯示遊戲治療師並沒有強制他／她回答的權力，
而選擇不回答；或是（3）兒童可能選擇不回答，因為他／她在家中學到忽視
大人是一種讓大人對他／她保持專注的可靠方式。（這並不意味著這些是唯一
的可能性——這些只是當我們在寫這個世界上最長的章節時所能想到的。）

● 非語言回應

　　無論你對問題得到哪種類型的回應，你都必須始終觀察著兒童的面部表
情、肢體語言和遊戲行為，並且注意對此問題的任何非語言反應。（這你以前
聽過，對嗎？）即使兒童們選擇忽略問題或提供簡短、含糊不清的答案，他們
的行為也應該表達某些他們對問題的反應。

　　孩童可能會做鬼臉、退縮或有其他類型的明顯識別反射。如果這種情況發
生，可以假設我們可能提到某個不愉快的話題，而這個問題已經觸及了一個孩
童最終可能需要一些幫助的敏感領域。如果兒童轉換活動或加強當前活動中的
行為速度或程度，這也可能表示我們問的問題是一個需要進一步探索的領域。
如果孩童們在被問到這個問題時只是繼續玩、帶有很少的肢體反應，我們通常
認為他／她忽略我們的問題其實是不帶有或少有潛藏的重要性／意義。孩童可
能很專注於遊戲中，或者問題可能涉及他／她不特別感興趣的某些主題。

● 阿德勒遊戲治療的問題策略

　　建立關係的其中一個策略是使用問題策略來了解兒童。在阿德勒遊戲治療
裡的所有問題幾乎都能被歸在以下兩個不同類別中：（1）與兒童的主述議題或

生活中正在發生的事件有關的問題；以及（2）與探索兒童生活型態有關的問題。

有時我們向兒童詢問關於他們目前是如何處理主述議題的某個特定方面。我們提出這類問題的目的是讓兒童知道，他們生活中發生的事情對我們是重要的，我們關心且參與他們在遊戲室內外的生活。我們一定要以非評價性、支持性的方式提出這些問題，好讓兒童不會認為我們只是查看他們，或者催促他們在主述議題上要有所進展。

有兩種提出這類問題的方法。一種方式是問一般的問題：「最近……如何？」例如：

- 如果 Lucinda 有跟老師頂嘴的歷史，而你們一直在談論處理這種情況的不同方法，你可能會問：「你和你的老師最近相處得如何？」
- 如果 Jeremiah 有在校車上被取笑的歷史，你可以問：「最近和其他小孩在巴士上發生什麼事？」
- 如果 Yasmin 說對於自己被領養感到煩惱，那麼你可能問：「你最近對於被領養有什麼想法嗎？」

第二種方法是問特定的問題：「你如何能改變……的某一個特定方面？」例如：

- 如果 David 的主述議題是公開自慰，而你們討論過他能自慰的私人場所，你可能會說：「如果你想觸摸你的私處，在家裡的哪些地方不會有人看到你？」
- 如果 Catalina 的主述議題是不適當地表達情緒，而你們一直在努力用適當方式表達情緒，你可能會問：「你如何告訴你的媽媽你生氣了而不會惹麻煩？」
- 如果 Enrique 的主述議題是學業表現不佳，而 Enrique 也跟你說過他的拼字特別弱，你可以問：「你這禮拜的拼字考試考得如何？」

是否提出這樣的問題取決於幾個因素，包括兒童的年齡、他們的認知能力，以及他們對談論主述議題與其如何影響他們生活的開放程度。七歲或八歲以下，以及認知能力有限的兒童，可能不明白他們為什麼來遊戲治療。如果是這種情況，不大有理由向他們詢問有關他們在遊戲室外的進展，或者把遊戲室中學到的新行為應用於其他情況。對於這些兒童，通常最好依靠來自於與兒童接觸的家長、老師和其他成人的報告。

阿德勒遊戲治療師問的另一種類型的問題，是透過探索兒童的生活型態來進一步地與兒童建立關係。 Dinkmeyer 和 Dinkmeyer（1977）在發展《兒童生活型態指南》（*Children's Lifestyle Guide*）時改編了 Dreikurs（1967）和 Mosak（1971）的作品。我（TK）進一步改編了這本指南使其適用於遊戲治療。兒童生活型態的問題大致分為四大類：家庭、學校、社會─朋友，和一般。附錄 D 呈現一系列你可以在遊戲治療中使用的問題，這些問題可以幫助你與兒童建立關係，並開始了解兒童和他／她的生活型態。

有些家庭問題假設兒童有兄弟姊妹。如果兒童是家中唯一的小孩，心理師通常只將比較性問題改成直接的資訊探索問題。這涉及將問題「家中所有的孩子當中，哪一個小孩最像爸爸？」替代成「你跟爸爸如何相像？」

不要將這冗長的可能問題清單及評分表帶進遊戲室是重要的。心理師需要在遊戲室外熟悉這清單，並準備好能在與兒童互動之下自然地問這些問題。

將這些問題融入遊戲治療的一般對話模式的例子如下：

- 當 Florinda 與娃娃屋裡的娃娃玩耍時，她告訴你這個大的男性娃娃是爸爸。透過調整一些家庭的問題並請她告訴你多一些關於爸爸的事，你可以使用娃娃家庭的隱喻來徵求她對自己父親的觀察。

- Ichiro 在廚房區域玩並告訴你他喜歡幫媽媽做飯。你或許可以透過反映情感來探索他對於母親的感受，並說：「你好像真的很喜歡和媽媽一起做事情。」然後你可以藉此機會提出一個問題，比如說：「你跟誰最像──你的媽媽還是你的爸爸？」

- Candace 將娃娃排列成他們是學生而她是老師的學校場景。你可以使用隱喻來詢問有關她在學校的態度和行為的一些問題，例如，「這個班上的小朋友最喜歡學校的什麼？」或者「身為老師，既然你能做主，你想要改變學校的什麼？」

- Santiago 告訴你一個他這禮拜在玩的電玩遊戲。你可能會使用以下問題來探索：「你喜歡這個電玩遊戲的什麼？」「你最喜歡的電玩遊戲是什麼？」或「如果你是這個電玩遊戲中的主角，你會如何解決問題？」

在每次單元中提出數量有限的問題，要很多、很多次的單元你才能問完附錄 D 中列出的所有問題。問到每一個問題並不是必要的。你要選擇一些問題，會幫助你更佳地了解兒童對於自己是如何適應家庭及同齡群體的感知。我們總是試圖對孩童是如何看自己的內在資產跟弱點能有一個基本概念。我們也問那些能加深我們了解孩童對問題的感知以及他／她希望生活如何不同的問題。這些有助於我們制定遊戲治療關係的目標。

♥回歸責任給兒童

在大多數情況下，避免為兒童做他們自己做得到的事情或為他們做決定是相當重要的。在遊戲治療中確保這種情況發生所使用的主要方法，是將責任回歸給兒童（Kottman, 2011; Landreth, 2012; Ray, 2011）。藉由將責任回歸給兒童，遊戲治療師直接或間接讓兒童知道他們有對自己負責任的能力，並且能夠在他／她的行動和選擇中獲得成功。許多時候，回歸責任給兒童的行為，是許可那些沒有或只有一點點勇氣的小孩去冒險，嘗試他／她通常不會嘗試做的事情。這種技巧對於不相信他們是有能力的或有價值的孩童也是非常有幫助的。

當兒童明確或暗示性地要求幫助時，或是在某些情況下我們認為需要幫助他們，即使他們沒有表示需要協助的渴望時，我們回歸責任給兒童。當他們要求我們幫他們做某些事情，但我們相信他們可以自己完成那些事情時，我們幾

乎總是將責任回歸給兒童。以下是回歸與行為相關的責任給兒童的例子：

- Sasha 問道：「你能幫我拉我夾克的拉鍊嗎？」你可以說：「我想那是你可以為自己做的事。」
- Phil 問道：「你可以幫我拿那個遊戲嗎？」你可以說：「我猜你可以想出辦法拿到那個遊戲。」
- Alberto 說：「我不會綁我的鞋帶。」你可以說：「你要我幫你綁鞋帶。上禮拜你自己綁了鞋帶，所以我知道你可以做到。」
- Margarita 說：「這些手銬要怎麼使用？」你可以說：「如果你看看它們組合在一起的方式，我覺得你可以自己想出那要怎麼用。」

　　有時候我們選擇不使用這個技巧在兒童身上。我們可能認為：（1）此兒童沒有對這個行為承擔責任的能力；（2）此兒童正處於退化性行為的狀態，而我們相信該行為對這特定兒童是適當的；（3）兒童的過去經歷表示此兒童在某些情況下可能需要有人照顧；以及（4）兒童的生活過得並不是很好，並且需要特別的撫育。在這些情況下，我們通常會透過說一些類似以下的話，邀請兒童與我們合作來完成任務：「讓我們作為一個團隊，一起想出如何做那件事的辦法。」我們也可以對他們想要被幫助的渴望進行後設溝通，我們可以說：「你知道如何梳自己的頭髮，有時候有人幫你梳頭髮感覺很好。」

　　我們從來不替兒童做決定，因為我們認為他們始終有能力自己做選擇，並且想要向他們傳達我們對他們做決定之權力的信心。

　　以下是一些將與做決定相關的責任回歸給兒童的例子：

- Dimitri 說：「我應該用什麼顏色來畫兔子？」你可以說：「你可以決定你想要兔子是什麼顏色。」
- Marta 說：「你現在想要我做什麼？」你可以說：「現在是你主導，所以你可以決定下一步你想要做什麼。」
- Christopher 說：「我好奇娃娃的名字是什麼。」你可以說：「你可以為

他選一個名字。」

- Eva 說：「這是什麼？」你可以說：「在這裡，它可以是任何你想要的東西。」

- Nasir 看著一群動物角色。然後他看著你的樣子就像在說：「我應該選擇哪一個？」你可以說：「看起來你想要我幫忙選擇玩哪個，而我知道你可以幫自己挑選。」

♥與兒童積極互動

　　阿德勒遊戲治療師與孩童建立關係的方式之一是積極地與他們互動。有時候治療師在兒童的要求下與他們一起玩耍；另有些時候，由治療師開始有趣的互動。

　　兒童在許多不同的原因之下要求治療師與他們一起玩，其中一些是來自積極正向的原因，而有些則不是。這些原因可能是：（1）尋找一種與治療師在情感上連結的方法；（2）把邀請治療師使用玩具與遊戲作為溝通的一種方式；或是（3）想要一個展現適當遊戲行為的模範。其他時候，他們的動機並非如此有建設性。有時候，兒童要求治療師一起玩是因為他們相信：（1）他們被期待和治療師一起玩；（2）如果要求治療師和他們一起玩，治療師會更傾向於喜歡他們；或者（3）他們無法做出好的決定而希望由治療師來決定遊戲的方向（Landreth, 2012）。他們也可能是希望表現出自己擁有對治療師的某種權力或對單元的控制權。

　　當一個兒童要求我們一起玩時，我們通常會猜測他／她的目的。以下是對兒童要求我們一起玩的目的進行後設溝通的例子：

- 「你很難決定你要做什麼，所以你想如果你要我跟你玩，我將會幫你決定。」

- 「你真的想更認識我一些，如果我們一起玩，我們將會更了解彼此。」

- 「如果我們玩這個遊戲，你覺得你就可以告訴我該做什麼。」
- 「今天你好像有點難過，你想讓我坐在地板上更靠近你一些。」

　　大多數情況下，如果我們認為與孩童一起玩將有助於以建設性的方式和他們建立關係，我們會對邀請一起玩所潛藏的目的進行後設溝通，然後接受邀請。然而，當我們認為孩童的目的是操縱性或不恰當時，我們會猜測他／她的目的然後拒絕邀請。當我們這麼做時，會以非評價性的方式說出我們的立場，使用一句話像是：「我選擇現在不玩。」重要的是要去注意兒童的反應，我們才能也對此反應進行後設溝通。

　　跟兒童一起玩會給你一個示範適當行為、重新建構消極負向情形、教導技能，還有檢視行為目的的機會。例如，Courtney 是一個認為獲勝非常重要以致於願意作弊來確保成功的小孩，若要她從治療性的遊戲情境中獲益，你需要：（1）反映她沮喪的情緒和對失敗的恐懼；（2）猜測她對贏和控制的需求；（3）猜測她的自我形象及其如何受到成功和失敗的影響；（4）示範可被社會接受的運動精神和競賽—遊戲行為；（5）鼓勵任何她所展現的適當行為；（6）將錯誤和失敗重新建構成學習的機會；與（7）教她新的互動技巧以及用不作弊的替代方法來玩遊戲。

　　當你選擇與兒童一起玩時，以互動作為治療過程的延續是非常重要的。當你和兒童一起玩時，需要保留你做出治療性評論的能力，包括追蹤、反映情感、後設溝通和鼓勵。你不應該過度參與遊戲的過程，而忽視了你身為心理師的角色。

　　盡可能地讓孩童領導遊戲是有幫助的。你可以向孩童詢問他們希望你下一步要做什麼，以確保他們感覺到你正在分享對互動的控制。如果你忘了這樣做或者兒童不喜歡你選擇做的事情，兒童幾乎總能讓你知道他們希望互動朝不同的方向前進，或者希望你能更經常地諮詢他們或給他們更多的控制權。當你認為這種方向是最具治療性的時候，你可以嘗試配合他們的要求。然而，面對那些試著要宣稱對你有控制權的兒童，則要對他們的要求所潛藏的目的進行後設

溝通，然後告訴他們你想按照自己的方式做事。

在角色扮演或是像躲貓貓的遊戲中，遊戲治療師可以透過使用「悄悄話技巧」（Landreth, 2009; Kottman, 2011）讓兒童在活動中領導。在角色扮演的情況下，治療師使用三種不同和獨特的聲音：自己平常的聲音、角色的聲音，和悄悄話。治療師最好使用他／她平常的聲音追蹤、反映情感、後設溝通，以及對發生在兒童身上的事情做出一般治療性的陳述。治療師使用角色的聲音來表達孩童為角色扮演所創造的角色。治療師使用悄悄話來詢問兒童下一步該做什麼或說什麼，好讓兒童控制角色扮演的方向。使用悄悄話聲音來詢問兒童方向，同時似乎也區分了治療師和角色扮演中的角色。以下是在與兒童的角色扮演中使用悄悄話技巧的例子：

> Brian：「我們來玩媽媽生氣了，然後打了所有小孩的屁股。」
>
> Terry（平常的聲音）：「你想假裝所有的孩子都被打屁股。」（悄悄話）：「你想要我當哪一個？」
>
> Brian：「你是媽媽。我是小孩，我和寶寶在一起。」
>
> Terry（悄悄話）：「我現在該怎麼做？」
>
> Brian：「你說，你現在有大麻煩了！」
>
> Terry（悄悄話）：「我看起來應該是什麼樣子？」
>
> Brian：「你看起來非常壞，你說，你有棍子。」
>
> Terry（聽起來很壞的角色聲音）：「我要打你和寶寶。我有棍子。」
>
> Brian（逃離我，抱著寶寶離開我身邊）：「啊！！！」
>
> Terry（平常的聲音）：「你聽起來很害怕。看起來你要保護自己和寶寶並遠離我，確保你們兩個都安全。」
>
> Brian（仍然抱著寶寶遠離我）：「我不會讓你傷害我們的。」
>
> Terry（平常的聲音）：「不讓自己和寶寶受傷害對你來說很重要。」（悄悄話聲音）：「我現在該怎麼辦？」
>
> Brian：「你在房間裡追我並試著抓住我和寶寶。」

Terry（悄悄話聲音）:「我該說什麼嗎?」

Brian:「不,你只是尖叫。」

Terry（追著兒童在房間裡跑——角色的聲音）:「啊啊啊啊啊啊!」

Brian:「你追不到我們!!!」

Terry（平常的聲音）:「你知道如何照顧自己和寶寶。」

Brian:「沒錯。你傷害不了我們。」

Terry（平常的聲音）:「你聽起來很自豪,你知道如何保持安全。」（悄悄
　　　　話聲音）:「我現在要怎麼做?」

Brian:「你說,我追不到這些孩子。他們一直逃走。」

Terry（角色的聲音）:「我抓不到那個孩子和寶寶。他們一直逃走。那個
　　　　孩子知道如何保持他們自己的安全。」

　　在這個特別的例子中,Brian 以積極正向、鼓勵的氣氛結束了這場角色扮演。他相信他可以保護自己與他人。在角色扮演的過程中,我(TK)加了幾個帶有鼓勵的編輯性回應,像是「那個小孩知道如何保持自己的安全」來肯定他有力量的感覺跟照顧自己的能力。

　　然而,時常孩童們對自己的幻想沒有這麼正面樂觀的解決方式。這是完全自然的。大多數來遊戲治療的孩童缺乏健康的自我概念,或對自己的內在資產缺乏準確的理解。無論孩童選擇以積極正向或消極負向的解決方式來演出,與另一個人的角色扮演都可能幫助他們更加了解自己和他人。當兒童主導角色扮演,他們可以為自己探索不同的選擇和替代行為。這就是為什麼許多遊戲治療師經常鼓勵兒童控制角色扮演的方向,以及角色的動作和語言。

　　使用悄悄話技巧讓兒童在不涉及角色扮演的互動活動中擁有控制權也是有可能的,像是躲貓貓跟丟接球遊戲。當你在這些情況下使用悄悄話技巧時,角色的聲音將被忽略,只留下悄悄話詢問遊戲方向,以及你平常的聲音以進行治療性陳述。你會用悄悄話技巧問孩童:「你想要我躲在哪裡?」還是「我應該怎麼扔球?」或「你想要我多用力打它?」

　　最初，特別是對在家中沒有什麼權力的兒童和家庭混亂的兒童，他們對於被要求要領導遊戲可能不知道該如何處理。這些兒童曾對我們大喊大叫、拒絕回答，以及停止玩耍。但是，如果我們後設溝通對於他們正在體驗的事情的想法，並堅持要他們領導遊戲，那麼他們通常會克服不信任，並且對於領導感到非常興奮——有時甚至成為遊戲室裡的暴君，而且即使在我們沒有使用悄悄話技巧時，也試圖對我們頤指氣使。

　　有些時候我們不希望讓兒童領導遊戲的方向，像是當我們想要教兒童一個特定的技巧，或者當我們相信兒童被困在一連串幻想的遊戲而需要幫助才能在遊戲中向前進行時——這樣的情形有時候發生在經歷創傷事件的兒童身上（Carey, 2006; Gil, 2010; Levine & Kline, 2007; Terr, 1990）。在這些情況下，我們僅僅決定接下來要做什麼（不向兒童諮詢意見）並執行。偶爾，如果我們規律性地對兒童使用悄悄話技巧而兒童也習慣領導遊戲，那麼他們對這種新的做事方式可能會有強烈的反應。然而，大多數時候，孩童也只是跟隨著我們所選擇的方向。

❤ 一起清理遊戲室

　　對於大多數的兒童，在阿德勒遊戲治療中，建立平等關係歷程的其中一部分便是一起清理遊戲室。你想要讓兒童知道在工作夥伴的關係中，你們每一個人應對自己的行為負責，而這包括了在單元結束時清理一切混亂。與那些你決定需要幫忙清理遊戲室的孩童，你們將會作為一個團隊一起整理遊戲室，以兒童有控制權的方式合作。兒童負責決定你們這個團隊將如何完成這個任務——誰做什麼，還有你們處裡每一項任務的順序。你的焦點應該放在藉由合作清潔所創造的關係建立過程上，而不是一個完美乾淨的遊戲室。雖然收好玩具是重要的，但是膠著在東西被放在哪個位置反而會造成反效果。

● 如何建立清潔團隊

　　如果心理師決定一起清理遊戲室是重要的，建立常規是非常簡單的。在單元結束前十分鐘，心理師告訴孩童：「離我們一起清理房間還有五分鐘。」在離單元結束前五分鐘，心理師站起來並對孩童說：「好了。我們一起清理房間的時間到了。你想要我做什麼／把什麼收起來？你要做什麼／把什麼收起來？」這些聲明以及任何有關清理的討論，心理師都是用一般陳述事實的聲音來表達，聲調或肢體語言中不帶有任何糾結或是批判。心理師必須表明清理不是一種懲罰或是反映心理師自己對整潔的需求，而是合作跟責任分享的練習。事實上，許多兒童生活中的成人不會讓兒童製造混亂卻不需清理。

　　藉由讓孩童負責任務的分派和清潔程序的進行，心理師通常可以讓兒童在這個過程中保持興趣。如果心理師有比較明顯的指導性和控制性，這麼做能避免可能發生的權力爭奪。這種技巧傳達了心理師為了治療進展及與兒童關係的增長，而關注於分享責任。這也建立了孩童在這種情況下有一定的權力和控制力。我（KMW）經常藉由問兒童想要收拾哪些玩具作為開頭。當我以這種方式呈現時，孩童很少反對，即使他們可能決定只撿起一兩個東西。對我來說，這是沒有關係的。這是一個開始。對於那些說「我不想把玩具收起來」的少數兒童，我可能會說：「你把三個玩具收起來，我也把三個玩具收起來。」這些小數量通常能滿足這些孩童。

　　如果兒童分心了，你可以提醒他們，他們選擇拿起正在收拾的物品。反映他們的情緒和猜測他們不完成分配給自己的任務的目的是有幫助的。他們可能正試圖延長在遊戲室裡的時間；他們可能正在試圖避免清潔任務的分攤，並希望你將能接手他們的責任；他們可能希望你照顧他們。根據兒童過去的行為、他們目前的行為，和他們的非語言溝通，你可能對他們的目的會有很好的猜測。那麼你便可以給他們重新考慮和重新分配任務的機會。再一次地，在這個過程之中，你需要小心地避免用懲罰性或是評價性的聲音語調或是肢體語言。你想要透過你的語言與非語言訊息來傳達合作的精神。

當我們有一個拖延或者容易分散注意力的兒童，我們會試圖把清理變成一個遊戲。我（TK）可能會挑戰孩童，來看看他／她是否可以在我撿起我的物品之前撿起他／她的指定物品，或者我可能會挑戰他／她在本週比上週更快地撿起東西，提供計時然後我們可以看誰比較快。有很多有創造力的方式能讓兒童積極正向地參與，讓一起清理房間不會成為權力爭奪或不愉快的家事。

● 當兒童拒絕幫忙清理遊戲室時

當你沒有成功地避免權力爭奪而兒童完全拒絕合作清理遊戲室時，你可以給予選擇。先嘗試最低限制性的選擇，你可以對兒童說：「你可以選擇我們一起清理房間，或者你可以選擇下次單元時不玩那個（任何兒童在當下沒有撿起來的物體）。」這是基於這樣的前提：孩童沒有徹底地破壞房間，並且在下一次單元期間移除他／她決定不撿起來的所有物品是有可能的。如果孩童把大部分的玩具都從架子上拿下來，或者是在清理過程中完全拒絕與你一起工作，那麼你可以給予有影響力的選擇（big-guns choice）。你可以類似這樣說：「你可以選擇幫助清理的過程，或者你可以選擇在下禮拜的時候在另一個沒有任何玩具的房間。」當孩童對這個選項做了選擇，你反映他／她正在表達的任何情緒，並對行為的目的進行後設溝通。

選擇此選項的兒童通常是在測試關係的限制，以及遊戲治療師是否會維持一致和冷靜。在給予兒童這些選擇時，保持一個友善的、就事論事的態度，以及一種不批判、平靜的聲音是不可或缺的。遊戲治療師不能對孩童的選擇有既得利益。（儘管可能感覺起來像是，但這不是你和兒童之間的競爭。我們相信任何時候成人只是為了要爭奪權力而參與權力爭奪，成人就已經輸了。）為了避免陷入權力爭奪並且傳達平等關係的精神，遊戲治療師必須完全願意接受兒童的任何一項選擇。如果兒童決定不清理房間，遊戲治療師絕對不能顯示出他／她將這個選擇視為是針對個人或是消極負向的。如果是這樣的話，遊戲治療師一定不能透過嘗試強迫兒童做出不同的選擇，或者在下一次單元時重返遊戲室來破壞自己所說過的話。我們表現出對兒童的信任與對其決定的尊重，而我

們將會以這些決定為榮。（這是說比做更容易，但這真的很重要！）

　　在某些情形下，當個案選擇有影響力的選項時，心理師可能會希望在一個替代的、空的房間進行下次的單元，或者將玩具架遮起來。當這發生時，我（TK）通常會帶一個遊戲或者是一些藝術媒材到另一個地方，並告訴兒童：「你之前決定這個禮拜不要有所有的玩具，所以由我選擇我們這週的單元要使用哪些玩具。」我很少遇到兒童選擇這個選項超過一次。

　　對於重複選擇此選項的孩童，心理師應該非常仔細地觀察孩童行為的目的。大多數時候，這些孩童對權力有大量的需求，或者表現出許多 ADHD 的症狀。面對需要權力的兒童，心理師應重新考慮使用清理房間作為增強關係的策略。對於 ADHD 兒童，他們可能試著間接表達自己對裝滿玩具、設備齊全的遊戲室感到壓力。心理師可能要考慮將遊戲單元移到有較少刺激物、較少玩具且小一點的房間。

● 一起清理遊戲室的例外

　　一起清理遊戲室並不是阿德勒遊戲治療的絕對規則。有一些來遊戲治療的兒童呈現僵硬和強迫行為的跡象。這些兒童「太緊繃」（"too tight"）（Kissel, 1990）而需要一些幫助讓他們感覺更自由。過分緊繃兒童的人格優先順序經常是控制。在遊戲室裡，他們往往會在玩以後自動清理，並花費大量精力確保事情不會失控。當和這些孩童一起工作時，我們會試圖讓他們放鬆。過度緊繃的孩童往往相信他們是條件式的有價值，必須持續如此的過度緊繃才能被他人愛和接納。這可能真的是他們家庭中所發出的信息，也可能是他們的偏差信念之一。然而，無論他們緊繃的來源為何，我們不想向他們傳達一個訊息是有可能被他們解釋為建議他們繼續僵硬與強迫的行為。一起清潔房間可能很容易向孩童傳遞一個會被詮釋為他們需要堅持追求緊繃的訊息。為了幫助這些兒童放鬆，我們向他們再次保證他們不需要透過維持房間整潔來獲得我們的接納。但是，為了彌補缺乏這種團隊建立的經驗，我們通常必須更加努力地與太緊繃的孩童合作，以建立合作的夥伴關係。

心理師也可能在與其他類型的兒童一起工作時，並無法透過協力清理房間加深治療關係。例如，我（KMW）不會要 Ajit 協助整理房間。他是一個與家長不斷因為清理房間而陷入權力爭奪的兒童。這樣的要求從一開始就會破壞關係。作為一名阿德勒遊戲治療師，我們總是將每個兒童視為一個個體，具有獨特的感知和議題。我們根據對他／她的特定生活型態和需求的理解來制定我們的介入。

🔶 案例

我們將在這裡開始一個延續到第七、九跟十章的案例。在這章裡，這個案例呈現阿德勒遊戲治療師可以如何與家長開始治療關係，並且在治療的第一階段透過遊戲治療技巧與兒童建立平等關係。

我（KMW）接到了 Simon 先生和太太的電話，他們要為六歲的孫女 Phoebe 預約遊戲治療。在安排預約時，我向他們詢問允許他們為孫女尋求諮商服務的證明文件。他們表示他們有這個文件，並會在我們第一次會面時帶來。因為我想在與兒童見面之前先和大人見面，也因為他們沒有課後安親班可以照顧他們的孫女，所以我們在孫女上課的期間安排了一次會面，雖然這不是我們典型的單元時間。

在我們第一次單元，我描述了我的信念，那就是兒童本身不等同於問題，而是他們有一些難題，而且所有的家庭成員通常都對這個問題有所影響（有時是無意識的）。我詢問他們成為心理諮商歷程一部分的意願。他們毫無異議地同意，並表示相信 Phoebe 的父親在有空時也會積極參與。

Simon 先生和太太尋求諮商服務是因為 Phoebe 在過去三、四個月內有行為問題，變得越來越會爭論和容易煩躁。他們說她變得過分要求、跟大人回嘴，以及拒絕在家裡和學校遵循指示。在上次與老師的會談中，Phoebe 的老師報告說她對那些不喜歡和她一起玩的同儕發號施令。Simon 先生和太太說，Phoebe 在家經常一個人玩耍、讀很多書，以及花時間和家裡養的動物在一

起。他們描述他們居住的地方很偏僻，「好長的一段路都看不見任何東西」。
雖然他們一開始有注意到 Phoebe 在家裡行為的變化，但直到他們被 Phoebe 一
年級的導師告知她的在校行為之前，都以為這只是一個階段，所以並沒有決定
尋求諮商的服務。

　　Simon 先生和太太說，Phoebe 和他們以及他們的兒子 Christopher，也就是
她的親生父親住在一起。Phoebe 的父親和祖父母都是歐洲裔美國人。Phoebe
是混血兒（拉丁人和白種人）。她的母親 Alicia 在國中時與她的家人從墨西哥
移民到美國。當 Phoebe 三歲時，她在一場交通事故中喪命。他們提到 Phoebe
對她母親沒有什麼清晰的回憶但是高度重視她，並經常表示想念她。

　　Phoebe 的父母在十八歲時便已經結婚了。Alicia 和 Christopher 結婚後不
久，Alicia 就懷了 Phoebe，她在他們第一個結婚紀念日之前出生。由於兩個家
庭之間的宗教差異，Alicia 的家長沒有同意這段關係。Alicia 的家庭信奉天主
教，Christopher 的家庭奉行佛教。當 Alicia 與 Christopher 一起私奔時，她的父
母與她斷絕關係，所以 Phoebe 從來沒有見過她的外公外婆。Simon 先生和太
太很支持他們的兒子、媳婦和孫女。在 Alicia 生前，他們經常在 Phoebe 的父
母工作或和朋友外出時照顧她。

　　Alicia 死後，Christopher 和 Phoebe 繼續住在與 Alicia 生前一起居住的房子
好幾年，但 Christopher 難以維持家庭的收支平衡。他的父母在他工作時照顧
Phoebe，可是這並不是特別方便，因為他的父母住在鎮外，需要三十分鐘的車
程。為了緩解這些問題，Christopher 最近決定將工作時間表改為夜班，這樣他
可以回到學校取得大學學位。為了使事情更順利，Christopher 和 Phoebe 搬去
和他的父母一起住。Simon 先生和太太已經退休了，生活舒適。Phoebe 和
Christopher 並沒有為他們造成經濟負擔。Simon 先生和太太很喜歡有 Phoebe
在身邊，並以照顧 Phoebe 為傲。他們承認有時候有點放縱她，相信他們填補
了她媽媽死後所留下的空缺。

　　因為要搬去跟她的祖父母一起住，所以需要為 Phoebe 辦理轉學。在我們
第一次見面之前，約在學年中期，她已經轉學大概四個月左右。因為 Phoebe

很多時間都跟 Simon 先生及太太相處，所以要搬去與他們一起生活的過渡期並不困難。在她搬去和祖父母一起住的多年以前，她在祖父母家已經有自己的房間、家具和玩具。但是，換學校是困難的，因為沒有其他小孩住在她們家附近，她在新學校裡也不認識任何人。

在我與 Phoebe 的第一次單元中，我透過告訴她在遊戲室有時她可以決定要做什麼，有時我會決定做什麼來開始我們的單元。因為我知道她經常自己一個人玩或是和動物一起玩，所以我不想用太大或是激動的姿態和想法讓她感到窒息。我也知道她習慣了事情都會順著她的意。為了建立安全感，我決定給她兩個選擇。她可以選擇玩玩具，也可以選擇畫畫。我希望她感到舒適和具有控制力（我已經基於她祖父母的描述，假設這是她的人格優先順序），以開始與她建立關係。Phoebe 對玩玩具有點遲疑，然後輕聲地說她想畫畫。小心翼翼地，她環顧房間，用眼睛探索玩具，並移動到有著美術用品的兒童尺寸桌子。她似乎想要向我尋求方向，就如同在評量我和她一起在那裡的動機。我對她的好奇心進行後設溝通：「你似乎對我還有跟我在這裡一起玩的原因感到不太確定。」我也開始將諮商過程去除神秘化：「你的爺爺或奶奶對於你來見我這件事說了什麼？」她表示她不太了解人們在遊戲治療做什麼，也不確定為什麼她會在這裡，但認為她可能闖禍了。我告訴她說：

有時候小孩來這裡跟我一起玩是因為他們感到難過、生氣或是困惑。當小孩感受到這些情緒時，他們有時候會做一些事情像是對大人吼叫、對朋友很壞，或是其他他們平常不會做的事。你曾經感到難過或生氣嗎？

她點點頭但沒有說話。我注意到她可能有時候會有這樣的感覺，可是由於這只是我們的第一次單元，而我們也還在建立關係，因此我當下沒有繼續這個話題的討論。

Phoebe 開始畫畫。她安靜地畫她的家人。她在畫這幅畫的時候很小心，花很多時間。隨著單元的活力程度，我偶爾說說話並只做簡短的追蹤陳述，像是：「你用咖啡色。」我也會對她投入在畫畫上的強度及專注力進行後設溝

通，我會說：「你真的很專心。我猜想你的家人對你來說很重要。」當她畫完，她把蠟筆放下然後開始描述她的畫。Phoebe 的這張畫裡包括了三個人，分別是她媽媽、爸爸，跟她自己。她在畫中將自己畫成嬰兒並說著她媽媽是如何愛她、抱著她、跟她玩。畫裡有一個太陽、雲還有一棵樹。她說這是一張「快樂的畫」。當她結束描述她的畫之後，顯得有些惱怒，接著她用黑色的水彩把整張畫都塗掉。我後設溝通她的這個舉動：「你把整張畫都遮起來了。我猜想你真的很想你媽媽。」她沒有回答我，而是繼續有節奏地用黑色的水彩塗滿整張畫，直到我們單元的時間結束。她不想把這張畫帶回家。

在我們第二次單元走到遊戲室時，我說：「上一次關於要做什麼我給了你兩個選擇。這次，你來決定我們如何度過我們的時間。」她開始玩廚房玩具。Phoebe 自己一個人玩，輕聲地自言自語。她全神貫注在自己的遊戲中，卻也很小心地不太大聲說話。我追蹤她的遊戲：「你在做那個。」「你把那個放在烤箱裡。」「你在做飯。」我還對她的遊戲進行後設溝通：「你想確定事情以你想要的方式發生。」「你玩得很安靜。我猜想有時候你不想讓別人聽到或注意到你。」我還做了一些關於遊戲治療過程和我身為一名遊戲治療師的自我揭露：「在這裡，你安靜地或大聲地玩都是可以的。」「你可以自己一個人玩或跟我一起玩。」「有時我喜歡自己做一些有趣的事，有時我喜歡和朋友或來這裡的孩子們一起做有趣的事。」過了一段時間，她給我一些放在盤子上的食物，我們一起吃。她開始與我進行更多的互動，指示我做一些特定的事情，像是該怎麼拿碗、攪拌食物，或啟動微波爐。

在她的遊戲過程中，她展現了一些低挫折容忍度的情況，當事情沒有按照她想要的方式解決時，她變得很容易惱怒或沮喪。例如，當她在玩食物容器時，空的麥片盒倒塌了。有一次，假的食物從她所拿的盤子上掉下來。在這兩種情況下，我可以看到她緊繃的肌肉和咬緊的下顎，好像想要尖叫似的。我反映了她的情緒並後設溝通她的反應：「你對這些東西一直打翻感到很生氣。」「你不喜歡事情不按照你想的方式發生。」「有時候，事情無法照你預期的進行，而當這種情況發生時，你感到沮喪。」我知道我會記住這一點，並在未

來的單元中尋找這類行為和反應的證據，因為第一階段過程中的一個部分是開始評估兒童生活型態的模式。

在我給她五分鐘的提示之後，她問我是否需要清理遊戲室。我告訴她我們可以一起清理。她對於我的回應似乎還可以接受。到了開始清潔的時間，Phoebe 走到門邊並說找她祖父母的時間到了。我提醒她遊戲室是必須在她的單元時間結束前整理好。她繼續站在門邊如同她的雙腳被水泥黏在地上。我開始設定一個關於清理的限制：「在我們離開之前把地上的玩具收好是遊戲室的規則。我知道你想要我自己一個人整理凌亂的遊戲室，我想我們可以想出一個讓我們分擔收拾的方法。」她有點不確定地看著我，然後建議她自己撿起叉子和湯匙，而我把碗跟盤子收好。我同意這個想法，而我們也一起把遊戲室清理好。

在這兩次單元的過程中，她與我分享權力、跟我互動，並開始與我分享她生活中的某些部分。我知道我們在建立關係的路上，並且準備進入第二個階段。我對於她的重要 C 信念、不適應行為的目標，還有人格優先順序有一些猜測。我也知道這個關係是脆弱的，我必須謹慎地進入下一個階段。

摘要

　　阿德勒遊戲治療的第一階段——建立平等的關係，開始於心理師與兒童見面，並在整個互動過程中持續進行。在初期幾次的單元中，心理師與孩童建立關係的開始是透過詢問孩童對於他／她來遊戲治療的想法，以及藉由解釋運作方式、家長和教師諮詢與保密原則將治療過程透明化。心理師使用追蹤、重述內容、後設溝通、反映情感、回答問題、問問題、回歸責任給兒童、與兒童積極互動，以及一起清理遊戲室等技巧，持續地與兒童建立關係，並加深與兒童的連結。鼓勵、設限及了解氣餒兒童的重要 C 信念、不適應行為目標和人格優先順序，也是心理師與孩童之間關係發展的要素。第三、六和七章分別討論了這些技巧和概念。

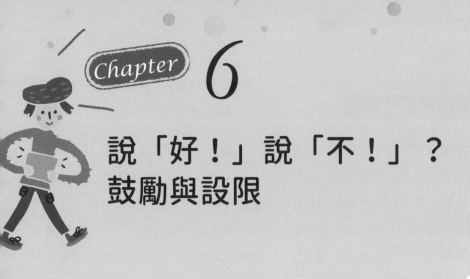

Chapter 6

說「好！」說「不！」？
鼓勵與設限

鼓勵跟設限在同一章？你或許會問：「為什麼他們把這兩個技巧放在同一章？」如果想要聽起來學術一點，我們會告訴你因為這兩個技巧是阿德勒遊戲治療之所以為阿德勒遊戲治療的核心。（但這並非真的正確，因為阿德勒遊戲治療之所以是阿德勒遊戲治療，是因為有這兩個技巧加上後設溝通、概念化、處遇計畫，以及許多其他的事情。）如果我們試著聽起來具隱喻性，我們可能會說因為鼓勵跟設限是在遊戲治療師行為的連續向度上的兩個極端。說真的，其實我們把它們放在一起只是因為那時覺得這似乎是有道理的。總而言之，這是關於鼓勵跟設限的章節。

🔷 鼓勵

阿德勒治療師在遊戲治療過程的四個階段中很一致地運用鼓勵（Kottman, 2011; Sweeney, 2009; Yang, Milliren, & Blagen, 2010）。鼓勵在與兒童建立關係以及幫助重新導向與再教育兒童特別重要。考慮將鼓勵運用在兒童身上時，治療師應該根據兒童的重要 C 信念與人格優先順序，來調整鼓勵性陳述的形式跟傳遞。

♥ 傳遞無條件接納

治療師必須珍視兒童最原本的樣子，在那當下我們不想要、不需要也不期待任何改變。如果治療師相信兒童是好的、有價值的，並且向他們傳遞如此的信念，他們更有可能表現得如同擁有心理師在他們身上看到的所有特質一樣。雖然無條件接納對所有的人來說都是重要的，但是對於那些覺得自己沒有價值或自己「只有在……的時候有價值」，以及那些人格優先順序是取悅的孩童來說，是絕對必要的。

♥ 展現對孩童能力的信念

心理師必須對於兒童面對生活的能力展現信念。如果心理師向孩童傳遞出他們有克服挑戰與解決問題之能力的信念，孩童比較有可能相信自己。心理師的尊重與相信，幫助激發兒童自我尊重、自信與自我效能感的發展。以下是設計來表示對兒童能力之信念的鼓勵例句：

- 「你幫自己想出辦法了。」
- 「哇——你辦到了！！你看起來非常以自己為傲。」
- 「你可以決定如何做那個。」

當我們鼓勵兒童去做某項任務時，我們想要確定他們對於那些特定的任務是有能力完成的。大人常常堅持「如果他們再努力點」他們就可以做到。如果兒童在那個特定方面無法勝任，如此必須成功的壓力是非常令人洩氣而非鼓舞人心的，尤其是對那些從一開始就覺得自己沒有能力的孩童。遊戲治療師應該一直尋找兒童在能力上的進步。每當孩童進步或是嘗試一些他們之前不願意試的事情時，他們需要聽到鼓勵的字句。注意積極正向改變的跡象並給予回饋是很重要的，無論這些進步看似多麼微不足道。如此的做法是向孩童傳遞他們可

以成長、改變的信念。以下是根據進步而表示鼓勵的例子：

- 「你正在學習如何將那手槍皮套扣起來。上禮拜你在試著把它扣住時遇到困難，但這禮拜你順利的成功了。」
- 「你似乎對於那條線並非是直的而感到失望，可是比起上次，這次你把那一行畫得更直了。你離你想要的樣子越來越近了。」

　　這種鼓勵的方法對於那些掙扎於相信自己有能力，或是人格優先順序是安逸的孩童特別適合。面對那些對自己的能力沒有自信的兒童，由某些重要的大人表達對他們的信念是絕對必須的。因為這些兒童常常想要去爭辯那些大人展現出對他們能力的信念是否有理，遊戲治療師必須準備好證據去支持這樣的信念，並維持堅定的態度，即使有來自於兒童消極負向的回饋跟懷疑。因為安逸型的孩子傾向於避免付出任何努力去完成任何事情，他們通常有非常少的證據去支持其自我效能感。當遊戲治療師表達出信任他們能夠完成任何自己決定要去做的事情時，這些兒童會很有動力，並有足夠的精力去改變舊有的模式。

♥ 賞識所付出的努力

　　很多時候，孩童只有在他們的某個努力有徹底的成功時才會被注意到。這有時候會讓孩童感到嚴重的挫折感，導致他們停止嘗試新事物。在遊戲治療單元中，心理師需要針對兒童對於某件事所付出的努力給予積極正向的回饋。藉由注意到他們的努力，心理師了解並承認，尤其在沒有保證成功的前提下仍試圖嘗試是重要且值得尊重的。以下的例子展示如何賞識所付出的努力：

- 「哇！你以為你做不到，而你還是嘗試去做。」
- 「你認真試著要用沙把那個篩子填滿。你非常努力在做。」
- 「你對於無法把那條線畫得跟你想要的一樣直有些失望。有時候事情無法跟你想像中的一樣，那也沒關係。」

當對於兒童的努力給予認可時，我們通常會反映他／她的情感。指出任何失望、焦慮、驕傲，或是其他我們在兒童身上感受到的情感是很重要的。當我們提及兒童的行為及情緒時，我們避免在陳述中使用「可是」兩個字。句子裡的「可是」（例如：「你沒有成功，可是你非常努力嘗試」），暗示著你的嘗試並沒有達到預期。

這樣的鼓勵方式對那些勇氣有限或是人格優先順序是安逸或卓越的兒童非常合適。缺乏勇氣的孩童已經覺得非常挫敗所以放棄嘗試。即使只是些微的努力，對這些兒童而言已經是很大的成就，所以遊戲治療師必須對給予他們冒險嘗試的意願積極正向回饋的機會保持警覺。安逸型的孩童也傾向避免付出太多精力去努力或是冒險，所以針對任何嘗試的動作給予支持性的回饋對他們也是有用的。人格優先順序是卓越的兒童通常會避免做不能保證成功的事情，所以他們在沒有如此保證的前提下還願意嘗試，這是一件大事。

♥ 著重於長處與內在資產

著重於長處與內在資產是阿德勒遊戲治療鼓勵過程的其中一個部分。許多被轉介到遊戲治療的兒童並沒有察覺自己所擁有的內在資產。心理師在初期的幾次單元，會請孩童聊聊他們擅長的事情，以及別人喜歡他們的地方。許多兒童會回答他們不知道自己的專長，或是不知道有誰喜歡他們。那些回答得出有哪些人喜歡他們的兒童，卻也很少說得出來那些人喜歡他們什麼。

我們相信每位兒童都有某件事情是他／她擅長的、他／她能有所貢獻的。當兒童覺得沒有任何一件事情是他／她做得好的，或是他／她能有積極正向的貢獻，這通常是因為他／她還沒學會如何以有建設性的方式去獲得自己的重要性／意義——在家中或是學校。有時候兒童的內在資產因為其他因素而沒有被注意到（例如：家裡有人去世、家長離婚、家裡同時有多位高危險群的孩童，或是老師自己被私事困擾著），這些因素防止了對孩童長處的覺察或辨識。而也有些時候，兒童的內在資產在家中被忽略是因為那不符合家庭的價值觀。有

時候兒童的內在資產在學校與家裡都沒有被看見，因為兒童已經認定他／她不能藉由有用處、積極正向的貢獻來獲得自我重要性／意義，因此，他／她有創意地建構出消極負向的方法來獲得重要性／意義。藉由直接指出內在資產，來幫助兒童對它們有所覺察，是遊戲治療師的責任。以下是鼓勵兒童覺察自己內在資產的例子：

- 「你知道如何想辦法處理事情。」
- 「一旦你決定要去做某件事情，你確定自己不會非常輕易放棄。」
- 「搭起那座塔讓你對自己感到非常驕傲。」
- 「哇！看起來你清楚地知道你想要在沙箱裡做什麼。你看起來對自己相當有自信。我想當你決定要做某件事時，你通常是知道自己要什麼的。」

　　這種鼓勵的策略對那些不相信自己是能與他人產生連結的、是有能力的，或是有價值的兒童非常重要。與那些對自己的連結能力或是對建立與維護關係所需的技巧沒有信念的兒童，能有人注意到他們的長處對他們來說是很美好的經驗。因為他們很少與他人有親密的關係，他們不太能想出有哪些人喜歡他們或是相信他們有貢獻的能力。遊戲治療師可以透過針對他們的內在資產給予很多積極正向的回饋，來造成有意義的影響力。告訴那些不相信自己是有能力的或是有價值的兒童，他們確實是有能力且有價值，如此的做法具有療癒性，而這正是鼓勵所能提供的。

　　我們避免使用上述的鼓勵方法在有卓越取向的兒童身上，尤其是那些要比別人做得多、做得好的兒童，因為我們經歷過許多次適得其反的情形。似乎是我們越注意到他們的內在資產，他們越想要多聽到我們對於這些內在資產的回饋，而這可能造成反效果，因為我們不想要他們過度利用自己的成就或是長處來對抗自卑感。（畢竟，炫耀你的成就來讓你感到高人一等是挺令人討厭的。）這些孩童時常對於長處的回饋做出反應，例如：（1）要求更多且更高層次的積極正向回饋；（2）替自己設定更高的要求（例如：「如果你覺得那令人印象

深刻，你等著看接下來我所能完成的」）；或者（3）與他人比較的傾向變得更嚴重。

在你對孩童的某些長處有所了解之後，你會想要藉由與家長和老師分享你的發現來擴展鼓勵的作用。大多時候，來遊戲治療的兒童其生活型態存在著自我毀滅、自我破壞的元素——關於自己、他人及這個世界的個人邏輯與偏差信念。兒童生活型態的框架似乎始終替他／她自己、家中其他成員，或老師及學校人員製造問題。其中一個你可以幫忙的方式，便是為兒童生活中的重要大人重新定義兒童。從家長與教師諮詢的過程中，你可以指出兒童的行為與兒童自己、家人及學校人員對兒童的定義，兩者間存在哪些差異。這也可能包含指出兒童未被發現的長處，或是重新建構兒童的某些行為。

一開始，家長（與老師）可能會對這樣的過程有所抗拒。家庭成員和學校人員通常相信孩童歸屬於某一類，並且不願意以不同的方式看待他／她。其中一個讓這些重要大人執著於框架的想法是因為，如果換個新的角度看待孩童，他們也必須改變自己的態度與行為。另一個抗拒用新的方式看待孩童、與孩童互動的原因是，如果他們承認這樣的改變是有必要且有幫助的，他們將需要承認自己在與孩童的關係中也犯了錯。面對這樣的抗拒需要耐心，並記住這些大人也用框架將自己歸類（果然如此，他們也是人啊），同時他們或許會需要幫忙與鼓勵來脫離這些框架，然後才有能力讓孩童離開他們自己的框架。

藉由承認框架的某些部分是正確的，來開啟邀請家長與老師用不同方法看待孩童的歷程，有時候是有助益的。例如：Joan 是一個八歲的女孩，她常常看起來蓬頭垢面，並且拒絕讓別人梳她的頭髮。Joan 的框架便是她是一個骯髒、不受控制，且不服從家長與老師的小孩。Joan 的家長都是非常愛乾淨、會把自己打理得很好的人。Joan 的行為讓她的家長非常懊惱。我（TK）藉由承認Joan 選擇讓自己有些雜亂著手。然後藉由討論她用那些有趣的方式來選擇自己的髮型，以及創造出她自己的風格是多聰明、多有想像力，我重新定義她的行為為有創意、很新穎的。這方式並無法完全消除她的家長看待她的框架，但是的確也在他們看待她的方式上增加了新的面向。

♥ 強調實際行動的本身跟行動的喜悅，而非付諸行動的人

　　強調實際行動的本身跟行動的喜悅而非付諸行動的人，是另一個鼓勵兒童的技巧。這技巧讓心理師將焦點放在積極正向的行動，並避免對孩童做出價值判斷。許多人會說：「你真是個很好的畫家！」或是「你真是個很好的小幫手！」或是「你真是個被寵壞的小孩！」這些評價暗示著孩童並沒有與他們行為分開的、與生俱來的價值；他們的價值是根據他們所做的事情而不是他們自己本身。在遊戲治療中，遊戲治療師想要傳遞對孩童的關心，不論他們的行為為何。將孩童與他們的行為分開是其中一個方法。遊戲治療師只針對孩童對於自己行為的感覺給予回饋，不帶有任何批評或是評價。藉由強調孩童的成就感以及做事情的喜悅，治療師可以鼓勵他們持續嘗試有用的行為。以下是一些將焦點放在行動而非行動者身上的例子：

- 「哇！你畫了一張畫。那對你來說很好玩。」
- 「你把所有的士兵都撿起來並把它們收好。你似乎以你自己為傲。」
- 「看起來你很享受把水倒進沙子裡。」
- 「你真的很喜歡用槍射鏡子裡的我跟你自己。」

　　這是針對不相信自己是有能力或是有價值的孩童很有效的策略。對於那些人格優先順序是取悅或是安逸的孩童也是有幫助的。面對不接受自己能力與人格優先順序是安逸型的孩童，確保他們聽見針對他們的成就所給予的回饋是很有幫助的。這些小孩已經深信自己不能完成任何事情，甚至不相信這個過程是可以有轉變的。有必要觀察他們對於這些訊息的回應；然而，因為許多時候他們已經習慣不去聽見或是注意針對他們行為的積極正向回饋，他們很容易不去重視那些以他們行動為中心的鼓勵。

　　不相信自己是有價值的、相信自己的重要性／意義是有條件的、人格優先順序是取悅型的孩童，傾向花非常多精力來尋找關於他們的回饋（以一個消極

負向的感覺）。例如，當某人說他們的圖畫得很棒，他們會立刻找出他們之前所有的畫並懷疑這些畫的好壞。當某人告訴他們，喜歡他們所穿的洋裝或是他們長得漂亮，他們會傾向於認為這代表他們的價值是建立在外表之上。當遊戲治療師將回饋的焦點轉移至孩童的自尊心或是成就感，並且不再強調孩童行為與孩童價值之間的關聯，這可以幫助孩童開始相信他／她的價值不是依靠取悅他人或是確認別人注意到或是認可他／她之上。

♥ 著重在積極正向

當孩童的行為同時有積極正向跟消極負向的元素時（這時常發生），如果心理師能夠針對行為中有建設性的部分給予肯定並忽略那些自我挫敗、破壞的部分是很有幫助的。很多時候，家長與老師只大量地專注於孩童活動消極負向的面向，且無法看見積極正向的部分。家長與老師會說一些話像是：「只有九十七分？你怎麼會搞砸？」或是「你在剛剛電影的最後十分鐘動來動去，你為什麼總是那麼不會替別人想？」在遊戲治療中，一個鼓勵的方法是將焦點放在行為中那些積極正向的部分、捕捉那些孩童行為適當的時候，或是指出行為中適當的部分。以下是一些對於孩童行為中有用處的部分給予肯定，並忽略兒童行為中沒有用處部分的例子：

- 「你的作業拿到九十七分？我想你應該以拿到那麼高的分數為傲。」
- 「你在看電影的大部分時間都能夠安分地坐好。你真的展現了自我控制。」
- 當遊戲治療師對在沙箱裡能倒多少水設定限制時，Bihn 繼續倒了一些水在沙箱裡，但是把剩下的水倒入洗手槽：「你決定遵守遊戲室的規則，不把所有的水都倒進沙箱裡。」

對於那些人格優先順序是安逸跟取悅的孩童，以及那些深信自己是沒有能力的或是沒有價值的孩童，著重積極正向的部分與鼓勵策略中強調行為本身的

技巧有類似的效果。這提供孩童能夠聽見別人無條件接受他們的經驗。這種鼓勵的方法對於人格優先順序是卓越型或是控制型的孩童一樣有幫助。

因為人格優先順序是卓越的孩童對於自己的自卑感，以及自己是如何沒有達到自己的標準，投資過度的精力，他們投入過度的注意力在生活中消極負向的部分以及自己是如何不符合標準。人格優先順序是控制的孩童傾向將焦點放在那些他們無法控制的事情上面，並將他們的精力浪費在試圖堅持於生活中無法控制的元素上。透過忽略消極負向且專注於積極正向，遊戲治療師示範以更有建設性的方式做自我評量，並以更實際的方式分配精力。

♥ 對孩童的興趣展現參與

另一個鼓勵孩童的方法是對於他／她所關心的事物展現參與。這個孩童有可能對恐龍、棒球、馬戲團、星座、電玩遊戲，或是任何其他的事物有興趣。孩童通常喜歡和他／她生活中的重要大人討論這些興趣。很多大人似乎不願意花時間去聽孩童說那些對他們重要的事物，尤其當大人對那些事情並不覺得重要或有趣的時候。對孩童在自己的興趣上所擁有的熱忱傳達參與，你可以鼓勵孩童增強對自己以及他／她在意之事的好感。對孩童的興趣展現參與的例子有：

- 「你上禮拜的足球比賽如何？」
- 「我看到你帶了一張恐龍的圖片到遊戲室裡。你似乎對恐龍很在行。」
- 「你有一個新的電玩遊戲。你聽起來非常興奮。跟我說說你怎麼玩這個新的遊戲吧。」

這種特別的鼓勵形式很容易達成。你只需要表達出願意詢問某些話題、聆聽，並在適合的時候問問題的意願。一個大人對孩童重要的事情表達出無可分割的注意力，可以幫助孩童獲得對自我與自我價值的信心。

這種鼓勵的策略對那些覺得自己不重要／沒有意義或那些很難與他人連結

的兒童特別有幫助。對於不覺得自己有價值的孩童而言，有一個大人對於他們的某樣（或多樣）興趣如此專注，鼓勵人心的作用可以是超乎尋常的，因為如果他們是沒有價值的，大人就不會想要花時間跟精力聽他們分享。對於不相信自己能與他人建立連結的孩童，對他們的興趣表現出興趣也是非常有益的。（記得，就像孩子一樣，你透過你所說的話、你所做的事來表達你對他們的關心跟興趣。）透過以這種方式與遊戲治療師交流，這些兒童可以體驗與一個特別的人擁有一種相互的關係是什麼感覺。他們也可以透過遊戲治療師對這個技巧的示範，來學習一種可以運用在其他關係中的重要社交技巧。

♥ 示範不完美的勇氣

大人能在兒童面前表現的許多行為之中，最賦能的鼓勵技巧是承認自己的錯誤。藉由示範「不完美的勇氣」（Dreikurs & Soltz, 1964, p. 38），遊戲治療師傳遞一個強而有力的訊息，這個訊息就是犯錯以及並非始終都是對的是沒關係的。這對兒童來說是種非常解脫的經驗。

以下是在遊戲室裡藉由不完美的勇氣來鼓勵孩童的例子：

- 「我忘記把燈打開。謝謝你幫我們把燈打開了。」
- 「喔喔！我剛剛說了糊塗的話。那一點都不合邏輯。」
- 「我很抱歉。我搞砸了。下次我們玩這個遊戲時我會用不同的方式。」
- 「當我們玩丟接球的遊戲時，我丟得失去控制。我真的很抱歉球打到你了。」

有時候我們故意犯錯才能示範這樣的行為。我們通常試著犯那些小的、容易更正的錯誤，像是用錯蠟筆的顏色或是在玩遊戲時用錯代幣。（我們說「故意的犯錯」來保護我們自己的自尊心。實際上，我們常常不需要刻意犯錯，因為我們對於犯錯都是天生好手。）我們想要讓兒童知道我們會犯錯、修正錯

誤，並且從錯中學習——不完美是可以接受的。如果我們意外的犯了一個傷了
兒童情感的錯誤，我們總是向兒童道歉。當這發生時，兒童通常很驚訝居然會
有一個大人向他們道歉。身為阿德勒遊戲治療師，以願意道歉作為展現尊重跟
建立平等關係是非常重要的。

很明顯地，這對於缺乏勇氣的兒童是個很好的技巧。對於人格優先順序是
控制或是卓越的孩童，這技巧也是非常有影響力的。當你在這些兒童面前展現
出不完美的勇氣時，你也在示範冒險跟犯錯並不一定具有毀滅性。雖然這些兒
童聽過這個概念很多遍，有時候有人將它真實地在兒童面前展現出來，才能讓
這個概念更真實。實際目睹他們崇拜且尊敬的某人（而這個人就是你）犯錯，
並開心地繼續生存，可以幫助兒童相信這是可能的。這種形式的鼓勵可以激勵
兒童嘗試新的事物、問問題與犯錯。將「犯錯是沒關係的」的抽象概念以實際
的經驗呈現在兒童面前，能讓他們允許自己有些許的失去控制，且給予自己無
須完美的許可。

♥ 幫助兒童了解錯誤是學習的機會

遊戲治療師可以利用孩童自己所犯的錯誤來鼓勵他們。很多時候孩童對於
在遊戲室裡犯錯、意外地弄壞了某樣東西，或是打翻東西感到非常懊惱。治療
師可以幫助他們了解到這些常常是在他們能力範圍內所能更正的錯誤，並且幫
助他們決定糾正情境的方法。如此的過程可以幫助孩童學到從每一個錯誤中學
習，並且決定在未來是否要有不同的行動。這也可以幫助他們學習如何實際地
衡量意外中任何可能存在的傷害。以下是一些利用孩童所犯的錯誤或是意外，
作為鼓勵跟賦能的例子：

- 「你看起很傷心，因為當你想要用紅色的水彩時你用了藍色。你可以
  如何處理它好讓你對整幅畫感到滿意？」
- 「你聽起來是生氣的，因為當你畫了一個叉叉在這裡時，你便輸了遊
  戲。」

- 「因為你把水彩打翻，你看起來有點害怕不好的事會發生在你身上。有時候在遊戲室裡會發生意外。當你把水彩像那樣打翻時，可能發生在你身上最糟糕的事情會是什麼？」

當我們試著讓孩童了解到他／她可以從錯誤中學習，並且意識到判斷力的錯誤或是意外不需要是消極負向的或是有毀滅性的時候，我們首先將焦點放在孩童對於錯誤的感受上。利用那些孩童感到糟糕的經驗是有幫助的。孩童可能會相信目前的情形沒有問題。就像有句可以應用在孩童跟遊戲治療的俗語：「如果沒有壞，就不需要修」（If it ain't broke, don't fix it）。除非兒童有消極負向的回應，否則我們不干涉。如果兒童看似不是很開心，我們反映他們的情緒，然後我們針對錯誤的事實給予不帶批評的觀察。在此過程中，我們必須非常小心地避免使用情緒化的字眼、消極負向的標籤，還有任何可能傳達不認可或是生氣的非語言表達。我們有時候也會說，在生命中的某些時候我們大家都會犯錯，或者是很多兒童在遊戲治療的時候常常會有意外或是犯錯。

這種鼓勵兒童的策略與示範不完美的勇氣的技巧一樣，都對相同類型的兒童有效——缺乏勇氣以及人格優先順序是卓越型或是控制型的孩子。藉由向這些兒童建議：錯誤並不是壞事或是有毀滅性的，並且重新將錯誤定義為可能的學習機會，你可以幫助他們建立冒險與不成功並不是世界末日的信念。

♥ 確保孩童發現積極正向的方式去獲得歸屬感與自我重要性／意義

阿德勒學派的實踐者相信，所有人都有歸屬感的需求。如果無法找到積極正向的方式獲得自我重要性／意義，兒童將會尋找消極負向的方式來獲得它。遊戲治療師有許多方法可以幫助兒童學習如何用有用的方式獲得歸屬感。其中一個鼓勵兒童的方式，便是協助他們挖掘讓自己以積極正向的方式在家中或是學校脫穎而出的方法。治療師可以透過著重在遊戲室裡所觀察到的內在資產，並提供兒童可以在家或是教室將這些長處發揮到極致的建議。另一個鼓勵兒童

的方式是在一件你想要學習的事情上，把他們設置在專家的角色。你可以請他們幫忙或是對如何成功地完成某項活動給予指示。理所當然地，你必須選擇他們在行而你卻不熟悉的活動。（因為有很多事情是我 [TK] 所不知道的，這對我來說通常不是問題！我的兒子 Jacob 最近問我：「媽，你究竟知道些什麼？」）這個技巧的重點是避免裝出你是愚笨的，因為兒童會認出這種不真誠，然後整個目的就被毀了。只有在你真心想要與需要時請兒童幫忙。以下是一些請兒童幫忙的例子：

- 「我不知道這個遊戲怎麼玩。你說你以前玩過，你可以告訴我該怎麼玩嗎？」
- 「你對電玩遊戲很了解，而我卻不怎麼玩電玩遊戲。有什麼遊戲是你認為我可以學著玩的嗎？」
- 「我沒有辦法修好這台收銀機，你可以幫我嗎？」

如果你與一個團體進行遊戲治療，在兒童持續地感受到治療性的支持跟鼓勵的同時，有時候安排一些團體活動來展現每一位小孩的長處，並且讓他／她體驗如何使用積極正向的方式在團體中獲得重要性／意義是有幫助的。以下是一些鼓勵兒童尋找積極正向的方式在團體中獲得歸屬感的例子：

- 「當我們在遊戲室時，我注意到你常常對我微笑。如果你從班上選一個人，對那個你想要成為朋友的人微笑，我好奇會發生什麼事？」
- 「你真的知道如何修理遊戲室的東西。我想你可以在家裡找到類似的東西並且把它修好。」
- 對家長說：「Heather 最近在遊戲室裡練習如何輪流。我想要你這個星期每天晚上跟她玩魔法婆婆（Old Maid）或是釣魚趣（Go Fish）。先讓她當第一個，然後輪流。每當她記得輪流時，就鼓勵她。」
- 對老師說：「Chang Zheng 最近對自己的圖畫感到非常驕傲。當他在接下來幾次畫畫時，你可以確保鼓勵他的參與嗎？或許甚至可以將他的畫掛到公佈欄上？」

很明顯地，這種鼓勵的策略對於沒有連結技巧的孩童特別有效。這些兒童經常掙扎於找到有建設性的方式來獲得歸屬感，而這個策略剛好成為這些兒童學習連結技巧，還有對於自己建立、維持關係的能力感到自信的媒介。

◆ 設限

我們知道這可能有點過時，可是我們還是很愛引用來自 Bixler（1949）的這個語句：「限制是治療」（Limits are therapy）（p. 1）。在遊戲治療中與孩童建立關係時，設限佔有非常重要的部分（Bixler, 1949; Kottman, 2011; Landreth, 2012; Ray, 2011）。透過設限，治療師創造了一個安全的地方。而在這安全的地方，即使個案試圖激怒治療師，治療師也可以建立且維持對個案無條件接納的態度。限制也確立了遊戲治療關係與其他關係是不同的，並且是建立在誠實與責任之上（Bixler, 1949）。

在阿德勒遊戲治療中，治療師鼓勵孩童表達他們的情緒、願望、想法或是幻想——無論內容是什麼。治療師對於有傷害性的行為直接表達限制，並幫助孩童用社交上適合的方式表達自己。在遊戲室裡有清楚且一致的限制，幫助治療師向兒童傳達安心跟安全感的訊息。同時也幫助將治療建立在現實的基礎上。現實生活中有規則、界線和限制。我們必須承認，遊戲治療的情形並非總是與現實生活相對應。（妖怪、龍、女巫，喔我的天哪！）然而，互動的關係以及對遊戲治療媒材跟空間的基本尊重，必須建立於現實的基礎上，如此一來，兒童才能將在遊戲室裡獲得的洞察及技巧運用於其他場合和關係裡。（換句話說，不允許孩童傷害你或是他們自己，或是蓄意地破壞遊戲室或是玩具。）

阿德勒學派實踐者設限的目的是增強孩童的自我控制，以及教他們思考其他替代性行為與將自己的不合宜行為重新引導（redirect）的能力。因為兒童積極地參與過程，他們開始發展遵守限制與結果的責任感。在阿德勒遊戲治療中，心理師以正向的力量使用設限：減少權力爭奪的發生並增強與兒童之間的關係。

♥ 該設限的有哪些

阿德勒遊戲治療的基本規則如下：（1）單元的時間是有限的；（2）玩具留在遊戲室裡；（3）孩童不破壞遊戲室裡的玩具或其他媒材；（4）在遊戲室裡孩童不傷害遊戲治療師、他／她自己或是其他小孩。這些限制是「絕對」限制（Bixler, 1949; Kottman, 2011）。這些限制並非可以協商的，因為它們保護人跟物品免於傷害，同時，它們也將治療固定於現實的基礎之上。孩童對於決定這些限制並沒有任何有效的發言權。

在阿德勒遊戲治療單元中也有一些「相對性」的限制（Bixler, 1949; Kottman, 2011）。像是倒多少水在沙箱裡、使用槌頭、丟擲物品，還有手指水彩等活動，全都是需要根據環境、個案的個性、治療師的個性、孩童家長的許可度，還有遊戲治療師的自在程度來設定設限程度（parameters）。例如，你對於兒童倒兩杯水到沙裡可能是可以接受的，可是我們打賭如果是倒十二杯水，你可能就無法接受了。你對兒童玩軟式子彈槍並沒有問題（如果你的遊戲室裡有軟式子彈槍），可是我們大部分都不想被子彈打到，即使子彈是用軟的泡沫塑料做的，打了也不會痛。這類型的限制則提供讓兒童能積極參與規則制定和限制設定，以及決定適合的替代行為與重新引導自己的空間。

♥ 何時設限

如果你能準確地預測兒童的行為，限制他／她行為的最佳時機是在兒童即將做出必須被限制之事的瞬間（Kottman, 2011; Landreth, 2012; Ray, 2011）。在遊戲治療一開始，要孩童面對一長串限制跟規定清單似乎沒有太多實際或是治療的益處。你不可能想到所有可能需要設限的行為，而不完整的限制清單也只是讓兒童覺得困惑（或是受到挑戰）。被限制的行為清單很容易成為一個概述遊戲室裡潛在不適應行為的清單。一個以權力作為他／她的不適應行為目標的小孩，

或是人格優先順序是控制的兒童，將會利用這個機會讓你參與一連串的權力爭奪。相信我們吧，兒童有能力在沒有你的幫助下發展足夠的不適應行為。

判斷設限時機的主要技巧是利用兒童的非語言線索還有行為模式，來預測他們試探限制的（limit-testing）行動。大多時候，如果孩童即將做那些可能不會被接受的行為，他們將會以非語言流露他們的意圖。例如，Zack 可能會看看你，看看鏡子，看看軟式子彈槍，看看你，然後將軟式子彈槍瞄準鏡子。約莫在 Zack 開始拿起軟式子彈槍的當下，你應該開始說出限制。如果你錯過了行為初期的信號，或是面對一個做事衝動或沒有任何警告的小孩，你需要盡可能地在接近行為剛開始的時候設下限制。如果你錯過時間點，你總是可以藉由說：「我來不及在你射出子彈前告訴你，而我想要讓你知道射擊鏡子是違反遊戲室的規則」來示範無須完美的勇氣。

♥ 如何設限

在設限時，如果你可以透過保持冷靜以及著重事實來表達你相信兒童願意且能夠遵守限制，這麼做是有幫助的。為了表達你相信孩童可以遵守規則並展現自我控制，你應該照常保持放鬆舒服的坐姿——面對孩童而不皺眉頭或扭曲臉部表情。你的聲音應該保持正常的音調、速度還有高低起伏，並且不變得刺耳、變快或是變大聲。（我們說這些是因為當我們觀察自己或是學生的單元影片時，發現當我們對設限感到焦慮或是擔心小孩不會配合限制，我們說話會變大聲、變快或是聲音變尖。我們時常身體往前傾，身體變緊繃，並且準備好隨時往前去防止那些我們想要阻止發生的事情。）

♥ 設限的步驟

設限在阿德勒遊戲治療中是一個有四個步驟的過程。首先，遊戲治療師陳述限制。接下來，治療師反映兒童的情感，或是對測試限制行為的潛在訊息或

目的進行後設溝通。在第三步驟，治療師讓兒童參與想出在遊戲室裡可接受的替代行為，或是發展問題情境的解決辦法。如果孩童繼續破壞限制，治療師跟孩童一起合作設立合理的結果，以作為設限的第四步驟。

● 陳述限制

我們使用許多不同的方式來陳述限制。當我們設限時，可能會說：

- 「在遊戲室裡的規則是……」
- 「……是違反遊戲室的規則。」
- 「這是違反遊戲室的規則去……」

這些句子表達出那些所有在遊戲室裡的人都需要遵守的特定規則跟限制。以如此的方式設限，兒童通常不會將遊戲治療師反應成是那位有權威的、會苛責人的，且會強加限制和阻礙他們做想做的事的大人。如此公式化的陳述也可以簡化權力爭奪的迂迴，或是縮短關於孩童可以和不可以做什麼的對抗性協商。

避免使用那些會讓遊戲治療師陷入權威性角色的措辭，像是「我不想要你去……」、「我不會讓你……」或是「你絕對不可以……」（當我 [TK] 一開始試驗阿德勒遊戲治療的限制時，試過上述的所有說法。請接受我的忠告——上述這些句型將限制的過程變成是針對個人的，導致孩童將限制視為個人攻擊，並且把我涉入一連串對於這些規則是否可以應用在他們身上以及他們是否應該遵守這些規則的權力爭奪。透過很多試驗跟錯誤，我發展出中立的方法來陳述限制——找出一種能將設限以基本的方式呈現「僅僅依據事實，女士；只運用事實」[Just the facts, ma'am; just the facts]。）

● 反映情感和後設溝通隱含的訊息或目的

在阿德勒學派中，設定限制的第二個步驟是反映孩子的情感，以及／或者後設溝通測試限制的行為下所隱含的訊息或目的。大多數的時候，當孩子要做

出需要被限制的事情時，他／她的情緒是很顯而易見的。當設定限制時，反映孩子情感的例子如下：

- 「你現在似乎對我感到非常的生氣。」
- 「你覺得爬上那些櫃子肯定會很有趣。」
- 「我看得出來你感到失望，然而沙子需要留在沙箱裡。」

在一些情況下，限制的破壞並非與某種情緒有關。孩子可能是：（1）測試你；（2）玩得太激烈，所以沒注意到破壞限制的舉動；（3）試著激起你的反應；（4）試著傳達隱藏的訊息給你；（5）試著挑釁遊戲室裡的另一個孩子；或者（6）試著滿足和任何一種明顯的情緒並無關聯的其他目的。在這樣的情況下，運用後設溝通來傳達訊息所隱含的意義，或者孩童行為的目的，可能會更為適合。下面的例子是運用後設溝通來傳達孩童測試限制的行為所隱含的意義：

- 「你想要讓我知道我不能控制你。」
- 「你在想我是否會說到做到，所以你決定給我個小測試。」
- 「你不確定我是否會真的貫徹我剛剛所說的話，所以你射了軟式子彈槍來看看你是否可以相信我。」
- 「我不確定你是否有聽到我說將更多的水倒進沙中，這是違反遊戲室規則的。」

下面的例子是在設定限制時運用後設溝通來傳達孩童的目的：

- 「我知道你對於如果你試著敲鏡子我會怎麼做感到好奇。」
- 「看來你好像希望我會對你生氣。」
- 「我猜你對於你正在做的事如此專注，以至於沒有注意到你正在用軟式子彈射鏡子。」
- 「我猜你想要 Jamie 和你吵架。」

許多時候，當孩童做了一些需要被限制的事情時，在他／她的行為背後同時也表達了情緒和一個隱含的訊息或目的。當這發生時，你可以反映孩童的情感和運用後設溝通來傳達那個訊息或目的。下面是結合這兩種技術的例子：

- 「看起來你對我感到生氣，而且你想讓我知道我不可以告訴你要做什麼。」
- 「你對於我說回家時間到了感到失望。當我告訴你清理的時間到了，你似乎想藉由忽略我來讓我知道你的失望。」
- 「當你的爸爸沒有在他該出現的時候出現，你感到非常受傷。我猜你現在也想讓其他人受傷——讓他們受傷，就像你現在感受到的一樣。」

● 產生替代的可接受行為選項和解決方法

在阿德勒遊戲治療中，設定限制的第三步驟是幫助孩童為他／她的行為產生出適當的選項，讓他們和心理師針對哪些行為是可被接受的達成一個協定，並藉由表現出適當的行為來執行此協議。在這設限的合作過程中，其中一個目的是要提升心理師和孩童在關係中的平等本質。運用這樣的方式來設限，也幫助減少孩童忽略重新引導和繼續測試心理師的限制之傾向。這也教導孩子，他／她可以產生適應行為的選項，並且靠著自己用適應的行為來取代不適應的行為，不一定需要大人的介入。孩子可將這些對於自我監控和自我控制能力的學習，應用到遊戲室外其他的關係和情境中。當孩子可以在遊戲室中練習對於權力爭奪和困難的情境產生解決方法，他們便可以學到問題解決的過程。（當然，這是我們最終希望孩子可以做到的。）

大部分的時候，在這個步驟的主要介入方式是告訴孩子：「我相信你能夠想到一些你可以在遊戲室中做的事。」這鼓勵孩子開始一個腦力激盪的過程，來產生一些其他可接受的替代行為。你可以運用這個步驟來影響孩子現實檢驗（reality testing）的能力、對規則支配（rule-governed）行為的覺察，以及創造力。你和孩子接著可以協商和產生一系列不會違反遊戲室限制的行為。

　　有時，孩子不願意或者似乎不能想到社交上可接受的行為或一個解決方法。當這個情形發生時，你常常需要先建議一些不會違反遊戲室限制的行為來作為引導。然而，當你提供了一、兩個可能性後，你會想要把這個部分交回給孩子。藉由說一些像：「那是一些點子。讓我們一起來想另外一個點子」，或者「那是一個想法。我相信你可以想到另外一個像這個一樣的。」不要告訴孩子該怎麼做。（抱歉在這裡告訴你該怎麼做，但是再一次地，我們希望你可以從我們的錯誤中學習，並且不要做出過去在我們身上產生適得其反的事情。）假如你能夠讓孩子主動參與到為重新引導提供可能選項的過程中，他／她更可能將替代的行為執行到底。

　　對於絕對的規則，像是不傷害治療師或破壞遊戲室財產，實際的界線是不能協商的，但是替代的行為是可以討論的。設定絕對限制之過程的例子如下：

- 「鏡子不是拿來敲的，而我相信你能想到其他可以用鎚子敲而不會有事的東西。」
- 「用軟式子彈槍射我是違反遊戲室規則的，而你或許能想到其他在這裡你可以射的東西。」
- 「嬰兒娃娃需要留在遊戲室裡不能帶回家。你可以想出其他你能夠創作出來的東西，那些你就可以帶回家了。」

　　注意到我們使用「而」來取代「但是」。在過去這段時間我們所學到的事情之一是，假如我們能避免使用「但是」，比較有可能獲得遵從。當你說「但是」時，人們就傾向於停止繼續聽你在說什麼了。「而」就是比較好用。

　　針對相對性的限制，你可以和孩童討論出確切的限制和一些可能的替代行為。設定相對性限制之過程的例子如下：

- 「在遊戲室內，你不能把所有你想要倒的水都倒在沙箱裡。你想要倒多少桶的水？當然，十二桶是太多的。兩桶怎麼樣？你想要倒八桶？那還是太多了。三桶怎麼樣？你可以接受四桶？我想那算是合理的。

你認為呢？」

- 「我看得出來你想要將所有的毛根（pipe cleaner）都用完，而在遊戲室裡我們需要留下一些給其他的小朋友。我想六條是個合理的數量。你認為多少才算滿意呢？你想要用二十條？那還是幾乎將全部都用完了。用八條如何？你覺得你需要比這些還多。我看得出來你慢慢的有點生氣，而你想你應該可以使用所有你想要用的毛根。二十條太多，而認為八條不夠。你覺得在這之中什麼會是可行的？十二條？我可以同意這個數量。你呢？」

可接受行為的定義應該是清楚且可測量的，以避免任何一方有任何誤會。藉由遵守這些指導原則，在協議的本質之上，你可以避免陷入可能的權力爭奪中。假如協議不是具體且可測量的，孩子或許會試著花大量的時間和能量來爭吵到底協議指的是什麼。下列就是在限制和替代行為上，使用具體措辭相對於模糊措辭的例子：

- **你想限制的行為**：將軟式子彈槍對著有可能被軟式子彈損傷的目標。

    模糊的措辭：「槍不是用來指著那個方向的。」

    具體的措辭：「將軟式子彈槍對著鏡子、燈或我，是違反規則的。」
- **你想限制的行為**：任意地在遊戲室裡踢球。

    模糊的措辭：「你可以輕輕地踢球。」

    具體的措辭：「你可以踢球，而打到鏡子、燈或我，是違反規則的。」
- **你想限制的行為**：將沒有限量的水倒入沙中。

    模糊的措辭：「你不能夠倒太多的水在沙裡。」

    具體的措辭：「你能在沙箱裡倒入兩杯水。」

你對於協商過程最後的目的，是讓孩子能忠於在遊戲室裡什麼是適當行為的定義，並同意遵守這些行為。大部分的孩子不會一開始就知道協商的技巧。

有時，這是因為他們習慣用權力爭奪或大發脾氣的方式來得到他們想要的；其他時候則是在任何做決定的過程中，他們從來都沒有自己的聲音。不論是什麼原因讓他們在這個領域缺乏技巧，你都可能需要教導這些孩子如何用適當的語調來具體地陳述他們想要什麼，以及如何妥協。對他們來說，學會這點是重要的，就只因為要求了想要的（即使他們用一個禮貌和恭敬的方式來提出請求），並不代表他們總是會得到和所要一模一樣的。（這對大人來說也是一個很有用的工具——我們靠自己學習這個通常是有困難的，但這在真實世界中對我們很有幫助。這個知識甚至可以幫助我們在事情沒有順我們意時，不要發脾氣。）

我們通常會將我們和孩童已經產生的限制、協議及解決方法在單元和單元間持續維持。隨著時間過去，大部分的限制、協議和解決方法是可以被普及化的。假如我們已經有了一個公正的解決方案，就沒有理由在孩子每次想要做一些需要限制的事情時，再次開啟討論。假如我們決定倒兩杯水到沙箱裡是適當的、很合理的，兩杯水將持續是一個可以被接受倒進沙箱的水量。假如我們決定軟式子彈槍可以射擊除了鏡子、燈和心理師以外所有的東西，持續地禁止射擊這些攻擊目標也是合理的。

然而，有時情況會改變。當這發生時，因為協議需要一些調整，治療師可決定把這當作是一個示範彈性和重新開啟協商的機會。例如，當一個新來的孩子加入遊戲單元，治療師或許該把禁止攻擊的目標清單擴大到包含另一個孩子。在某些情境下，治療師可能因為這個協議不夠明確而需讓它更嚴謹。例如，假如協議是孩子可以輕輕地踢球，隨著時間過去，治療師發現他／她和孩子對於「輕輕地」有不同的定義，治療師可能會想要重新開啟定義的過程。在其他的情境中，治療師和孩子可以決定這個協議不像他們當初以為的樣子發展，所以他們想要重新思考一下。例如，Melissa 和她的治療師 Gretchen 在前一個單元對 Melissa 可以在沙箱裡用兩桶的水已經達成協議，但是因為沙的黏度，只有兩桶水無助於 Melissa 想要建立一個沙堡的冒險精神。Gretchen 可以表達出願意為了這個特定的冒險而改變協議。

對於一些特定的孩童，我們選擇每個禮拜重新協商，即使我們對什麼是可以被接受的行為，總是達成一樣的結論。有些孩子沒辦法在每個禮拜都記得和完成所達成的協定，因此需要被提醒遊戲室中現行的規則和協議。對於有困難妥協和溝通的孩子，以及缺乏衝動控制的孩童，我們有時會安排一些事物來讓他們練習協商技巧，即使我們在前一個單元已經討論出一個限制了。

絕大多數的狀況下，第三步驟會是你在設限時需要用到的最後一個。大部分的時候，孩子會遵守他／她答應的協議而不太會有爭論。你或許需要提醒孩子們所達成的協議，但一般而言，因為孩子有參與決定的過程，他／她期望從記得和遵守限制中受益。

● 設定合理的結果

在阿德勒遊戲治療中，設限的第四個步驟是當孩子選擇打破限制或不遵守協議時，實行合理的結果。合理的結果是一種設計用來鼓勵負責任行為的阿德勒學派方法（Dinkmeyer et al., 2007; McCready, 2012; Nelson, 2011; Popkin, 2014）。「假如我們允許孩童去經歷他（或她）行動的結果，我們即是提供一個可靠且真實的學習情境」（Dreikurs & Soltz, 1963, p. 76）。假如孩童選擇打破限制或不遵循協議，遊戲治療師需要和他／她討論合理的結果。

合理的結果一定要和不適應的行為相關，而且要是實際可行的、適切的和尊重人的（Nelson, 2011; Popkin, 2014）。合理的結果必須在邏輯上和被限制的行為有關，所以孩子可以理解違反限制和結果之間的連結。例如，打破軟式子彈槍不是用來射鏡子這個限制的合理結果，可能會是這個孩子需要將軟式子彈槍收起來，不能在單元剩下的時間裡使用。對於這個行為不合理的結果或懲罰，可能會是告訴這個孩子他／她需要坐在角落五分鐘——因為這個結果和孩子的行為並無任何關聯。

合理的結果必須要表達出社會秩序的現實，而不僅僅是施加者的意見或意圖。例如，在遊戲室中將沙子倒在地板上的一個實際可行的結果，可能是孩子需要用掃帚清掃地板。一個對於違反這個限制而沒有反映現實的結果或懲罰，

可能是讓孩子抄寫「我是一個雜亂的孩子，而且我不會再將沙子倒在地上了」二十遍。

合理的結果一定要是適當的，而且不適應行為和其結果應該要符合比例原則。例如，把球踢向燈具的適當結果，可能是讓孩子在剩下的單元時間裡，失去玩球的特權。一個不適當的結果或懲罰，可能會是讓孩子在遊戲室內再也不能玩球。

合理的結果一定要是尊重孩子的。孩子應該要積極地參與產生合理結果的決策過程和結果的應用。為了表達對孩子的尊重，治療師總是要確定孩子是有選擇的：選擇遵守限制或協議，或者選擇承擔結果。他／她在做決定前，就應該知道並了解任何決定會有的結果。同樣很重要的是，這些選擇應該是孩子和心理師都覺得可以接受的。如此，不管孩子選的是限制還是結果，心理師對於孩子的決定都會覺得是可以的。

在遊戲室，我們透過將結果貫徹到底來讓孩子承擔責任。我們深信，這表達了對孩子的尊重，同時也溝通了我們相信孩子能自我控制，以及能負責任去行動的能力。例如，當 Jahasanea 有意地將顏料灑在地上，一個表達尊重的合理結果可能是以下的情形：（1）問 Jahasanea，她覺得這個行動的結果應該是什麼，以及當她選擇再做出同樣的舉動時，應該有什麼結果；（2）當 Jahasanea 開始將顏料灑在地上時提醒她，你們兩個已經同意假如她選擇再一次這樣做，那她就是選擇在剩下的單元時間裡不再使用顏料；（3）讓 Jahasanea 在沒有你施加壓力的情況下做決定；最後（4）假如她選擇將顏料灑在地板上，就讓 Jahasanea 成為將灑出來的顏料清理乾淨，以及將顏料收起來而不能在剩下的單元時間裡使用的人。一個沒有表達尊重的結果或懲罰會是對著 Jahasanea 喊「好髒亂啊」，然後告訴她，她再也沒有使用顏料的資格了。

當你在遊戲室運用合理的結果時，很重要的是記得，合理結果的目的是幫助孩子們學習做出有責任感的決定，以及讓他們經歷伴隨他們選擇而來的結果。結果不應該是一個讓你將自身的意圖強加在孩子身上、贏得權力爭奪，或因為孩子做了什麼你不喜歡的事而來懲罰他／她的手段（不論那有多麼地吸引

人──而我們知道那是很吸引人的）。當你在遊戲室裡使用合理的結果，你必須絕不傳達對於孩子或孩子行為在道德或價值觀上的批評。

　　設定限制第四步驟的時機取決於孩子、行為和場域。有些孩子相當缺乏妥協和溝通的技巧，所以我們運用設定限制的過程，提供他們一個能在安全的環境裡練習這些技巧的機會。一些孩子們缺乏衝動控制的能力，我們運用設定限制的過程，幫助他們學習延遲滿足和溝通他們的需求和渴望。我們偏好的步驟是建立在孩子會執行可接受的行為，而不需要一個合理結果的假設上。為表達這樣的信念，我們等到孩子無法徹底執行協議，且在設限的第三步驟後已經違反限制一次，才去討論行為的結果。所以，假如孩子打破規則，我們設限並且反映孩子的情感或後設溝通隱含的訊息或目的，我們對於什麼將會是可以接受的行為商討出一個協議，若孩子選擇忽略或挑戰我們的協議，我們才開始討論下次孩子不遵守協議的結果。

　　然而，這樣的順序不總是可能的或最理想的。有時在第三步驟中商討出一個協議的同時來討論可能的結果會是最適當的時機。將第三和第四步驟連結運用常常是必須的，當：（1）這個孩子再三地表現出他／她將不會遵守協議；（2）完全不能被接受的行為，即使允許這樣的行為發生一次，都可能會有某些具傷害性的影響（例如：打治療師或其他孩子）；（3）治療師對於孩子有沒有辦法遵守協議有高度焦慮；或（4）該場域需預先排除孩童做出一些特定不適應行為（例如：一個孩子把衣服脫掉並且在一個辦公大樓的走廊上跑過）。在有些情況下，治療師別無選擇地需要在沒有孩子完全的合作下，直接設定一個結果（例如：一個孩子將要在地板上尿尿）。或許還有其他的情境或關係，在當下治療師決定透過結合第三和第四步驟來加速結果的發生，或者在沒有孩子的參與下設定一個結果。但很重要的是，治療師在做這些決定前，需要認真地考量這樣的連結所傳達給孩子的訊息。

　　我們使用設限的過程來表達我們對孩童積極正向且支持的感覺。我們希望溝通的是，不論在任何特定的互動中他們所做的選擇是什麼，我們想要他們成功和學會做出有責任感的選擇，並且會持續地關心他們。就像在我們跟孩子的

所有互動中，當設定合理的結果時，我們採用友善、就事論事的語調，並且確定我們的肢體語言沒有流露出憤怒或不贊同。每當孩子選擇結果而不是遵守限制或協議時，我們指出他們會有其他的機會再試一遍，或者在另一個單元做出一個新的選擇。假如他們持續的選擇結果，這通常表示我們需要重新評估他們的目的，以及這個結果的有效性。

Nelson（2011）建議，有時產生一個解決辦法會比產生一個結果要好。她相信我們應該著重在「教孩子可以做什麼，因為他們已經被邀請去充分思考當下的情境，並且運用一些基本的原則，像是尊重和有助益的，來找到解決方法」（p. 122）。在阿德勒遊戲治療中，設定限制的第三步驟是用來讓孩子參與到產生解決方法的過程，因此訴諸結果便不是必要的。藉由努力幫助孩子學習產生相關的、尊重的、合理的和有幫助的解決方法（Nelson, 2011），你教導他們一個在生活所有面向中都是非常寶貴的技巧。

● 把所有的步驟組合起來

儘管每個步驟分開來看都非常簡單，將它們全部組合在一起就有點複雜，尤其是因為在真實世界的遊戲室中，這些步驟不總是像它們在書裡聽起來一樣能夠流暢地往前進。下列有一些情境，是設計來闡明如何將這些步驟融合在設定限制的過程中，可以預期的是，每個設定限制的狀況都會和其他的有些不一樣。

Haq（五歲）將軟式子彈槍對準他的遊戲治療師 Dennis。

　　Haq：「我要射你的頭。」

　　Dennis：「用槍射人是違反遊戲室規則的。」

　　Haq：「這個嘛，我反正就是要做，你不能阻止我。」

　　Dennis：「你想要讓我知道你不在乎規則是什麼。我想你在思考，假如你不做我想要你做的，我會怎麼做。」

　　Haq：（還是用槍瞄準但沒有發射）

　　Dennis：「我想你可以找出房間內其他可以用軟式子彈射的東西，或

者你可以把一些東西假裝成我。」

Haq：「我寧願就直接射你，但我猜我可以把槍對著大娃娃並假裝它是你。」

Dennis：「是的，你可以。當你在射大娃娃的時候，你可以假裝你正在射我。」

Zorina（四歲）想要將一桶水倒進沙箱裡。她的遊戲治療師 Star 覺得那不是一個太好的主意。

Star:「在這裡，規則是你只可以倒一小杯的水到沙子裡。」

Zorina:「但是這樣我就不能做泥漿了。我想要做泥漿。」（開始哭並且把沙子丟到沙箱外）

Star:「你對於沒辦法做泥漿感到很生氣，所以你在丟沙子。丟沙子也是違反遊戲室規則的。有什麼其他的方法是你可以在不丟沙的情況下，讓我知道你在生氣？」

Zorina:「不要說話！」（持續地丟沙）

Star:「你不喜歡其他人告訴你要做什麼。假如你選擇丟另外一把沙的話，你將選擇在我們剩下的時間失去在沙箱玩的機會。」

Zorina:「好嘛。我會停，但我還是想要做泥漿。」

Star:「這個嘛，我可能可以接受你倒入比一小杯再多一點的水，而一整桶的水還是太多了。你覺得你可以如何在不倒入太多水到沙箱的情況下做泥漿？」

Zorina:「我不知道。我們可以如何做？」

Star:「這個嘛，一個點子是可以把一些沙放在桶子裡，然後在那裡面倒一些水並混合它。」

Zorina:「我喜歡這個點子。我們可以用廚房的平底鍋來代替嗎？」

Star:「當然。」

Jacob（七歲）決定他要在單元過一半的時候，離開遊戲室去讓他媽媽看他畫的圖。Jacob 有個會為了拖延休息時間而離開遊戲室的習慣，而遊戲治療師 Charlene 認定這個行為是他用來避免在單元中工作的方法。

Jacob（用很興奮的聲音）：「我需要到等候室把這個給我媽媽看。」

Charlene（站在門前）：「Jacob，從現在開始遊戲室的規則是，我們需要待在遊戲室裡直到時間結束。」

Jacob（用煩躁的聲音）：「但我想讓我媽媽看這張圖，而且你在這之前總是讓我離開。」

Charlene：「我看得出來你對於你的圖感到興奮，而且對於我們在遊戲室裡有了一個新的規則感到煩躁。」

Jacob（吼叫）：「對，而且你管不著我。」

Charlene：「你要我知道我沒有權利管你。你覺得我們可以把圖放在哪，然後確定我們會在單元結束時，記得把它帶出去給你媽媽看？」

Jacob（還是生氣）：「這個嘛，我想要現在拿出去。假如你不讓我這麼做的話，我就要把它丟掉。」

Charlene：「假如你要的話，你可以做那個選擇。或者你可以把它放在門前，讓我們不會在結束時忘了把它帶走讓媽媽看。在我們剩下的時間你想要做什麼？」

Hayley（八歲）曾被幾個男人性虐待（sexually abused）。她以面朝她的治療師 Keshawn 並坐上他的大腿的方式來接近他。

Keshawn：「Hayley，這樣坐在人們的腿上是違反遊戲室規則的。我知道你想要依偎著我，並讓我知道你在乎我，而我們需要找出另外一個你可以讓我知道你喜歡我的方法。」

Hayley：「為什麼我不能這樣坐？我媽媽的男朋友們總是讓我這

麼坐。」

Keshawn：「這個嘛，這好像對你來說有點困惑，當我說你在這裡不能做什麼，而你媽媽的男朋友們讓你和他們這樣做。」

Hayley：「所以，這代表你不喜歡我嗎？」

Keshawn：「不，當然不是。我很喜歡你，而且我知道你喜歡我。讓我們想出一些不坐在我的大腿上你就可以讓我知道你喜歡我的方式。」

Hayley：「我可以畫一幅有很多愛心的圖給你。」

Keshawn：「那會是你想要用來取代坐在我大腿上的嗎？」

Hayley：「不是。我想要坐在你的大腿上，但你不讓我這麼做，所以我想我可以畫一張圖給你，即使我並不想。」（畫完一張圖並且把它給他，試著再次坐在他的大腿上）

Keshawn：「我知道你想要坐在我的腿上，而那是違反遊戲室規則的。針對這個，我們可以想出一個怎樣的解決方法？」

Hayley：「你可以提醒我。」

Keshawn：「這是一個主意。你可以想到有什麼是你能夠用來提醒自己的嗎？」

Hayley：「嗯，假如我靠近你的大腿，你可以站起來。」

Keshawn：「我想我願意那麼做，而我想要有一些是你也可以負責來做的。」

Hayley：「我想不到任何東西。」

Keshawn：「你畫一張有條線穿越過一個女孩坐在男人腿上的圖如何？我們可以把它放在靠近我椅子的地上。」（譯註：就像一般的禁止符號）

Hayley：「我覺得這個點子有點蠢，但好吧。我們可以試試看。」

◆ 影響設限過程的因素

當你開始思考設限的過程，有兩個不同的因素應該被納入考量。第一個是你的生活型態——重要 C 信念和人格優先順序如何影響設限的過程。第二個是孩子的生活型態——他／她的重要 C 信念、不適應行為的目標，和人格優先順序如何影響需要被限制行為的類型，且他／她會如何對限制做出反應。

♥ 治療師的生活型態

許多遊戲治療師發覺設限特別令人感到壓力（Kottman, 2011）。非常重要的是，要對於你的設限有自我覺察和清楚其意圖。有效學習設限的必要步驟，便是考量到你自身的生活型態，尤其是你的人格優先順序和你對重要 C 信念的掌握。藉由思索這些因素如何影響你設限的意願和能力，可以提升你的設限技巧（可能甚至可以考慮把它當作是一種超級英雄的能力）。

設限對於人格優先順序是控制和取悅的、不相信他們是有價值的，以及那些懷疑他們自身能力的遊戲治療師來說，是特別棘手的事。人格優先順序是控制的治療師，常常認為在單元裡他們一定要對自身有完全的掌控，對於單元如何呈現要有掌控，對於孩子要有掌控，對於遊戲治療的過程要有掌控，或者上述之中的某些組合。當這些治療師感覺到失去控制時，他們傾向於限制太多的行為、使用嚴厲的言語，或生氣的非語言溝通，來試圖重申控制。（你看到這裡要表達的想法了嗎？假如你的人格優先順序是控制，你便喜歡有所掌控。）

首要的人格優先順序是取悅的治療師常常擔心——關於孩子是否會選擇遵循規則，孩子是否會遵守訂立的結果，假如他們設限，孩子是否會對他們生氣，龍是否會降落在屋頂，他們穿的粉紅襯衫是否太粉紅了，諸如此類的。（根據我們的先生、孩子、朋友和鄰居，有時我們取悅者似乎只是為了擔心而擔心。）這樣的焦慮，常常造成想取悅的治療師用微弱的或很平的語調來設

限。用這樣迂迴的方式來設限，孩子沒有了解到他們已經設限了，或設定很小的限制或者什麼都沒做。（我們叫這做「軟弱的設限」，而且它的功效不大好。我們知道這個——我們很常這麼做，因為它時常在我們的覺察之外，所以直到回頭看遊戲治療單元的錄影時才會發現，這時我們才會強迫自己在設限風格上不再軟弱。）

不相信自己是有價值的治療師，對於能夠影響人們的生活非常投入。當他們不覺得自己有影響時，常常會為沒有改變或改變緩慢承擔起太多的責任，或者會責怪別人「就是不夠努力」。當孩子拒絕商討出一個可以接受的行為、打破可接受行為的協議，或者無視結果，這些治療師傾向於相信，這是因為他們對孩子而言不夠重要或不夠有價值來造成影響。他們因著孩子在設限過程的回應而感覺到沒有價值，所以常常反應過度，對孩子生氣並且試圖在氣勢上壓倒他／她，來確定自己對於這個單元是有影響的。他們有時會朝反方向發展，對孩子在情感上面疏離，來確保孩子的行為對他們不造成影響。

當設限過程不像他們預期的一樣時，不相信自己是有能力的治療師，會懷疑他們自身的技巧。假如他們的人格優先順序是安逸，他們可能就會放棄，並假設自己永遠不會獲得需要的技巧。假如他們的人格優先順序是控制或卓越感，他們常常會十分努力地學習新的技巧或者完善他們已經有的技巧，時常忽略在設限過程中的困難，可能和他們的技巧並沒有任何關係。

不管原因是什麼，這種精神上的緊張，可能會造成你無意識地改變你的語調或身體語言。這樣的壓力會用不同的方式顯露，像是嚴肅地皺眉、用嚴厲的語調說話、含糊不清地表達、採取一個順服的姿態，以及比一般的時候更常叫孩子的名字。

為了避免這樣的傾向，你一定要學會監控自己的壓力程度、聆聽你的口語表現，且更加有意識地覺察自己設限時的身體語言。檢視這樣的緊張是關於什麼，並開始著手解析在設限過程中浮現壓力的原因，或者計畫用更積極的方式來處理那些可能會在設限過程中妨礙你有療效性能力的個人議題，這些對你來說都是重要的。督導或者個人諮商可以是一個好的策略，用來獲得關於個人觸

發點的洞察、學習公正且客觀的設限技巧，以及對遊戲室裡的權力爭奪產生解決方法。

♥ 孩童生活型態因素

設限的過程也取決於孩童和他們的生活型態。把孩子的重要 C 信念、不適應行為的目標，和人格優先順序列入考量，可以對成功地設限非常有幫助，因為治療師可以把他／她關於設限的溝通，設計成能夠鼓勵特定的個案，並且最佳化他們參與這過程的可能性。

● 重要 C 信念

孩子互動式地參與設限過程的意願，以及他們對於設限的反應，都被他們已經掌握的重要 C 信念（crucial Cs）所影響。有勇氣並且相信他們可以連結、他們是有能力，和他們是有價值的孩子，對於在設限過程中參與他們自己的部分是沒有問題的。他們也傾向於遵守在第三個步驟所設定的協議，而且很少需要結果。（因為他們很少需要治療，無論如何，這是一個不常見的狀況。）

缺乏勇氣的孩子很少會做需要設限的事，但當他們這麼做的時候，他們對於參與產生新的行為或結果是非常抗拒的。被設限後，他們的反應通常會是更加被自身的焦慮所淹沒。因為這樣的結果，他們在遊戲室中只做非常少的事。對於這些孩子，很少及很溫和的設限是必要的。

不相信他們和其他人有連結的孩子，同樣在參與設限過程上有所困難，而且設限的結果似乎是更加的疏離，除非你非常小心地溝通你和孩子彼此還是有連結的。假如你可以傳達這個訊息，你能運用設限的過程來幫助這些孩子發展連結的技巧。

不認為他們是有能力的孩子，會把設限解讀成在告訴他們，他們還未掌握當遊戲治療個案所需的技巧。很重要的是，你要用一種肯定的方式來設限，表達出這些孩子是如此的有能力，所以你要仰賴他們來決定哪些替代的行為是可

接受的,以及來執行他們所產生的任何協定或結果。

　　不覺得他們是有價值的孩子,常常把設限當作是他們不重要的附加證明。因為他們假設你不是真的想要從他們那裡得到有關替代行為和結果的意見,所以往往不願參與產生替代行為。假如你不把這個懷疑你意圖的部分當作是針對你個人,這些孩子透過參與設限的過程會感到十分地被鼓勵。因為這過程確切的傳達了你尊重他們的意見,以及他們是有價值的。

● 不適應行為的目標

　　孩子打破的限制傾向於和他們不適應行為的目標(goals of misbehavior)有關。就像給予不適應行為的其他結果會引起孩童典型的反應,他們對於設限的回應也可能被他們的這些目標所影響。

　　目標是獲得關注的孩子,傾向於用相對而言輕微的方式打破限制,通常是用測試限制的方式來看你會如何反應,或者來確定你是完全投入的。當他們被設限時,很少會持續地打破一樣的限制,所以基本上他們從不需要進到設限的第四步驟。他們通常會分毫不差地遵守協議,但也常常試著依照協議的精神來決定他們必須多嚴格地遵守。他們也愛協商——有如此完全的關注對他們而言是一個非常強而有力的經驗,所以他們常常打破限制就只是為了協商。

　　努力堅持他們自身權力的孩子傾向在遊戲室中打破許多限制,就只是為了表現他們不在你的控制之下。他們也常常拒絕參與產生替代行為、選擇忽略他們的協議和謝絕參與商討結果。你需要提醒自己不要把他們的行為當作是針對個人的,並且避免陷入和他們的權力爭奪中。當尋求權力的孩子拒絕參與設限過程的第三和第四步驟,你通常可以使用有限的選擇來獲得他們的合作。在設限過程中,後設溝通他們行為的目的可以是有幫助的,當你承認這樣的動力存在,許多時候,孩子感覺到需要證明你不能控制他們的需求就減小了。對這些孩子偶爾引用「終極限制」(the ultimate limit)(必須離開遊戲室)是有必要的。然而,試著避免和真的不想要待在遊戲室的孩子使用這個選項,因為之後他們僅僅需要將他們的消極負向行為加劇,直到可以離開就行了。

對朝向報復的目標努力的孩子，設限是困難的，因為他們將設限看成是針對個人的，而且試著將整個設限的過程當作是你傷害他們、不喜歡他們或者不贊許他們的表現。他們可能也會用設限來羞辱或用別的方法傷害你的感覺。這些孩子對非語言溝通是非常敏感的，所以你一定不能對他們的挑釁或爭論表現出任何涉及私人的反應。對你而言，避免讓自己的情緒上升到帶有挑戰或報復意味是絕對必要的。設限必須在一個中立的狀態下被傳達，你需要保持冷靜，並用一個就事論事的態度來呈現限制、反映情感、協商、產生解決方法和設立結果。你應該要知道你的地雷是什麼，並且對於你能不讓這些孩子逼迫到你的地雷的能力有確實的掌握。尋求報復的孩子常常將後設溝通所呈現的潛在訊息當作是對他們偏差信念的確證，所以你或許可以維持在反映相對明顯的情緒或對於目標的猜測上。

試著證明他們是不足的／不能勝任的孩子，很少會做任何需要設限的事。當這些孩子夠活躍到需要設限時，其實還滿令人興奮的。因為他們常常將被設限看成是他們不能勝任的證明，因此你可以決定不限制一些你會限制其他孩童的行為。

● 人格優先順序

人格優先順序（personality priorities）可以影響被設限的行為、孩子在設限過程的參與，和他們對設限的反應。你可以針對孩童的人格優先順序調整這個過程。

人格優先順序落在控制的連續向度上功能失常（dysfunctional）部分的孩子，所顯示出來的行為和反應與不適應行為的目標是權力的孩子相似。他們在遊戲室的行為常常是測試或挑戰限制，而且他們會花很多時間來讓你知道你無法控制他們的行為。他們傾向於對設限中合作的部分抱持懷疑的態度，可是一旦他們完全參與其中，就會變得十分警戒地要去確認遊戲室的所有人都遵循著規則和協議。有限的選擇和關於他們目標的後設溝通，是你可以用來提升和這些孩子工作效果的策略。

人格優先順序是取悅的孩子很少打破規則。那些首要人格優先順序落在取悅的連續向度上功能失常位置的孩子，或許會持續將你的非語言行為解讀成不贊同，甚至可能在他們還未打破任何遊戲室的規則時，就試圖限制自己。這些孩子對於溝通中的細微差別是高度警覺的，所以在對他們設限時，你需要聽起來幾乎是愉快的。他們通常對於完全地投入設限過程中合作的部分是不情願的，因為他們害怕不管自己建議什麼可接受的行為或適合的結果，在遊戲室內都不會令人滿意。因為他們可能會為自己提出過分嚴厲的結果，你一定要有和這些孩子重新商討結果的準備。因為想要取悅他人的孩子反而會傾向於過度被規則限制，你可以選擇忽略任何輕微違反盟約的狀況，鼓勵他們離開舒適圈（swing out）並且試著冒險，不要總是遵循所有的規則。

人格優先順序是卓越的孩子不常打破限制，但當他們這麼做時，他們喜歡爭論關於確切的規則是什麼，以及他們如何不是真的違反這些規則——你一定是搞錯了。他們的態度要傳達的一個訊息是，他們對於協商應該如何進行和結果應該如何被實施，有更好的了解。假如你能夠不把這樣的態度當成是針對你個人的，並準備能冷靜重述限制或重複協議，而不要陷入關於字句上確切解釋的詭辯中，這樣會是有幫助的。假如你能這麼做的話，這些孩子到最後幾乎總是能合作，即使只是為了證明他們能把應該要做的事做得比其他孩子好。假如規則、協議和結果能被寫下來，有時這的確能幫助阻斷這些孩子傾向於開始爭論的輪迴。

人格優先順序是安逸的孩子也不會打破許多規則，因為這對他們來說花太多力氣了。當他們打破規則時，會因為一樣的原因在產生替代行為的時候不是太活躍。到最後，你可能會在這過程中做大部分的工。你會需要產生好幾組可接受的行為，然後請孩子藉由選擇哪些對他們來說是合用的方式，來幫助縮小範圍。想要有安逸感的孩子幾乎總是遵循他們的協定，所以你很少需要使用到第四步驟。選擇不遵守協定對追求安逸的孩子來說，實在是太有壓力了。

摘要

在阿德勒遊戲治療中鼓勵和設限是建立關係中重要的一部分。鼓勵孩子時，阿德勒遊戲治療師傳達了無條件的接納；展現對於個案能力的信念；看到了努力；著重在長處和內在資產；強調實際行動的本身跟行動的喜悅，而非付諸行動的人；聚焦在積極正向的方面；表現出對個案有興趣事物的參與；示範不完美的勇氣；幫助個案了解他們可以從錯誤中學習，而且錯誤不需要是消極負向的或者有摧毀性的；並且確定個案發現了積極正向的方法來獲得歸屬感和重要性／意義。

治療師需要在問題發生前決定什麼需要設限、什麼時候設限，以及如何設限，如此一來他／她可以用一個合理和尊重的方式來呈現限制，而避免權力爭奪。在阿德勒遊戲治療中，治療師讓孩子參與到設限的四個步驟中：陳述限制、反映情感和／或後設溝通關於行為潛在的訊息或孩子的目的、產生替代的可接受行為或解決方法，以及設定合理的結果。治療師的生活型態和孩子的生活型態對於設限的過程都有其影響。遊戲治療師在決定如何設限和什麼需要設限時，一定要考量這些因素。

 其他相關資源

● **鼓勵**

http://www.centroadleriano.org/publicaciones/Beingenco.pdf
http://ct.counseling.org/2013/04/reflecting-as-if/
http://www.cyc-net.org/cyc-online/cycol-0205-encouragement.html
http://www.thekidcounselor.com/2006/10/encouragement-vs-praise

Chapter 7

這個孩子是誰，還有他怎麼會變成這樣？
探索兒童的生活型態

在阿德勒遊戲治療的第二個階段，心理師蒐集關於孩童生活型態的訊息，來幫助孩童和其家長更能了解這個孩子的想法、情緒和行為的模式。這個過程通常是運用設計來探索家庭氣氛（family atmosphere）、家庭星座（family constellation）、早期經驗回憶（early recollections）和人生任務（life tasks）功能的程序，來蒐集關於孩童的內在資產、重要 C 信念、不適應行為的目標、人格優先順序、偏差信念，以及個人邏輯的訊息。當心理師收集到足夠的訊息，能對孩童的生活型態有相當自信的了解，就開始了一個形成假設的過程，那是有關孩童如何看待自己、他人和這個世界，以及他／她的行為如何反映這些看法。（這是一個有趣的部分——你可以當一個生活型態的偵探——問一些過於好奇的問題，潛伏在等候室並且偷聽家人間的對話，邀請孩子演出不同的情節，就像電視上的偵探一樣。）

什麼是家庭氣氛？

家庭氣氛是一個家庭的情感「氛圍」（tone）——一種兒童從中發展的關

係氣氛（Bitter, 2014; Maniacci et al., 2014; Sweeney, 2009）。家庭氣氛反映出家庭的價值觀、家庭的溝通方式和家庭成員間互動的情感氛圍。了解家庭氣氛在阿德勒遊戲治療中尤其重要，因為它持續地影響孩童如何看待他們自己、他人和這個世界。人們以其他人如何對他們做出反應的感知（perception）為基礎，來形成他們對於自己的概念，以及如何獲得重要性／意義的方法。他們的重要 C 信念、不適應行為的目標和人格優先順序，都受到他們和他們家長以及家庭其他成員的互動所影響。兒童以家人們在家庭裡是如何行動和互動的感知為基礎，來決定其他人應該會如何表現。孩子對於這個世界如何運作的概念，是根據對於他們成長世界的感知而來——他們的家和家人。他們相信他們的家庭氣氛就代表了關係該如何運作和生活應該如何，而當他們與其他家人以及這個世界其他的部分互動時，他們會把這個信念當成是真實一般去行動。

這裡是一些我們每次想到都會感到害怕的事情：

> 家長間的關係常常是什麼構成了家庭存在和互動的方式，最清楚的指標。家長，是一個性別如何和另一個性別連結、在這個世界如何去努力和參與，以及如何和他人相處的模範。稍微舉幾個例子，孩子可能經驗到這些模範是開心的、生氣的、充滿愛的、令人恐懼的、嚴格的、隨和的、投入的、縱容的、關切保護的或過度保護的、懷有敵意的、撫育的、挑戰的，或者尊重的，僅舉幾例。（Bitter, 2014, p. 133）

（天啊！想想對**我們**的孩子來說那意味著什麼！？！）

家庭氣氛以一些元素為基礎，包含了：（1）家長對於孩子的態度；（2）家長管教（discipline）的哲學；（3）家長的生活型態；（4）家庭價值觀；（5）家長原生家庭的家庭氣氛；（6）婚姻的關係；（7）家長的教養技巧（parenting skills）；和（8）任何可能會妨礙家長為孩子提供溫暖、尊重和架構的個人議題（Bitter, 2014; Dewey, 1971; Maniacci et al., 2014）。每個家庭都是獨特的，所以沒有一組公式來代表這些元素會如何組合在一起，或者在這些組合中不同因素的

比例。然而，在家庭中有某些典型的模式會常常出現。因為在這些典型模式的家庭中長大的孩子，他們的生活型態會顯露出某些普遍的特質（Adler, 1931/1958; Dewey, 1971），遊戲治療師可以藉由研究以上的元素來學到許多關於孩子生活型態的部分。

♥ 家庭氣氛的類型

最積極正向的家庭氣氛是民主的（Bettner & Lew, 1990; Dewey, 1971; Lew, 1999）。民主式家庭的家長表現出優秀的教養技巧，並且提供一致且合理的限制和架構。這些家長對於他們孩子有積極正向的態度，並且用能灌注孩子四項重要 C 信念的方法來溝通愛和尊重。他們的個人議題通常是可處理的，而任何的婚姻議題也都在合理的控制之下。孩子積極參與家庭中的決策過程，而且他們有符合年齡的權力和責任，像是他們有選擇自己的衣服和家庭雜務的能力。在民主式家庭長大的孩子是自信的、自我依靠的（self-reliant）、自發的，以及能明確有力地表達他們的感覺和想法（Bettner & Lew, 1990）。大部分的時候，除非有一些創傷事件發生，像是性虐待或者他們親近的人離世，否則來自這些家庭的孩子不會進到遊戲治療中。

許多來遊戲治療的孩子不是來自家庭氣氛這樣理想的家庭。不幸地，接下來要描述的家庭氣氛都是有些消極負向的。Dewey（1971）發展出的家庭氣氛類型學包含拒絕型、專制型、不一致型、絕望型、壓抑型、過度保護型、憐憫型、高標準型、物質型、競爭型、輕蔑型，和／或不和睦型。家庭氣氛很少是純粹的，常常彼此間有重疊，所以一個孩子可能在一個有數種不同氣氛的家庭中長大，這些全都影響了孩子的感知和其獲得歸屬感的方法。有些家庭氣氛似乎自然而然地結合在一起，像是一個高標準型和一個競爭型的氣氛，或者一個專制型和一個壓抑型的氣氛。當這發生時，孩子會有創造力地對氣氛中不同的元素做出反應，造就了每一個在這個家庭中的孩子，都會擁有其獨特的人格特質。實際的情況就是，每一種家庭氣氛都有其連續向度，從不會對孩子造成不

利影響的一個輕微氣氛，到會在相當大程度上不利地影響孩子的極端氣氛。我們傾向更關注家庭的情感氛圍和家長的生活型態，以及這些如何影響孩子，而不是專注在這個系統的「類型」上。我們會用家長是控制、過度保護，以及混亂─衝突的家庭為例，讓你理解我們在家庭氣氛如何影響孩子上是怎麼想的。

控制的、專制的家長經常要求絕對的服從。他們時常認為自己一定要有掌控才有價值，而且他們可能在用積極正向的方法與他人連結上有所困難。他們管教的哲學是建立在期待孩子應該有完美的行為，以及沒有疑問地採用家長的價值觀上。他們不鼓勵討論和情感表達。常常一個家長會控制另外一個，家庭是處於一個階級架構的安排下──在最上層掌控的大人有著大部分的權力，其他家庭成員就分配剩下的權力。

在控制的、專制的家庭氣氛中長大的「典型的」孩子有兩種不同的行為模式。孩子可能變成極度地遵守規矩和順從，或者變得非常地反叛。遵守規則的孩子通常是禮貌的、怯生生的和焦慮的討好者。他們常常缺乏勇氣，且可能會發展出緊張的習慣、慣性地抽動、潰瘍，和其他表現壓力或緊張的生理證據。他們缺乏自發性和主動性，對於解決他們自身的問題是有困難的，並且會找有權威的人幫他們做決定。他們時常覺得自己只有在遵循規則時才有價值。

大部分的時候，遵守規矩的孩子讓大人感到滿意，這降低了他們會被送到遊戲治療的機會。假如這些孩子被轉介到遊戲治療，通常是因為內化行為（如：惡夢、極度的焦慮、咬指甲）。教師們或許會注意到焦慮或緊張的症狀、缺乏像孩子的行為，或者有限的內在資源，而將他們交給學校心理師或者找校外治療師。在遊戲室中，這些孩子對於為自己做選擇是遲疑的，把最簡單的決定都交給治療師。當你把責任回歸到他們身上時，他們會有所掙扎，因為他們沒有經驗過為自己做選擇。

反叛的孩子常常是不為他人著想的、好爭論的，或對於責備和讚美是敏感的。以這個路線來回應專制式家長的孩子，通常追求權力或報復，懷疑自身能用積極正向的方式去連結，以及對他們的能力感到不確定。他們對於權威人物的回應常常訴諸於迴避的行為，像說謊或偷竊。控制的、專制的家長常常把反

叛的孩子帶到遊戲治療，這是為了找出讓他們更服從的辦法。在遊戲室裡，這些孩子會尋找你原來是一個隱藏的專制獨裁者的證據。他們不相信平等的夥伴關係原則，並一次又一次地測試限制及你的信念和耐心。

控制的、專制的家長很少會同意阿德勒哲學或教養技巧中的民主原則，所以他們或許不會讓他們的孩子持續和你諮商。對這些家長，你一定要有耐心，提醒自己，在他們自身的生活型態和對於失控的恐懼下，他們已經把他們知道能怎麼做的，做到最好了。家長諮詢的步調一定要緩慢且平穩，讓家長不會對於最終要放掉他們有完全掌控的假象感到太害怕。

另外一個例子是過度保護的氣氛，溺愛或保護型的家長因拒絕讓孩子去應對困難的問題，而讓孩子不能學習（Dewey, 1971）。有時這些家庭氣氛的發生源自於孩子經歷的一些困境，像是慢性疾病或者學習障礙，但更多時候，它們發生是因為家長的人格特質。在這些家庭裡的家長要保護他們的孩子免於不愉快、悲傷和生活中的現實，造成孩子覺得他們是沒有能力並且缺乏勇氣的，相信他們無法靠自己處理生活中的挑戰。很多時候，這些家長藉由幫孩子處理各個小問題，來獲得自身的價值感。這些家長的人格優先順序常常是取悅或者控制，儘管偶爾一個卓越型的家長會用過度教養的方式，來表現他／她在照顧孩子上優越的能力。許多時候，這些家長在艱困的環境或者在輕視、競爭、高標準的氣氛中成長。他們在成長過程中沒有充分地被撫育，所以他們試著藉由和孩子的互動，來補償自身的養育過程。

過度保護時常造成從未發展自我依靠而嬌生慣養的孩子。來自這些家庭的孩子通常缺乏自信、有被贊同的強烈需求、感覺天生就該享有這些權利（entitled）且表現出對他人強大的依賴。因為他們的家長總是讓他們免於經歷其行為後的結果，所以這些孩子發展出他們不需要為自身行為負責任的態度。在和他人的互動中，他們也許會問：「我能從中得到什麼好處？」或者「誰要為我把這個處理好？」他們常很努力地證明自己是沒有能力的，而且除非他人照顧他們，不然自己就是沒有價值的。他們時常缺乏勇氣，並努力證明自己是不足的。

　　大部分嬌生慣養的孩子的家長，不覺得他們的孩子或他們自身的行為有任何問題，因此很少為孩子尋求心理諮商，除非被外在的權威人士強迫要這麼做，像是學校。在教室裡，教師面對這些孩子常常是有困難的，不是因為他們的傲慢就是他們的無助，所以學校心理師經常和來自過度保護家庭的孩子一起工作。

　　在遊戲室中，這些孩子會試著對你複製他們和家長間的關係。他們表現得無助、要求你照顧他們所有的需求和渴望，或者他們會極度地愛指揮人，試著要支配你，並且強迫你順從他們的希望和侍候他們。這些孩子傾向於試著避免冒任何險，所以他們玩和家中類似的玩具，而且時常表達想要把自己的玩具帶來遊戲室的願望。

　　氣氛是混亂─衝突的家庭，家長花大部分的時間在鬥嘴與爭吵。Dewey（1971）稱這些家庭是不和睦的。在他們持續的爭吵當中，他們把孩子當作武器。這些家長常常深陷在他們婚姻的困難中，使得他們的管教方式非常不一致，視他們的心情和婚姻衝突的狀態而定。即使這些家長有足夠的教養技巧和良好的連結能力，他們也無法一致地應用它們，造成缺乏架構或可信賴的家長支持和撫育。比起在婚姻的戰爭中獲勝，和孩子有建設性的互動就變得不是那麼重要。這些家長經常是來自很少示範如何運用正向、積極主動策略來解決衝突的家庭。

　　在這類型氣氛中長大的孩子，時常發展出一個概念，就是在和他人互動中，最重要的是獲取權力。因為他們看到自己的家長試著控制彼此，許多時候，他們認定感到安全和獲得重要性／意義最好的方法，便是獲取比對方還要多的權力。因為他們目擊過家長間相互的言語（以及或許是身體）虐待，來自混亂─衝突家庭的孩子，通常相信這樣的模式就是關係運作的方式。這樣的感知會阻礙他們和他人連結的能力，所以他們常在友情和其他的社交關係中掙扎。他們社會情懷的不足和在家裡所經驗到的高度張力，可能造成他們打破規則，並且將自身和他人置於危險的情況中。他們往往相信自己能有價值的唯一方法，便是讓他人知道他們能有多「壞」。

這樣的態度和行為時常導致遊戲治療的轉介。往往是當家長解決他們的議題或者決定離婚，他們才領悟到缺乏和諧關係的附帶結果已經不利地影響他們的孩子，所以才帶孩子來和遊戲治療師工作。

來自不和睦家庭的孩子期待混亂和衝突，即使是當沒有原因會導致爭論的時候。因為如此，他們在遊戲室裡可能會高度焦慮，或者可能會完完全全地喜愛待在那裡。他們傾向於對任何可能會造成衝突的潛在情緒保持高度警戒，因此他們會嚴密地監控你的語言和非語言溝通，對想像的憤怒做反應並預期會被斥責。

♥ 探究家庭氣氛

在阿德勒遊戲治療的脈絡中，關於孩子的家庭氣氛和它如何影響了他／她，你可以使用許多不同的方法來了解：（1）觀察孩子和家長；（2）問問題；或者（3）運用表達性藝術、沙盤或肢體活動（movement activities）。依據孩子、家長和你自己偏好的風格，你可以任意組合使用這些方法，或者帶入自己的策略。因為阿德勒遊戲治療是「技術上的折衷」（technically eclectic），歡迎其他探索家庭氣氛的方法。將你用來探究的形式試著去配合孩子平常溝通的方法是重要的。舉例來說，一個展現出對藝術喜好的孩子，素描和繪畫常是蒐集訊息最好的方法；和喜歡做手偶劇或者將事情演出來的孩子，使用這類的方法會是最有效的等等。假如孩子還未表現和一個特定表達形式有連結，我們通常從邀請他／她畫一個素描開始。假如孩子拒絕了，我們對於拒絕的目的做一個猜測，並接著建議其他設計用來引出類似訊息的替代技術。對於不是特別喜歡藝術的孩子，我們常常請他們挑選一個玩具、手偶或沙盤物件，來當作是家庭中一個成員的象徵，而不是畫這個人。在讓他們解釋每一個物件代表什麼，以及如何決定用那個特定的象徵來代表那個人之後，我們可以運用常理來對家庭動力做猜測。有些孩子對直接描述他們的家庭感到威脅，請這些孩子運用可能可以組成一個家庭的不同動物的照片來做一個拼貼畫，這可以引出和他們家庭中家庭

動力有關的訊息。

● 觀察孩子和家長

　　任何時候當你可以觀察在遊戲單元裡的孩子、家長諮詢單元中的家長，和在等候室和家庭單元裡在一起的孩子與家長（以及在學校的活動，如果你是學校心理師），你都應該將你的覺察定弦在家庭氣氛上。即使這些訊息無法在沒有其他訊息支持下獨立存在，觀察的訊息有時是比孩子和家長的自我陳述更加正確的（Duffy & Chenail, 2012）。（你知道的——對人們來說，客觀地看待他們自己和他們的生活就是如此困難——而且有些個案可能處在否認的狀態，或者只是試著要誤導你。所以有時你必須在獲得他們所陳述的訊息時，帶著保留的態度。）

　　在遊戲單元，孩子常常用娃娃、動物家庭、手偶和廚具表現出家庭氣氛的狀況。玩這些玩具時，孩子表達了關於家長如何對待孩子和彼此；家庭成員如何互動；家庭的價值觀如何在家庭中顯露或溝通；並且將家庭動力的其他面向做分類。這孩子的整體行為也會提供治療師關於家庭氣氛的線索。舉例來說，一個在家長傾向於拒絕的家庭氣氛中長大的孩子，時常是極度黏人的，努力要獲得你的贊同；一個處在有暴力特徵的家庭氣氛裡的孩子，或許會在娃娃屋或者手偶劇中玩出暴力的關係。當你注意到關於家庭氣氛線索的遊戲模式和主題時，用隱喻的方式來後設溝通，或者反映和遊戲中所發生的事有關的情感，這樣做是比較好的。不要直接要求孩子解釋遊戲和家裡所發生的事有怎樣的關聯。對觀察到的狀況進行後設溝通的例子如下：

- Randy 正在玩手偶。其中一個手偶一直打另一個。被打的手偶做出了哭泣的聲音。你可以說：「聽起來那個手偶真的受傷了。我猜他希望另一個手偶可以停止繼續打他。」

- Ho-Sook 正在玩娃娃屋裡的娃娃。媽媽娃娃抱著其中的一個小孩娃娃而忽視另一個小孩娃娃。Ho-Sook 移動媽媽娃娃說：「我愛你，我的小

寶寶。」你可以說：「這個媽媽真的很在乎這個小寶寶。我在想這個姊姊現在有什麼樣的情緒。」

• 每次你反映一個情感時，Ringo 就把軟式子彈槍對準你。你可以說：「你似乎想要讓我停止談論情緒。」

對於有兩個家長的家庭，遊戲治療師可以在家長諮詢或家庭單元時，觀察家長間的互動。獲得對他們關係的印象以及在教養方式的一致性和合作的程度是重要的。治療師應該觀察非語言的溝通，來了解它是否和家長所說的一致。治療師可以藉由指出任何不一致的地方，以及詢問關於語言陳述和非語言反應間的差異，來獲取更多的訊息。

觀察孩子和家長間的互動可以提供你更多關於家庭氣氛的重要線索。假如在單元開始前家庭在等候室裡一起等待，或你有一個在學校活動看到他們的機會，或者在其他的場域，他們經常比在你的辦公室裡有更自然和真實的互動。在探索階段，有家庭遊戲治療單元也是有幫助的（Kottman & Meany-Walen, in press）。藉由觀察單元裡家庭成員的互動，你將能夠獲得典型的互動、態度和關係的線索——對於形成生活型態的假設是非常寶貴的訊息。

● 問問題

找出家長間的關係、他們管教的哲學和實行，以及其他家庭氣氛資料的另一個方法，是詢問這些關於家人間互動的問題。藉由詢問一些在附錄 B 和 D 中關於生活型態的問題，你將可以蒐集到有關家庭氣氛的訊息。

詢問孩子和家長類似的問題，來取得家庭成員如何互動的多面向描述是必要的。這避免只有家庭中的一個人主宰了你對家庭情況的認識，並確保你同時有一個代表孩子和家長角度的全面看法。在第一個和家長對談的單元裡，你時常會從問這些問題開始。和孩子工作時，在詢問家庭氣氛問題之前，你可能會想要用好幾個單元來建立關係。然而，這也取決於孩子。有許多孩子在第一個單元會自動地提供關於家庭氣氛的訊息。當這發生時，我們把它當作是往前進

的許可，然後開始問我們的問題。（是的，我們兩個都超級愛打聽消息的……）

這很容易變成「盤問」，所以試著在一個單元裡不要問太多問題而壓垮了孩子和家長。在每次互動時，問三或四個關於家庭氣氛的問題似乎是最行得通的。你要想幾個可以在這個單元中問的問題，當單元進行時，試著把問題自然地融入在對話裡。因為大多數的大人—小孩互動都是充滿問題的，我們總是會小心監控孩子的非語言反應，所以當孩子對我們的詢問展現出一些消極負向的態度時，我們就停止繼續問問題。

運用孩子的遊戲當作是間接問問題的媒介，也時常是有幫助的。當孩子在玩的時候，你可以用隱喻的方式來詢問家庭氣氛的問題。以下是一些運用孩子的隱喻來問生活型態問題的例子：

- Jolene 在玩娃娃家庭，且爸爸娃娃對著小孩娃娃們大吼大叫地要他們整理房間。與其「戳破」隱喻，你可以藉由問這個問題來蒐集訊息：「當爸爸娃娃對他們大吼大叫時，那些小孩娃娃感覺如何？」或者「假如小孩娃娃在爸爸娃娃對他們大吼大叫後，還是沒有整理他們的房間，那會發生什麼事？」
- Rocco 正在玩馬的家庭。你可以請他告訴你關於馬家庭中每個成員的事。當你在心裡決定好哪隻馬代表 Rocco 家庭的哪個成員時，你可以問：「那些馬小孩當中，哪個和馬寶寶最不一樣？」或者「馬媽媽最喜歡哪隻馬小孩？她最喜歡那一隻的什麼？」
- Letty 正在玩廚房用具並且正把餐盤都丟到沙箱裡，看起來是生氣的。你可以說：「哇，看起來有人生氣得亂丟盤子。」當 Letty 回應：「對啊，媽媽又在生氣了。」你可以問：「他們一定有點害怕。當媽媽那麼生氣時，孩子們會做什麼呢？」

● 運用表達性藝術、沙盤和／或肢體活動技術

阿德勒遊戲治療師也可以運用表達性藝術技巧或沙盤策略，來探究個案對

於家庭氣氛的感知。除了像是素描、繪畫和雕塑的藝術活動之外，音樂、舞蹈、手偶劇和角色─遊戲─扮演（role-playing-acting）全都是表達性藝術適合的形式，是能讓孩童表達他們自己的方法。

　　一個方法是要個案創作一個家庭動力圖（Kinetic Family Drawing, KFD）（Knoff & Prout, 1985; Nurse & Sperry, 2012），這是一個運用繪畫的技術，讓個案畫一幅有家庭中每個成員在參與一些活動的圖畫。我（TK）用沙盤將這個技術做了一個變動，叫做家庭動力沙盤（Kinetic Family Sand Tray），在這裡我請個案選擇一到三個物件來代表家庭中每一個成員。你也可以將家庭動力圖做些改變，像是家庭動力牙籤雕塑、家庭動力襪子手偶，以及用家庭成員真正的照片或者從雜誌上剪下代表家庭成員的圖片，來做家庭動力拼貼畫。

　　若要做家庭動力圖比較傳統的版本時，提供個案數張紙（比家庭成員數再多幾張）和一支鉛筆，並請孩子畫一張家庭的圖畫。不要問孩子是否想要做這個，因為你想要避免他／她拒絕畫這幅畫。給予以下從 1970 年原始版本的家庭動力圖改編而來，符合我們阿德勒遊戲治療意圖的指導語：「畫一個有你家裡每一個成員的圖。這張圖應該要表現出家庭中每個人都正在做某件事。」鼓勵孩子不要畫火柴人形常常是有幫助的，但是假如這是讓孩子能畫這張圖的唯一方法，就不要禁止它。（假如你也和家長做這個，讓他們可以使用火柴人形可能甚至更重要，因為比起大部分的孩子，他們傾向對自己的藝術能力更加挑剔。）在孩子完成圖畫後，你可以問一些關於這些畫裡的人物和家裡的問題。（參照附錄 E，可以在家庭動力圖中用來引出關於個案生活型態訊息的問題策略。）詮釋圖畫時，我們用常理的取向，把孩子所畫的每個家人在做什麼，看成孩子如何感知那個人在家中怎樣獲得重要性／意義的代表。我們也在圖畫中找尋被表達出來的互動模式和態度。透過詢問和家庭有關的問題，我們蒐集家庭氣氛和家庭星座的資料。

　　我們也可能請孩子做畫人測驗（Draw-A-Person）（Nurse & Sperry, 2012; Oster & Crone, 2004）、屋─樹─人動力圖（Kinetic House-Tree-Person drawing）（Buck, 1992; J. Rubin, 2011）、家庭中心圓圈圖（Family-Centered Circle drawing）

（R. Burns, 1990; Oster & Crone, 2004）、玫瑰花叢畫（Rosebush drawing）（Oaklander, 1978/1992）、家庭黏土雕塑（Family Clay Sculpture）（J. Rubin, 2011），或者和不喜歡畫畫的個案用音樂相關活動來獲取更多關於家庭氣氛的訊息。做畫人測驗時，你給個案一張紙並且要他們畫一個人。（說也奇怪——似乎很簡單，嗯？）做屋—樹—人動力圖時，你會給個案一張紙，並請他畫一張有一間房子、一棵樹和一個人的圖。（動力的部分是，因為只有一張紙，屋子、樹和人常常會有互動。）關於家庭中心圓圈圖，個案分別創作三個圖畫——一個關於媽媽、一個關於爸爸，以及關於自己。在每一幅畫中，把這個人畫在一個圓圈的中心，讓這個人被和他／她有關的符號圍繞。你也可以用沙盤將這些技術做一個變動——在沙盤裡，你請個案選擇他們想要用來代表他們自己的所有物件；在沙盤中，他們可以選擇一個人、一棵樹和一間房子，並且把它們安排在沙中；在沙盤中，他們選擇代表家中各個人物的物件；或者在沙盤中，他們為家中的每個人選擇代表他們的物件，而代表各個人的物件，都被和它有關聯的象徵代表物件所包圍。關於玫瑰花叢畫，你需要用意象導引（guided imagery）來幫助個案把他們自身看作是玫瑰花叢。在他們完成圖畫之後，你會開始詢問對玫瑰花叢來說，生活是什麼樣子。和不喜歡繪畫的孩子，你可以把玫瑰花叢當作是戲劇活動，讓他們表現給你看玫瑰花叢是如何成長和移動的，或者照顧玫瑰花叢的人可能會做什麼來給它養分。家庭黏土雕塑包含給個案黏土，並請他們雕塑出代表家庭每個成員的人形。（猜你早就預料到了！）

你也可以用音樂來促進探索（Hadley & Steele, 2014）。幾個用音樂來幫助孩子描述家庭氣氛的例子，是請他們為每個家庭成員帶來一首「主題歌曲」、挑出一個代表性的鼓的節奏，或者用笛子吹奏出一個代表性的曲調。假如在遊戲室中有不同的樂器，你甚至可以請他們用不同的樂器來代表每個家庭成員，並且創造出一首有關他們家裡是什麼樣子的「交響樂」。假如孩子是喜歡跳舞的，請他們用詮釋性舞蹈（interpretive dance）來展現每個家庭成員如何行動以及他們如何溝通情感，這常常是探索家庭動力一個很棒的方法（LeFeber,

2014）。這所有的技術都可以帶給你關於個案如何看自己、他人和這個世界，以及家庭互動的訊息。

和比較不那麼傾向於透過傳統創作藝術，像是素描、繪畫、音樂和舞蹈來表達的孩子，你可以使用更活躍的技術來獲得訊息。有許多不同的肢體活動是你可以建議的──例如，玩一個「假的籃球比賽」，運用動作來代表不同的家庭成員以及他們如何互動；用家庭成員行走和說話的方式來當一個「機器人」；以家中成員互動的方式來移動等，這些能給你許多的訊息。

你也可以請家長和其他家庭成員運用表達性藝術技巧，來幫助你發展對於每個家庭成員或者一整個家庭的「感覺」。比較不同家庭成員的表達過程和成果，經常能揭露許多細節。

治療師一定不要覺得被限制在這些特定技術的運用。創意是（我們相信）阿德勒遊戲治療的特徵，所以我們鼓勵遊戲治療師在累積訊息的這個階段，運用他們的想像力和知識去開發其他的方法。

家庭星座

「家庭星座」（family constellation）是阿德勒創造的專有名詞，並由 Dreikurs 進行詳盡闡述，它代表一個家庭系統的運轉，包含家長、手足和在原生家庭裡的其他人，以及任何其他於這人孩童時期住在家中且被當作成員的人。它用天文學中的一個星座區域來比擬一個家庭，一個有不同天體在活動的群體，每個天體都有它相較於其他天體而言的位置。（Griffth & Powers, 2007, p. 37）

家庭星座被太多的因素所影響：每個家族成員的個人特質、不同成員間的情感連結、不同成員的支配或屈從地位、家庭的大小、孩子間的年齡差距、孩子們的性別、手足間的分組（subset），以及孩子的出生序（Eckstein & Kern, 2009; Griffith & Powers, 2007; McKay, 2012; Sweeney, 2009）。在阿德勒理論中，

家庭星座對孩子的生活型態有很大的貢獻，因為在孩子成長的年歲中，家庭配置影響了孩子對人生最根本的態度和取向。每一個出生序的位置都有某些特質，這些特質是個體在家庭星座中找到自己位置的典型表現。然而，心理上的位置比出生順序上的位置來得更重要。「心理出生序位置是從孩子感知和評估自己、他人和這個世界的優勢而來，而且從那裡，孩子形成了關於什麼是他／她被要求的以及可擁有的信念」（Griffith & Powers, 2007, p. 84）。有許多的因素影響心理出生序位置。這些因素包含上述那些形成家庭星座之要素的整個綜合體，加上其他因素例如：家中有一位殘疾的孩子，以及因性別、文化背景、家庭流傳的故事、教育經驗、生理發展，和孩子之間出生的時間間隔，所造成的差別待遇。

❤心理出生序位置

蒐集關於孩子家庭星座的訊息，是要決定這些不同的因素如何影響孩子對他／她在家中位置的感知，以及他／她所選擇獲得歸屬感和重要性／意義的方法。因為每一個位置都有某些典型的內在資產和挑戰，阿德勒遊戲治療師蒐集關於心理出生序位置的訊息，來找到藉由建立在內在資產上去鼓勵孩子的方法。治療師也可以用這個了解，來當作幫助孩子面對每個出生序位置固有挑戰的基礎。

● 獨生子／女

因為孩童時期的大多數時間，他們是被比自己年長或更精熟於事物的人所包圍，獨生子／女常常發展出獲得大人認同的技巧，或者會培養出像是害羞或無助的人格特質來獲取同情（Bitter, 2014; Leman, 2009）。這可能會發展出取悅或安逸的人格優先順序。獨生子／女通常享受他們是關注的中心，但是因為他們總是被嚴密的檢視，也可能會感到焦慮。他們通常確定自己是有價值的，雖然他們可能對於相信自己是有能力的有些掙扎。因為他們不會自動地有玩伴，

獨生子／女或許對於學習和其他小孩產生連結是有困難的，他們偏好大人的陪伴。有時獨生子／女的家長溺愛他們，導致他們相信不需要藉由自己的努力去贏取東西，他們可以只因著自己想要，而擁有任何東西。當這發生時，假如其他人不滿足他們的要求，這些孩子就覺得被不公平的對待並且拒絕合作。他們喜歡舒適安逸，盡可能地避免緊張和壓力。（天啊！這聽起來完全像是我 [TK] 唯一的孩子 Jacob！）

獨生子／女經常有許多的內在資產，包含獨立、聰明、語言技巧發展良好、自發性、趣味感，和有創意的想像力。他們可以是極度能自我娛樂和自我依靠的。就挑戰而言，因為獨生子／女不需要和手足分享家長的關注及他們的所有物，他們或許只關注他們自己或他們的興趣，造成和其他同齡孩童連結有困難。

在遊戲室裡，典型的獨生子／女的互動方式通常是下列兩種類別之一。他們不是十分獨立並且沒有邀請你就自己玩自己的，就是會相當依賴並且持續試圖吸引你和他們互動。他們的遊戲總是有創造力和想像力。他們常常喜歡裝扮成有趣的人物，或用手偶、物件和娃娃演出不同的情節，在這當中的人和動物有著令人興奮的冒險。當他們和治療師、家長或其他孩子在遊戲室玩時，他們喜歡處於主導位置——告訴遊戲的同伴確切要做什麼、站哪裡，以及說什麼。

● 老大

老大（first-born children）在家庭中的位置是不穩固的（Bitter, 2014; Leman, 2009; Sweeney, 2009）。身為最大的，常常讓這些孩子被給予特權以及與父母牢固的關係。（「而且我們怎麼能不覺得天生就該享有這些權利呢？」TK 問，一個老大的原型。）然而，因為這個位置常常受到下個孩子出生的威脅，老大可能感覺被罷黜（dethroned）。就內在資產的部分來說，老大時常是負責的、可被依靠的、有組織的、成就取向的、保護他人的、有撫育性的，和有幫助的。許多時候，他們擁有強大的領導技巧，並且透過發展那些家中高度重視的人格特質，來獲得他們在家中的重要性／意義。他們在和成人互動時大多有優秀的

社交技巧，因為他們花了許多時間和比他們年紀大的人相處。

老大典型的不利條件通常和把這些內在資產過度極端地運用有關。老大可能會過度的負責任、極度地有組織（對於秩序有點執著）、適應不良地要求完美、非常好競爭、過度關切保護他人、對取悅他人極度有興趣、控制，和愛指揮他人。他們時常變得對於成就十分投入（和年紀小的孩子競爭時，要保持領先以避免被罷黜），以至於他們忽略和他人建立關係。在很多例子中，他們和同儕連結的能力是薄弱的，因為對他們來說，和同年紀的人處在平等的狀態不總是那麼舒服。他們傾向於相信，假如他們是最聰明的、最有幫助的，以及最賣力的等，他們才有價值。當老大覺得被年紀小一點的孩子威脅時，他們可能變得極度受挫，相信他們一定得是第一、最棒的、最有力量的，否則他們就沒有價值（就是有一點不是全有就是全無的想法）。

在遊戲室裡，老大常常是非常整潔的，許多時候，甚至在你建議是時候整理房間之前，他們在玩完之後就開始清理了。他們是非常負責的，想要知道遊戲室的規則是什麼，並且沒有遵循規則的結果又會是什麼。老大可能會邀請你積極地和他們互動。當這發生時，有些老大是非常愛指揮人的，並且會規定遊戲的細節，假如你沒有確實遵從他們的設定，他們就會對你表達出不耐煩。其他的老大會想要等你決定他們要玩什麼以及如何玩，來避免做出你不喜歡的決定。當他們進來時，許多老大會想要在開始玩之前就只是和你聊聊。這是讓他們使用像大人一般的社交技巧來連結的機會，且讓他們確認你知道，他們可以在自己決定要突出的任何活動上都做得很好。偶爾，老大進到遊戲室後不像是老大一般地行動——創造出混亂、不負責任且失控。當這發生時，你會想要繫上你的安全帶，並準備好面對一趟狂風暴雨的旅程。

● 老二

老二（second-born children）花了他們整個人生追趕比他們年長的手足，並感受到很大的壓力和自卑（Bitter, 2014; Leman, 2009; Sweeney, 2009）。很多時候，特別當他們在年齡上是相近的，老二的人格特質和家裡的老大會是剛好相

反的。因為他們從未有家長全部的關注，這些孩子常發展出他們是不值得被關注的想法——他們不像老大或其他在他們之後出生的孩子一樣有價值。因為比他們年長的手足通常比他們早發展出運動和語言技巧，老二常常相信他們永遠無法像自己的兄姊一樣有能力。

大部分的老二知道他們能與他人產生連結，通常有優秀的社交技巧，因為他們很早就學習到自己一定要能和他人相處。他們常投入許多的努力，因為是第二個，他們總是感覺到需要更努力。很多時候，這些孩子在運動上有卓越的表現。可惜的是，老二傾向於輕易地感到氣餒，因為他們害怕自己可能永遠無法達到他們兄姊的標準。在家中，當老大採用了寶貴的積極正向的人格特質，老二有時會採取消極負向的人格特質當作是一個對比，來為自己創造出一個重要的位置。他們也可能是超級活躍或者焦慮的，因為感覺自己好像總是處在一個無法獲勝的比賽中。

在遊戲室中，在他們最好的狀態下，老二傾向是友善且有趣的。他們會用他們的連結技巧來和你建立關係，而且他們樂意努力找出在遊戲室有樂趣的方法。時常，老二是很會運用身體的，所以在遊戲室中，他們可能做很多的跑步、跳躍、玩球、設立障礙路線。因為他們從來都不確定自己能夠趕上老大，所以他們傾向在所有自己做的事上記分——甚至是跳躍或拋球，他們會知道什麼算得分和誰是領先的。

● 中間的孩子

假如家裡有第三個孩子，第二個孩子就被擠到中間的位置（Bitter, 2014; Leman, 2009; Sweeney, 2009）。中間的孩子（middle children）不像老大有一些權利，或者像老么有一些特權。這些孩子時常感覺到被忽略並且不受疼愛——他們不確定在家中他們如何能有價值。

因為他們是位在中間的，這些孩子時常變得熟練於調停和調解。他們可以看到每個情況中所有不同的面向。在一些方面來說，這個能力是一個內在資產，因為這讓他們有辦法維持客觀，這在了解不同的觀點上是很珍貴的能力。

然而，這也可能是一個不利條件，因為有時他們在做決定上會有困難，可能變得過度擔心公平性。這個從許多觀察的位置來看經驗和關係的才能，提升了中間的孩子創新和創造的能力。

不是最大的也不是最小的，中間的孩子時常在找到自己在家中的位置上感到掙扎。一個他們可能會找到的位置是反抗的孩子——成為不同的那一個。一時來說，這或許是舒服的，但是他們經常也發現這是令人洩氣的。在讓這樣子的氣餒持續下去的家庭裡，中間的孩子可能漸漸趨向對人生無益的那一端，而成為問題孩童（problem children）。

在遊戲室中，因為中間的孩子喜歡事情是公平的，他們很能夠做到輪流且通常願意分享權力和責任。當運用想像的、幻想的遊戲，使用他們能看到許多觀點的能力，這些孩子經常喜歡扮演一個以上的角色。在遊戲室裡，這些孩子偶爾在決定讓自己專注於什麼是有困難的，花了過多的時間試著決定在單元裡要做什麼。當有一個以上的孩子在遊戲室時，中間的孩子擔任衝突的管理人，努力確定每一個人都被公平對待。

● 老么

老么（youngest children）通常幾乎沒有責任且有許多的特權。他們因為是寶寶就獲得關注，並不真的需要做什麼來贏得它。家中的其他人等待他們、寵愛他們，並且為他們做決定。身為兄弟姊妹中最小且最虛弱的（至少剛開始的時候），老么常常覺得家中的其他成員似乎並不是很認真地把他們當作一回事。為了補償這個部分，老么傾向於選擇這三種人生路徑之一。他們可能成為超速者（speeder），努力在兄姊突出的領域上，趕上或勝過他們。他們可能會感到氣餒且向自己的自卑感讓步，然後決定或許最好還是不要試著去競爭。他們可能選擇在完全不同於兄姊表現突出的領域上有所表現。無論他們選擇什麼路徑，老么通常是有魅力且使人愉快的。他們有很強的幽默感，以及有操弄他人來得到自己所想要的東西的能力。（我們老么 [如：KMW] 可能更喜歡用「魅力」來取代「操弄」這個詞。）

　　不利的部分是，老么經常期待不需努力就可獲得特權，並且指望其他人為他們做決定以及幫他們負起責任。他們寧可不去領導別人，但是假如他們看不到這條途徑如何有利於他們，有時就有困難去跟從。偶爾，他們能得到想要的東西的能力，可能也會讓他們陷入一些麻煩，因為其他人可能會開始憎惡被操弄的感覺。

　　和你、他們的家長或者其他孩子在遊戲室玩的時候，老么會先觀察其他人要做什麼，然後決定是否想要做同樣的事或者是其他的。他們很少開始互動的過程，但是一旦他們注意到有想要做的事，或者被邀請加入遊戲當中，他們就很會玩——這畢竟是他們的專長。他們傾向於不要清理房間，所以當你回歸責任時，他們常常是憎惡你的，時常試圖操弄你來為他們做事情或者做決定。

❤ 家庭星座中所包含的其他因素

　　假如是一個大家庭，通常有幾個孩子會同時展現出每一個出生序位置的特質。當孩子間的間隔是四或五年時，一個新的手足分組就形成了。例如，在原生家庭，我（TK）是第一個出生的，我弟弟 Scott 在兩年後出生。然後，我的媽媽休息了四年才生下我妹妹 Tracy。在 Tracy 出生的兩年後，Brian 才出生。再三年後，Tim 出生了。我們有兩個清楚的手足分組——叫做大孩子組和小孩子組。我是典型的老大，有著它所有的內在資產和不利條件。Scott 相對而言像個老二，即使他也有一些老么的特質（很有魅力，高度的好競爭——在每個情況下總是知道現在比數是什麼）。Tracy 是在小孩子組中的老大，但卻是整個家庭裡中間出生的孩子。她有一些老大和一些中間孩子的特質（有一點愛指揮人、很負責任的調停者，不喜歡衝突但是愛告訴別人該做什麼）。Brian 的特質和中間的孩子相當一致，他喜愛和平、舒服及平靜，而且希望每一個人都開心。他時常被忽略，但他似乎不在乎這個。Tim 在兩個分組中都是最小的，是個超級寶寶。他有魅力、會操弄人、有趣、有一點點自戀，和非常的有創造力。

　　在孩子出生之間沒有值得注意的時間間隔的家庭裡，影響家庭星座的心理

要素變得更重要。像是家庭價值觀、家庭氣氛、性別，以及文化因素，都對孩子如何感知他們在家中的角色有重大的影響。例如，我（KMW）有四個孩子——在第一個和第二個中間有十三年的差距。在我三個年幼的孩子中，中間的是女孩。她是我唯一的女兒。即使她在分組中是中間的孩子，她也是唯一的女孩，這給她在家中一個特別的位置。

♥ 探究家庭星座

阿德勒遊戲治療師可以運用與探究家庭氣氛一樣的技術，來蒐集家庭星座的訊息和孩子的心理出生序位置。觀察、問問題的策略和表達性藝術、沙盤或者肢體活動技術，全都是對探索家庭星座和心理出生序有幫助的方法。在這個過程中，治療師找尋能幫助了解孩子生活型態的訊息，特別是有關內在資產和不利條件的部分。

許多時候，藉由觀察孩子在遊戲室裡以及和其他家庭成員在一起的情況，你可以得到一個關於這孩子是如何適應這個家庭的清楚描繪。你會想觀察孩子如何和手足及家長互動，並且手足及家長如何對待這個孩子。這些關係的觀察資料，可以讓你對此家庭的動力有大量的洞察。詢問家長一些與孩子的手足有關的問題，並讓他們完成手足評定量表（Sibling Rating Scale，附錄 B），可以幫助你形成家庭星座和每個孩子心理位置的描繪。你也可以在遊戲的過程中，問孩子一些在附錄 D 上的問題，來弄清楚他／她如何看待每個孩子在這個家中適應的位置。假如孩子似乎不情願直接回答這些問題，你可以使用在遊戲中已被呈現的隱喻，來問關於家庭和孩子與他／她的手足的問題。

藝術方面的技巧像是家庭動力圖（KFD）、家庭符號圖（Family Symbol Picture）和拼貼畫，是蒐集關於家庭星座和心理出生序極好的策略。你可以請孩子畫一幅圖、表演手偶劇、創作一個沙盤，或找些照片來代表不同的家庭價值觀。你可以和孩子合作畫出一個時間表，並把重點放在孩子的出生序上。拼貼畫、黏土雕塑、音樂、舞蹈和／或手偶可以是有用的工具，用來幫助孩子探

索家庭的文化背景、與性別價值有關的不同看法，或者有殘疾手足的影響。

　　我（TK）用來探索家庭氣氛和家庭星座的一個方法是「這花園」（The Garden），是我從 Violet Oaklander（1992）的玫瑰花叢技術發展出的一個變形。首先，我會做一個小小的漸進式放鬆描述，接著用類似如下的視覺導引（guided visualization）：

　　閉上你的眼睛。現在我想要你想像你是在花園中的一個植物。成為花園中的一個植物，並且找出成為一個植物是什麼樣的感覺。你是什麼樣的植物？你很小嗎？你是巨大的嗎？你是寬的嗎？你是高的嗎？你有花嗎？假如有，是哪一種？它們可以是任何你想要的種類。你有葉子嗎？什麼樣的？你的莖和枝幹像什麼？你有任何的刺嗎？你的根是什麼樣子？或者，你或許沒有任何的根……你可以決定。假如你有，它們是長且直的嗎？還是纏繞的？它們深嗎？看看你的四周，看看在花園裡有沒有其他的植物〔暫停一下〕。假如有其他的植物，它們看起來像什麼？它們是只有一點點還是有很多？其他的植物和你是一樣的，或者是不同的？其他的植物有葉子……花朵……莖……根……刺……嗎？其他的植物離你有多近？它們的大小和你一樣，或者比較大，或者比較小？這花園在哪？這花園是在一個花盆裡，或者是在土地裡成長？或者穿過水泥？或甚至在某個地方的裡面？看看你的周圍……你還看到什麼其他的？〔暫停一下〕在花園中有雕像嗎？動物？人？鳥？有沒有任何東西圍繞在你四周，像是一個籬笆／圍欄？假如有，那看起來是什麼樣子的？有人照顧你嗎？假如有照顧你的人，他／她做什麼來照顧你？那個人也同時照顧其他的植物嗎？對你來說天氣現在怎麼樣？你的生活怎麼樣？你感覺如何？當季節轉換時，會發生什麼？意識到自己是花園中的一個植物……仔細地看。找出你對於你在花園中的生活感覺如何，以及對於其他在花園中的植物和生物的感覺又是如何。

　　再過一會兒，我會請你張開你的眼睛，然後我想要你畫一張你身為一個植物和花園的其餘部分的圖〔或者創作一個雕塑，或創造一個沙盤〕。在這

之後，我會問你一些問題，我會想要你用你就像是在花園中的這個植物一樣，來談談這張圖〔較長的暫停〕……當你準備好時，打開你的眼睛並開始作畫〔或做雕塑或者創作沙盤〕。

在我完成導引孩子想像整個歷程，而且他／她也已經完成一個藝術作品後，我會問一些問題，像是：

- 你是什麼樣的植物，以及你看起來像什麼？
- 告訴我關於你的花、葉子、莖、枝幹、根、刺等。
- 告訴我關於花園裡其他的植物。告訴我它們是否和你一樣，或者有所不同（比較大或比較小、同樣種類的植物等）。
- 告訴我你在花園的哪裡。你是靠近其他植物的，還是遠離的？你位在花園的哪裡（如：中間、外面、邊緣）？
- 告訴我花園在哪裡。在你的周遭，你看到了什麼？你覺得你所住的地方怎麼樣？其他還有什麼是和你一起在花園裡的？
- 誰照顧你？你如何感受到這個？他們如何照顧你？
- 誰照顧其他的植物？你對這個覺得如何？他們如何照顧其他植物？
- 現在的天氣對你來說怎麼樣？當季節轉換時，會發生什麼事？
- 你對在花園裡生活感覺如何？假如你可以改變這個花園，你會改變什麼？
- 假如你可以搬到一個不一樣的花園，你會這麼做嗎？什麼樣子的花園對你來說會是完美的？

◆ 重要 C 信念

同樣類型的觀察和詢問策略，也可以被用來探究重要 C 信念。我（TK）發展出一些能讓遊戲治療師用來探索重要 C 信念的非正式評估方法——一個是讓家長或教師填寫的評估工具，另外一個是讓孩童填寫的。可以在附錄 F 找

到這些評估工具。除此之外，遊戲治療師也可以運用表達性藝術、肢體活動、冒險治療活動和沙盤，來探索對孩子而言哪幾個重要 C 信念是他／她的長處，還有他／她在哪幾個信念上面有困難。

　　你可以假裝是一個記者，來問孩子以下的問題，或者你可以請他們用圖畫或沙盤來回答。 根據你對於孩子和孩子發展程度的了解，你會認真挑選你要採用的方案。我們通常和八歲及八歲以上的孩子使用這些問題。有些概念對於年紀小一點的孩子來說太過於複雜，而且有些問題你可能需要在設定的活動上運用不同的、發展上更合適的語言 。

♥有勇氣（Courage）

在什麼情況中你是最勇敢的？

在什麼情況中你是最不勇敢的？

在什麼關係裡你是最勇敢的？

在什麼關係裡你是最不勇敢的？

當你在最勇敢的時候，你感覺如何？

什麼是妨礙你勇敢的因素？

什麼是你害怕的？感到有威脅的？太危險而不敢嘗試的？

你什麼時候會喜歡冒險？

你如何決定是否要冒險？

當你在某個事情上沒有成功的時候，會發生什麼？

♥有連結（Connect）

你如何和他人連結？

當你和他人連結時，你感覺如何？

與誰連結是讓你感到最舒服自在的？

在什麼情況下，你能舒服自在地與他人連結？

在有可能成為朋友的人身上，你尋找的是什麼？

什麼事情會造成你和他人失去連結？

當你和他人失去連結時，會發生什麼？

你如何避免與那些你不想有連結的人產生連結？

你是個什麼樣的朋友？

♥ 有能力（Capable）

什麼是你擅長的？

當你成功地完成某事時，你感覺如何？

什麼是你最自豪的成就？

什麼是你無法精通而還是有意願去做的事？

你喜歡做什麼？

你如何知道你是否對某件事是在行的？

當無法精通某事時，關於你自己，你會告訴自己什麼？

♥ 有價值（Count）

你對於你的朋友／家庭／社區／工作的貢獻是什麼？

你覺得你需要做什麼來歸屬／適應一個團體？

假如你將要因為你的貢獻而得到一個獎，那會是為了什麼？

什麼讓你是一個有價值的人？

你覺得你需要做什麼來獲得愛？

在你的世界裡，你對他人的影響是什麼？

你對於這個世界的影響是什麼？

「我可以做到」（I Can Do This）（Ashby et al., 2008）是一個冒險治療活動的例子，讓你可以用來探索重要 C 信念中有能力、有勇氣和有連結的部分。這是一個遊戲，在這之中，你和孩子輪流展示你們可以做到的事。一開始，你說明我們所有人都有許多的才幹與能力，有些是很稀少且獨特的，有些是其他人也有的，而這個活動是要發現並試著做那些事。你和孩子將輪流並明確地展現出可以做到的某些事，而另一個人要試著複製它。假如你能先做示範，通常是有幫助的——舉例來說，我（TK）可以扭動我的鼻子。大部分的孩子也能扭動他們的鼻子，這讓他們感到有勇氣、有能力，以及和我更有連結。假如你們之中只有一個能做某些事，那也沒關係——只是呈現出每個人都是獨特的，而且有其專屬的才能。

🔺 不適應行為的目標

像我們在第三章所描述的，探究不適應行為的目標通常的方法是和孩子在一起時，注意孩子的行為和情緒，或者問家長和教師關於和孩子互動動力的問題。我們詢問關於特定的行為、大人所觀察到孩子所經歷的潛在情緒、他們對於孩子行為的反應，以及孩子對被糾正的回應。另一個在遊戲室內探索不適應行為目標的方法是使用改編自 Manly（1986）所發展的清單。

使用手偶、娃娃或者沙盤物件，遊戲治療師用其中一個玩具來做一個短劇去呈現所選定的不適應行為的目標。有「不適應行為」的玩具會有「台詞」，這些台詞將展現出主要的不適應行為目標為「那個」（例如：關注）的孩子，通常會表露出來特有的思考、情感和行為模式。當他／她正在說「台詞」並表演出消極負向的行為時，這個角色也可以敘述他／她當下的情感和想法是什麼。遊戲治療師可以單單看孩子對於每個不適應行為類型的反應，來觀察孩子對於特定的角色，是否有任何識別反射。遊戲治療師也可以問孩子，關於那個角色，他／她有什麼想法，或者可以請孩子演出一個也做出類似事情的角色。對表現出特定不適應行為目標的孩子，有其他角色可以演出人們（大人和其他

孩童）對他們的典型回應，並觀察孩子對這部分的行為反應（或吸引孩子到關於角色互動的對話之中），也可能會有所幫助。

追求關注（attention-seeking）的角色，會做一些吸引注意力的事。他們可能會做像是打擾別人、吹牛、愛現、舉止可笑、很大聲、製造混亂這一類的事。他們可能會做出輕微不適當的行為，然後當其他角色之一糾正他們時，他們會停止一下，但是之後又重新開始不適當行為。其他角色對於這樣的模式會感到挫敗與惱人。追求關注的角色會說像是這樣的話：

- 「我想要其他人注意我。」
- 「我想要其他人為我做更多。」
- 「我想要是特別的。」
- 「我應該得到所有的關注。」
- 「為什麼其他人沒有注意我？」
- 「我沒有得到足夠的關注。」
- 「當沒有人注意到我時，我感到難過／生氣／失望。」

追求權力（power-seeking）的角色，會做像是大發脾氣、爭論、說謊、和他人陷入權力爭奪、拒絕合作，以及不服從或反抗的事情。當其他角色之一糾正他們時，他們會加劇行動，這會導致其他的角色對他們感到生氣。追求權力的角色會像這樣說：

- 「我想要負責掌管。」
- 「我想要其他人做我要他們做的。」
- 「我想要／需要讓其他人知道，他們沒辦法控制我。」
- 「我想要其他人停止告訴我該做什麼。」
- 「我想要／需要權力。」
- 「我一定要有權力／控制才能安全／保護我自己。」

追求報復（revenge-seeking）的角色，會做像是故意地傷害他人（身體地

或情緒地）、對他人說懷有惡意或殘忍的話、兇暴的或者威脅他人的事情。假如角色之一請他們停止或設定某種結果或懲罰，這些角色會變得更加兇暴、挑釁或具有報復性。追求報復的角色會像這樣說：

- 「我相信我被不公平的對待。」
- 「我想要和其他人算帳。」
- 「我需要向傷害我／刁難我的人報仇。」
- 「我想要其他人感受被傷害的感覺像什麼。」
- 「我想要其他人為他們對我做過的感到抱歉。」
- 「我需要讓其他人和我保持距離，這樣他們才沒辦法傷害我。」
- 「我知道沒有人真的在乎我。」

表現出或證明是不足／不能勝任的（inadequacy）角色，會做像是這樣的事——好吧，其實他們不會做太多——他們會輕易地放棄，或甚至不會嘗試去做事情。他們可能說自己無法做任何事情、也許是沉默且拒絕回答他人、不願意去嘗試新的事情，或者表現出極度的自我懷疑。基本上，他們會是氣餒的化身。他們可能追求和他人隔絕。在極端的例子中，他們可能是有自殺傾向或自我毀滅的，但是對年紀小一點的孩子來說，這是一個不適合手偶劇的主題。當其他角色給予他們回饋或者試著鼓勵時，這些角色會更陷入自我懷疑和氣餒中。目標是要證明自己是不足／不能勝任的角色會像這樣說：

- 「我想要／需要其他人停止要求我做事。」
- 「我想要／需要其他人停止要求我更努力。」
- 「我想要人們為我感到可憐。」
- 「我想要獨自一人。」
- 「我最好還是別試了，因為不管怎樣我都不會成功的。」
- 「我無法把任何事情做對。」
- 「我知道我做不到。」

- 「我是個失敗者。」
- 「我不重要。」

因為不適應行為的目標和重要 C 信念有一些重疊的部分（Lew & Bettner, 2000），這個活動也可以給你關於哪個重要 C 信念需要被滋養的線索。

🔶 早期經驗回憶

每個被心理師引出的早期經驗回憶（early recollection）應該是一個單一的、明確的，最好是在十歲前發生的事件。早期記憶不是巧合事件；它們常常是投射。在很大程度上，我們所選擇去注意的過去的某些事，是我們現在相信什麼、我們現在如何表現，以及對未來我們期待什麼的反射。（Watts, 2013, p. 464）

因為人們選擇性地記得他們過去的一些事件，他們選擇回憶的情境和關係，常常對他們而言是有某種意義的。一個個案的早期經驗回憶可以提供關於他／她的生活型態、偏差信念、社會互動，和行為目標的寶貴線索（Maniacci et al., 2014）。規律發生的事件，像是每年的夏天去奶奶／外婆家，不符合早期經驗回憶的條件。能被當作早期經驗回憶的，一定要是只發生過一次的一個事件。假如個案不記得過去發生過的任何事，我們通常請他／她告訴我們，某人所描述過在他／她小時候發生的某件事——像是家庭故事。

在阿德勒遊戲治療中，蒐集早期經驗回憶是了解一個孩子生活型態的選項之一。對小於六或七歲的孩子，我們為了讓這個策略能成功，而要他們參與必要的回憶過程有時是有困難的，所以我們通常就不試圖蒐集它們。這不是指你不能試著和小一點的孩子用這個技術，但是你需要特別有耐心和有創意，來讓小一點的孩子對於回想是感興趣的。其他的選項是期待自發性的故事，像是「當我還小的時候……」，從一個四歲的孩子而來的故事可以是很有趣的。我

（KMW）四歲的孩子主動告訴我當他還是寶寶時的故事。他堅持他的妹妹教他怎麼走路和許多其他的事。他的妹妹在他學走路時還未出生。他不在乎這個討人厭的細節和他對過去的描繪是有所牴觸的。無論如何，這告訴我的是，他依仗他妹妹的支持和鼓勵。他的存在是依靠著她的存在，而且他無法想像沒有她的時間。這很有可能是真的，畢竟他們只有相差二十二個月。

在詢問孩子早期經驗回憶之前，你會想要建立起關係、觀察孩子平常的行為，和蒐集關於孩子家庭星座的訊息。這些預備的過程提供你一個基礎，幫你決定是要讓孩子畫畫、說、用沙盤，還是用手偶或娃娃演出，來蒐集早期經驗回憶。這應該建立在孩子偏好的表達方式上。這預備的過程也可以給你一個脈絡，來了解回憶的意義和它們如何與孩子的生活型態有關。你會想要蒐集五到七個早期經驗回憶。對於一個孩子，這過程應該是要跨越好幾個單元的，假如心理師期待孩子花一整個單元只做早期經驗回憶的話，孩子可能會感到無聊和想反抗。

根據選擇的表達模式，你可以像是這樣說：

- 「畫一張關於你很小的時候發生過的某件事的圖畫。」
- 「告訴我一個關於你小一點的時候發生過的某件事的故事。」
- 「用娃娃、手偶或沙盤物件，來告訴我一個當你還是小小孩時做過的某件事的故事。」

假如孩子用圖畫來記錄早期經驗回憶，你會想要讓他／她告訴你圖畫中正在發生什麼事。無論孩子用什麼樣的表達形式，你應該要寫下他／她說的所有事（在單元中或結束後立刻）。詳細的訊息會幫助你詮釋這個早期經驗回憶對孩子來說是什麼意思。同樣重要的是，讓孩子描述任何和這個記憶有關的情感，並讓他們猜猜當這件事發生時他／她幾歲。

在孩子敘述一些早期經驗回憶後，遊戲治療師開始找尋每個記憶的中心主題，以及不同記憶之間整體的模式。藉由參考下列的問題（Dewey, 1978; Eckstein & Kern, 2009），治療師可以開始形成關於孩子生活型態的概念：

- 每個回憶的情感氛圍是什麼？在不同的回憶中，有一個情感氛圍的模式嗎？

- 每個記憶的焦點是什麼？在這個回憶中，有什麼因為是最重要或最清晰而突出的部分嗎？在不同回憶的焦點中有一個模式嗎？

- 在每個回憶中，個案是其中的一部分嗎？假如是，個案是一個觀察者或者參與者？在不同的回憶中，有身為一個觀察者或者參與者的模式嗎？

- 假如個案是回憶中的一部分，他／她是獨自一人或者和別人一起？在記憶之間是否有獨自一人或和他人一起的模式？

- 假如個案是回憶中的一部分，他／她在回憶中和其他人的的關係如何？在不同的回憶裡，這些關係是否有個模式？

- 假如個案是回憶中的一部分，他／她是施與者還是接受者？有一個模式嗎？

- 對於人們、所有物或當時的情況，有一個主要的掛慮點嗎？在這些記憶中有一個模式嗎？

- 在回憶中，個案在感覺或者行動上看起來是優於他人或者不如他人？有一個模式嗎？

- 對於當下的情況個案是有掌控的還是其他人有掌控？假如個案是有掌控的，他／她如何獲得這樣的權力？假如是別人有掌控，是誰，以及那人如何獲得掌控？模式是什麼？

- 是個案照顧他人還是他人來照顧個案？假如個案是照顧他人的，這是如何發生的？假如是其他人來照顧個案，這是如何發生的？他們照顧個案的什麼？模式是什麼？

- 個案和記憶連結的情緒是什麼？那些情緒有多強烈？個案認為這些情緒是關於什麼？模式是什麼？

- 個案是遵從的或者反抗的？模式是什麼？

孩子的早期經驗回憶可以是他們生活型態的精華版本。藉由檢視這些早期經驗回憶並且找尋模式，阿德勒遊戲治療師開始領會孩子對他們自己、他們和他人的關係，以及他們看待這個世界的態度。

◆ 人生任務的功能

如同阿德勒理論所定義的，在我們生命中有五個一定要掌握的任務：**工作**（work）、**愛**（love）、**友誼**（friendship）、**靈性／存在**（spirituality/existential），以及**自我**（self）（Maniacci et al., 2014; Sweeney, 2009）。對孩子來說，我們將工作的人生任務定義為他們在學校的功能；愛的人生任務是他們和其他家庭成員的關係，以及在家庭中他們的連結程度；而友誼的任務就是他們和其他小孩的互動，以及對他們抱持的態度。許多孩子對於更抽象的問題，像是人們如何以及為何存在，還未發展出強烈的信念，所以對他們而言，靈性／存在的人生任務可以被定義為有目標性的感覺、樂觀、價值觀，以及他們對於某些更高的存在的看法。Sweeney（2009）把自我（或者自我方向 [self-direction]）的人生任務定義為含括自我價值感、控制感、實際可行的想法、情緒的覺察和處理、問題解決和創意、幽默感、營養、運動、自我照顧、壓力管理、性別認同，以及文化認同。當我們想到孩子和他們在自我人生任務上的功能，這所有的元素都可以影響到他／她對這個人生任務的掌握程度。

觀察自由遊戲、家人間的互動，以及由孩子、家長、其他家庭成員、孩子的教師和學校心理師所提供關於孩子在校的行為和資訊，這些可以給你有關這孩子人生任務功能的大量訊息。同樣有幫助的是，設定特定的遊戲情境、運用學校戲劇（school play）、娃娃屋、手偶、動物物件和寶寶娃娃，來探究孩子對每個人生任務相關的情緒、想法和行動。

在探索友誼的人生任務時，你可以問孩子像是這樣的問題：你如何和其他孩子相處？你會如何描述你最好的朋友？你喜歡他／她的什麼？他／她喜歡你的什麼？你們會一起做什麼事？你其他的朋友是誰？你在哪裡會見到他們？你

和他們會一起做什麼活動？你喜歡和許多孩子一起玩、和幾個孩子玩就好、只要有另一個孩子就可以，或者是自己玩？如果你可以改變你和其他孩子關係裡的任何事情，你會想改變什麼？你也可以做關於友誼的藝術或沙盤活動，像是讓孩子用一個身體輪廓（body outline）或者身體地圖（body map）（Santen, 2015）來設計一個完美的朋友；用一個沙盤，裡面充滿代表孩子在朋友身上找尋的特質的物件；或在單元裡帶來一些可以表達他／她對友情想法的歌曲。讓孩子創作一個關於友誼的故事或手偶劇，或像是念關於友誼的書並和孩子討論書中發生了什麼，這是另一種探索這個人生任務的方式。和大一點的孩子，可以請他們寫詩（Kaufman, Chalmers, & Rosenberg, 2014），或者做關於友誼的磁性詩文（magnetic poetry*）創作，這些通常是有趣且有啟發性的。你甚至可以將影像遊戲治療（video play therapy）（Frey, 2006; L. Rubin, 2008）做個改變，演出（透過手偶劇或者沙盤）在電影、電視秀和電玩遊戲中會讓孩子感興趣的關於友誼的部分。

　　為了評估孩子在工作／學校人生任務上的功能，你可以問以下的問題：在學校過得如何？你最喜歡學校的什麼？什麼是你最喜歡的科目？你最不喜歡學校的什麼？什麼是你最不喜歡的科目？跟上學相比，什麼是你更寧願做的？你在學校做得最好的是什麼？你的老師（校長、學校心理師、學校清潔管理員）喜歡關於你的什麼？關於學校，你想要改變什麼？什麼會讓你在學校惹上麻煩？當你在學校惹麻煩時，會發生什麼？（假如有任何結果的話，那會是什麼？）在學校誰會管教你？你對那個人的感覺如何？在學校被管教時，你如何反應？你也可以觀察孩子自發性的學校遊戲，或者建議你們一起玩關於學校的事，不管是角色扮演或用手偶或物件。讓孩子做學校動力圖（Kinetic School Drawing, KSD）（Knoff & Prout, 1985），或者關於學校動力_____的其他變形也是有幫助的（可以是沙盤、詮釋性舞蹈、彈奏樂器，或者一些其他被設計來探索孩子對於學校經驗的想法、情感和感知的表達性活動）。（參照附錄 E 的

---

*譯註：magnetic poetry 是一種遊戲，在不同的磁鐵上有單字讓使用者可以照著自己
　　想要的方式重組。

指示，來獲得如何給予學校動力圖，以及可以用來蒐集更多關於學校互動訊息的問題。）

對孩子來說，愛的任務實際上就是關於他們和他們家庭的連結。你會問的問題和在生活型態中，你會提出來探索他們家庭氣氛和家庭星座的問題相似，像是：你會如何描述家中的每個人？你的兄弟姊妹中哪個人和你最不一樣？他／她和你如何不一樣？（在一個只有兩個孩子的家庭中，問另一個手足如何和個案不一樣。）你的兄弟姊妹中哪個人和你最相像？他／她和你如何相像？（在一個只有兩個孩子的家庭中，問另一個手足如何和個案相像。）你爸爸是個什麼樣的人？你媽媽是個什麼樣的人？你的家長當中你最像哪個人？你和他／她如何相像？在家中你會因什麼而惹上麻煩？當你在家中惹麻煩時，會發生什麼？（假如有任何結果的話，那會是什麼？）當你在家中惹麻煩時，你會做什麼（你會如何反應）？哪一個家長比較嚴格？他／她會對什麼嚴格？當你的家長意見不同時，會發生什麼？你的家人會一起做什麼有趣的事？假如你可以改變關於你家的任何事，你會改變什麼？顯然地，你也可以觀察孩子的家庭遊戲，或者請他／她和你一起玩娃娃屋或者在廚房區玩。你可以做家庭動力圖或者其他家庭動力活動（舞蹈！藝術！音樂！）。和不喜歡畫畫的孩子，你可以做一個動物圖片拼貼畫，而動物們分別代表家庭中的每個人；一個貼紙的拼貼畫，貼紙象徵家庭成員和他們彼此間的關係；或者一個沙盤，並用物件分別來代表家中的每個成員。

探索自我的人生任務時，你會想要詢問像是以下的生活型態問題：假如你有三個願望，它們會是什麼？假如你生活中的任何事能有所不同，什麼會是你想要改變的？假如你可以成為遊戲室中的任何玩具，你會是什麼玩具？你喜歡關於那個玩具的什麼？什麼會讓你感到受傷／難過？關於 _____ 的什麼會讓你感到受傷／難過？當你感到受傷／難過時，你會如何行動？當你感到受傷／難過時，你的家長或者其他人如何反應？你擅長什麼？你希望你能做得更好的是什麼？你喜歡自己的什麼？其他人喜歡你的什麼？你希望可以改變關於自己的什麼地方？你也可以用藝術活動像是用顏料或黏土做自我肖像（self-portrait）

（Sobol, 2010）、玫瑰花叢、著色你的生活（Color-Your-Life）（O'Connor & New, 2002）、身體輪廓，或者身體地圖，諸如此類的。讓對運動或者電玩遊戲有興趣的孩子，發展出一個關於受歡迎的運動人物的故事（Crenshaw & Baker, 2008），或者電玩中的一個角色（Enfield & Grosser, 2008; Riviere, 2008），這也許是探索自我人生任務的另一種方式

探索孩子對於靈性／存在人生任務的掌握時，你可以問孩子的家長有關孩子及家庭的靈性議題，並且你可以問孩子像是這樣的問題：你相信上帝／神的什麼？你有去禮拜／宗教儀式嗎？你在那裡做什麼？你喜歡關於它的什麼？你在那裡學到什麼？你覺得人死後會發生什麼？你也可以開始一個藝術活動，像是畫一張上帝、佛祖、阿拉和其他靈性或宗教人物的畫，或者一張當你死後會發生什麼的圖。依照家庭的宗教傳統，你也可以讀這些書給孩子聽，像是《上帝是什麼？》（*What is God?*）（Boritzer, 1990）；《你相信什麼？》（*What Do You Believe? [Big Questions]*）（Star, 2011）；《假如我可以問上帝任何事：對好奇的孩子來說很棒的聖經解答》（*If I Could Ask God Anything: Awesome Bible Answers for Curious Kids*）（Slattery, 2010）；《佛陀的床邊故事》（*Buddha at Bedtime*）（Nagaraja, 2008）；《老烏龜》（*Old Turtle*）（D. Wood, 2007）；或者《珍妮的冬至樹》（*A Solstice Tree for Jenny*）（Shragg, 2001）。

◆ 生活型態概念化

重要的是記得，蒐集這所有資料的目標，是為了幫助形成一個有關個案和他／她的世界的描寫，並把它用來幫助個案獲得對其生活型態的洞察，且在態度、感知、情緒回應和行為上做出改變。以蒐集到關於家庭氣氛、家庭星座和心理出生序位置，以及早期經驗回憶的訊息為基礎，一個關於孩子的感知、基本信念、個人邏輯、獲得重要性／意義的方法，以及行為目標的描繪便開始浮現。把這所有的資訊放在一起，阿德勒遊戲治療師可以開始形成生活型態的假設，以及概念化孩子的生活型態，然後把這當作計畫之後遊戲治療過程的基石。

🔖 案例

接續第五章，此案例在這個部分是用來闡明阿德勒遊戲治療師如何在治療的第二個階段蒐集關於孩子的訊息，並且用這個探索來開始形成關於孩子生活型態的推測。

在第三個到第七個和 Phoebe 一起的遊戲治療單元裡，以及和 Simon 先生和太太的家長諮詢單元中，我蒐集到關於家庭氣氛、家庭星座、早期經驗回憶和人生任務功能的資訊，用它們來形成對於 Phoebe 的內在資產、重要 C 信念、不適應行為的目標、人格優先順序、偏差信念和個人邏輯的了解。因為我相信一些祖父母自身人格的動力對於 Phoebe 的行為和態度有影響，我也決定對他們做一個非正式的概念化。因此，我從祖父母身上蒐集關於他們原生家庭的訊息。我和 Phoebe 的老師短暫的聊天，她描述了 Phoebe 在班上的行為，以及她自身和 Phoebe 工作時的技巧和策略。我們對於她怎麼處理 Phoebe 的行為都是感到放心的。我決定蒐集訊息來概念化這個老師的生活型態並不必要。

在跟 Simon 先生和太太對談時，我發現他們有許多相似的家庭背景。他們都在勞動階級、單親媽媽、多個孩子和經濟困難的家庭中長大。兩個家庭的氣氛都是不可預測及令人氣餒的，且具有不適當的界線、難以預期的管教方式，和對經濟擔憂的特徵。Simon 先生的母親有酒癮，反覆在康復和使用酒精之間輪迴。因為她在酒精上的掙扎，而難以維持一個工作。她在康復階段時，會投入基督教教會，參加許多不同的新教教派（Protestant denominations），並且強迫她的孩子一同參加。Simon 先生從未見過他的生父。他的母親在他孩童時期有許多男朋友，但是從未和他們之中任何人同居。他們滿常搬家的，因為他們無法按期支付所住公寓的房租，但是從未無家可歸過。Simon 先生是兩個孩子中年長的那個，並且覺得有照顧他的手足和母親的責任。

Simon 太太的母親和父親是有結婚的，直到她四歲時，她的父親因為癌症過世。她的母親從未再約會，把自己完全埋首於孩子們的生活中，以及有個在

當地的超市檢驗食品雜貨的低薪工作。Simon 太太的整個家庭都全力投入天主教教會。她的原生大家庭之間的互動傾向於相當反覆無常和充滿衝突的，有時是關於宗教，但也包括金錢、孩子養育和價值觀。Simon 太太是四個孩子中最小的。她通常被她的兄姊和母親溺愛著，但是她的母親用讓她感到羞愧和有罪惡感的方式，當作主要的教養策略。還是孩子時，Simon 太太是相當有冒險心和創造力的，她試圖在絕大多數情況下做到最好。例如，她用房子周圍的瑣碎物品設計出遊戲、追逐和抓蟲子，並且在認為母親感到寂寞時，當她媽媽的死黨。Simon 太太的母親相信 Simon 太太是她先生遺留在這世上的最後一個部分，而給予她特別的關注和待遇。

身為大人，Simon 先生和太太在努力工作、財務穩定和夥伴關係上有相似的價值觀。他們兩個都是由艱苦奮鬥的單親媽媽帶大的，所以他們強烈地相信，孩子應該在兩個家長都努力維持堅固婚姻關係的家庭中成長。他們都想要學習一個教導和平、正念及和諧的信仰，並相信能在佛教中找到這些。Simon 太太試圖將靈性的部分和她的先生及大家庭分享。Simon 先生同意和太太一起學習佛教，但是比較不那麼投入。即使他們有相似的價值觀和目標，但他們實施這些的方法是有所不同的。

Simon 先生發展出的人格優先順序是取悅和安逸。他說他並沒有許多朋友，而且覺得和他人互動是困難的。他有個偏差信念是自己是不被喜歡的。我推斷重要 C 信念中的連結部分對他來說是有挑戰的。Simon 先生因為害怕不成功，或者在他沒有衝突的生活中製造出問題，而不喜歡冒險，這意味著他在重要 C 信念上的勇氣部分也有所掙扎。Simon 太太發展出的人格優先順序是取悅和卓越。她相信需要證明自己是有存在價值的，以及在她與他人的關係中需要大量的再保證，試圖藉由不設定適當的界線，來確定人們會喜歡她。她相信能照顧他人是她有價值的唯一方式。他們兩個都表示，因為沒有父親在他們的生活中而感到很大的悲傷和空虛，所以要確保他們的孩子以及他們的孫女 Phoebe，盡可能從越多人身上感受到愛和支持越好。Simon 太太因為童年時自身的失落，而對 Phoebe 的狀況感到特別的難過並覺得對她的幸福有責任。在

和他們談話時，我指出問題的一部分是來自於他們自身的議題，那阻礙了他們能夠像想要的一樣，可以前後一致和支持 Phoebe。我也試著向他們再次保證，困難不是不能克服的。我提出他們帶 Phoebe 來諮商，證明了他們對孫女還有兒子的關心和責任感。

在前兩次的單元中，我從 Phoebe 的圖畫和廚房遊戲，得到一些關於她怎樣理解她家庭的訊息。我想要再蒐集更多的訊息，是有關她如何看待她的家庭氣氛和她對於生活安排的改變感覺如何。在第三個單元，我邀請 Phoebe 和我一起玩娃娃屋。她說不想玩娃娃，想要玩沙箱。為了表達對她決定的尊重，我建議我們可以在沙箱中玩動物物件，而她同意了。在沒有更進一步的指示下，她挑了兩隻長頸鹿和兩隻海豚，並把它們放在方型沙箱的一個角落。在和它們玩時，它們似乎彼此親切地互動著。我請她告訴我關於這些動物的事。她說：「海豚和長頸鹿住在一起。他們煮東西、讀書、看電視以及在外面玩。」我針對她的遊戲和動物的選擇做後設溝通：「他們相處融洽。我從來沒看過長頸鹿和海豚玩在一起。」她回應：「他們不應該住在一起的，但是海豚必須要搬家，因為海洋變危險了。」（雖然我沒有對這個做評論，我注意到她選擇的動物是典型的溫馴生物，即使他們生活在野外。）沙箱中留下了很多的空間，而我決定詢問沙箱中其他的部分正發生什麼事。她準備好跟著我的引導，並且開始描述這些動物的生活中其他發生的事。一開始，她拿了另一隻海豚放在沙箱的一角，然後把它埋起來。為了看她會將這過程帶到哪裡，我說：「你把那一個埋起來了。」她說：

這是海豚媽媽，而且是前所未見最棒的海豚。她就像是海豚公主而且被所有的海洋動物所愛。她有許多朋友、超級聰明而且非常漂亮。她想念她的海豚寶寶。

當她在描述時，她看向另外兩隻海豚還有長頸鹿。她看起來在思考，然後我說：「我相信海豚寶寶也想念她。」就這樣，她走向玩具動物們，並挑選了不同的動物，像是老虎們、獅子們、猴子們、大猩猩們還有斑馬們。她把這些

排成一排放在沙箱的第三個角落。相似的動物被分成一組（例如：獅子一起、老虎一起，諸如此類的）。我把這種夥伴關係用後設溝通傳達出來。她指出這些動物在學校，並且說：

> 獅子們只喜歡和其他獅子們玩，而斑馬們只喜歡和其他斑馬們玩。斑馬們不能和獅子們玩，因為他們不喜歡彼此。動物們不喜歡和他們長得不像的動物玩。

我指出她配對的模式是「長得一樣」，並且在沙箱有特別的位置。最後，她挑選三隻玩具狗，並把它們放到沙箱中最後一個角落。她短暫的看了那個角落，然後在那個角落加了一隻小海豚。我說：「海豚和狗似乎可以玩在一起，即使他們看起來不像。」她馬上說：「狗比獅子和老虎還有其他叢林的動物好。他們會和所有其他的動物玩，**即使**是海洋動物。他們不像老虎和獅子一樣，脾氣暴躁又愛發號施令。」

因為 Phoebe 持續用隱喻的方式討論動物們，我決定間接地、維持在隱喻上來問問題，而不直接問關於她家庭的事。我請她告訴我關於長頸鹿和海豚家庭，他們喜歡一起做什麼、他們每一個做得好的是什麼、他們每一個會因為做了什麼而惹上麻煩、什麼讓他們快樂、他們會為了什麼感到難過，還有假如他們有三個願望，他們會許什麼願望。Phoebe 聲稱海豚和長頸鹿家庭相處和睦，海豚爸爸（她如此指認）不常在家，而海豚寶寶經常感到無聊。她說這個家庭喜歡看電視、在外面散步，和照顧家裡的動物。Phoebe 告訴我：「長頸鹿奶奶擅長閱讀、打掃和給緊緊的擁抱。長頸鹿爺爺擅長做鬆餅和開車。」她分享：「長頸鹿們從未惹上麻煩，因為他們很大而且可以設定規則。海豚寶寶最常惹麻煩，因為她不喜歡做長頸鹿們想要做的。」她說：「長頸鹿們總是干涉海豚。他們想要她像他們一樣當隻長頸鹿，但是她不能當長頸鹿。我想長頸鹿們因為海豚寶寶不是一隻長頸鹿而感到難過，而且當海豚做長頸鹿做的事時，他們就開心。當海豚寶寶再也不能看到她的朋友，而只能和長頸鹿玩的時候，她感到難過。」我指出她沒有談論海豚爸爸，然後她說：「海豚爸爸總是不

在。我真的不知道太多關於他的事。」到這個時候，海豚寶寶似乎象徵著
Phoebe 如何看自己（一隻在水外的魚？），所以我只問關於它的三個願望。她
告訴我海豚寶寶希望「能夠回到海洋和她的朋友、她的媽媽和她的舊家在一
起」。她也希望其他人能停止告訴她該做什麼，還有不要再把她像寶寶一樣對
待。Phoebe 在回答我的問題上非常合作，整個時間裡都留在隱喻的描述上。
因為我們的時間到了，我沒有問關於其他角落的事。我有問她是否可以對沙箱
裡的動物拍兩張相片——一張給她，然後一張給我。她說可以，而且很興奮地
把照片秀給她的祖父母看。我選擇不要求她將玩具收好，告訴她這禮拜我們可
以就把東西放著，但是下個禮拜我們會一起收玩具。

當我思考關於 Phoebe 用動物和沙箱的工作，我看出她已經揭露更多關於
家庭氣氛，以及這如何影響她的生活型態的訊息。Phoebe 感知到的家庭氣氛
似乎是她在裡面沒有太多的權力來做決定，然而卻多少需要擔負起她祖父母快
樂與否的責任。我想她也認可，在某些程度上，她的祖父母和爸爸是愛她的並
且想要她快樂。以這個互動為基礎，以及我和她祖父母的數個單元，我相信
Simon 家庭表現出愛和支持的積極正向特質。然而，Phoebe 有時似乎覺得她要
為家庭成員的快樂負起極大的責任。她感到快喘不過氣，而且被過度保護，幾
乎沒有機會練習自己做決定。因為她住的附近沒有其他孩子，在學校也還沒有
太多朋友，她並沒有機會和同年紀的人來練習分享權力與協商。Phoebe 學到
藉由透過強烈要求和對抗來表達立場時，她可以得到她想要的，並且證明給自
己看，她是重要且能控制自己的 。

透過她在沙裡的工作，Phoebe 也告訴我許多關於她的內在資產、不適應
行為的目標、重要 C 信念、人格優先順序，以及她家庭、友誼和自我的人生
任務功能。她在家裡似乎不是感到窒息就是疏離：她不是一個人，就是被一種
保護她不要犯錯或嘗試新冒險的方式來溺愛著。我想這有一部分是因為她是家
中唯一的孩子，而另一部分是因為她祖母有著在年紀小的時候，就失去一個家
長的類似經驗。Simon 太太試著保護 Phoebe 免受更多的傷痛，而這造成了
Phoebe 的挫敗感，同時也感到被控制。在沙箱中明顯有區別的各個角落，可

能代表她感到生命中不同的領域並沒有特別好的整合。在多數和成人的互動中，她像是需要持續被嬌養和保護的寶寶一樣被對待。在這樣的方式下，她沒機會學習如何去適應困難或挑戰。她的祖父母和父親都很關心她，並且希望能做點什麼來彌補她母親的離世。搬過去和她的祖父母住之前，她習慣總是得到她想要的。在她搬進和祖父母住之後，Simon 先生和太太試圖擔負起多一點家長和少一點祖父母的角色，Phoebe 對此也感到困惑。她的學校、朋友和老師全都變了。這些改變造成不確定性，進而激起了她控制的渴望。她越覺得失去控制，就變得對朋友和老師更加強烈的要求。她的行為把其他同學推離，在她和他們之間造成了更大的距離和孤立。我相信 Phoebe 在實驗如何在家中找到一個重要性／意義的位置，一個感覺她對家庭是有貢獻的並且能自由做決定的位置。假如她沒有被給予機會做符合年齡的決定，並且有符合她發展程度的責任，她會藉由強力要求和無禮的方式來「奪取」權力。

在我們的第四個單元，我繼續蒐集更多關於 Phoebe 生活型態的訊息，並且對她對於自己是混血兒有什麼樣的理解特別感興趣。首先，我請她告訴我一些一般的早期經驗回憶。她婉拒告訴我或者表演出任何關於她小時候的故事。我接著試圖得到有關一個特定議題的聚焦式早期經驗回憶。我解釋當我還小的時候，有時候會感到有點奇怪和覺得自己是不一樣的，因為我很窮而且衣服很醜，所以我在想她是否記得任何她覺得和其他孩子或其他人不一樣的時候。Phoebe 安靜了很長一段時間，然後我開始擔心剛剛太直接了，或者她不太了解我的問題，但我就是安靜地坐著，等待她的回應。她終於告訴我一個故事，是關於有一次在她的舊學校，其他孩子問她為什麼沒有媽媽，而且為什麼她和她爸爸長得不像。Phoebe 敘述她有試圖要跟她爸爸談這件事還有她的感受，而她的爸爸告訴她，這些孩子們就只是刻薄而已，所以她不應該在意他們。他也告訴她關於媽媽是從墨西哥來、說西班牙文，並且知道如何做許多好吃食物的故事。她分享當他們談到媽媽時，爸爸就開始哭，所以她決定再也不和他提到媽媽了。Phoebe 解釋說她想要談論媽媽，因為她不記得她，但是因為不想要爸爸難過，所以害怕跟他說。在她提了這個之後，我們有個遊戲中斷（play disruption）。她突然改變主題，並走到娃娃屋去玩。即使我後設溝通她對於我們的對話感到不舒服的看法，她忽略我，並在剩下的單元裡埋首於玩娃娃屋。

我和她的祖父母提起關於 Phoebe 是混血兒的話題，並獲得了支持性的回饋。他們其實也擔心，但因為 Phoebe 在家裡沒談過這個，就認為它不是一個問題。這為我創造出一個機會去表達我的想法，有關 Phoebe 因為不想讓他們心煩，而不願和他人分享她的情感。我告訴他們，我相信 Phoebe 想知道更多關於她母親的事，假如他們可以分享關於 Alicia 一些溫暖和有趣的故事，她可能會覺得和媽媽的整個家庭更有連結。Simon 先生對這部分感到不確定，但是同意和 Christopher 討論這個可能性。Simon 太太同意這可能會有幫助，並且連結到她了解關於她父親的事的經驗。

在第五個單元，我決定轉換回較不具指導性的取向，來看看我可以透過 Phoebe 的自由遊戲獲得什麼樣的訊息。在這個單元裡，她幾乎都只是自己玩，直到單元的最後才邀請我加入。她畫畫和玩廚具組。她輕輕抱著寶寶娃娃並餵它吃東西。她和一些恐龍玩，有幾個較大的恐龍告訴小一點的恐龍去做什麼，並且讓小的恐龍和大的爭吵，還有當他們愛命令人的時候，就忽略他們。

我相信這個寶寶娃娃是關於她和她媽媽以及祖母的關係，她感到被她的祖母所愛與在乎，而且她想念她的母親。我也有想到這可能和她感覺像是一個寶寶有關，即使她現在是個有能力靠自己做許多事的「大女孩」了。對我來說，這個和恐龍玩的遊戲似乎是關於家庭星座：她在家庭和自我的人生任務功能、不適應行為的目標、重要 C 信念，和人格優先順序。在家庭或者生活裡，她感到沒有權力或控制，而透過恐龍們，她可以把被控制的感覺表現出來。她似乎發展出了權力的目標——試圖要壓倒其他人，來確定她對自己是有一些控制的。這和她的人格優先順序有關，而那似乎是控制。我的詮釋是，她感到非常有勇氣，但是在重要 C 信念中有連結、有能力和有價值上是有困難的。她不確定她可以如何有連結、可以做什麼來展示她是有能力的，或者她在家庭裡是否有價值。

在單元快結束時，Phoebe 拿了在早一點的單元中所拿的獅子們、老虎們、大猩猩們和斑馬們並把他們分組。然後，她給我一隻她在先前稱作「寶寶」的海豚。她要我把它從一個組移到另一個組，詢問他們是否想要成為朋友。她為獅子們、老虎們、大猩猩們和斑馬們發聲，叫海豚走開，他們不想要和她成為朋友，因為她和他們不一樣。她要我讓海豚表現出生氣，然後開始跳在其他動物身上，來「試著強迫他們成為朋友」。我反映這些不同動物的情緒，特別是海豚的，我相信它代表 Phoebe。當我們在玩這個時，Phoebe 似乎非常難過，我反映這個而她也承認。回到隱喻，我說：「我敢說海豚也是難過的。她想要和其他動物成為朋友，卻不知道他們為什麼不當她的朋友。她不確定怎麼交朋友。」

我猜想這遊戲是否和 Phoebe 的生活型態中兩個不同的部分有關——一個是關於在這世界上找到一個位置，而另一個是與她對於身為一個混血兒或者看起來和新學校其他孩子不同有關的情緒和所形成的想法（在新學校的孩子主要都是白種人，其他種族身分的少於百分之三）。這些遊戲主題暗示，她在理解如何能加入其他人和被接受上是非常掙扎的。她似乎在友誼和愛的人生任務上有困難，不確定如何能從她的同學和其他家庭成員那裡獲得接納。她之前單元裡的一些遊戲（第一個單元的不確定感，她在沙的工作中清楚的區域劃分），也很可能和她對於身為混血兒怎樣影響她歸屬能力的疑惑有關。

Phoebe 生氣的進到第六個單元。祖母說她在學校因為推了另一個孩子而惹了麻煩，然後因為要來治療而大發脾氣，並且拒絕進到我的辦公室。Simon 太太不確定可以做什麼，便用可以到玩具店一趟誘惑 Phoebe 和我進到單元裡。Phoebe 幾乎將整個單元的時間都花在忽視我，並用軟式子彈槍射牆。我沒有試圖催她和我互動；我反映她生氣和沮喪的感覺。我後設溝通關於她在學校惹了麻煩，然後感覺像是沒有人了解她。我花了大部分的時間就只是看著她，試圖安靜地傳達我對她無條件的關懷。在單元結束時，她畫了一張有眼淚沿著臉頰流下的臉，撕毀它，把它丟到垃圾桶，然後跑出房間。

Phoebe 來到我們的第七個單元時，比前一個單元要開心許多。因為在學

校交了一個新朋友，所以她非常興奮。我請她畫一張有她自己、她的新朋友、她班上一些其他的孩子，還有她的老師的圖。她同意做這個，而當她在畫畫的時候，我問她一些附錄 D 中，關於她朋友和學校狀況如何的這一類生活型態的問題。她畫了一張有她還有其他兩個人形的圖。當她在畫畫時，她告訴我，在之前的學校她有許多朋友，而在這個學校她沒有任何朋友。她說在教室裡大家人都很好，但是「沒有人在下課時間跟我玩，或者在午餐時和我一起坐」。當她完成圖畫時，我問她一些附錄 E 清單上關於圖畫的問題。Phoebe 相信她的新朋友喜歡她，因為她「在學校和對老師都適應得比較好了，這個新的女孩不知道我以前惹了很多麻煩，所以她對我好」。Phoebe 花了很短的時間分享這幅圖畫，便決定要玩收銀機，指定我為收銀員而她是購物者。當她購物時，她說她在買「禮物」給她的朋友、自己還有家人。她也刻意買了「墨西哥食物」，並且要確定我知道她在買這樣食物。因為一些原因，我發現這是有趣的。首先，典型來說，當我和孩子玩收銀遊戲，收銀員是有掌控的那一個。我後設溝通關於她分享權力、渴望藉由買禮物給朋友來取悅對方，並且害怕朋友決定不再跟她當朋友。我也後設溝通關於她和她媽媽感到有連結，並且渴望和媽媽是相像的。

即使我在之後的單元會繼續蒐集更多的訊息，我相信我現在有足夠的資訊來開始概念化 Phoebe 的生活型態，以及制定一個和她工作所需的處遇計畫。我想到我可以做一個有效的評估，是有關祖父母的生活型態如何影響他們和她的互動，並且發展出一個計畫，是能夠幫助他們在教養的角色上和家人間的關係上做一些必要的改變。

這個案例會持續到第八、九、十章，我將會概述對於 Phoebe、她祖父母和她爸爸的概念化還有處遇計畫。我描述一些策略，是用來幫助 Phoebe 獲得對她生活型態的覺察；決定她是否想要改變；以及學習和練習一些新的技巧和態度，我也會描述用來和 Phoebe 的家人諮詢的技術，這些能幫助他們更了解她，並且開始在家庭氣氛和教養策略上做轉換，進而支持 Phoebe 決定要做的改變。

摘要

在阿德勒遊戲治療的第二個階段，治療師運用特定的策略來探索家庭氣氛、家庭星座、早期經驗回憶，以及孩子和家長（適當的時候也包含教師）的人生任務功能。這過程的目的是蒐集關於孩子的內在資產、重要 C 信念、不適應行為的目標、人格優先順序、偏差信念，和個人邏輯的足夠訊息，來形成一個關於孩子和他／她所處社會脈絡的清楚構圖。這個描寫將會引導治療師在阿德勒遊戲治療過程中的第三和第四階段，幫助這孩子和他／她家人（和學校人員）在態度、感知、想法、情緒和行為上做改變。

 其他相關資源

● **家庭氣氛**

http://www.adlerian.us/atmosph.htm

http://www.lifecourseinstitute.com/majorcon.htm

● **出生序**

http://www.adlerian.us/birthord.htm

http://www.ncbi.nlm.nih.gov/pmc/articles/PMC3375868/

https://www.psychologytoday.com/blog/fulfillment-any-age/201305/is-birth-order-destiny

● **早期經驗回憶**

https://ojs.lib.byu.edu/spc/index.php/IssuesInReligionAndPsychotherapy/article/viewFile/171/170

Chapter 8

有了這所有的訊息，我可以做什麼？
發展阿德勒生活型態概念化和處遇計畫

　　使用這些在遊戲治療的第二階段蒐集到的訊息，阿德勒遊戲治療師形成對於孩子的概念化（conceptualization），這將幫助引導剩下的治療過程。這就是那個關鍵點——當治療師從了解個案到幫助個案辨別出哪裡是需要改變的地方，並且開始改變的過程。治療師整合從：（1）觀察到的孩子的遊戲主題、孩子和他人的關係、孩子的美術作品，以及孩子在遊戲室內外的行為；（2）孩子針對治療師詢問的回答；以及（3）和家長（有時和教師）的訪談，這些地方所得到的訊息。假如治療師認為孩子生活中的大人，對於孩子經歷到的任何挑戰有相當大的影響，同時發展出關於家長和／或教師生活型態的概念化也是有幫助的。即使大人對孩子的困難沒有影響，他們經常可以幫助孩子做出改變，所以概念化家長或教師是有用的。遊戲治療師概念化孩子以及孩子生活中的其他人，然後策劃出一個處遇計畫，這是能用來和孩子以及其他需要在認知、情緒、行為或態度上調整的任何人一起工作的，進而支持孩子在遊戲治療第三和第四階段做改變。

　　在阿德勒遊戲治療中，你不會就帶著一張有關個案生活型態的單子進到單元裡，並向個案逐一解釋上面的東西。（儘管如此，想像假如你嘗試這樣做，

一個孩子臉上會有什麼表情是還滿有趣的！）和個案分享這些概念化的訊息是重要的，但是要用一種漸進的、精巧的方式。阿德勒遊戲治療的第三個階段是協助孩子獲得對自己生活型態的洞察。你會運用後設溝通和做一些推測、運用隱喻和藝術技巧，並且提出關於對話和遊戲的詮釋，來幫助孩子對以下的部分有更清楚且更客觀的了解：關於他／她如何看待自己、他人和這個世界，以及他／她如何就好像這些感知是真實的一般去行動。在諮詢的單元中，治療師努力幫助家長（和教師）培養對以下的部分有更好的了解：對於孩子的生活型態、他們自身的生活型態，以及所有相關人物在交流時生活型態間的相互作用會如何影響孩子。

🔻 生活型態概念化

在發展生活型態的概念化時，遊戲治療師從遊戲治療第二階段蒐集到的訊息總結出關鍵的要素，並且形成一張關於生活型態信念（個案行為是基於這些基本的信念）以及源自於這些信念的行為的清單（附錄 G 有一個範例表格可以在這過程使用）。遊戲治療師也可以檢視個案的個人邏輯，來當作更進一步了解他們的認知、態度、情緒和行為的方法。這個過程給治療師一個關於個案的生動的描繪：他們用什麼樣的方法來獲得歸屬感，以及他們需要怎樣的支持，來幫助改變他們在思考、感受和行動上的自我挫敗模式。

❤ 兒童的生活型態概念化

我們知道當阿德勒遊戲治療師在概念化人們時，需要考量許多不同的事，而且我們相信這和每個人的複雜性和創造性有直接的關係。為幫助概念化的任務（因為我們相信這對可以有效能且有效率的和個案工作是必要的，以及我們想要讓事情對你來說盡可能的簡單），我們提供一張在概念化生活型態時，需要去考量的重要領域清單。發展孩子生活型態概念化的第一個步驟，是總結以

下的訊息，並且探索孩子的感知、態度和行為如何被自己生活型態中的這些元素所影響：（1）孩子的內在資產；（2）孩子在五項人生任務中，每一項的功能；（3）遊戲主題；（4）孩子對於自己心理出生序的理解，以及那些理解如何影響孩子的態度和行為；（5）孩子對於家庭氣氛的感知，以及那些感知如何影響孩子的態度和功能；（6）孩子早期經驗回憶的主題，那代表了孩子對自己、他人和這個世界的看法；（7）孩子不適應行為的目標；（8）孩子在每個重要 C 信念上的掌握；還有（9）孩子的人格優先順序，以及它們如何在與他人互動中呈現出來。

● 內在資產

　　發展有關孩子內在資產的清單是必要的，這包含積極正向的人格特質、天分、技巧和態度。這個清單是你在整段關係中，大多數鼓勵性陳述的基礎。當你和家長與教師溝通時，它在幫助你能將孩子的行為重新架構（reframe）上也是無價的。（這樣說好了，假如你有一張積極正向特質的單子在褲子後口袋，要抵消消極負向的事就簡單多了。）

　　要記得有些時候其他人可能把某些特質看作是孩子的一個不利條件或者問題，假若孩子願意調整做事情的方式，那裡便可能是蘊含著內在資產的起源。你可能需要看穿破壞性行為和態度的喬裝，來找到潛在的內在資產。舉例來說，Bakr 拒絕和朋友分享玩具，並且創作一些有關他人的刻薄歌曲，同時也有著自信、創造力和音樂天分這些內在資產。在我們的案例中，Phoebe 在學校沒有朋友，而且常常製造機會讓別的孩子不喜歡她。即使老師擔心她現在使用這些天分的方式，而且這樣的方式也阻礙她建立關係，Phoebe 同時也擁有一個有決心和有計畫的內在資產。

● 人生任務的功能

　　在概念化這個部分時，我們常常會結合量和質的取向，來評估孩子在人生任務的功能。我們在每一個人生任務上，使用 1 到 10 分的量表系統，1 分指

的是孩子在這個領域真的很掙扎，而 10 分表示孩子在這個領域有最理想的表現。我們做質的觀察：關於孩子以及他／她在這五個領域的功能各是如何（工作、愛、友誼、靈性／存在和自我）。舉例來說，評估 Lin-Joo 在友誼人生任務上的功能，我們可能會注意到她似乎有許多朋友，但是他們不是她的家長和老師會贊同的那種朋友。他們是在學校惹了許多麻煩的孩子。對於 Jorge 在自我人生任務上的功能，我們可能會評論他有強烈的自我意識，這藉由自發性和創意性的問題解決技巧，以及擁有才智型的幽默感而展現出來，但是他傾向於用一種表現出不關心他人和他人感受的方式來使用這些技巧。在描述 Ingrid 在工作（學校）人生任務上的功能，我們可能會注意到，她在學校整體的進展似乎落後班上其他孩子，但是她在數學和科學上的表現是勝過他人的。

決定孩子在每個人生任務上的功能如何時，你需要考量來自家長、教師和孩子的訊息。在對這些功能的評估上，有必要考量到孩子的感知和大人們的可能會有所不同。假如有差異，把它記下是有幫助的，或許甚至可以用兩個或更多不同組的量表和評論，來代表在孩子人生任務功能上不同的意見。

● 遊戲主題

在概念化這個部分時，你要有一張在孩子的遊戲、隱喻、沙盤及藝術創作中，被表達出來的重要主題的清單。主題可以包含：孩子在遊戲、藝術、沙盤和故事中的角色與他人互動的方式、對壓力情境的反應、解決問題的努力、對失控情況的處理，還有談論有關自己和自身能力的方式等的模式──任何你認為會幫助你更進一步了解孩子的態度和行為的元素。

你應該也要在孩子和治療師的關係中找尋模式。孩子邀請你一起遊戲嗎？孩子獨自遊戲嗎？孩子忽略你嗎？孩子用吸引人的方式和你互動嗎？孩子似乎是喜歡並尊重你的嗎？孩子對你是懷疑和不信任的嗎？孩子似乎因為你的注意力而感到被安撫嗎？孩子有試著把你拉入爭論或權力爭奪中嗎？任何你們互動間的模式，都可將孩子在與他人連結時慣常的模式清楚顯示出來。

● 心理出生序—家庭星座

就像第七章提到的，在家庭星座中，孩子對於自己出生序位置的理解和那代表著什麼意思，比順序上真正的先來後到要更重要許多。概念化這個部分的目標，是要檢驗任何可以給你關於孩子如何感知在這個家中，自己出生序位置的實際含意的線索。藉由考量孩子是否為其出生序位置的「典型」，你可以調查這個家庭的動力，並探索家人之間關於每一個出生序位置的角色所溝通的訊息。因為每個出生序位置有其特有的內在資產和不利條件，你可以用這個過程，來組織有關如何利用內在資產以及補救不利條件的方式。這個探索也可以幫助你發現孩子關於自己、他人和這個世界的基本信念，以及他／她對於那個特定出生序位置該有的行為準則。

● 家庭氣氛

就像家庭星座，概念化家庭氣氛的重點是去考量孩子對這氣氛的感知，以及他／她的感知如何影響自己的生活型態信念和行為。（你可能注意到，我們更在乎的是孩子對於發生了什麼的感知，而不是事實上發生了什麼——這有點是阿德勒學派的一個主題。）當你在概念化過程中考慮到家庭氣氛，你需要整合孩子在對話、遊戲和藝術作品中，已經討論和展示過什麼樣的家庭動力；治療師在家庭互動中觀察到了什麼；以及治療師在和家長（和教師）晤談中蒐集到什麼樣的訊息。對一些家庭來說，家庭氣氛在孩子對自己、他人和這個世界的想法上，扮演著一個非常重要的角色，治療師有必要去發展出一個正式的家長生活型態概念化。對其他的家庭而言，並不需要完整地分析家長的生活型態。考量家長的態度、人格優先順序、重要 C 信念和教養技巧，在家庭氣氛上的影響便足夠了。家長生活型態和孩子生活型態間的交互作用，是一個會影響孩子將什麼樣的訊息整合到他／她對自己、他人和這個世界的看法中的重要因素。

● 早期經驗回憶

假如你已經從孩子那裡得到早期經驗回憶，你一定要分析那些回憶裡的主題，來得到孩子生活型態的線索。這部分的概念化是，摘要出那些主題以及那些主題對於孩子現在的態度、認知、情緒、關係和行為的意涵。（參閱第七章來獲得分析早期經驗回憶的模式時可以參考的問題。）

● 不適應行為的目標

這部分的概念化包含列一張有著以下部分的清單：令人煩惱的行為、大人對那些行為的反應（包括對行為做反應時，所表現出的情緒反應和矯正性行動），以及孩子對於大人對他們行為反應的回應。你會在這些元素裡尋找模式，希望找到一個或兩個這孩子典型的不適應行為目標。去尋找在各種關係和場域裡，孩子不適應行為的目標是有一定的模式還是會有差異，這會是有幫助的。舉例來說，Kent 在他和母親的關係中，可能是追求權力，但在班上，他則是要追求獲得關注。去注意大人的某種反應在幫助孩子改正不適應行為上成功與否，也是有助益的。這會幫助你產生針對不適應行為的解決方法，可能包括當孩子的這個行為對他們來說是有功用的情況下，請大人調整自己的反應和行為。

● 重要 C 信念

對孩子情緒的健康來說，將四個重要 C 信念成功地併入生活型態中是重要的，所以這個部分的概念化是去追蹤他們對於每一個重要 C 信念的掌握。你會想要做一個全面的評估，關於孩子如何整合每一個重要 C 信念到他／她對自己、他人和這個世界的感知中。

就像對人生任務的功能一樣，對重要 C 信念運用量和質的評估經常是有幫助的。我們時常使用 1 到 10 分的量表系統來記錄我們的感知──關於孩子是否把積極正向的想法，融入到他／她生活型態裡的每一個重要 C 信念中。在這個系統中，1 分指的是這個孩子似乎還未掌握連結的藝術，還不相信自己

是有能力或有價值的,或者沒有展現出勇氣;10 分指的是這個孩子對於自己是能夠連結的、有能力的、有價值的或者有勇氣的,有絕對的信念;而在 1 到 10 分之間的數字就是在這個量表上的相對位置。在有連結的領域,我們對孩子連結的方法、與他/她有連結的人、他/她的社交技巧程度,還有他/她有關連結和社會情懷程度的態度,做質性的評註。對於重要 C 信念中的有能力,我們對孩子相信他/她是有能力或沒有能力的領域,以及展現出能勝任或不能勝任的部分做評註。當孩子的感知和我們的觀察,或孩子生活中其他人的評論是有差別時,我們也將這個記下。對於有價值的部分,要注意到孩子相信他/她在哪些關係和情境中是有價值或者是沒價值的;孩子對哪些關係和情境真的有影響(以積極正向或消極負向的方式);以及孩子感覺到自己是有條件式的有價值之情境。在考慮孩子展現勇氣的能力和意願時,我們注意孩子感知到自己展現出勇氣或缺乏勇氣的關係和情境,以及孩子似乎真正地展現出勇氣或缺乏勇氣的關係和情境。

● 人格優先順序

在思考孩子的人格優先順序時,你需要考慮這孩子在壓力情境下如何反應,以及他/她如何試著獲得歸屬感和重要性/意義。在這個部分,列出一或兩個孩子用來當作適應策略,或者和他人互動模式的優先人格是重要的,還要加上似乎可以證實這個優先人格的行為和態度。你要考慮孩子在他/她的人格優先順序上,是否是在積極正向功能(functional-positive)的範圍運作,或者是落在消極負向功能(dysfunctional-negative)的區域。其他的評註像是:孩子的人格優先順序如何影響他/她在人生任務上的功能、與他人的關係、不適應行為的目標,以及重要 C 信念,都可以提升這部分概念化的有用性。

在這裡要考量的另一個有幫助的動力,便是孩子的人格優先順序和孩子生活中有影響之大人的人格優先順序,彼此間的交互作用。某些優先人格的結合似乎積極正向地影響了孩子的關係和功能,然而其他的似乎妨礙了他們的態度和互動。舉例來說,假如 Jackson 先生的人格優先順序是控制,而他的女兒

Suzie 的人格優先順序也是控制，那麼這將讓權力爭奪就像是他們關係中固有的一部分。假如 Jackson 太太的人格優先順序是取悅，她和 Suzie 或許會比 Jackson 先生和 Suzie 相處得更好。

較年幼的孩子或許還未發展出人格優先順序。假如是這樣子的話，你可以跳過對孩子在這部分的概念化，或者討論你針對家長和教師的人格優先順序對孩子的影響之評估。

♥ 生活型態信念

你會以下面這所有的訊息推斷出代表孩子生活型態的信念，以及形成假如孩子相信那些信念是真的，那麼他／她的行為就必須怎樣的陳述。為了做到這個，如同你認為孩子會怎樣完成它們一樣來完成下面的未完句（stem）是有幫助的（Maniacci et al., 2014; Sweeney, 2009）：

> 我是……
>
> 我一定要……
>
> 其他人是……
>
> 其他人一定要……
>
> 我和其他人的關係是……
>
> 我和其他人的關係一定要……
>
> 這個世界是……
>
> 這個世界應該要……
>
> 生活是……
>
> 生活一定要……
>
> 基於這些信念，我的行為一定要……

每個孩子可以用來完成這些句子的回應有太多了，所以你要列一張清單，針對每個未完句有越多不同的回應越好。我們對一個孩子的每個未完句，有時

會有多達二十或二十五個回應。（是的，這可以變得冗長乏味，但是它對於你努力朝向有計畫性地和個案互動是如此的有幫助，它會是值得的。）

在產生這些生活型態信念的陳述之後，把這些想法看過一遍，並決定當中哪些是不完善的或者是有偏差的，這會是有幫助的。藉由標示對孩子來說是自我挫敗的特定信念，你可以決定在遊戲治療的第三個階段，要把哪個信念當作目標物來做介入（像是潑冷水法和有治療性的隱喻等技術）。（你不會想要試圖去改變對孩子來說真的有功用的信念──你只要試著改變屬於自我挫敗的那些。）

♥個人邏輯

一個人的「個人邏輯」是以他／她對自己、他人和這個世界，以及這個世界要求他／她具備什麼的獨特評估來作為根據。在阿德勒治療中，我們透過和個案一起工作來發現和探索個人邏輯，藉由他們回答一些像是以下的問題：（1）我是個什麼樣的人？（2）這是個什麼樣的世界？（3）像我這樣子的一個人，一定要在像這樣的世界上做什麼，來為自己找到一個位置？思考個人邏輯時，我們問：「在什麼樣的情況／條件下，才能讓一個在其他情況下是異常、古怪的和社交上無意義的行為模式是可被理解的？」（Griffith & Powers, 2007, p. 81）。

作為概念化過程的一部分，你會觀察孩子的態度、認知、行為、情緒和感知，來找出暗示個人邏輯正在運作的模式。因為個人邏輯支配孩子，讓他／她把自己的偏差信念當作真實般來行動，而發現孩子的個人邏輯給了你一個媒介，讓你透過溝通基本的偏差、幫助孩子發現隱藏的動機、運用自相矛盾的議論和幽默，來幫助孩子進一步檢視自身的行為，以及重新架構自己的行為來促進改變（Sweeney, 2009）。在任何可能的時候，你會想要幫助孩子用常理來取代個人邏輯──從一個對社群裡大多數的人來說，行為是合理的並且是從有助於社會利益的角度出發（Griffith & Powers, 2007）。

♥ 兒童生活中的大人的生活型態概念化

● 家長

假如你相信家長加劇了孩子所經歷到的困難，對家長的生活型態做一個通盤的評估通常是有幫助的。這在阿德勒遊戲治療過程的第三和第四階段，為你在計畫和家長工作的介入方式上提供了基礎。你要從一個充滿惻隱之心（compassion）而不是責怪的位置來做，要記住在這些情況下，家長已經盡其所能做到最好了。

當你決定這會是一個有助益的步驟，你將組織在家長諮詢時所蒐集到的訊息，並形成一個能夠提供包含家長對於自己、他人和這個世界，以及關係、教養方式、孩子、伴侶關係之看法的完整描繪。這個策略也讓你能把家長的內在資產和身為家長的功能列入考量（有關組織這些訊息的形式，參照附錄G）。

● 教師

需要對孩子的教師做正式的生活型態概念化的機會相對而言是少見的。然而，假如你覺得這個教師的議題，干擾他／她為了支持孩子和其成長而做出需要的改變之能力，那麼蒐集足夠的訊息來做一個正式的概念化可以是有幫助的。這個過程包含一個比起一般的狀況而言，更全面的會談，所以需要教師有意願參加。假如這個教師似乎對某種「類型」的孩子有掙扎，有時學校心理師可以整理出一個生活型態概念化來和這個教師分享，以幫助他／她發現關於那些特定孩子的什麼事「困住了」（hooking）他／她（有關組織這些訊息的形式，參照附錄G）。

案例

我（KMW）為 Phoebe 和她的祖父母做了以下的概念化，來展示如何運用

這個形式作為一種方法，來組織在阿德勒遊戲治療第二階段蒐集到的訊息，然後為第三和第四階段產生一個處遇計畫。我沒有從 Simon 先生和太太那裡盡可能地蒐集到所有的訊息，因為我不認為做一個關於他們的完整生活型態分析是必要的。假如我有單獨和他們在他們自身或者婚姻上的議題工作過的話，我就會從他們身上蒐集更多的資料。但是我相信他們不需要大規模的個人工作，才能夠在幫忙養育 Phoebe 上做改變。我也納入了一點關於 Phoebe 教師的訊息，但也不認為有必要對她有一個完整的概念化。

　　大部分的時候，我們不和保險公司（managed care）工作（TK 在私人的機構，而 KMW 提供學校服務），所以我們做這些概念化是為了我們個人的使用──來引導我們思考和計畫。當我們對特定的行為和態度做註記時，我們傾向於運用清單和速記的方式，而不會撰寫正式完整的句子。為了保險公司或機構而將他們的概念化包含在個案紀錄裡的遊戲治療師，或許必須遵照更正式的寫作規則，並可使用以下的概念化提綱，來當作撰寫個案紀錄的一個引導。

♠ 阿德勒遊戲治療生活型態概念化
──Phoebe Simon

內在資產：聰明的、有創意的、有資源的、有吸引力的、有洞察力的、渴望正向歸屬的、對成就有高標準的、有家庭支持的。

人生任務的功能：

學校：1 2 3 4 5 6 **7** 8 9 10

　　學業表現在平均以上；情緒突然失控；和老師頂嘴；偶爾拒絕做作業。

友誼：1 2 **3** 4 5 6 7 8 9 10

　　沒有好朋友也沒有特定的敵人；通常自己玩；當她沒辦法得到她想要的，會變成愛命令人和有敵意的。住在以英畝計算的土地上，沒有鄰居。在上課日以外，沒有參與可以讓她和同學有連結的活動。

愛／家庭： 1 2 3 **4** 5 6 7 8 9 10

感覺到祖父母的支持；感覺到被父母遺棄。

自我： 1 **2** 3 4 5 6 7 8 9 10

相信她一定總是要有控制；不相信她是討人喜歡的或值得被愛的；懷疑她有能力做好；相信她一定要是完美的。

靈性／存在： 1 2 3 **4** 5 6 7 8 9 10

把靈性／宗教看成是一個衝突點；因為她母親的離世而不相信有更高的力量；對於死亡和來世有著不確定和好奇。

遊戲主題：

控制──相信她一定總是要有掌控的。她主要的目標是在自我控制，當其他人的行為干擾她的目標時，大多數時候她就會變成控制他人。當乘其不備時或者當事情沒有照她的計畫走時，她容易感到受傷。當她被告知要做什麼（而且不想做它時）或感覺被困住時，她會用敵意或侵略行為來回應。

相處融洽／融入（fit in）──認為她沒有辦法融入同儕生活。她是混血兒，而且在班上沒有其他混血兒或拉丁裔的學生。她相信自己是能融入她的家庭，並藉由當個被溺愛的孩子來融入。她用有很多的要求來得到關注，而她的祖母已經準備好要順從她的願望了。

家庭星座──心理出生序位置：獨生女和老么──在許多方面，她感覺似乎有三個父母（奶奶、爺爺、爸爸），每個都對她的任何舉動感到心醉神迷。她是聰明的，可以和大人和睦相處，而且可以獨自玩得很好。她也像是老么，她爸爸像是年長的手足，並把祖父母當作是父母分享。她許多的行為都符合老么的模式──有魅力的（當她想要如此時）、有創意的和被溺愛的（很努力地要得到她想要的，而且認為她應該總是能夠掌控情況）。整體來說，她是相當被溺愛的，並且期待其他人會照顧到她的需求和渴望。

家庭氣氛：絕大多數時是民主的，但有些相當重要的分歧和問題。她有太多的控制和做決定的權力；她的父親已經交出了家長的責任，這對 Phoebe 造成了關於角色和權力的困惑。祖父母努力想做到他們定義中的「好」祖父母。在她生活中的大人都試著保護她不要感到失落和傷痛，並藉由向她的願望讓步，來嘗試彌補她母親的離世，卻以捨棄了她對於限制和界線的學習作為代價。祖父母和爸爸都是有愛和溫暖的。爸爸常常因為工作和學校的行程而不在。

早期經驗回憶：她給了一個早期經驗回憶，內容是關於想念媽媽，無法理解媽媽為什麼不在了，以及身為混血兒和無法融入同儕。

不適應行為的目標：

權力──想要成為做決定的人，並且要證明其他人沒有辦法控制她。她用不同的策略（例如：「陷入困境的少女」[damsel in distress]、侵略行為、對抗行為）來獲取和維持權力。

重要 C 信念：

有連結：1　2　3　**4**　5　6　7　8　9　10

她有和同學與大人連結的技巧，但是不常使用它們。她相信她有能力連結，但是害怕拒絕和失望，這阻礙了她想和他人連結的動機。她大多是和動物連結，並且在牠們身上找到安全感。

有能力：1　2　3　4　5　6　7　**8**　9　10

相信她是有能力且能成功的。她知道自己是聰明的，並且有一些擅長的事。她對於自己維持關係的能力感到懷疑。

有價值：1　**2**　3　4　5　6　7　8　9　10

不相信她是有價值的。不相信其他人真誠地在乎她。不相信她對於其他人的生命或這個世界是有影響的。

有勇氣：1 **2** 3 4 5 6 7 8 9 10

害怕不完美及嘗試新事物，害怕失敗。相信她一定要是完美並且有控制的，這樣壞的事情才不會發生。冒險危及到她的安全感和防護感。

人格優先順序：

Phoebe——控制（自我；在連續向度上位在功能失常的範圍）和卓越（達到目標的類型，是在積極正向功能的範圍）。

孩子的和孩子生活中重要他人的人格優先順序之交互作用：

Phoebe 和 Simon 先生和太太——Simon 先生和太太對於設定限制和界線的困難，在 Phoebe 對於權力的渴望和累積上無法有幫助。

Phoebe 和教師——兩方都想要掌控。老師為了教學，以及為所有的學生維持一個安全的學習環境，而要求她服從班上的規矩。當老師展現出控制時，Phoebe 感到被挑戰且被困住，這造成了他們兩人之間的衝突。

生活型態信念：（我們將偏差信念打上星號＊）

我是……和他人不同的。

……不確定我如何能融入關係的。

……壞的。＊

……不像其他人一樣重要的。＊

……註定要孤獨的。＊

……不討人喜歡的。＊

……聰明的。

……被我祖父母和父親所愛的。

……擅長和動物相處的。

我一定要……有控制。＊

……願意去擊倒他人來得到我要的。＊

……有魅力才能得到我要的。＊

……獨立所以我不用依靠任何人。＊

  ……對他人刻薄，才能讓他們不要接近我。*

  ……願意去向他人展現他們不能隨意地命令我。

其他人是……不能信任的。*

  ……自私的。*

  ……比我更強大的。*

  ……幸運的。

  ……被愛的和討人喜歡的。

  ……和我不同的。

  ……來服侍我的。*

  ……因為他們必須如此（祖父母、教師），才會在我的生命中。*

  ……不會接受我的，因為我和他們不一樣。*

  ……快樂的。

  ……對彼此友善的。

我和其他人的關係一定要……是有防衛的。*

  ……是暫時的，總是在等被冷落的時候。*

  ……向他們展現他們無法控制我。*

  ……是操弄的。*

  ……是有目的並且被安排的（例如：教師－學生；團體的組員；家
    長—孩子）。*

這個世界是……一個有著不確定和困惑的地方。

  ……無法預測的。

  ……寂寞和令人難過的。*

  ……一個沒有人會保護我的地方。*

  ……充滿失落的。*

  ……一個我需要非常努力，來找到方法去適應的地方。*

  ……一個充滿和我不一樣的人的地方。

生活是……不公平和無常的。*

……寂寞和可怕的。*

生活一定要……可預測且安全的。*

基於這些信念／感知／想法／情緒，我的行為一定要

……是有控制的。*

……是操弄他人的。*

……是有同情心的。

……是努力地去找到自己的歸屬。

……難以預測的──讓每個人繼續猜測。*

……躲藏的──當我需要時可以逃離和撤退。

個人邏輯：Phoebe 基於自己的偏差信念，做出對自己、他人和這個世界的結論：這個世界是危險的、人們都離開她，以及她沒有被愛也不討人喜歡。

♦ 阿德勒遊戲治療生活型態概念化 ──Simon 先生和太太（簡寫）

內在資產：聰明的、努力工作的、立意良好的、愛他們的兒子和孫女、強烈的靈性感、願意學習新技巧。

人生任務的功能：所有的都很好，除了在自我上，他們可能有掙扎──太有彈性並且沒有為他們的孫女創造出界線或限制。他們和彼此的關係是穩固且相互支持的。他們為彼此創造出一個良好的平衡。他們對 Phoebe 太寬鬆了。

身為照顧者角色的功能：1 2 3 4 **5** 6 7 8 9 10

他們知道身為照顧者的他們有一些強項和技巧。他們對於 Phoebe 最近在家裡和學校的行為感到挑戰。他們對於能如何幫助她感到不確定。他們願意屈服於 Phoebe 所有的渴望，來彌補她巨大的失落。他們為了支持她而

和學校有聯繫及溝通，並且認清他們需要調整照顧責任的分配，以幫助 Phoebe 練習合作和協調。

家庭星座——心理出生序位置：Simon 先生是老大而 Simon 太太是老么。在長大的過程中，他們以不同的方式覺得自己有責任要照顧他們的母親。他們幾乎看不到他們在教養Phoebe上的困境，對待她像對待一個超級寶寶一般：溺愛她、保護她、不想要對她造成任何的壓力或不舒服。然而，他們把這些行為定義為鼓勵性的愛和支持。

家庭氣氛：他們的原生家庭經驗是混亂且不穩定的。身為大人，他們決定要維持一個重視彼此意見的健康關係。身為照顧者，他們追求創造溫暖和支持的家庭氣氛，讓孩子能感受到安全、被期盼和被愛。他們孩提時都經歷到對基督教信仰的懷疑。他們描述當他們有了 Christopher 之後，有意地將佛教的實踐當作他們家庭生活的中心，並且從那時開始，就在他們所有的關係中練習平靜與和諧。

早期經驗回憶：不適用

重要 C 信念：

有連結：1　2　3　4　5　6　**7**　8　9　10

他們在這個領域是優秀的。他們能輕鬆地和彼此連結。即使 Simon 先生表示他並沒有許多朋友，他也表達了和有許多淺薄的關係相比，他偏好只有幾段親密的友誼。

有能力：1　2　3　4　5　6　7　**8**　9　10

這在四個重要信念中是一個相對穩定的強項。他們對於養育他們的兒子感到有能力，而對於養育他們的孫女，因為世代的差異，稍微感到能力不足 。他們通常相信他們會成功地克服挑戰。

有價值：1 2 3 **4** 5 6 7 8 9 10

大部分的時候，他們相信自己在這個世界是重要且有價值的。他們和 Phoebe 在一起時，感到有條件的「價值」──假如她對他們感到滿意且行為良好，他們才有價值。

有勇氣：1 2 3 **4** 5 6 7 8 9 10

在生活中大多數的領域，他們是願意冒險的。在這個時間點，他們變得越來越懷疑自己會在 Phoebe 身上犯錯。在某些方面，他們因害怕做了錯誤的決定而感到無法動彈，因此，他們在大多數的事情上都跟著 Phoebe 的領導。

人格優先順序：

Simon 先生──**取悅和安逸**；在他們日常生活中並沒有問題，但是在和 Phoebe 的互動上造成了界線的缺乏，也因此把他取悅的部分移到了功能失常的範圍。

Simon 太太──**取悅和卓越**；她渴望取悅 Phoebe，並在她們的關係中能做到最好，常常造成對 Phoebe 界線的缺乏和縱容，這讓這兩個特質移到了功能失常的範圍。

生活型態信念：（我們將偏差信念打上星號*）這些是他們似乎共有，並且影響到他們和 Phoebe 的關係，以及和她互動方式的生活型態信念。

我們是／我們一定要……能夠保護 Phoebe 遠離任何事。*

……溫暖且慈愛的。

……代替 Phoebe 的母親。

……有責任消除 Phoebe 的傷痛。*

……有責任讓其他人（包括 Phoebe）快樂。*

……盡我們所能成為最好的祖父母。

其他人是……一般而言是好的。

……會論斷我們的，假如我們不是完美的父母／祖父母。*

……可能會認為我們是不好的人，假如我們不是完美的父母／祖父母。*

……不像我們一樣追求靈性／平靜／正念／和諧的。*

……自私和有強烈要求的。*

……好的、親切的、慷慨的。

我和其他人的關係一定要……平靜及和諧的。

……順從的。*

……自我犧牲的。*

這個世界是／生活是……不確定和不可預測的。

……不公平的。*

……充滿失落和傷痛的。*

……好的和快樂的，當事情是平靜且和諧時。

基於這些信念／感知／想法／情緒，我們的行為一定要

……照著能讓 Phoebe 感到安全和快樂的方式來計畫。*

……是以為了他人的利益而犧牲的方式來計畫。*

……確定其他人可以快樂及平靜地活著。*

個人邏輯：似乎為了 Phoebe 母親的離世而過度補償。Simon 先生和太太似乎相信，假如他們可以藉由對 Phoebe 的渴望讓步且不設定界線，為她創造安逸的生活，並且移除可能傷害她的任何機會，這樣她就會感到開心而不會再思念她的母親了。

♦ 阿德勒遊戲治療生活型態概念化 ──Christopher Simon（簡寫）

Christopher 因為工作和學校的行程，而沒有積極參與整個處遇過程。他的

父母描述他是一個好父親，想要他的女兒能有最好的。因為他沒有參與日常的教養，我們也就沒有探究他的生活型態（除了來自 Simon 先生和太太的簡短報告）。我們將會討論教養風格的改變（從 Christopher 到 Simon 先生和太太）可能如何影響家庭氣氛。假如我要持續和這個家庭工作，我會要求 Christopher 更投入這個過程，並且更完整地探索他的生活型態。

🏆 阿德勒遊戲治療生活型態概念化 ——教師（簡寫）

內在資產：聰明的、關心的、一致的、想要她的學生成功的。

人生任務的功能：愛、友誼、靈性和自我是良好的。工作——她表示失去和年幼孩子工作的動機。她較喜歡年長一點的小學生或者中學生。

身為教師角色的功能：1　2　3　4　5　6　7　8　**9**　10

擔心 Phoebe 在教室裡的行為，還有她和同學建立關係的能力。她喜愛教學並且對自己的職業感到有價值和自豪。她失去了和年幼的孩子工作的興趣。她認為和年紀大一點的學生，或許和中學生工作，會感到更加滿足。知道自己感覺到耗竭，並且試圖不讓這個干擾她和 Phoebe 連結的能力。她和其他教師有著能夠提供她支持與鼓勵的穩固關係。和學生的家長相處良好，而且經常地收到家長給予的正向回饋。

家庭星座——心理出生序位置：不適用
家庭氣氛：不適用
早期經驗回憶：不適用

重要 C 信念：

　　有連結：1　2　3　4　5　6　7　**8**　9　10

相當擅長的——她通常和大多數的人都有連結感。她在這過去一年感覺和年幼的孩子沒那麼有連結。

有能力： 1 2 3 4 5 6 7 8 9 **10**

非常強的——在個人生活和工作上是極度成功的。

有價值： 1 2 3 4 5 6 **7** 8 9 10

在大部分的情況下，她相信自己是有價值的。她開始對於身為一個教師的重要性／意義感到懷疑。

有勇氣： 1 2 3 4 5 6 7 8 9 **10**

願意嘗試挑戰。因為她相信她是有能力且會成功的，她對於冒險並不遲疑。

人格優先順序： 控制——她的行為似乎反映出她是位在連續向度上有功能的範圍。她以民主的方式去管理班級，展現出對於學生的尊重和鼓勵。她對於學生有高的期待（那些是發展上適當的）。

生活型態信念：（我們將偏差信念打上星號＊）

我是……親切和寬厚的。

……努力工作的。

……負責的、可倚靠的。

……不確定我身為教師是否成功。＊

我一定要……能夠對我自己和我的環境維持掌控。＊

……能夠相信他人和自己。

……去管理來維持和期待負責任的行為。

其他人是……可信任的。

……盡他們所能的。

……不像我一樣有能力的。＊

　　　　……有時會失控的。*

　　　　……好的、親切的、寬厚的、討人喜愛的。

　　我和其他人的關係一定要……是有架構的。

　　　　……是我以身為一個教師和大人，能夠展現我的能力的。*

　　　　……是民主的。

　　　　……是親切的、體貼的、有幫助的。

　　這個世界是／生活是……充滿機會的。

　　　　……有時不公平的。*

　　　　……有時危險的。*

　　　　……好的／快樂的／有趣的。

　　基於這些信念／感知／想法／情緒，我的行為一定要

　　　　……以確保他人在控制之下的方式來安排。*

　　　　……是寬厚的、有幫助的和體貼的。*

　　　　……是可預測的，並且有時是經過安排的。*

個人邏輯：她似乎對於身為一個早期教育教師是否有價值感到懷疑，而有點輕
　　微的過度補償。她可能認為為了安全和積極正向的結果，他人一定要是被
　　掌控和井然有序的。

◆ 處遇計畫

　　個案的概念化為設計處遇計畫建立了一個根基，它為阿德勒遊戲治療的第
三和第四階段勾勒出目標和介入策略的輪廓。治療師能為遊戲治療過程發展出
一個處遇計畫，詳述和孩子工作的一個大致指南。為了和家長與教師工作而做
計畫經常是適當的。附錄 G 包含了與兒童及大人工作的處遇計畫表格。

　　我（TK）因其他遊戲治療師要求一個更有架構的方法來計畫介入方式，而
開始發展這個處遇計畫的表格，並得到這個計畫幫助心理師了解他們的個案並

創造更有效能的治療目的與目標之回饋。這個架構應以符合治療師、個案以及個案家長和／或教師的需求而有所調整。有些遊戲治療師工作的場域需要許多不包含在這些表格或者其他表格的訊息，以用來組織他們行動的計畫。當是如此時，他們可以將透過阿德勒學派的方式而得到的訊息，整合到他們必須執行的處遇計畫中。

♥ 針對孩童的阿德勒遊戲治療處遇計畫元素

孩子的處遇計畫聚焦在內在資產、人生任務、人格優先順序、重要 C 信念、不適應行為的目標、偏差信念、自我挫敗行為，以及技巧。對於計畫裡的每一個要素，你會想要決定：（1）介入的重點；（2）兒童產生改變的具體目標；（3）遊戲治療的策略；以及（4）測量進展的方式。

處遇計畫的具體目標或許和以下項目有關：主述議題；家長和教師建議有關孩子的態度或行為的明確目標；在生活中，孩子表達想要改變的部分；以及治療師評估對孩子最佳利益而言重要的改變。其中的一些目標，會在家長諮詢（和教師諮詢）的初始階段就被討論。有一些會在諮商第二階段的訊息蒐集過程，以及發展概念化和處遇計畫期間才會逐步形成。在適當的時候，你應該要讓孩子、家長、教師和其他相關的人，來產生治療目標。

當致力於產生那些來自兒童生活中重要大人所建議的改變時，有幫助的是使用現實檢驗（reality-testing）來協助大人們了解，遊戲治療可能無法消除孩子所有的不適應或者惱人的行為和態度。我們常常請家長給我們一個行為發生的具體次數（每個小時、每天、每個禮拜，看哪個對於特定行為來說是合理的），或者以 1 到 10 分的量表來評估他們對於一個特定行為的負面反應。然後告訴他們，我們需要判斷多少的進步會是「足夠」的。我們請他們具體指出，孩子做特定行為的次數需要減少多少，或者惱人的程度在量表上需減少多少，才能構成足夠的進步好讓他們感到滿意。我們也請他們去定義，對他們以及他們和孩子的關係來說，改變特定的行為有多重要，藉由問：「關於這個行

為，你有多大的決心要開始行動？」來幫助我們聚焦在什麼是需要改變的，以及它需要改變多少才能被看作是有所不同。在治療的過程中，我們可以把孩子的行為和其初始的行為做比較。許多阿德勒遊戲治療的目標是具體且可觀察的，特別是那些與行為和技巧有關的。其他目標則比較抽象，因為它們和改變信念、情緒、態度和感知有關。

在這個章節，我們不會深入地描述朝向目標工作的策略，這些介入的技術已經包含在第四、九和十章。然而，重要的是記住，在阿德勒遊戲治療中，幫助孩子改變以及透過諮詢幫助大人改變，是一個多重步驟的過程。阿德勒學派的實踐者相信，在個案確實放棄舊有的自我挫敗模式之前，他們一定要了解那些模式不再有效了。（你或許記得有位電視名人說過：「那個對你來說功效怎樣？」）為了幫助他們做到這個，在諮商的第三階段，你會運用一些不同的技術，像是潑冷水法、使用幽默感、後設溝通等，來闡明個案正用無益的方式來思考、感覺和行動。最後，在第四階段，你致力於建立方法來教導個案新的思考、感覺和行動模式；幫助他們練習這些新的模式；並建議他們能如何在治療環境以外的關係和情境中，應用這些新發展且有助益的想法、情感和行為。

定義測量進展的方式取決於心理師工作的場域。我們通常用觀察遊戲室行為、自我陳述和家長及教師的回報。假如你需要用一些更具體且客觀的測量，來滿足機構的規則或者資金來源，這也是完全可以被接受的。

● **內在資產**

在兒童的處遇計畫中，列出你相信會支持孩子往更積極正向的方向移動的內在資產。在計畫中，這個部分的一般目標是增加孩子對於自己內在資產的認識，並且鼓勵孩子利用其內在資產。針對孩子正在以自我挫敗的方式使用的內在資產（例如：Kumi 是擅長音樂的，但是卻用它來創作刻薄的歌曲針對同學），這裡的目標便是幫助孩子做一個轉換，讓他／她能用積極正向、有助益的方式來展現這個內在資產。

對許多孩子而言，在這個方面從小地方開始是必要的。對某些孩子，光是

停止質疑某些人對他們的積極正向評論就已經是巨大的進步。對其他的孩子，目標會是藉由接受讚美，或者自願提出關於自身的積極正向評論，來讓他們看見這些積極正向特質「為他們所有」。當他們對自身的內在資產感到更自在時，重要的是，孩子能夠有建設性地去運用這些資產，以某種方式為這個世界做出貢獻，而這可能就是這個領域的終極目標。以幫助孩子辨識和利用其內在資產為治療目標的一些例子如：

- 當你在遊戲室中指出他修東西的能力時，Tony 將會停止和你爭論。
- Shakeem 將會大方地從他的教師那裡接受關於他學業成就的讚美。
- Lucrecia 將會增加口頭認可自己音樂天分的次數（在遊戲治療單元中、在家中、在音樂課裡）。
- Daisy Mae 將會同意輔導一個一年級學生數學。
- Felicia 將會參加一個表演的選拔。

● 人生任務的功能

在這個部分，假如有一個特定的人生任務是孩子似乎還未掌握的，須思考在這個領域中需要發生什麼才能幫助到孩子。以改變人生任務的功能為目標可以是非常大方向的（例如：學習維持友誼的技巧），或者十分特定的（例如：不要打或捏他的妹妹）。（我，KMW，需要和我的孩子在這上面努力！）

● 人格優先順序

因為每個優先人格都有其內在資產、不利條件和需要付出的代價，探索孩子人格優先順序的所有面向是有幫助的。很多時候，幫助兒童認出且善用自身人格優先順序內含的積極正向特質是有可能的。（例如：以取悅為人格優先順序的人是親切的、體貼的和有幫助的；以安逸為人格優先順序的人是很好相處和自然的；想要掌控的孩子是好的領導者並且是有組織的；以卓越為優先的孩子能完成大的任務並對團體作業有貢獻）。探索優先人格的不利之處也是有幫助的，尤其是優先人格中造成人際困擾的部分（例如：以取悅為首要人格優先

順序的人，可能會忽略他們自身的需求；朝向安逸的孩子對其他孩子來說可能會漸漸變得無趣；想要有掌控的人，常常拒絕輪流，並且在遊戲中作弊；重視卓越的人傾向會吹噓和羞辱他人）。你在這部分的目標，包括幫助孩子學習如何利用他們的內在資產，以及減少他們態度和行為的消極負向效果，幫助他們在自己的優先人格連續向度上，往有功能的範圍移動。

● 重要 C 信念

假如明顯可知，孩子只有一個重要 C 信念是沒有牢固基礎的，則要評估這樣的困難是否在於孩子對這個領域缺乏信念，還是技巧不足，或兩者都是。根據上述哪個因素造成孩子的困難，治療師計畫不同的方式來幫助兒童提升信念、獲取更多技巧，或做些必要的調整以確保那特定的C信念能夠被整合到兒童的生活型態中。正和多個重要 C 信念不足奮戰的孩子，你會需要做一些分類，尋找哪個重要 C 信念若能被提升就可以為孩子的生活造成最大的不同。

我（KMW）把重要 C 信念想像成水桶。這個水桶越滿，孩子在那個重要 C 信念上就越「穩固」。我的意圖是幫助孩子填滿他／她的每一個水桶。當一個水桶已經滿出來了，我傾向不繼續往那個水桶倒水。我寧願將時間和精力來填滿一個空的，或者不是那麼滿的水桶。例如：對於 Kate 來說，連結是滿出來的而勇氣是接近空的，我會藉由指出那些她展現勇氣的時刻，把焦點放在注意到她可以填補勇氣的方式（例如：參加表演的選拔；在學校邀請一個她以前沒有一起玩過的孩子在下課時間一起玩；在疊疊樂 [Jenga®] 遊戲中移除一塊不穩的積木；或者做一個她早先害怕去做的新任務）。這樣運用水桶的意象幫助我集中在需要成長的領域，而不是把大部分時間停留在孩子已經做得很好的區塊。以幫助孩子在他們的重要 C 信念中做改變為治療目標的一些例子如：

- Tamera 將會分享她做了一件讓班上有所改變的事。（有價值）
- Josh 將會運用基本的友誼技巧，在他的街坊和一個孩子做連結。（有連結）

- Sinam 將會在遊戲室中嘗試一些她之前從未做過的事。（有勇氣）
- Issac 將會告訴他的父親，他在那天做得好的兩件事。（有能力）

● 不適應行為的目標

在這個領域的最終目標，是幫助孩子放棄他們的不適應行為和學習追求更積極正向的目標（像是合作、貢獻，諸如此類的）。對於有些孩子，這真的會發生。然而對其他的孩子來說，他們並不會完全地放棄不適應行為，但是可以從破壞性較強的目標（像是報復）轉換到破壞性較輕微的目標（獲得關注）。在這過程的第一個步驟，是幫助他們看到自身不適應行為的目標是什麼，接著幫助他們獲得這些目標並沒有為他們的最佳利益效力的洞察。在一些情況裡，孩子得到了他／她使用不適應行為想要得到的（例如：Candace 在雜貨店裡大發脾氣，然後得到她想要的——權力和糖果棒）。當狀況是如此時，你一定要和孩子生命中的大人工作，來改變大人對孩子行為的反應以及孩子生態系統中任何其他讓孩子不適應行為得以延續的部分。以改變不適應行為的目標為治療目的之例子如：

- Andrew 將會舉手並等待老師叫他。（獲得關注）
- Zaheer 將會讓他的母親在講電話時，有十五分鐘不被打斷的時間。（獲得關注）
- Sunny 將會在一週內對三個要求說「好」。（控制）
- Kyoko 在玩一個遊戲時，會和你輪流。（控制）
- Denzell 將會照著寫好的規則來玩這個遊戲。（控制）
- Rosemary 將不會在學校打任何人（在一週五天中的四天）。（報復）
- Travon 每天只會對他的家長說三個不尊重的評論。（報復）
- Natalie 將會告訴你在那個禮拜發生的一件好事。（證明不足／不能勝任）
- Jahasanea 來到單元裡，將會和你有眼神接觸及微笑。（證明不足／不能勝任）

● 偏差信念

在這部分的目標，是幫助個案看到他們的偏差信念（mistaken beliefs——faulty convictions）*是自我挫敗並且具破壞性的。當你判斷個案關於自己、他人和這個世界的信念，正妨礙他／她處理生活的難題時，有時發展出這些信念的等級制度會有幫助——從最自我挫敗的到不是那麼自我挫敗的，因為通常不大可能同時消除個案所有的偏差信念。（但這會是令人愉快的，不是嗎？）當我們想請個案放棄舊有的思考模式之前，我們總是已準備好一些關於自己、他人和這個世界的積極正向信念，是可以建議個案用來取代消極負向信念的。我們運用鼓勵的技術（我們有提到我們用很多的鼓勵嗎？），來介紹那些關於個案、個案家中和學校的其他人、關係、生活和這個世界有建設性的陳述，希望他／她會吸收這些成為其生活型態的信念。當和個案在改變偏差信念上工作時，必要的是探索他們的個人邏輯，並幫助他們用常理來取代存在於個人邏輯中的認知扭曲和負面歸因。以用積極正向的信念取代偏差信念為目標的一些例子如：

- Luke 將會從他不像其他人一樣重要的這個信念，轉換到他和其他人是一樣重要的信念。
- Quintana 將會從她一定要總是取悅他人的這個信念，轉換到即使當其他人生她氣時，她一樣是令人喜歡和喜愛的。
- Jose 將會從因為他總是在關係裡受傷，所以他一定不能允許自己和其他人親近，轉換到在某些關係裡面，他是能夠相信其他人的。
- Sherre 將會用這個世界是一個好事和壞事都會發生在人身上的地方的這個信念，來取代這世界是一個沒有任何好事會發生在任何人身上的地方。

*譯註：在阿德勒理論中，mistaken beliefs 和 faulty convictions 這兩個名詞是可以互相替換的。因此在本書中，我們將這兩者一律用「偏差信念」來代表。

● 自我挫敗—無助益的行為

在思考需要改變的行為時，要考量孩子的立即、短期及長期的需求。剛開始時，把讓孩子惹上麻煩、妨礙與他人有積極正向的互動，以及造成他人苦惱的行為當作目標是必要的（例如：在操場找碴，擺明不遵守家庭的規矩）。當這些行為受到控制後，以讓孩子在家庭和學校無法用最理想的狀態運作的其他行為作為目標，可以是有幫助的（例如：忽略其他孩子主動的示好，不做家事）。與其單純地消除消極負向的行為，更加重要的是幫助孩子學習用積極正向的行為來取代它們。以改變自我挫敗行為作為治療目標的例子如：

- 當 Bobby 生氣時，他將會數到十並且做十個深呼吸（而不是打那個激怒他的人）。
- 當 Linnea 對她的同學的行為感到生氣時，她將會用「我訊息」（I messages）來告訴他們（而不是辱罵他們和對他們吼叫）。
- Vijaya 將會邀請其他的孩子跟他一起在操場玩（而不是整個下課時間就一個人坐在操場的角落）。
- 當 Candi 的母親要求她做一項她負責的家事時，她將會順從（而不是單純地忽略她或者違抗）。
- 當 Dexter 想要某個他妹妹有的東西時，他將會說：「請問我可以用那個嗎？」（而不是就奪取過來）。

● 技巧

有許多技巧是孩子在他們的生活中所需要的——友誼技巧、協商技巧、問題解決技巧，以及自我調節技巧等。處遇計畫過程的一部分，是評估會提升孩子功能的技巧，並發展教導他們這些技巧的策略。依照治療場域的需求，你可以將技巧解構成小部分，或者為技巧訓練和練習做一個大致的計畫。以技巧發展為治療目標的例子如：

・當 Lynn 遇到一個初次見面的人時，她將會有眼神接觸和微笑。

・Fadil 將表現出四種友誼技巧。

・Yasmine 將能夠在協商後，具體描述她要的是什麼。

・Song Bo 將學到妥協技巧。

♥針對家長和教師的阿德勒遊戲治療處遇計畫元素

在為孩子生活中的大人發展一個處遇計畫時，遊戲治療師需考量在大人身上，那些有可能干擾大人與兒童積極正向互動的能力，以及教養（教學）技巧的人格優先順序、內在資產、人生任務的功能，還有生活型態的因素。因為家長和教師諮詢的過程是附屬於和孩子工作的一部分，與為孩子發展出的處遇計畫相比，為這些大人所做的處遇計畫通常會是細節較少和沒那麼具體的。

● 人格優先順序和重要 C 信念

在這個部分，基於接受諮詢者的人格優先順序和重要 C 信念，來量身打造和這個大人的互動方式。關於這要怎麼做的更確切細節，請參考第四章。

● 內在資產

在諮詢過程中，一個很重要的部分是辨識出並注意到家長和教師的內在資產。藉由指出大人的這些積極正向特質（可以連結到他們和孩子互動的，以及那些和教養或者教學無關的態度、個人特質和行為），你能種下進一步成長的種子，並強化治療的同盟關係。當家長或教師對於自我的好感度增加，他們可能會變得更加有自信，並享受增加的自我效能感。

● 人生任務的功能

一些家長（和教師）對於在生活中找到平衡確實有困難。（這裡，這裡。你不是唯一有這個困難的人！我們也在找到平衡上有所掙扎。）他們可能在工

作上功能良好，而在友誼上經歷很大的困境；他們或許有堅定的靈性信仰，但是關於自我的感覺卻是薄弱的等。如果是這樣的話，這些大人在面對正經歷困境的孩子時，常常很難妥善應對。他們就是沒有足夠的能量能好好的活在當下並為他人提供支持，包括和他們一起住（或工作）的孩子。當狀況是如此時，諮詢中最有幫助的焦點，是協助他們在不同人生任務上的功能，能更協調。為了確保對這些大人的尊重，你必須要在他們充分覺察和同意之下才這麼做。畢竟，家長和教師並不想要因為被操弄而進到被諮商的狀態中。

● 生活型態因素

許多時候，大人生活型態中的元素（人格優先順序；價值觀；重要 C 信念；關於自己、他人和這個世界的基本信念；以及個人邏輯），會干擾他們在身為家長（或教師）上能夠成功運作的能力。假如這些議題相對來說是輕微的，和這些大人工作來做一些改變是適當的，如此他們的生活型態不會阻礙他們以能力所及的方式去教養（或教導）孩子。然而，假如這些議題是屬於中度到嚴重程度的，你可能會決定透過轉介大人到某種類型的個別諮商，讓孩子和大人都得到更好的協助。

● 技巧—需要的資訊

有許多阿德勒的技巧是適合家長和教師去學習的（可以在第四章找到這些例子）。選擇最有可能提升大人與孩子互動能力的技巧，並且設計能將那些技巧教給這些大人的計畫。有時，大人會需要其他的技巧——並不特定是阿德勒學派的技巧，但是能有助於大人和孩子間的互動（例如：學習設定具體的限制或者班級經營技巧）。對於一些大人，更有效用的是實際去教導他們這些技巧，並且提供方式讓他們練習這些技巧和獲得回饋。其他人則是透過上課或閱讀可以更有效地學習（聽起來耳熟嗎？我們有意地創造出符合家長和／或教師人格優先順序的介入方式）。在設計處遇計畫時，你一定要把這個大人的學習風格放在心上。有時家長只是需要一些資訊，像是關於孩子的發展，或者特定

的診斷（例如：注意力不足／過動症或者憂鬱）。你的工作是用他們會感到有幫助的方式來和他們分享相關訊息。

案例

我（KMW）為 Phoebe 做了一個包括一些具體目標的處遇計畫，是考慮到我和她的遊戲單元，以及她和其他家庭成員的互動。我覺得她的祖父母是主要照顧者，目前父親是缺席的，所以他們需要一起努力，發展出一些在回應 Phoebe 時一致的指導原則、期待和結果。我沒有為他們分別設計處遇計畫，取而代之的是，我為雙方寫了一個結合目標和技術的處遇計畫——他們有互補的風格和長處，當我想到他們的家庭時，這樣的計畫對我來說是最合理的。因為當 Christopher（Phoebe 的父親）完成學業後，大概會重新開始家長的角色，所以我納入了和他工作時一些可用的目標和策略。阿德勒學派的實踐者相信，一個人的人格中有一個內在的一致性，所以，有一些目標和策略會彼此重疊——這是不可避免的。

阿德勒遊戲治療處遇計畫
——Phoebe Simon

你想要鼓勵的內在資產：創造力、當她想要時是有吸引力的、有洞察力的、想要以積極正向的方式來獲得歸屬感。

改變的目標：

- 增加她在感到困住的情況中，能夠有創意地來回應的能力（而不是對於解決方法目光狹窄，或訴諸侵略行為）。
- 增加她向同儕展現能吸引他們來互動的行為的頻率。
- 幫助她認出她多麼有洞察力——關於她自己還有關於他人。
- 善用她想用積極正向的方式獲得歸屬感的渴望，來加強她能用積極正向而非消極負向的方式歸屬的信念。

策略：

鼓勵、隱喻（特別是動物物件和手偶）、教導她家庭中的成人運用鼓勵、自我揭露、腦力激盪、討論她朋友經歷到的困難狀況（還有或許她自身的進退兩難）。有關於她的母親、墨西哥文化以及身為混血兒的家庭討論。

用來測量進展的方式：

在遊戲治療單元裡、在等待室和在家庭單元中觀察 Phoebe；Phoebe 的自我報告；來自祖父母和校方人員的報告。

需要重新調整／平衡的人生任務功能： 努力幫助提升她在友誼、愛／家庭和自我領域的功能。學校和靈性／存在的部分似乎還可以。

改變的目標：

- 在友誼上增加自我效能。
- 增加社交技巧，特別是關於輪流、遵循規則、分享。
- 增強她可以用積極正向的方式，來獲得她在家中的重要性／意義的信念。
- 增強她可以不需要用侵略行為來滿足需求的信念。
- 提升對於她的價值以及她是否可以有貢獻的積極正向感覺。
- 提升她身為混血兒的自在程度。
- 增加她對於死亡和失落的了解。

策略：

鼓勵；討論關於自己的不同、融入群體、用積極正向的方法來獲得重要性／意義的方式（可以直接溝通這些，但或許會用到隱喻——那就是，海豚—長頸鹿家庭隱喻）；可用來探索與身為混血兒相關的藝術技巧和故事（特別查看一下有關這領域的讀書治療資源）；運用外星人手偶來探索有關不一樣這件事；理想家庭的繪畫；假如她媽媽還活著，家庭會像什麼樣的繪畫；教導社交和協商技巧；和祖父母、父親以及 Phoebe 進行家庭單元，來澄清關於界線、縱容和管教的規則；安排 Phoebe 參加一個由學校

心理師帶領的友誼團體。創作一本相簿——關於母親和母親文化的相片本。鼓勵包含母親的家庭討論和家庭照片。

在人格優先順序中，將積極正向特質最大化和減少消極負向部分的方法

改變的目標：

· 增加她利用控制優先人格的內在資產的能力。

· 減少控制優先人格內含的消極負向因素。

策略：

分享權力、玩需要合作的遊戲、邀請她來組織和架構活動。

需要重新調整的重要 C 信念：有連結、有價值和有勇氣。

改變的目標：

· 藉由增進社交技巧來增強她和其他人連結的能力。

· 提升她是有價值的信念。

· 增強不完美是可以的，以及她可以冒險並獲得成功的信念。

策略：

鼓勵；教導其他的家庭成員和教師鼓勵的技巧；隱喻（洋娃娃、物件、手偶）；提出家庭作業，請她列出自己做得好的一些事，或者她如何做出貢獻；教導社交技巧和協商技巧；安排她參加學校心理師帶領的友誼團體；安排她加入一個課外活動團體像是舞蹈、翻筋斗（體操）、足球、戲劇、女孩俱樂部、動物社、農場協會（FFA），或者樹木栽培者。

需要重新調整的不適應行為的目標：從權力到做出貢獻和合作。

改變的目標：

· 提升她和他人分享權力的能力。

· 提升她為了做出積極正向的貢獻而去冒險的意願。

· 提升她與他人合作的意願——在家裡與在學校。

· 提升她對於假如她沒有所有的權力時，別人不會強壓過她的信任。

策略：

在遊戲室內和我分享權力（有時我是決定的人，而有時她是——輪流來設定規則、決定活動等）；鼓勵積極正向的貢獻和合作；合作性的遊戲；像是一個團隊一樣，一起整理遊戲室裡的玩具；我們兩個一定要合作才能成功的任務（我們各自都有完成拼圖所需的部分拼圖片，然後一起完成拼圖；用冰棒棍來建一座塔等）；鼓勵；教導其他家庭成員鼓勵技巧；冒險治療中的信任活動（蒙眼走路、向後倒等）；潑冷水法；幽默。

需要重新調整的偏差信念（自己／他人／這個世界／生活）：改變對於自己／他人／這個世界／生活的信念，從消極負向的自我概念（把焦點放在不一樣是不好的，以及需要壓過其他人的部分），轉換到更積極正向的觀點。

改變的目標：

- 「我不像其他人一樣好／聰明／有權力／有成就／重要」到「我和其他人一樣好／聰明／有權力／有成就／重要」。
- 「我是不好的」到「有時我做了一些不友善的事，或者製造了一些困擾」。
- 「我一定要有控制」到「有掌控感是滿好的，但是假如我沒有它，我還是安全的」。
- 「我一定要靠擊敗別人才能得到我想要的」到「我可以和別人合作來得到我想要的」。
- 「其他人不喜歡我」到「當我是親切且不命令人的時候，其他人是喜歡我的」。
- 「其他人不值得被信任」到「其他人通常是可以被信任的」。
- 「每個愛我的人都離開我」到「有時人們會離開，但那不是因為他們不愛我了」。
- 「其他人比我更重要／更有權力／更聰明／更有成就」到「其他人和我一樣重要／有權力／聰明／有成就，而且那是沒有關係的」。

- 「因為我是不同的，人們將不會接受我」到「每個人在某些方面都有一些不一樣」。
- 「我和他人的關係一定要是有防衛的／操弄的」到「我和其他人的關係可以是合作的」。
- 「這個世界是一個充滿不確定和令人困惑的地方」到「這個世界是一個安全的地方，在這裡我可以依靠我的家人和朋友」。
- 「這個世界是一個我沒有足夠權力的地方」到「這個世界是一個有足夠的權力可以給每一個人的地方」。
- 「生活一定要是公平的」到「假如生活是公平的那會滿好的，然而有時就不是如此」。

策略：

潑冷水法、鼓勵、隱喻和故事敘說、藝術技巧、對偏差信念和個人邏輯稍微提出質疑（但是避免陷入和她的權力爭奪中）、鼓勵祖父母和父親示範積極正向的自我對話。

你想要改變的自我挫敗／無助益的行為：減少不穩定的行為和大發脾氣的次數，並增加合作行為。

改變的目標（需要長時間）：

- 減少大發脾氣。
- 減少其他的控制行為。
- 提升和他人合作的意願。

策略：

在家長諮詢中強調限制和一致的管教步驟、問題歸誰所有、合理的結果，以及其他因素的重要性；權力分享；在遊戲單元中加入合作性的活動（玩有規則的遊戲、輪流等）；在關於不適應行為的目標上用潑冷水法；家庭娃娃遊戲；在遊戲室中有家庭遊戲單元；家庭雕塑；鼓勵；隱喻。討論和同學一起參與有架構性的團體活動的好處，像是運動社團、工藝社或者讀

書社，或和同學一起玩，這些可以提供 Phoebe 練習合作的機會。和教師及學校心理師諮詢關於學校所提供的社交技巧團體。

兒童需要學習的技巧：友誼技巧、協商技巧、權力分享技巧。

改變的目標：

・提升友誼技巧。

・提升協商技巧。

・提升和他人分享權力的意願和能力。

策略：

運用娃娃、物件和手偶來教導技巧；玩合作性的遊戲；帶進第二個孩子或者運用其他的家庭成員來練習友誼、協商和權力分享技巧；安排 Phoebe 參加學校心理師帶領的友誼團體。

◆ 阿德勒遊戲治療處遇計畫 ——和 Simon 先生與太太諮詢

人格優先順序和重要 C 信念：Simon 先生的人格優先順序是取悅和安逸。他是有能力與感到有連結的，即使他認為他不是無條件的有價值，且缺少勇氣去嘗試新的技巧。Simon 太太的人格優先順序是取悅和卓越。對她來說，和大多數的人連結是容易的，她也相信身為一個照顧者她是有能力的。像 Simon 先生一樣，她相信假如 Phoebe 表現良好的話，自己才有價值，並且缺乏冒險改變她身為照顧者之風格的勇氣。

諮詢的策略：

對於祖父母，強調他們的內在資產並運用許多的鼓勵。他們兩位都在提供孫女支持和關愛上感到迷失。他們因 Phoebe 的母親過世而過度補償，這干擾他們為孫女設定界線和規則的能力。在鼓勵祖父母去設定限制之前，一定要確認他們和 Phoebe 之間的關係強度，因為他們取悅的人格優先順序將會阻擾他們去貫徹設限的執行。提供關於孩子典型的發展，以及悲傷

和失落過程的相關資訊，來幫助 Simon 太太了解，當 Phoebe 持續成長時，什麼是可以預期和需要留意的。強調 Simon 先生和太太與 Phoebe 的關係，以及他們願意負起照顧 Phoebe 的責任，鼓勵他們關於自己是有價值的信念，即使 Phoebe 的事並不像他們期待的一樣。為 Simon 先生創造簡短且具體的策略，複雜且持續的任務可能會讓人格優先順序是安逸的他感到快被壓垮。幫助 Simon 先生和太太了解積極正向的社會互動對 Phoebe 的重要性，並且請他們承諾幫她找到一個她可以定期參與的團體（例如：足球隊、讀書社、兒童瑜伽等）。

你想要鼓勵的內在資產：

Simon 先生——聰明、有耐心、仁慈、投入家庭的。

Simon 太太——聰明、慈愛、穩固的關係技巧、對 Phoebe 和家庭真誠的關懷。

兩個人對於成為好的照顧者都有強烈的渴望。

改變的目標：

- 提升他們設定限制和界線的意願。
- 增加 Simon 先生和太太的支持系統。
- 增加他們對孩童發展的理解，包括孩子典型的心理社會發展。
- 讓他們對於自己照顧 Phoebe 的能力放心，並且運用他們想要進步的渴望。

策略：

鼓勵；教導與他們自身的動力和 Phoebe 的行為有關的人格優先順序和重要 C 信念；教導設限和給予選擇；教育關於孩童發展的資訊；提供關於悲傷與失落過程的資訊；提供關於祖父母養育孫子女的資源。

用來測量進展的方式：

觀察和自我報告。

需要重新調整／平衡的人生任務功能：沒有需要。

可能會干擾成功教養的生活型態元素：人格優先順序、原生家庭議題、生活

型態信念、重要 C 信念、Simon 太太對於 Phoebe 在孩童時期失去一個家長的移情。

改變的目標：

- Simon 先生——增加參與像是設限和給予選擇的互動的意願，這將改善 Phoebe 對於界線的了解和增加她的安全感。降低取悅他人的需求。

- Simon 太太——增加對於自己是一個有能力且成功的照顧者的了解。減低取悅他人的需求。提升關於因為自身在孩童時期失去一位家長的經歷而過度補償 Phoebe 的洞察。

- 兩者——注意基於他們在原生家庭的角色而影響到他們關於養育孩子的信念和態度之議題。

- 兩者——提供訊息並教育關於失落與悲傷的過程（例如：失去母親、換學校），Phoebe 需要支持但不是過度保護。

策略：

教導關於重要 C 信念和人格優先順序；討論原生家庭議題；討論關於養育孩子的價值觀和信念；與 Simon 先生處理關於安逸及取悅的議題；與 Simon 太太處理關於卓越及取悅的議題；提供關於失落與悲傷的訊息和資源。

需要的教養技巧／資訊：給予有限選擇的技術、反映情感、鼓勵、積極正向的設限、合理的結果，和決定問題為誰所有。關於孩子失落與悲傷的訊息；關於混血兒以及如何幫助支持他們的資訊；關於兒童發展的訊息。

改變的目標：

- 增加在所有領域的技巧。
- 減少消極負向地運用兒童養育技巧。
- 在養育孩子的技巧上，增加自信以及自我效能感。
- 給予關於兒童的失落與悲傷、混血兒孩童，以及兒童發展的資訊。

策略：

直接教學、閱讀材料、在單元裡面和 Phoebe 練習、家庭遊戲單元、需要使用特定技巧的家庭作業、鼓勵。

摘要

生活型態的概念化，總結了所有在阿德勒遊戲治療的第二個階段，以及家長（教師）諮詢中蒐集到的所有訊息。治療師將關於孩子及其他家庭成員的資訊整合到一個架構中，這將他／她對於個人內在以及人與人之間動力的了解具體化。以這個概念化為基礎，治療師發展出一個處遇計畫，來引導和孩子治療過程中的介入階段。有時，為家長和教師發展出概念化和處遇計畫，也會是有幫助的。

 其他相關資源

● **家長諮詢**
http://www.counseling.org/resources/library/vistas/vistas12/article_8.pdf

● **阿德勒學派諮商和生活型態**
http://www.carterandevans.com/portal/index.php/adlerian-theory/172-life-style-identification-and-assessment
http://ct.counseling.org/2012/07/individual-psychology-relevant-techniques-for-todays-counselor/

Chapter 9

獅子和老虎和熊，喔，天啊！
協助兒童獲得洞察

在阿德勒遊戲治療的第三階段，遊戲治療師的目標是協助兒童更了解他們的內在資產；他們的重要 C 信念；他們不適應行為的目標；他們的人格優先順序；他們的關係；他們對自己、他人和這個世界的基本信念；以及他們用來產生歸屬感的行為。當兒童對他們的生活型態獲得洞察，以及清晰地覺知他們如何使用行為來感受歸屬和重要性／意義時，他們可以重新審視自己的感知、態度、想法、情感與行為。在這個重新審視的過程，兒童能決定他們想要繼續與目前一樣的生活，或是他們想要做些改變。在幫助孩子更密切地看待他們的信念以及他們和其他人的互動的同時，治療師也與家長一起工作，去改變任何可能支持破壞行為模式的家庭動力或教養策略。（參閱第四章，關於如何幫助家長做這些改變的建議。）

🔹 協助兒童對他／她的生活型態獲得洞察的策略

在治療的這個階段，阿德勒遊戲治療師繼續使用遊戲作為互動的主要基礎。（這聽起來累贅嗎？）為了協助兒童獲得洞察，以及藉由將遊戲單元中發生了什麼和兒童其餘生活中發生了什麼做連結，治療師對兒童生活型態的各種組成元素，以暫時性假設的形式進行詮釋並進行後設溝通，且幫助孩子推展出看這個世界的新方式。治療師也可使用隱喻、指導性的角色扮演、藝術技巧、沙盤活動、舞蹈和肢體試驗，以及冒險治療技術，來協助兒童重新審視他們的經驗和態度。立即性和面質也是對協助兒童獲得洞察有助益的諮商技巧。

♥ 後設溝通及設定暫時性假設

因為我們每個人都以我們自己未經考驗的假設和信念來運作，我們之中沒有任何一個人知道關於另一人的真實，只能猜測對他／她而言，自己、他人和這個世界看起來是如何；因此，阿德勒實務上的做法是在詮釋另一個人的世界時，以問題或有保留的陳述形式提供建議。（Griffith & Powers, 1984, p. 51）

阿德勒遊戲治療中的許多詮釋是採取暫時性假設的形式，你猜測兒童的重要 C 信念、不適應行為的目標、人格優先順序、個人邏輯，以及關於自己、他人和這個世界的基本信念。在這個歷程中你使用有保留的陳述邀請兒童參與發現自己的過程。因為這些假設是以暫時性的方式來傳達的，兒童能自由地給你新訊息、修正你所做的錯誤假設，並保護自己對抗還太痛苦而無法去審視的洞察。這個歷程中互動、平等的本質，有助於降低兒童的防衛性，並鼓勵雙向溝通，且加深雙方的洞察。我們不是算命師，也不會每一次的假設都正中紅心。這對我們是有利的：我們示範不完美的勇氣，以及當兒童修正我們的假設

時，他們提供了我們訊息，並通常獲得洞察——一個雙贏的情境。

　　心理師經常分享一些假設，這些是有關兒童的基本信念和把這些信念當作是真實一般去行動之間的關聯。這個技巧有時候又稱「潑冷水法」。根據 Maniacci 等人（2014），Adler（Ansbacher & Ansbacher, 1956）從 Charles Dickens 的《孤雛淚》（*Oliver Twist*）借鑑了這個令人不舒服卻相當有用的技巧。在那本書中，住在孤兒院的兒童相當飢餓，而當他們拿到主餐時，往往是一個粗劣的碗裝著極少的湯。因為他們很餓，有些孩子會跑到他們吃飯房間的走道底，吐口水在沒有密切注意正在發生什麼事的孩子的碗裡。多數的孩子會覺得很噁心所以放棄湯，吐口水的孩子就會沒收他們的部分，儘管它有口水在裡面，但他們就能喝到比平常多一倍的湯。其他孩子會決定照樣喝湯，即使有別人的口水在裡面，但對他們來說味道會因為口水而變得不好。「Adler 以這樣的一種詮釋來重新框架個案的症狀以讓他們放棄它們——或即使仍使用它們，它們也已經『變質』了」（Maniacci et al., 2014, p. 79）。（我 [TK] 喜愛這個故事——我大學主修英語，當我發現 Adler 的部分介入是基於 Dickens 的書時，我很激動。我是女粉絲！）當心理師精準地吐口水在個案的湯中，個案可能堅持這種行為，但一旦他們覺察到正在發生之事的潛在動力，他們就比較不會想要繼續這樣的行為了。

　　依據兒童的反應、兒童的遊戲型態，以及特定的情境，你可以決定直接或間接地溝通。與一個對直接的詮釋能順利地反應的兒童，你會想要對孩子的動機和關係模式做一些推測，並談論孩子的遊戲和語言表達對他們的可能意義。以下是以直接暫時性假設和後設溝通來詮釋的範例：

- Riordan 正在踢拳擊袋並大聲吼叫：「我抓到你了。你不能傷害我。」你可以說：「你似乎喜歡能夠保護自己。看起來那對你真的非常重要。」
- Takiyah 正在畫一幅畫並問你花要畫什麼顏色。你可能會說：「有時候你會問你該做什麼。我猜也許你會想，如果你做我想要的事情我將會

更喜歡你。」

- Orlando 正談論他的兄弟如何總是進入他的房間並帶走他的玩具。你可以說：「感覺自己沒有任何隱私對你來說似乎是難受的。當他沒有做你想要他去做的事情的時候，我想你不喜歡這樣。」

與一位對直接詮釋有抗拒或防衛的兒童，或總是將遊戲帶回隱喻層面的孩子，你通常會想要使用兒童的隱喻，聚焦在間接性詮釋。這涉及關於對玩具（娃娃、手偶、動物）的行動與動機，或角色扮演情境之角色的暫時性假設及後設溝通。以間接暫時性假設及後設溝通來詮釋的範例：

- Harley 正在玩娃娃屋裡的娃娃，並讓最小的男孩娃娃告訴家裡其他人要做什麼，且因他們沒有照他想要的方式去做而生氣。你可以說：「好像那個小男孩希望大家遵循他的指示，而當他們不這樣做時，他就會有點生氣。」
- 在角色扮演中，Violeta 扮演母親並四處走動以確保家裡每個人都有東西吃。這位「媽媽」不斷抱怨需要為別人做事情。你可以說：「聽起來那位媽媽可能厭倦總是照顧別人。我想也許她希望她只要照顧好自己，不用再擔心照顧其他人。」
- Bakir 正在廚房區域裡玩耍，他做了一個蛋糕，並「餵著」心理師。你可以說：「當人們照顧別人時，有時他們感到非常特別及充滿愛。」

♥ 使用隱喻性技巧

隱喻是一種象徵性語言的形式，好幾個世紀以來，它在很多領域都被用來當作一種教學的方式。聖經新舊約的寓言故事、卡巴拉（Kabbalah）的聖潔寫作、禪宗佛教的以心傳心、文學寓言、詩歌的意象，以及故事敘說者的童話故事——全都使用隱喻，以一種間接卻反而更有意義的方式，來傳達想法。每一位家長和祖父母也已經領會到隱喻的特殊力量，就像當他們觀察到年幼

兒童的孤獨面貌時，會試圖藉由講述一個孩子可以憑直覺連結的經驗，來提供慰藉與滋養。（Mills & Crowley, 2014, p. 4）

在遊戲治療中，角色扮演、故事、手偶劇、沙盤及兒童創作的藝術品，全都是以隱喻性的方式讓他們溝通生活中發生了什麼事，並用間接的方式來處理想法、情感、態度以及經驗（G. Burns, 2005; Gil, 2014; Kottman & Ashby, 2002; Mills & Crowley, 2014; Perrow, 2008; Taylor de Faoite, 2014）。你可以使用故事來：（1）與兒童溝通訊息；（2）教導他們解決問題及與他人互動的新方法；（3）幫助他們調整自己的態度、感知和展望；以及（4）繞過他們對於更直接的信息和教學會有的防衛反應。阿德勒遊戲治療師能利用兒童自然使用的隱喻，幫助孩子洞悉他／她的生活型態。五個能輕鬆在遊戲治療應用的隱喻性技巧是：（1）使用兒童自己的隱喻（參閱第五章了解如何做到這一點）；（2）客製化的治療性隱喻；（3）創意性角色（Brooks, 1981）；（4）互相說故事；以及（5）讀書治療。除非我們希望這本書比它現有的長度**還要**更長，不然我們無法試圖讓你對於隱喻性技術的使用有一個通盤的了解。如果你有興趣了解更多這種介入的方式，在這個主題上有很多書籍、文章、書籍章節和課程可以利用。

● 替兒童設計治療性的隱喻

根據 Taylor de Faoite（2014, p. 52）：

作為遊戲的治療性力量，講和寫故事被用來幫助孩子對自己的情緒和經驗、他們的憂慮和焦慮有所了解，……故事和隱喻的特殊力量在於，它們提供了一個以想像力語言來處理困惑情感和經驗的工具。想像力是孩子自然的語言，因為它是具體的，且避免了兒童對於直接討論議題而有的抗拒。

設計治療性的隱喻時，心理師發展一個和孩子生活中類似情境的故事。在不指出其類似之處的狀態下，心理師納入代表兒童生活中特定人物的角色，並將他們置於遭遇到與孩子所遇相似問題的情境。這些角色表達的情緒可能反映出孩子的情緒，以及其他與孩子互動的人的情緒。在一些困難、冒險和嘗試解

決之後，角色通常以社會適當的方式解決問題。（希望如此，因為說真的，角色以社會不適當的方式來解決問題的意義是什麼？多數我們所見的孩子已經知道如何做到這一點。）這個歷程是設計來給兒童一些像是用新的觀點來面對他／她的問題，或一些潛在的解決方案點子，來處理他／她自身的困境。

在介紹任何治療性的隱喻之前，你需要做一些準備工作。在遊戲治療中，治療性故事敘說的歷程在你以玩具當道具時最有效，因此你會想要看兒童遊戲時喜歡玩什麼玩具，以及哪些玩具對他們而言似乎有點嚇人。在你跟孩子講故事之前，花些時間聽他們告訴你的故事是什麼類型，並與他們談論他們喜歡的書籍、電影、電玩遊戲及電視節目。關於他們喜歡角色的類型、什麼樣的冒險吸引他們，以及什麼樣的情緒反應能「鉤住」他們，這將給你重要的訊息。當你設計你的故事時，將這些因素放在腦中，它能增加孩子對故事的參與感，進而把隱喻的積極正向效能最大化。

你也要考慮兒童對特定情境與關係的防衛程度，以決定你的故事要多類似於兒童的實際生活經驗。如果故事太接近兒童的情況，他／她可能因為這太有威脅性了而關閉自己。然而，若故事沒有足夠的連結點，對孩子來說就沒有吸引力。考慮兒童的一般溝通模式，進而知道如何最佳地傳遞隱喻也是很重要的。如果孩子喜歡手偶，做一場手偶劇可能是傳遞隱喻的最佳方式。如果孩子喜歡肢體活動和跳舞，那麼結合音樂和肢體活動的故事往往能吸引他／她。如果孩子喜歡畫畫，製作一本已經有字在裡面的書讓他／她畫插圖，可能是講述故事的最佳方法。（你抓到重點了——將孩子喜歡做什麼及你如何傳遞這個故事相配在一起。針對隱喻的傳達系統其可能性是無窮盡的，若是可能，它們應該跟孩子所喜好的遊戲形式相配合。）

許多作者（例如：G. Burns, 2005; Gil, 2014; Mills & Crowley, 2014; Perrow, 2008）概述了他們設計治療性隱喻的喜好程序。我們採用了他們的建議，並與我們自己以及我們學生和受督導者的經驗相結合，進而發展出以下的步驟來設計治療性的隱喻。

1. 在你構思你的故事之前，決定你講述故事的目標是至關重要的。當你在遊戲治療中使用故事，你希望溝通或教導某些事情給兒童。在第三階段中，你協助兒童對他／她的生活型態獲得洞察，所以你在此階段的目標應該是幫助兒童多少能用不同的方式概念化自己、他人或這個世界。當你在第四階段使用隱喻時，你的目標通常和教導孩子新的行為有關。你的故事敘說目標應該是相對簡單和具體的（例如，希望 Felicity 能看見有能力修復東西是一種內在資產；幫助 Felipe 明白如果他不打別人，他更有可能與他人連結；幫助 Chandana 覺察，她不總是需要控制每次與老師的互動）。當你使用單一故事試圖朝向許多目標去努力，或是你的目標是模糊的，那麼你的故事將分散且無效。

2. 根據你和孩子先前的互動，決定：（1）在你的故事中你想要使用哪些玩具；（2）你認為這個孩子會對關於動物、人物或神話中的生物的故事更有反應；（3）你認為這個孩子會對現實或幻想童話情境中的事件更感興趣；（4）你能多靠近孩子生活的真實情況；以及（5）你想要如何傳遞隱喻。

3. 決定你想要故事發生的時間和地點。最好將故事時間改變，使用過去式或未來式作為故事的時間元素。將故事空間改變，使用其他城鎮、國家或世界也是有幫助的。即使故事發生在上週或下個月，在下一個城鎮或隔壁，藉由將它與時間和空間脫節，你在情感上創造出一個距離來允許兒童聽故事，而不會自動覺得這可能是關於他／她的，這樣能為避開孩子的防衛性做好準備。如果這個故事發生在過去或未來的某個時候，不是這裡而在其他地方，這就不可能是關於他／她的生活（很顯然，不是嗎？）。

4. 非常清楚地描述場景。它不應該與孩子的情況完全一樣，但可以有一些類似之處。場景可以是一個自然的環境（「在叢林中……」）、一個神話般的環境（「在一個所有的動物都能說話的地方……」），或一個現實的環境（「當我是小孩時我所在的舊街坊……」）。

5. 非常清楚地描述角色。每個角色應該要有一個名字以及身體上和情緒上的特徵，以作為介紹和描述角色的一部分。這些角色必須包含：(1)主角（代表孩子的動物或人物）；以及（2）對立者（給主角製造問題的動物、人物或情境）。安排一位顧問（能為主角提供建議或幫助的人——這個角色可能代表心理師、家長或老師），以及一兩位盟友（能提供主角支持的動物或人物）也是有幫助的。根據兒童以及她／他的想像力和成熟程度，這些角色可以是真實的或幻想的。一般而言，孩子年齡越大，角色卡司就越多。對五歲以下的孩子，我們通常有一位顧問或盟友，但不會兩者皆有。有時，取決於孩子的記憶和語言精細度，我們排除這些角色，著眼在好人、壞人及情節。

6. 以具體方式描述主角遇到的問題。這個問題可以和孩子的情況相似，但相關性不應過於明顯。你不應該指出類似之處。是否想要承認這些相似之處必須完全由孩子決定。這個問題可能跟一個人和一段關係或一個導致主角有些困難的情境有關。

7. 隨著故事進展，加入不同的感官訊息（視覺、聽覺、嗅覺、動覺和觸覺），如此對兒童來說，故事會變得更加「真實」。無論他／她主要的訊息處理模式為何，這也將有助於吸引孩子。再一次的，決定要包含多少細節取決於兒童的發展年齡。

8. 主角應該在克服問題上有進展，但也應該有障礙。故事需要包含一定程度的掙扎，以讓孩子覺得主角努力掙得了最終的解決方案，而不是就發生了。顧問和盟友能在主角需要時提供協助，但是主角必須做出決定，並對大部分克服障礙和解決問題的努力負責。這向孩子傳達了一個人必須願意努力為問題帶來解決方案，而不是讓問題只是奇蹟似地被解決。

9. 以具體且明確的措詞來描述問題的解決。解決方案不一定要徹底消除原來的情況，而是要顯示主角在學習因應情境上已經有了進展。

10. 當你述說隱喻時，記住你隱喻的目標——障礙、進步及解決方案，全

都應該與你想透過隱喻來教導孩子的內容有關。

11. 獲得解決後，角色應該有某些慶祝活動並肯定主角的改變。慶祝活動的重點可以是一場派對，盟友和顧問恭喜主角，以及主角向其他人解釋他／她在冒險過程所學到的，或是其他鞏固隱喻訊息的形式。對年幼兒童或仍需以非常具體的方式理解訊息的年長兒童，這個解決方案應該要能直接地陳述主角所學到的——如何不同地看待自己以及情境；對自己、他人和這個世界新的態度；未來能幫助他／她因應類似情境的新技巧；或其他類似於此的事。對能夠吸取更多抽象概念的孩子，道德寓意或所學習到的不一定需要明顯地陳述，但應在故事中清楚地展現。

12. 當你進行故事敘說時，觀察兒童對故事的非語言反應是不可或缺的。根據孩子對故事的反應（身體語言、眼睛移動和眼神接觸、活動及精力程度、口語陳述，以及參與程度），你可能決定在故事中做轉換。例如，如果兒童對特定角色非常興奮，你可以擴展該角色的作用。如果孩子感到不安或無聊，你可能把故事結束得比你打算的更快。如果孩子有興趣在故事敘說當中採取更積極的角色，你可以輪流或邀請孩子接續進行故事敘說。

13. 決定你是否想要以及你要如何與孩子一起處理故事（Gil, 2014; Kottman & Ashby, 2002）。對某些孩子，他們希望你告訴他們故事，然後就讓它過去。當和這些孩子工作時，我們發現通常最好是尊重他們的願望。如果當他們想談論這個故事，他們將會提出來。有些孩子喜歡在不承認它與他們有任何關係下談論故事。和這類孩子工作，我們可能會請他們談論角色的情緒、行為、態度、決定、結果、關係和問題解決策略，但不會提到此故事可能與他們的情況相關。有些孩子會真的提出這個故事和他們自己的情況有相似之處。我們視其為一個去公開地處理他們生活與故事之間連結的邀請，邀請他們去討論潛在的訊息以及任何學習，這些是他們可能運用在關係上或是他們可能經驗到的任何

掙扎。Gil（2014）建議你避免詢問封閉性或為什麼的問題，以及避免試圖讓孩子說明故事中所意含「真實世界」的部分。

以下為治療性隱喻的範例，是我（TK）設計給一位七歲男孩 Ramsey 的，他和他的嬸嬸及叔叔住在一起。Ramsey 四歲時他的父母因車禍死亡，他將因這個經歷而來的焦慮，歸結為避免冒任何風險、拒絕離開他的嬸嬸，或嘗試任何新經驗的理由。為了幫助他探索擁有多一點勇氣的可能性，我用一隻獵豹手偶來代表 Ramsey，以及幾個其他動物手偶來代表我與他的嬸嬸和叔叔。我用兇猛的風來代表和 Ramsey 缺乏勇氣有關的焦慮和壓力。隱喻是這樣的：

很久以前有一天，Umi，一隻名字意味著「生命」的小幼豹，與一隻仁慈的母獅 Jaha 及她的先生 Badru，一起住在非洲平原的榕樹叢林附近。他們住在一隻非常聰明的禿鷹 Zahur 所住的樹旁邊。Umi 跟 Jaha 和 Badru 住在一起，因為當他還是一隻非常小的幼豹時，他的母親和父親就不見了。Umi 總是待在非常靠近樹的地方，因為他擔心如果他遠離 Badru 和 Jaha 以及樹木所帶來的安全，他有可能跟他父母一樣會消失不見。他看見另一隻獵豹與幼獅在平原的另一邊玩耍，但是他太恐懼而不敢走去和他們玩耍。他感到非常孤獨，但只要想到離開 Jaha 和 Badru 就覺得太可怕。Jaha 和 Badru 非常擔憂，因為他們兩個不能一起去狩獵，他們其中一個總是需要留在 Umi 附近的樹叢以讓他能感到安全。他們也擔心著，因為他們知道 Umi 很快就需要學會狩獵，以便能照顧自己，但是他太害怕了以致於他沒有在學習狩獵。他們不知道要如何做才能幫助 Umi。

有一天，當 Umi 在附近坐著並為自己感到孤獨與可憐，一陣猛烈的風吹過，Umi 被風吹起。Jaha 和 Badru 從樹叢跑出來並呼喊：「Umi，你要去哪裡？」Umi 哭著喊叫並向他們揮手，但他握著一片風，並害怕放手。

風將他捲起、又拋下。他感到非常害怕並有點傷心與孤獨。他已經開始想念 Jaha 和 Badru，他很害怕他再也見不到他們——他就會如同他的父母一樣消失不見。接著，他往地面望去，看見 Jaha 和 Badru 跟在風後面跑。他聽

到他們大喊：「我們與你在一起，我們不會讓你被風吹走。試著放手，並朝我們掉下來。我們會接住你的！」但是 Umi 太害怕放手了。

　　隨著龍捲風在平原上旋轉，Umi 看見其他小獵豹在玩耍並練習他們的狩獵技巧。他們看起來很快樂。Umi 希望他能放手並且下去看看他們在做什麼，並加入他們的遊戲，但是他太害怕放手了。

　　就在此時，那隻非常聰明的禿鷹 Zahur 正在風中嬉戲，注意到 Umi 乘著風在他旁邊。Zahur 對 Umi 說：「哇，這不是很有趣嗎？你看起來很害怕。你不覺得好玩嗎？」Umi 大吼：「不，我不覺得！我一點都不喜歡這樣，我無法離開這裡。」Zahur 大聲回說：「Umi，你能移到風的盡頭嗎？我覺得如果你能做到，你可能就可以離開。」Umi 回答說：「不，我做不到。我不知道怎麼移開。」Zahur 大聲說道：「試試看並不會有損失。只要放開你握住的風，並滑下來！」Umi 非常害怕放開所握住的風，因為他不知道接下來會發生什麼，但是他甚至更加害怕永遠不能再看到 Jaha 和 Badru 並變得孤單。他也認為現在是擺脫風的好時機，這樣他可以看看那些獵豹正在玩什麼。Umi 閉上眼睛，放開那片風、移到風的盡頭，並出現在小獵豹正在玩耍的平原附近的地面上。

　　跟隨著風跑的 Jaha 和 Badru 跑上去。他們擁抱 Umi 並告訴他，他們有多麼想念他及愛他。所有的幼豹吼叫著並告訴他，從風的尾巴突然出現是一個很棒的花招。Umi 感謝 Zahur 的建議讓他放下風並移動。他說：「你知道，將風放開有點可怕，但掉下來並不像我以為的那樣恐怖，也有點好玩。也許有天我會再這樣做，現在我知道如何脫身了。」接著他問 Jaha，他是否可以跑過去和其他小獵豹玩狩獵。Jaha 微笑並點了點頭。Umi 跑過去結交了一些新朋友，並學習獵豹的狩獵方式。

♥ 創意性角色

　　另一個與八歲及以上的兒童一起工作時很有用的故事述說技巧是「創意性

角色」（Brooks, 1981; Crenshaw, Brooks, & Goldstein, 2015）。在創意性角色中，遊戲治療師使用幾個不同的角色輪流和兒童進行故事敘說。遊戲治療師可以記錄（錄音或錄影）故事的呈現，以便孩子稍後可以在單元裡或家裡聽或看。這是我們對這個技術的改編：

1. 決定故事的場景和角色。

   （1）場景可以是真實的或想像的，但它應該有一些類似兒童生活中的元素。故事一開始描述得越詳細，孩子投入故事的機會越高。

   （2）設計故事的卡司時，所代表的角色包括：① 兒童；② 遊戲治療師或另一位兒童能諮詢關於問題情境的顧問；③ 至少有一個代表兒童盟友的角色；以及 ④ 一位在整個故事中不同的時間點，詢問其他角色資訊、反應、情感、態度、計畫等的記者。你也可以有一個角色代表一個問題情況或兒童生活中的一個對手，或者你可以讓主角遇到進退兩難的情況，來代表兒童生活中的困難情境。

   （3）透過孩子的協助，挑選手偶、娃娃、絨毛動物娃娃或其他玩具來代表每個角色，並為角色命名。

   （4）說明每個角色都能說話，你會講故事的第一部分，接著孩子會講故事的下一部分，然後你會再講下一部分的故事，如此交互接續著。你可以在故事一開始就替所有角色發聲，或者你可以將某些角色分配給孩子。然而，一開始由你替記者及顧問發聲是最好的，因為孩子可能不了解如何採訪其他角色，或顧問應該提供其他角色何種建議。最後，孩子也可能想要接替為記者或顧問說話。

2. 講述故事的開端。

   （1）描述故事裡的場景和角色，著重在代表這個角色的玩具或手偶的一些身體特徵。

   （2）在故事一開始，讓代表孩子的角色面臨一個兩難困境或問題。這個困境可以類似於孩子的主述議題或孩子面臨的另一個挑戰。確

保兩者之間的連結是相對微妙且間接地，不要強調和孩子生活的相似之處。

（3）借助盟友角色的幫忙，讓主角致力於解決問題，或改變他／她與象徵孩子生活中困難的角色或情境之間的關係。

（4）記者間歇性地採訪其他角色，隨著故事的進展，發現他們的感受如何，以及他們在想什麼。

（5）隨著故事的進展，睿智的諮詢者—顧問向其他角色提供建議、不同的觀點，以及資訊。

3. 讓孩子接管故事的敘說，直到他／她想要將它交回來。

4. 與孩子輪流講故事，擔任不同的角色。

5. 故事的最後會是主角能以一些社會適當的解決方法，來處理所面臨的兩難困境或挑戰，並慶祝主角及其盟友展現的積極正向態度和行為。通常，記者在最後會做某種摘要的陳述，祝賀各位角色的努力和進步，並強調你想讓孩子從故事中學到的潛在課題。

♥互相說故事

互相說故事是 Richard Gardner（1993, 2004）所發展的一種隱喻性諮商技術，特別適用於阿德勒遊戲治療（Kottman, 2003, 2011）。互相說故事的基本策略是心理師請兒童講一個故事。接著心理師使用與孩子故事裡相同的角色、場景及兩難困境，接續用不同的、更具建設性的過程和結尾，來重新述說這個故事。

我（TK）調整 Gardner 這個技術的基本設計，以適用於阿德勒遊戲治療的歷程。對較年幼的兒童（最多到七或八歲），我通常邀請兒童選擇一套手偶或動物，假裝他們能說話，並用他們講一個故事來作為準備。對較年長的兒童（八或九歲，及以上），我通常藉由告訴孩子她／他是電視或廣播節目的特別來賓來進行（Gardner, 2004）。我常常錄下兒童的故事，彷彿她／他正在講的

故事是節目的一部分。有時我邀請孩子畫一張圖，並告訴我一個這裡面發生了什麼的故事，在沒有其他任何安排設置的情形下，有時候我只是邀請孩子告訴我一個有開端、中間經過及結尾的故事。

　　建議孩子虛構一個沒有在現實生活發生過的，或曾經是電視劇、電影、電玩遊戲或書籍情節的故事是有幫助的。這讓故事保持在虛構的領域，使孩子能夠在不引起自我防衛的情形下處理他們的經歷，並鼓勵孩子使用他們的創意性想像力。我使用這個技巧所遇到的一個問題，是許多孩子明顯喜歡由他人創造他們的幻想，而不是創造自己的幻想。我有許多個案說他們想不到一個原始的情節。當這種情況發生時，我就讓孩子告訴我一本書、電影、電玩遊戲或電視節目的故事。我這樣做是因為我觀察到即使兒童對他們自己的想像力沒有信心，或習慣於使用別人的創意成品，他們經常將他們現實的版本加諸在他們使用的情節上。他們所選擇的特定故事情節和他們講故事的方式，揭露了許多關於他們生活型態的訊息，而我仍舊可以將這個故事當作跳板，為生活情境的不同詮釋或可能的問題解決方式提出建議。

　　故事需要有某種情節。我向孩子解釋這個的方法是故事需要角色，且那些角色需要發生一些事情——他們需要有某些問題待解決或冒險待體驗。故事也需要有一個開端、中間經過和結尾。有時候孩子在情節發展上有困難，但我願意在發生這種情況時提示他們。如果他們正說著故事並突然間漸漸停了下來，我經常會問有關接下來會發生什麼、角色在那個情況下說了什麼，以及角色如何感受這個經驗等的問題。

　　當孩子講故事時，我會仔細聆聽以決定故事如何隱喻地代表孩子生活中發生了什麼。故事通常有一些元素闡明孩子的內在動力、困擾孩子的特定情況或問題、孩子解決問題的典型模式，以及孩子與重要他人的關係。我將我的理解放進已知的孩子生活型態脈絡中，並尋求一些方式使用我的重述故事，來幫助孩子對他／她的生活型態獲得洞察。在這個過程，我問自己下列問題，其中有些是從 Gardner（1993, 2004）改編而來，有些是設計來組織我對嵌入在兒童故事裡的生活型態主題及模式的想法：

- 故事總體的情感性氛圍是什麼？故事的情感性氛圍告訴我關於個案生活的什麼？

- 故事中角色的行動如何與我對個案及其生活中重要他人的了解相符合？

- 故事中的情況或問題如何與個案在他／她生活中遇到的情況或問題相似？

- 哪些角色代表個案？

- 角色的哪些（不適應）行為代表個案？

- 那些（不適應）行為如何與我對個案不適應行為之目標的概念化相符合？例如，角色是否進入權力爭奪，或試圖證明他／她不能被別人控制，就如同一個以權力為目標的人一樣？

- 故事裡代表個案的角色感受如何？例如，這個角色是否曾被別人嚴重傷害，且他／她是否有報復的需求，就像一個以報復為目標的人一樣？

- 故事裡的其他角色如何感受或回應代表個案角色的（不適應）行為？例如，其他角色是否被個案角色所惹惱，這會顯示不適應行為的目標是獲得關注，或者他們是生氣的，這會意味著目標是權力？

- 如果我與代表孩子之角色的人有類似互動，我會如何感受或反應？大多數成人對角色的行為會如何感受或反應？

- 如果在故事中有某種對消極負向行為的糾正或結果，代表孩子的角色會如何反應？例如，角色是否就放棄了，如同一個目標為證明不足／不能勝任的人會做的一樣？

- 故事告訴我關於個案重要 C 信念的什麼？故事中的角色如何相互連結？哪些角色有能力並以什麼方式有能力？我怎麼知道在故事裡哪些角色覺得他們是有價值的？角色以何種方式來表現勇氣或缺乏勇氣？

- 故事告訴我關於個案的人格優先順序的什麼？故事告訴我關於個案生活中其他人的人格優先順序的什麼？哪些角色尋求安逸、在控制之中、取悅他人，或比別人卓越？角色如何做到這些？

- 故事告訴我哪些關於個案看待自己的觀點？
- 故事告訴我哪些關於個案看待其他人的觀點和對待其他人的態度？
- 故事告訴我哪些關於個案對關係的慣常方法？
- 故事告訴我哪些關於個案對生活的態度？
- 故事告訴我哪些關於個案對解決問題的慣常方法？
- 故事告訴我哪些關於個案社會情懷的程度？

　　聽完兒童的故事之後，你會告訴孩子你想講另一個關於同樣角色的故事。這避免當你告訴孩子你想要重述故事時可能帶有的負面意涵，那可能很容易意味著原始的版本不夠好。然後你開始講故事，使用相同的角色、相同的場景，以及與孩子故事相同的開始。重述的故事應該有不同的中間經過和結尾，用來闡明：（1）更具社會適當性解決問題的方法；（2）更積極正向看待自己、他人及生活的方式；（3）用不同的方式來展現人格優先順序；（4）與他人建立關係及互動的積極正向方式；（5）感覺更有連結、有能力、有價值，和有勇氣的策略；（6）獲得與表現勇氣的方法；（7）個人議題的替代性詮釋，這些議題似乎妨礙兒童以適當方式獲得重要性／意義的能力；以及（8）行為更多是被朝向合作和貢獻所激發，而不是朝向獲得關注、權力、報復或證明不足／不能勝任。

　　沒有必要立即重述故事。有時候，我們可能會等到稍後在單元中才重述故事，而有時候，我們可能會等到之後的單元。當我們準備重述故事時，會考慮下列問題。重述的過程中，我們不會納入與上述所有問題相關的元素。取而代之的是，我們根據述說原始故事的特定個案的需求，量身訂製重述過程。你需要考慮下列因素：

- 你重述故事的目標是什麼？你想使用你的敘述來教導個案什麼？
- 藉由這個故事，你想要鼓勵個案什麼積極正向的特徵／特質／技巧？
- 你會保留哪些角色？你會嘗試用這些角色來完成什麼？你會想要增加任何角色嗎？在任何增加的角色中，你會納入什麼特質？為什麼這些

角色對個案而言是重要的？

- 你如何強調個案人格優先順序的優勢？你如何明確表示這個人格優先順序的不利之處或所付出的代價？你如何建議關於利用這個人格優先順序的優勢，並減少所需付出之代價的方法？

- 在故事裡，你想要強調哪一個重要 C 信念？你如何說明用來跟他人連結、變得並感到有能力、在具有價值上獲得信心，以及擁有勇氣的策略？

- 你會把（不適應）行為的某種結果包含在故事內嗎？什麼樣的結果是實際可行的、相關的以及尊重人的？

- 你會把對積極正向行為的某些積極正向結果包含在故事內嗎？什麼樣的結果能說明積極正向行為的重要性？

- 你如何重新引導任何追求不適應行為之目標的角色？

- 這些角色如何示範以更積極正向的態度來解決問題？

- 你想在重述中說明哪種衝突解除或問題解決的策略？在重述中，你能如何以適當和實際可行的方法解除衝突？

- 在重述中，你如何為故事裡的角色融入更多積極正向的方式，來看待他們自己、這個世界和他人？你如何將更積極正向的態度融入角色？

- 在重述中，你如何說明更合適建立關係及與他人相處愉快的方式？

- 你如何說明可能干擾孩子運作能力之個人議題的替代性詮釋？

- 你想要說明何種社交技巧或其他技巧？

- 在重述中，你能做什麼來提升孩子的社會情懷？

以下是我（TK）和 Keesha 共同創作的互相說故事的範例。我請她告訴我某個故事的開始、中間經過及結尾。她告訴我以下這個故事：

曾經有一隻大象住在叢林裡。大象喜歡吃一些高大樹木頂端的葉子。有一天，他鄰近區域的所有葉子都沒了，所以他決定去叢林的其他地方吃葉子。他走著走著，直到他發現那棵有他想吃的葉子的樹。唯一的問題是，有一個

猴子家族住在那棵樹上，他們不希望大象吃掉那棵樹的所有樹葉。猴子們叫他離開，但大象不想。他用象鼻包住樹並搖晃它，直到猴子們掉下來。猴子們真的很生氣，並且試圖回到樹頂。大象持續搖晃著樹，但他們還是試圖爬上去。猴子們決定他們可以分享葉子，但是大象不想分享。大象告訴猴子，如果他們不離開那棵樹，他會重重地踩在他們身上。猴子們最後把那棵樹讓給大象並離開了。

聽著這個故事，我相信大象代表了 Keesha，猴子們代表著她的其他家庭成員及班上同學。整體的情感性語調對我來說似乎是有點淒涼無望：大象得到他想要的，但這個過程中沒有任何喜悅或慶祝。這個故事似乎說明了 Keesha 的生活型態，她認為她必須是強大的且有控制權的，其他人應該做她告訴他們去做的事情，若他們不聽，她只要增強她的威脅，她就能得到她想要的。她似乎覺得為了感到有價值，她需要去壓制別人。這是她與別人連結及解決問題的慣常方式。

我再次述說故事的目標是跟 Keesha 介紹一個想法，她不需要壓制別人來滿足她的需求。我想建議更具建設性的方式來解決困難，包括協商技巧。我認為以提升她的社會情懷為目標，建議她可以在不是讓他人感到被壓制的狀況下來獲得重要性／意義，這會是有幫助的。以下是我的重述：

曾經有一隻大象住在叢林裡。大象喜歡吃一些高大樹木頂端的葉子。有一天，他鄰近區域的所有葉子都沒了，所以他決定去叢林的其他地方吃葉子，看看他是否能得到一些葉子，因為他非常餓。他走著走著，直到他真的疲累了，並覺得有點心情不好。最後，他發現那棵有他想吃的葉子的樹。唯一的問題是，有一個猴子家族住在那棵樹上，他們不希望大象吃掉那棵樹的所有樹葉。猴子們叫他離開，但大象不想。他好餓且心情煩躁，同時他想吃這些樹葉。大象告訴猴子們：「如果你們不讓我擁有這些樹葉的話，我就要搖你們的樹並讓你們掉下來。」猴子說：「嘿，等一下。也許我們能想出一些方法。我們今天不介意和你分享一些葉子，但我們住在這棵樹上，我們不想失

去我們所有的葉子。」大象說：「但我累了，我不想再走遠一點去為自己找更多的葉子。」猴子們告訴他：「我們今天將和你分享一些我們的葉子，而且你今晚可以睡在這裡。明天我們將幫你找到更多有這種葉子的樹。我們可以在樹間跳來跳去來幫忙你。」大象說：「你們為什麼要幫我找葉子？」猴子們說：「你看起來像一隻友善的動物，只是今天有點累了，脾氣暴躁。我們想要幫助你並成為你的朋友。」大象微笑著。他迄今沒有很多朋友，但他想要嘗試結交一些朋友。與猴子們交朋友似乎是一個好的開始。

隨著故事的重述，你能幫助孩子對他／她的生活型態獲得洞察，並檢驗他／她是否想對自己正生活於其中的心理框架做出任何改變。你可以使用讀書治療來做同樣的事情。

♥ 讀書治療（bibliotherapy）

另一個經常用於阿德勒遊戲治療的隱喻性介入是讀書治療（Karges-Bone, 2015; Malchiodi & Ginns-Gruenberg, 2008; Recob, 2008; Shechtman, 2009）。讀書治療是一種將書籍用來幫助兒童獲得洞察、考慮不同觀點，或學習與他人互動的替代方案的策略。讀書治療可以溝通訊息、激發討論、提供問題解決方法，以及提升對他人處理類似問題的覺察。

為了在遊戲治療使用讀書治療，你可以帶一本專門設計用來幫助兒童獲得洞察或改變行為或態度的書。你可以讀這本書給孩子聽、孩子可以讀給他／她自己聽，或者你和孩子一起閱讀這本書。你可以討論書裡發生了什麼，以及它如何和孩子及孩子的生活型態與情境有關聯，或是你可以繼續進行單元而不討論任何事。

對一個喜歡直接溝通的兒童，通常適合問他／她是否想要討論對這本書的想法、情緒和反應，以及它和他／她的生活情境如何相關。一個寧願藉由隱喻間接溝通的孩子，有可能不想討論這本書和他／她生活的關聯。這不應該阻止你和這類孩子使用讀書治療。許多時候，孩子能從書中學到東西而無須任何口

語處理的歷程，或是在沒有確切提到任何現實生活的情況下，從閱讀及討論書裡所發生的事學到東西。在為孩子選擇一本特定書籍時，必須考慮以下因素：

- 這本書必須以某種方式與這個孩子的獨特情境和議題有關。
- 這本書應該適合孩子的發展程度及詞彙量。為了決定誰該閱讀這本書，你也必須知道孩子的閱讀能力。
- 這本書必須寫得很好、令人興奮及令人感到參與其中。完美的書籍包含了孩子所有的感官、喚起情緒及認知反應，並吸引孩子的想像力。

我們發現（根據許多年的經驗），大多時候兒童文學書籍比「治療性」書籍更有用。我們相信這是因為它們寫得更好、說明得更好，比起以治療為目標來設計的書，它們把觀點創造得更細緻巧妙、不易覺察。這並不是說沒有好的「治療性」書籍——它只是意味著你為單元選擇書籍時，要有辨別力。

為了尋找適合的書籍，你可以諮詢兒童圖書管理員（他們是提供孩子優質書籍建議的極佳資源）或是拿本兒童文學的註釋指南，例如《朗讀手冊：大聲為孩子讀書吧！》（*The Read Aloud Handbook*）（Trelease, 2013）；《兒童最佳書籍：從幼稚園到國小六年級》（*Best Books for Children: Preschool Through Grade 6*）（Barr & Gillespie, 2010）；《兒童最佳書籍，第九版補充：從幼稚園到國小六年級》（*Best Books for Children, Supplement to the 9th Edition: Preschool Through Grade 6*）（Barr, 2013）。這些指南通常依照主題、情節摘要，以及閱讀和發展程度加以排列組織。

你可以選擇書籍來幫助孩子了解他們生活型態的特定元素。例如，為了幫助促進重要 C 信念中的勇氣，你可以閱讀下列任一本書給孩子聽：

- 《美麗的錯誤》（*Beautiful Oops*）（Saltzberg, 2010）
- 《你抓到了龍》（*You've Got Dragons*）（Cave, 2003）
- 《壹》（*One*）（Otoshi, 2008）
- 《大頭魚深海尋寶記》（*The Pout-Pout Fish and the Big-Big Dark*）（Diesen, 2010）

- 《勇氣》（*Courage*）（Waber, 2002）
- 《小嘀咕》（*Scaredy Squirrel*）（Watt, 2006）
- 《勇敢湯》（*Bravery Soup*）（Cocca-Leffler, 2002）
- 《杞人憂天者》（*The Worrywarts*）（P. Edwards, 2003）
- 《我好擔心》（*Wemberly Worried*）（Henkes, 2000）
- 《苦瓜臉不見了：我不想上學，因為我害怕！》（*Wilma Jean, the Worry Machine*）（Cook, 2012）
- 《我的好朋友黑漆漆》（*Orion and the Dark*）（Yarlett, 2014）

為了幫助灌輸能力感給在此項重要 C 信念上掙扎的兒童，你可以使用以下書籍：

- 《天空的顏色》（*Sky Color*）（Reynolds, 2012）
- 《大頭魚上學記》（*The Pout-Pout Fish Goes to School*）（Diesen, 2014）
- 《我要更自信：火雞圖圖的故事》（*I Want Your Moo*）（Weiner & Neimark, 2009）
- 《小火車做到了》（*The Little Engine That Could*）（Piper, 2005）
- 《了不起的傑作》（*Most Magnificent Thing*）（Spires, 2014）
- 《如果孩子可以不要長大》（*If I Could Keep You Little*）（Richmond, 2010）
- 《大象不能跳躍》（*Elephants Can't Jump*）（Willis & Reynolds, 2015）
- 《摘星的日子》（*How to Catch a Star*）（Jeffers, 2004）
- 《一個完美搞砸的故事》（*A Perfectly Messed-Up Story*）（McDonnell, 2014）

對於難以相信他們是有價值或覺得自己的價值是有條件的兒童，下列書籍是很棒的資源：

- 《零》（*Zero*）（Otoshi, 2010）
- 《我的名字克麗桑絲美美菊花》（*Chrysanthemum*）（Henkes, 1991）
- 《獨特的莫妮卡》（*Unique Monique*）（Rousaki, 2003）

- 《莉莉的紫色小皮包》（*Lilly's Purple Plastic Purse*）（Henkes, 1996）
- 《透明小男孩》（*The Invisible Boy*）（Ludwig, 2013）
- 《蠟筆小紅的煩惱》（*Red: A Crayon's Story*）（Hall, 2015）
- 《你很特別》（*You Are Special*）（Lucado, 1997）
- 《我相信你》（*I Believe in You*）（Richmond, 2011）

與別人連結有困難的孩子，可以從下列的書籍中獲益：

- 《不需要朋友》（*Don't Need Friends*）（Crimi, 1999）
- 《珍妮小霸王》（*Recess Queen*）（O'Neill & Huliska-Beith, 2002）
- 《零》（*Zero*）（Otoshi, 2010）
- 《貳》（*Two*）（Otoshi, 2014）
- 《小嘀咕找朋友》（*Scaredy Squirrel Makes a Friend*）（Watt, 2007）
- 《賈斯特的方法》（*Chester's Way*）（Henkes, 1997）
- 《衛生……你好臭》（*Hygiene . . . You Stink*）（Cook, 2014）
- 《小樹枝與小石頭》（*Stick and Stone*）（Ferry, 2015）

如果你正和一個不適應行為的目標是獲得關注的兒童工作，以下是你可以用於讀書治療介入的書籍：

- 《那天里歐說我恨你！》（*The Day Leo Said I Hate You!*）（Harris, 2008）
- 《喧鬧的諾拉》（*Noisy Nora*）（Wells, 1997）
- 《穿紅睡衣的羊駝拉瑪》（*Llama Llama Red Pajamas*）（Dewdney, 2005）
- 《我需要我的怪物》（*I Need My Monster*）（Noll, 2009）

對不適應行為的目標是權力的孩子，以下的書籍可能會有幫助：

- 《珍妮小霸王》（*Recess Queen*）（O'Neill & Huliska-Beith, 2002）
- 《查克感到挫折》（*Zach Gets Frustrated*）（Mulcahy, 2012）

- 《我就是不喜歡不的聲音！》（*I Just Don't Like the Sound of No!*）（Cook, 2011）
- 《全部都是我的，沒有任何給大家》（*All for Me and None for All*）（H. Lester, 2012）
- 《小壞貓》（*Bad Kitty*）（Bruel, 2015）

對努力想報復的兒童，下列書籍是可能幫助他們探索與他人互動之潛在動力的範例：

- 《好抱怨者》（*The Grouchies*）（Wagenbach, 2009）
- 《恐怖亨利的報復》（*Horrid Henry's Revenge*）（Simon, 2001）
- 《花的報復》（*Blossom's Revenge*）（Geras, 2002）
- 《羊駝拉瑪的分享時刻》（*Llama Llama Time to Share*）（Dewdney, 2012）

對不適應行為的目標是要證明他們的不足／不能勝任的兒童，以下書籍是可運用的資源：

- 《皮特貓及他的神奇太陽眼鏡》（*Pete the Cat and His Magic Sunglasses*）（Dean & Dean, 2013）
- 《大頭魚上學記》（*The Pout-Pout Fish Goes to School*）（Diesen, 2014）
- 《噘嘴巴的大頭魚》（*The Pout-Pout Fish*）（Diesen, 2008）
- 《害羞的查理斯》（*Shy Charles*）（Wells, 1988）
- 《透明小男孩》（*The Invisible Boy*）（Ludwig, 2013）
- 《不想傷心的男孩》（*The Boy Who Didn't Want To Be Sad*）（Goldblatt, 2004）

如果你想要使用書籍幫助兒童，在人格優先順序上，從破壞性表現轉變成建設性表現，以下書籍是可能的讀書治療工具。

對人格優先順序是安逸的兒童：

- 《得一分的樹懶》（*Score One for the Sloths*）（H. Lester, 1987）
- 《噘嘴巴的大頭魚》（*The Pout-Pout Fish*）（Diesen, 2008）
- 《粉紅色冰箱》（*The Pink Refrigerator*）（Egan, 2007）
- 《活潑！》（*Sparky!*）（Offill, 2014）

對人格優先順序是控制的兒童：

- 《珍妮小霸王》（*Recess Queen*）（O'Neill & Huliska-Beith, 2002）
- 《壹》（*One*）（Otoshi, 2008）
- 《華萊士的清單》（*Wallace's Lists*）（Bottner & Kruglik, 2004）
- 《賈斯特的方法》（*Chester's Way*）（Henkes, 1997）
- 《佩內洛普公主的鸚鵡》（*Princess Penelope's Parrot*）（H. Lester, 2001）
- 《你得到你應得的》（*You Get What You Get*）（Gassman, 2013）

對人格優先順序是取悅的兒童：

- 《零》（*Zero*）（Otoshi, 2010）
- 《長頸鹿不會跳舞》（*Giraffes Can't Dance*）（Andreae, 1999）
- 《自己的顏色》（*A Color of His Own*）（Lionni, 1997）
- 《條紋事件糟糕啦》（*A Bad Case of Stripes*）（Shannon, 2004）
- 《露比，那個模仿者》（*Ruby, the Copycat*）（Rathmann, 2006）

對人格優先順序是卓越的兒童：

- 《另一隻狗》（*The Other Dog*）（L'Engle, 2001）
- 《零錯誤女孩》（*The Girl Who Never Made Mistakes*）（Pett, 2011）
- 《獨特的莫妮卡》（*Unique Monique*）（Rousaki, 2003）
- 《比你更好》（*Better Than You*）（Ludwig, 2011）
- 《英勇的娜丁》（*I Am Cow, Hear Me Moo!*）（Esbaum, 2014）
- 《我不要當青蛙》（*I Don't Want to Be a Frog*）（D. Petty, 2015）

　　你可能已經注意到，有好幾本書同時在多個清單上（其他的書也可以放在好幾個清單上，我們只是不想佔用此書太多空間）。那是因為你可以將它們用於多個目標性介入。根據你如何設置及如何與孩子處理歷程，一本書可用來跟多種議題工作。加上（現在你可能已經注意到）有很多重疊的議題——例如人格優先順序是控制的孩子，若處在不適應行為的那一端，通常以擁有權力作為不適應行為的目標，也可能在重要 C 信念中的連結上有掙扎，或是因過度補償而相信他們沒有能力或他們沒有價值。這個清單完全說不上完整。現在我們已種下你可以使用兒童文學來幫助孩子獲得洞察的種子（同時，在許多情境下，藉由教導他們特定技巧，或灌輸更積極正向的態度或展望，來達到重新導向及再教育），你將開始腦力激盪可以使用哪些書籍在哪些兒童身上，來達成你的治療性目標。例如，你可以把《我把弟弟變小了》（*Katie's Babbling Brother*）（Hutchins, 1996），用在一位為了得到家人最大關注而正和年幼手足陷入掙扎中的孩子；《有點樣子》（*Ish*）（Reynolds, 2004），用在一個太緊繃且你想提供一些鬆動的孩子身上；《這不是我的帽子》（*This Is Not My Hat*）（Klassen, 2012），用在一個偷竊的孩子身上；《皮可大冒險：想像不到的朋友》（*The Adventures of Beekle: The Unimaginary Friend*）（Santat, 2014），用在一個因有虛構朋友而被嘲笑的孩子身上；《一小撮平靜：四個鵝卵石的幸福》（*A Handful of Quiet: Happiness in Four Pebbles*）（Hanh, 2012），用來教導孩子使用靜坐和正念來自我調節。哎呀——好吧，我們被這樣的思考所驅使，得意忘形了，也許我們應該寫一本書是關於你在治療時能使用的書！你懂我們的意思了。準備好尋找你小時候喜愛的書籍，並將你自己孩子或孫子孫女的書從書架上偷偷拿走，從現在開始使用在你的單元裡。

♥ 指導角色扮演

　　在阿德勒遊戲治療的第三階段，心理師可以使用指導性角色扮演，來幫助孩子對他們想法、情緒和行為的模式獲得洞察，並開始考慮用新的方式來思

考、感受和行動。這對困在特定消極負向幻想或重演創傷事件的兒童而言，特別有效。這些兒童重複地玩著有著令人沮喪的結局場景——一次又一次，從來沒有改變劇情的進展或結果。

在心理師相信這種重複能允許宣洩或發洩的情況下，使用悄悄話技巧讓兒童控制角色扮演的過程，直到他們決定準備好要改變它，這麼做是適當的。其他時候，心理師的臨床判斷推測，孩子堅持消極負向的結果，是因為他們不知道如何改變情節（Kottman, 2011）。這些孩子可能沒有足夠的資料來產生其他的可能性，或足夠的洞察力看見解決的替代路徑。當這些兒童將這樣的狀況重複六到八次之後，我們試圖改變角色扮演的過程，藉由增加一個不同的角色或將敘事移到另一個方向，而沒有使用悄悄話技巧來獲得孩子的指示。在這類情境下，我們不希望孩子掌控遊戲的方向，因為他／她似乎不能以治療性的方式來進行遊戲。

某些情況，兒童可能會展現創傷後遊戲（Gil, 2006, 2010; Malchiodi, 2014; Terr, 1990）。在創傷後遊戲中，兒童似乎用遊戲讓自己幾乎再次經歷心理創傷，這既不是宣洩也不具治療性。如果心理師懷疑是這種情形並感到不確定該怎麼做，重新審視治療過程、與同儕諮詢跟兒童工作的最佳方案，或尋求督導，會是有幫助的。一個與這些孩子工作的可能介入策略，是建議遊戲或角色扮演往一個不同的方向走。當我們決定改變角色扮演的過程，我們通常會用角色的聲音，而不是悄悄話的聲音或我們平常的聲音。這樣，我們可以把我們想要的建議和重新導向維持在兒童角色扮演裡的隱喻之框架中。

以下是跟需要幫助來脫離困境的孩子進行角色扮演的範例。Cassandra（六歲）受到繼父的性虐待。她演出一隻怪物正要傷害她，她想躲卻沒有辦法移動的情境。她在連續十次的單元中重複這個情境。我（TK）相信 Cassandra 在此情境中感到無法擺脫，即使她知道繼父在監獄，我們也討論好的和壞的觸摸，以及如何保護她自己，但她持續感到無助，且無法以任何方式保護自己免於遭受人身侵犯。起初，我讓 Cassandra 在沒有我影響角色扮演的過程中控制情節發展。它總是演出如下列般的事情：

Cassandra（大聲、低沉的聲音）：「我是一隻壞的怪物，我要進去你的房間並傷害你。」

Terry（悄悄話的聲音）：「你希望我怎麼做？」

Cassandra：「你說，我很害怕，我無法讓他離開我的房間。他正要來傷害我，我無法阻止他。我甚至不能動。」

Terry（角色的聲音）：「我很害怕，我無法讓他遠離我。我甚至不能動。他正要來傷害我，我無法阻止他。」（平常的聲音）：「聽起來這是一隻令人害怕的怪物，我不能阻止他傷害我。」（悄悄話聲音）：「我現在該怎麼辦？」

Cassandra：「你看起來很害怕並躲在床單下面。」（她的角色聲音）：「你知道你無法在我面前躲起來。任何我想要的時候我都可以傷害你，你無法阻止我。」

Terry（躲起來；悄悄話聲音）：「我現在應該怎麼辦？」

Cassandra：「說，不，不，不！走開，離我遠一點。」

Terry（角色的聲音）：「不，不，不！走開，離我遠一點！」（平常的聲音）：「聽起來我真的很害怕這隻怪物，希望我能讓他停止傷害我。雖然我覺得我就是沒有辦法。我不能讓他離我遠一點。我甚至不能移動。」

有時候 Cassandra 扮演受驚嚇的孩子，有時候她扮演那隻怪物。基本的順序維持不變，也就是孩子沒有權力，以及怪物擁有所有的權力。在第十次重複之後，我決定藉由改變一些孩子無助的展現，以及示範一些適當的界線設定和處理界線受侵犯的方式，來嘗試幫助 Cassandra 獲得洞察。我仍然使用悄悄話技巧，但當角色扮演中我是孩子時，我將我的一些陳述改為更為賦能的語言，同時我對問題的替代性解決方案提供建議。

Cassandra：「我是那隻壞的怪物，我正要來傷害你。」

Terry（平常的聲音）：「那隻怪物說他要來傷害我。」（悄悄話聲音）：「我

該怎麼辦？」

Cassandra：「你說，我真的很害怕那隻壞的怪物。他可以對我做出任何他想要的事情，而我不能阻止他。」

Terry（角色的聲音）：「我真的很害怕那隻壞的怪物。他認為他可以對我做出任何他想要的事情，而且他相信我不能阻止他。我不知道如果我把我房間的門鎖起來並且不讓他踏進這個房間，他會做什麼。」（悄悄話聲音）：「我現在應該怎麼辦？」

Cassandra：「你看起來很害怕並躲在床單下面。」（以她角色的聲音）：「你無法在我面前躲起來。我永遠能夠捉到你。你鎖上門又如何？反正我會破壞那個鎖。」

Terry（角色的聲音）：「你以為你能破壞鎖，但如果你這樣做，我會告訴我媽媽。」

Cassandra（角色的聲音）：「你不能告訴你媽媽。如果你這樣做，我會告訴她是你自己弄壞鎖的。到時候你就真的倒楣了。」

Terry（悄悄話聲音）：「我現在該怎麼辦？」

Cassandra：「告訴怪物我媽媽不會相信他。她知道我從不說謊。」

Terry（角色的聲音）：「哈！我媽媽不會相信你。她知道我從不說謊。她會相信我，而且你再也不能進來我家了。你甚至可能要去監獄。」

我在這個角色扮演的改版中做了兩件基本的事情。我用語言重新框架情境，並提出一些處理這個情境的替代方案。我稍微修改了孩子的話，從「他可以對我做出任何他想要的事情，而我不能阻止他」到「他認為他可以對我做出任何他想要的事情，而且他相信我不能阻止他」。這個語言上的小小改變，從怪物身上奪走部分的力量，並將權力賦予了孩子。藉由引進孩子也許能夠透過鎖門和告訴她媽媽，來獲得對互動有部分控制的想法，我試圖與孩子溝通，對她而言有其他感知與反應這個情況的方式，有她能在這個互動和或許其他互動中，獲得更多力量的方式。這對孩子的困境不是長久的解決方法，但它幫助她

獲得一些洞察，並逐漸緩解她在角色扮演上持續重現的行為所象徵的無法擺脫的困境。

♥ 使用藝術技巧

阿德勒遊戲治療師可擴展在探索階段所使用的藝術技巧，來協助孩子對她／他的生活型態獲得洞察。延伸動力藝術體驗、創造卡通幫手（Mills & Crowley, 2014）、繪製身體輪廓或身體地圖（Santen, 2015; Steinhardt, 1985）、製作手偶和面具（Buchalter, 2009），以及製作兒童、兒童生命中的重要他人及重要情境的象徵性代表（Lombardi, 2014; Oaklander, 1978/1992; Ray, Perkins, & Oden, 2004; Segel, 1991; Wolf, 2014），是治療師在這個治療階段或任何其他三個階段能使用的藝術技巧。如果你對藝術介入感到自在，你會想要探索其他能幫助創意可能性的資源來包含在遊戲治療歷程中。

● 延伸動力藝術活動

藉由將第二階段所進行的家庭動力圖及學校動力圖帶入稍後的單元，遊戲治療師可以使用這些圖來協助兒童重新評估他們對自己、他人和這個世界的看法。治療師也可以請孩子以家庭或學校為主題畫出不同圖畫。孩子可以畫理想家庭或理想教室的圖畫，將他們想要發生的改變視覺化。他們可以畫生活中不同人們的圖畫，以及他們想要如何改變與這些人的關係。他們可以假裝有一根魔杖，能讓家庭裡所有的問題都消失，並畫出這樣情形若發生的話家庭會變成如何的圖畫。在這些所有的活動中，重點將放在兒童生活中與其他人的關係上。

重要的是要記住，這個策略能針對個別孩子及他／她的藝術才能和偏好，量身訂製。如果兒童對使用繪畫、黏土、貼紙、毛根、拼貼、舞蹈、音樂，或任何其他形式的藝術表現來呈現生活中發生的事情，感到更加舒適自在，你應該使用那個媒介來鼓勵洞察。藉由創意性地回應兒童，你可以設計非語言技巧來鼓勵自我表達及心理覺察。

● 創意卡通幫手

在卡通的介入策略中，孩子創造卡通幫手來幫助他們解決問題（Mills & Crowley, 2014）。你可以將卡通幫手當成向孩童建議看待自己、他人和這個世界的新方式的工具。兒童能將卡通幫手當作找到自己內在長處及資源來因應困難的工具。畫出卡通幫手能為兒童提供表達及因應恐懼和焦慮的方法，以及探索解決問題情境和關係的替代方案。較年長的孩子（八歲以上）似乎相當喜歡這樣的策略。你有無數的方法使用卡通幫手，你的想像力是唯一的限制。這種形式介入的其中一個範例，包含三個步驟。

1. 請兒童畫一個恐懼、擔心，或感到情感受傷的情境；
2. 再畫一個可以幫助處理問題的卡通幫手；
3. 最後，畫出當恐懼、擔心或感到情感受傷的情境被解決時，看起來會如何。

在這個策略中，兒童產生解決問題的方法。卡通幫手作為從問題到解決方案之間的隱喻性橋梁。

另一個卡通介入的範例是讓孩子畫一個問題情況。你可以將孩子畫的問題情境圖影印好幾份，並邀請兒童開發多個有不同優勢的卡通幫手來幫忙解決問題。這樣做能鼓勵孩子思考對任何問題有多種解決方案的可能性。

使用卡通幫手的第三個範例是當孩子似乎不願意直接從你那裡聽到時（如果你會畫畫──我們兩個都不行，但我們有些令人驚奇的學生使用這種技術），你可以畫一個有積極正向的事情要跟孩子說的卡通英雄。卡通英雄能作為一個指出長處及內在資產的間接方法。

● 繪製身體輪廓

另一種能幫助孩子獲得對他們生活型態洞察的藝術活動，是讓孩子躺在一張鋪在地上的大紙上，讓你描繪他／她的身體輪廓。你可以用許多不同的方式來使用這些身體輪廓。Santen（2015）幫助解離的孩子，藉由身體輪廓將「創

傷經驗後他們的潛意識策略,透過描繪作為一種因應方式而浮現的內在風景」視覺化(p. 126)。Steinhardt(1985)描述使用身體輪廓的程序,這當中,心理師和孩子開啟了有關那個人身體輪廓身分的對話。當孩子確定這人形代表誰之後,請他/她在圖畫上填入更多的細節。Steinhardt 表示兒童常將輪廓當成自畫像。藉由問問題及猜測關於孩子本身、他/她對自己的看法,以及他/她與他人的關係,你可以在幫助孩子洞察自身生活型態的過程中,使用這個繪圖。如果兒童選擇將輪廓當作是別人的肖像,你能使用這個繪圖的身分和肖像的完成,進一步探索兒童對他人及這個世界的看法。

我們已經發現,這個技巧對需要改變他們個人界線強度的兒童是有用的。對個人界線較弱的兒童(通常是被過度保護及家庭壓抑的兒童,或曾遭遇性虐待或身體虐待的兒童),我們將身體輪廓畫得非常模糊。我們使用身體輪廓繪畫,來協助他們覺察他們的界線在什麼時候是相當弱的。對界線是不能被滲透的兒童(通常是感到被家人拒絕,或曾遭遇到他人嚴重傷害並設法保護自己的兒童),我們用強化的線條畫出輪廓。我們使用繪畫,來幫助這些孩子考慮開放界線的可能性,並讓別人以友誼及支持來接近他們。被收養的孩子或在寄養家庭的兒童,也能受益於這種介入策略。我們使用身體輪廓協助這些孩子區分,受先天及後天影響的身體、心理及情感的特質。如果你碰巧與對你描繪他們身體輪廓感到不自在的孩子一起工作,你也能教導他們在紙上畫非常大的「薑餅人」,並用相同的方式使用它們。

● 製作手偶及面具

很多孩子喜歡手偶,喜歡藝術的人通常也喜愛製作手偶。你可以用任何材料製作手偶——花盆、蒼蠅拍、木勺子、羽毛撢子、舊手套、紙捲筒(是的,衛生紙或紙巾捲)、冰棒棍及其他任何你能想像的(Buchalter, 2009)。我們最喜歡的是使用舊手套,來製作代表那個孩子及一位朋友、手足或家長的手偶,接著讓孩子戴上手套並讓雙手進行交談。你可以使用這個技巧促進孩子對他/她通常傾向與別人進行怎樣的對話發展洞察,甚至在進入第四階段時,讓他們

練習更多社交上適當的對話方式。有時，孩子們甚至會邀請你戴上一個手套並加入對話。

我（TK）發展一種我稱之為口袋朋友的冰棒棍手偶技巧，來跟一位有交友困難的個案工作，部分原因是因為她想要與一位三年級最受歡迎的孩子成為朋友。（然而，我討厭這樣說，但她不是那種最受歡迎的八歲孩子會想要結交的朋友——矮、胖胖的、不是那麼有趣的、有多重學習障礙及注意力不足／過動症）。我希望她對她想要成為朋友的人，以及想跟她成為朋友的人有覺察。我讓她列出她想要朋友身上有的特質，並讓她在冰棒棍上畫上符號（例如一顆心代表關心、耳朵代表好的聆聽者）。我讓她列出她帶給友誼的積極正向特質，並用另一根冰棒棍代表她自己。她決定兩枝冰棒棍將成為朋友，當它們想要時可以隨時一起消磨時光（多數時間在她的口袋裡，但有時她將它們拿出來並和它們一起玩）。她班上其他孩子很好奇口袋朋友，並且（在很短的期間中）她相當受歡迎，因為她願意將母親買給她的冰棒棍，做成朋友給她班上的其他孩子。

孩子們也喜歡面具——用紙盤、錫箔紙、紙漿、塑料或布、剪下圖案的毛氈來製作面具。你可以使用它們來幫助孩子對自己的想法及情緒獲得洞察。例如，他們能使用面具來說明他們向世界所展現的面孔，以及他們對所有人隱藏的面孔；他們對自己所知道的，以及其他人所知道的他們；他們告訴自己的消極負向事情，以及他們可以告訴自己的積極正向事情；他們獨處時所經驗到的情緒，以及他們與別人在一起時所經驗到的情緒。

● 使用象徵性代表

還有許多其他方法，可以用象徵性的代表來表達兒童生活裡的情境與關係，如此一來他們能開始轉變他們的態度、感知、想法、情感和行為。例如，Oaklander（1978/1992）描述的「玫瑰花叢」，即是讓孩子畫玫瑰花叢（通常代表他們自己及其生活情境）。他們完成繪畫後，心理師讓玫瑰花叢參與關於它生活的隱喻性對話。兒童也能象徵性地畫出家庭所有成員——為家中每個人設計一個

特殊符號（Oaklander, 1978/1992）。心理師能使用這個資訊，幫助孩子了解他們對家庭其他成員的想法、情感及反應。使用這個技術來幫助在學校有所掙扎的兒童表達他們對老師及同學的印象，也是適合的（Ray et al., 2004）。

另一個幫助兒童獲得洞察的方法，是使用從雜誌中選出的動物照片（Segel, 1991）。動物照片的介入方式，可用在個別個案、團體及家庭單元。這個活動的原始版本（Segel, 1991），是心理師給個案一系列從雜誌中蒐集來的描繪各種動物的照片。在各式各樣的照片中，心理師納入多種不同「類型」的動物——野生、家畜、兇猛、「可愛」等。個案選擇對他／她有某種吸引力的動物，接著心理師請個案描述這個動物，並請個案回答下列問題：

- 是什麼吸引你挑選這隻動物？（對較年幼兒童，我們以：「你喜歡這隻動物的什麼？」的形式來問此問題）
- 你和這隻動物同樣都有什麼積極正向的特質？（對較年幼兒童，我們問：「你如何像這動物？」或「你如何表現得像這動物一樣？」）
- 這隻動物有什麼積極正向的特性，你希望你也有，但是你沒有的？（對較年幼兒童，我們問：「這隻動物做什麼事，是你希望你也能做的？」）
- 如果你有這些積極正向的特性，你的生活會如何不同？（對較年幼兒童：「如果你做了那些事情，你會更開心嗎？」）
- 是什麼阻止你不能有這些積極正向的特性？（對較年幼兒童：「你怎麼不做那些事情呢？」）
- 你願意在生活中做出哪些改變，來得到這些積極正向的特性？（對較年幼兒童：「你會做些什麼不同的事情，可以讓你更像你所喜歡的那隻動物？」）

我（TK）改編原來的活動，給孩子兩種不同的方式來探索他們家庭（或教室）的動力。在第一個版本，我給個案一系列從雜誌中蒐集來的描繪動物群體的照片；一些照片明顯是代表家族的，一些照片包含一群來自同一種類的，其他照片包含一群來自各式不同種類的。我請個案選擇「一個家庭」或「一個

班級」，取決於我想要探討有關於家庭或學校的議題。個案挑選完後，我請個案描述這個群體。接著我問下列這些問題，並使用照片的隱喻作為讓孩子間接探索這些議題的方式：

1. 這個家庭（班級）的長處和弱點是什麼？
2. 這個家庭（班級）做得好的是什麼？這個家庭（班級）做得不好的是什麼？
3. 這個家庭（班級）的成員想要改變家庭（班級）的什麼？
4. 這個家庭（班級）遭遇到的主要困難是什麼？
5. 如果這個困難被消除，家庭（班級）成員的生活會如何不同？
6. 你認為這個家庭（班級）可以如何消除這個困難？

對一些孩子，我可能會使用較不隱喻性的問題：

1. 這個家庭（班級）如何與你自己的家庭（班級）相似？
2. 你的家庭（班級）與這個家庭（班級）共同都有什麼長處？
3. 你的家庭（班級）與這個家庭（班級）共同都有什麼弱點？
4. 你想改變你的家庭（班級）的什麼？
5. 在你的家庭（班級）裡，最主要的困難是什麼？它如何類似於照片中家庭（班級）的困難？
6. 如果這個困難被消除或減輕，你的家庭（班級）成員的生活會如何不同？
7. 如果這個困難被消除或減輕，你的家庭（班級）成員的生活會如何維持相同？
8. 在創造或維持這個困難上，你扮演了什麼角色？
9. 你願意做些什麼不同的事情來幫助消除或減少這個困難？
10. 你認為你家庭（班級）的其他成員需要採取什麼不同的方式，來消除或減少這個困難？

11. 你如何與你家庭（班級）的其他成員溝通這個困難？

在動物照片活動的第二個修訂版本中，我給案主一系列從雜誌中蒐集來的描繪個別動物的照片。我請個案選擇一個動物來代表他／她自己，以及各一個動物來代表他／她家庭的每位成員，並將它們排在一個大尺寸的海報板上。接著我請個案描述：（1）每一個動物，包括它們的內在資產及不利條件；（2）家庭成員如何與該動物相似，強調他們的內在資產及不利條件；以及（3）每一個動物如何與象徵個案的動物連結。在我們建立這些關係後，我經常請兒童讓動物們互相「說話」，讓它們在紙上移動，並看看動物們如何反應。我也可能問其他問題或後設溝通，來努力幫助個案獲得對家庭關係，以及他／她如何與他人互動的新觀點。這是一個能與多位家庭成員進行的極佳的活動，因為它幫助他們獲得如何看待彼此的洞察。

其他你可以使用的藝術活動，是讓兒童製作寵物、畫橋梁、建造鳥巢、製作時間表、畫恐龍或怪獸、做拼貼、做一棵擔心樹或建一座火山（Buchalter, 2009; Joiner, 2012）。例如，如果你正與相信自己是不可愛或靠不住的兒童一起工作，那麼製作一隻寵物是一件很棒的事。首先，讓孩子列出會讓他們感到被愛或被信任的東西，然後用各種材料來製作寵物，如泡沫塑膠球、紗線、毛根和亮片。這個想法是那隻寵物將具有傳達愛或信任所需的特質或技能（有點像一位關心你、相信你的隱形朋友）。當與需要從一個地方搬到另一個地方（不管是真正的或是象徵性）的孩子一起工作時，你可以讓他們畫一座橋梁或剪勞作紙來做一座橋梁。這座橋可以代表他們如何從一個地方移動到另一個地方（從不要和妹妹說話到和她有正向的關係、從每次拼寫測驗都不及格到通過測驗等）。如果你的兒童個案對要求或接受滋養有困難，用切割的紙板、紗線或毛根與他們一起做一個鳥巢，在這個活動中你可以幫助他們探索如何學習做這件事。你能協助孩子製作時間表，來探索生活中對他們看待自己、他人和這個世界的看法有影響的事件。在閱讀《你抓到了龍》（*You've Got Dragons*）（Cave, 2003）這本書後，你可以讓他們塗繪或描製他們的恐龍，接著協助他們弄清楚如何征服它們（或和它們交朋友，如果這更有用的話）。用圖片及從雜誌剪下

的詞彙製作拼貼，是另一種幫助孩子獲得他們生活型態洞察的藝術工具。你可以讓他們製作一個拼貼，對他們喜歡自己的地方、交朋友的方法、困擾他們的事情、他們能更勇敢的方式、能對他們家庭或班級有貢獻的活動，以及其他一千種主題。他們可以素描、塗繪或使用勞作紙和膠水，製作一棵馬賽克式的憂慮樹，讓他們的焦慮有實體上的呈現。接著，你可以讓他們在創作中添加元素，呈現可以自我撫慰的方式，如此一來，他們就不會那麼地被自己的憂慮所困擾。有憤怒議題的孩子（這個說法完全讓我們崩潰──最近已經有四歲及五歲的孩子告訴我們，他們有「憤怒管理問題」──哎呀！），你可以幫助他們做一座紙漿火山，並使用小蘇打和醋讓它爆炸，然後討論如何防止爆炸造成巨大混亂的方式。再次地，可能性是無止境的──去使用你的想像力就對了。

❤ 沙盤活動

在遊戲治療的這個階段，有時候阿德勒遊戲治療師會邀請兒童做沙盤，而有時候是他／她為孩子做沙盤（或在某些情況下是家長）。大多數的時候，兒童做的是指導性沙盤──治療師給予設計用來幫助促進個案洞察的指導語。

以下是你在這個階段可以建議做的沙盤範例：

- 一個美好的、非常棒的一天，或一個可怕的、不好的一天
- 三個願望
- 喜歡的書、童話、電影、電視節目、電玩遊戲
- 孩子曾經做過的夢
- 煩擾孩子的事情，以及可以做什麼讓煩的事情好一點
- 孩子成功解決問題的時候
- 孩子因嘗試去解決問題而感到氣餒時
- 時間軸的沙盤（我的生活、我的一週、我的一年等）
- 很難搞王子（國王、公主、王后）的王國
- 一個所有事情都容易、輕鬆愜意、成功的地方

- 一個孩子確定每件事都能成功的生活

- 遇見一個會噴火的角色（或其他特徵能象徵性地代表孩子在他／她的生活中一定會遇到的另一人或情境）——問題會是：「你需要做些什麼才能處理這個角色？」

- 到一個新的世界（一個孩子以前從未去過的地方——你可以描述它——它可以是一個恐龍世界、一個新的星球、外太空等）——孩子挑選一個代表他／她的角色，以及一個知道這個世界某些事的角色，這個角色能和他／她一起去新的世界並提供忠告——這個沙盤是在計畫著這趟旅行以及角色們需要帶什麼

- 一個情境，在當中有著與孩子相似問題的某人進入迷宮（或障礙訓練場），使用沙盤中的物件當作障礙物——孩子為目的地命名、選擇一個穿越迷宮的角色、一路上尋找解決障礙的解答

你也可以為兒童創造沙盤，作為協助他／她獲得洞察的方法。下列是你可以為孩子做的沙盤的一些範例，例如以一個沙盤來顯示：

- 你對於孩子如何看待自己、他人和這個世界的了解；

- 你對孩子個人邏輯的了解；

- 你對親子關係的了解；

- 家庭氣氛或家庭星座如何影響孩子；

- 你對孩子重要 C 信念 ／人格優先順序／不適應行為目標的感知，以及它們如何展現在孩子與他人的關係上；

- 代表孩子偏差信念的物件，讓它跟一個「有智慧」的角色互動，此角色在那裡重新框架偏差信念或對兒童潑冷水。

有時候你可能決定做一個互動的沙盤，由你跟兒童輪流在沙盤中放入物件。舉例來說，可以是你和孩子使用物件來描述一個問題的沙盤，接著你們輪流將物件添加到沙盤裡，或將物件從沙盤中取出來，以顯示潛在的解決方法。另一個例子，是設置一個沙盤作為互相說故事的經驗，孩子在沙盤裡告訴你一

個故事，然後你重述該故事，或是你們共同講述一個故事，就像在創意性角色中那樣。

♥舞蹈及肢體經驗

對於是觸覺—動覺學習者的兒童，或者就是喜歡透過身體來移動或表達自己的兒童，有許多舞蹈和肢體活動可以幫助他們獲得洞察。其中一個我們兩人都會使用的活動，是讓兒童向我們展現他們如何在特定情況下移動，例如：當他們感到害羞、有自信、低空飛過考試（或沒有通過考試）、在他們喜歡（或不喜歡）的人周圍、在操場上或上學前在家裡與人爭執等。我們傾向請孩子以積極正向的方式移動，到不是那麼積極正向的方式，再回到用積極正向的方式移動。這提供他們一個機會「鎖住」積極正向的身體體驗。當我們與孩子在特定關係上工作時，讓他們指導我們在關係裡的另一個人可能如何移動、告訴我們關於他們與那個人互動時他們如何移動，接著我們對那個關係共同表演一場「舞蹈」。有時候，我們幫這些孩子設計一個新的、更有建設性的舞蹈，讓他們可以邀請另一個人與他們一起表演，作為在關係內邁向一個更為積極正向位置的方式。我們也可能給孩子一個與肢體活動相關的家庭作業——我們可能讓兒童觀察班上最受歡迎的孩子、觀察他們所認識的有自信或成功的人，或觀察他們所認識擁有很多朋友的孩子，看看其他這些人如何在這個世界行動。（預告：在第四階段，我們邀請他們看看他們是否能以同樣的方式行動，往往能促使他們以更具建設性的方式在這個世界中行動。）再次地，如同這個階段的其他策略，唯一能限制你幫助兒童對他們生活型態獲得洞察的，是你自己的想像力以及你對實驗與承擔嘗試新事物風險的意願。

♥冒險治療技術

在這個階段，有許多冒險治療的技術會很有用。很多書籍大量描述這些技

術，因此我們只會給你一些我們常用的方向：「安全車」（Safety Cars）（Kottman et al., 2001）以及「舒適圈」（Circles of Comfort）（Ashby et al., 2008）。如果你對冒險治療有興趣，你可以隨時走出去並獲得更多資源（特別是我們剛提及的兩個資源——我 [TK] 需要計畫退休……）。

「安全車」是一個很好的遊戲，以安全的方式來幫助可能有信任或被信任議題的孩子體驗冒險。這個活動也是一個很棒的方式，給兒童練習尋求讓自己的需求被滿足，或是學習給予和接受回饋及鼓勵。你可以這麼玩：

1. 站在孩子身前，兩個人都面向同樣的方向。以保護的姿勢將你的手抱在胸前。你是「車子」。

2. 讓孩子站在你背後，將他／她的雙手放在你的肩膀、背或臀部（取決於你們的相對高度）。孩子是「司機」。

3. 提醒司機，確保你的安全是他／她的工作，並盡可能幫助你感到安全和舒適。確保你不會受傷是他／她的工作。

4. 作為車子，解釋你的工作是給予司機回饋、建議和其他訊息，來確保你感到安全。你可以解說，你可能會要求司機放慢速度、加快速度、給你更多鼓勵的陳述等。

5. 告訴司機你是如此相信他／她，你願意在他／她的引導下，閉上眼睛在房間四處移動。

6. 繼續讓司機駕駛著你在房間繞二到五分鐘。

7. 如果小孩在擔任司機後感到自在，可以切換讓孩子當車子、你當司機。你可以提供選擇讓他／她的眼睛是張開或者閉上，這取決於孩子當下感到自在及信任的程度。

8. 你可以處理每個角色如何感受，以及下次玩此遊戲時，兒童可能需要什麼，讓其擔任司機時能感到更自信及擔任車子時更舒適。

以下是你如何將「舒適圈」當作一種方式，來幫助兒童（通常七歲以上）探索他／她對特定情境或關係的舒適程度：

1. 使用護條或繩索做一個大圓圈，並在其內部做一個較小的圓圈（有點類似一個標靶）。

2. 跟孩子解釋，圓圈內及圓圈外的區域代表不同的「舒適」程度。

3. 告訴孩子，在中央的小圓圈內部是「舒適區」。在這個區域，孩子會感到放鬆及自在，沒有任何一點焦慮或壓力。

4. 解釋小圓圈和大圓圈間的區域是「挑戰區」。在這個區域他／她可能感到被挑戰；會比在舒適區感到多一點壓力或感覺焦慮被激起，但應該不會感到很糟糕或非常不愉快，只是不舒服。

5. 最後，解釋大圓圈以外的區域是「混亂」或「瘋狂」區域。在這個區域，孩子可能感到失控、非常有壓力和焦慮。

6. 接下來，你會根據他／她對特定情況或關係的反應，邀請孩子移動到不同的區域（亦即舒適、挑戰或混亂—瘋狂）。一些例子是：向一百個孩子進行演說、在音樂課上獨唱、考數學隨堂測驗、搭乘飛機、讓校長用揚聲器告訴全校他／她要你到辦公室、向你的班級進行一場演講、有一個新弟弟或妹妹、轉到一所新的學校。（你會想要根據你所知道孩子生活上所發生的事情來客製化這份清單。這個清單只會受到你自己想像力的限制——瘋狂地去想吧！）

7. 我們不會要求孩子告訴我們為什麼他們覺得舒適或不舒服；我們只是尋找模式——要記得，問為什麼的問題有點「不適當」的意思。

♥ 立即性與面質

　　立即性、面質和幽默，都是阿德勒遊戲治療師用來幫助孩子，對她／他的生活型態有更好了解的行動導向技術。它們可以導向用新的方式看待自己、他人和這個世界，並造成行為上的改變。（幽默對我們來說很容易，因為我們認為我們是非—常—好—笑的！）

● 立即性

當使用立即性作為諮商技術時,你會後設溝通或詢問此時此刻與個案的關係發生了什麼。立即性涉及到溝通心理師這邊的反應或個案那邊的非語言回應。立即性的目的,是使用在安全的諮商關係中所發生的事情,來協助個案更能覺察到自己的反應及別人如何對他/她做出回應。

對兒童,你必須謹慎使用立即性。當使用立即性時,你要非常小心讓它聽起來不會像是指責,因為成人通常以指責的方式向孩子詢問正發生的事,所以兒童經常假設你在做一樣的事情。當在遊戲治療中使用立即性,你的用詞、聲音的語調和非語言溝通,必須一直是具有撫育性與支持的。

使用立即性前,你還必須考慮兒童的發展程度。較年幼的兒童(最多到七或八歲)對他們自己反應的覺察非常少,且當你評論他們的反應時,他們通常無法加以辨識。較年長的兒童可能沒有意識到他們自己的反應,但當你使用立即性時,他們通常能對評論或問題有所回應。立即性的範例如下:

- 「我注意到當我把椅子移近你時,你看起來有點害怕。那個時候你發生了什麼事?」
- 「我覺得你現在對我有點生氣。」
- 「我們倆在玩拋接的遊戲時都玩得很開心。」
- 「當你對我吼叫時,我感到有些害怕,我希望你要求你想要的東西時,不要吼叫。」

● 面質

以面質作為諮商工具,涉及指出個案溝通的不一致之處。這些不一致發生在下列之中:(1)個案語言及非語言溝通;(2)個案所說的和所做的;(3)個案在此次單元所描述的內容和在先前單元所描述的內容;或(4)個案正在描述的內容與心理師已經觀察到的。在遊戲治療中,心理師也會提及個案所陳述的與家長或教師所陳述的之間不一致之處,或是此次單元兒童遊戲內含的訊息,與先前單元裡遊戲的訊息之間不一致之處。

面質的目的，是為了協助兒童對他／她在思考、感受及行為舉止上的不一致，有更多的覺察。許多時候，兒童互動上的不一致，是從個人邏輯及偏差信念而來，但這對別人未必合乎情理。藉由指出這些不一致，你能幫助孩子了解在他／她假設之中的誤解或扭曲。

對於孩子，我們要非常少量且溫柔地使用面質。我們的工作不是去抓到孩子的不一致，但當不一致發生時，我們有時候會選擇使用面質來點出它們，如此一來，孩子開始能夠在偏差信念和看法上，抓到自己的盲點。我們試圖以一種不具威脅的方式，以溫柔且表示疑問的語氣，以及支持的態度來進行面質。跟立即性一樣，必須避免聽起來像是在指控孩子，因此我們的面質僅限在提及事實，就只是就事論事。（你不會想要跳起來吼叫：「你這說謊的，現在我抓到你了。」這是一個糟糕的技巧。）面質的範例如下：

- 「我注意到你說你不害怕那隻蜘蛛，但是當你撿起它時，你看起來有點害怕。」
- 「你說你不再和你哥哥打架了，但上個星期當我和你媽媽說話時，你們兩個人在等候室打了起來。」
- 「上次我們談話時，你說你的成績單上全部都是 A。當我跟 Hayes 先生談話時，他說你只有一個 A，其餘都是 C。」

♥ 連結遊戲單元及真實世界

藉由連結兒童在遊戲單元內與遊戲單元外的想法、情感、反應及行為，阿德勒遊戲治療師能幫助兒童將在諮商第三階段所獲得的洞察普及化。治療師指出：（1）在遊戲室的情境和在遊戲室外的關係與情境，兒童表現得彷彿他／她的個人邏輯和基本信念是真的事件；（2）在遊戲室裡解決問題的不適當策略，可能會在遊戲室外妨礙孩子；以及（3）孩子展現在態度或行為上的改變，能推及到兒童生活中的其他情境。任何時候，治療師注意到遊戲室裡所發生的思考模式、態度或行為，是可以轉換到兒童生活中的情境及關係時，他／

她必須跟兒童溝通這個部分,並提出運用到「真實世界」的建議。進行連結的範例包含:

- 當 Hijiri 在單元裡命令你東、命令你西,你可以說:「你好像真的很喜歡在這裡當老大。我猜你在家也喜歡當老大。」
- 對 Krista,她的主述議題是焦慮和無法與他人發展關係,你可能說:「我注意到你和我已經成為彼此的朋友。我好奇如果你決定想要和學校班上的某個人做朋友,會發生什麼事情。」
- Lorenzo 是一個適應不良的完美主義者,當他畫圖時犯了一個錯,但決定不摧毀這幅畫時,你可以說:「所以你決定藍色的太陽是錯的,它並非是你所要的黃色太陽,但不管怎樣你決定就保留那樣。我在想如果你在數學試卷或拼字測驗上犯錯,而你決定這樣是沒關係的,那會非常酷。」

這個連結的過程,能協助轉換到阿德勒遊戲治療的第四階段:重新導向及再教育。當兒童開始了解他們在遊戲室中與真實世界裡如何思考、感受和行動這兩者之間的連結,這能幫助他們檢驗自己的行為,並開始將洞察轉化為行動。

◈ 案例

這部分的案例是延續第五、七和八章的例子。目的是為了說明遊戲治療師如何使用本章所概述的策略,來幫助兒童對其生活型態獲得洞察,並決定他們是否想對自己、他人和這個世界的看法及態度,做出任何改變。

我(KMW)對 Phoebe 在阿德勒遊戲治療過程第三階段的總體目標,是幫助她了解她是如何看待自己、他人和這個世界,以及基於這些看法,她如何行動。具體來說,我想要幫助 Phoebe:

1. 轉換她在友誼、愛—家人和自我的人生任務上的態度。
2. 當她表現得似乎需要壓制別人,或似乎覺得她不重要/沒有意義、不

能勝任或無能力時，學會抓到自己的盲點。

3. 以更積極正向的方式看待自己——而不是用一直以來她生活於其中的消極負向框架——能夠辨識和利用她的內在資產。

4. 將積極正向的態度納入她生活型態中有關連結的能力，感到有能力及重要性／意義的部分。

5. 辨識到她爭取權力的目標，並沒有讓她得到她想要的，或為她帶來最佳利益。

6. 看見自己是獨一無二的、特別的和美好的，而不是格格不入的或糟糕的。

7. 擁有一個能夠相信另一個人的經驗，且不覺得有需要壓制或取悅。

8. 探索以合作方式和他人互動的可能性，而不是覺得需要掌控。

9. 對身為混血兒感覺更自在。

10. 仔細考慮世界是個安全地方的可能性，而不是一個不確定和混亂的地方。

為了提升 Phoebe 從第八到第十七單元，對人際互動和自我內在動力的覺察，我使用鼓勵、回歸責任給兒童、分享權力、設限、暫時性假設、後設溝通、潑冷水法、角色扮演、她的隱喻、互相說故事、讀書治療、藝術技巧、立即性，以及幽默感。我和 Phoebe 的祖父母工作，幫助他們改變與 Phoebe 互動的模式，並創造發展上適當的界線與限制。作為從治療第三階段轉換到重新導向及再教育階段的一種方式，我指出 Phoebe 在遊戲室的態度和行為，以及她在現實世界中的態度和行為之間的類似之處，來幫助她把在我們單元中的改變推及至生活中。

Phoebe 需要大量的鼓勵。（畢竟，她目前的行為策略為她創造了安全感及可預測性。然而，這些行為在建立關係和以有益於社交的方式行事上，並不是特別有幫助。）儘管她沒有氣餒到變得憂鬱或開始致力於證明自己是不足的／不能勝任的程度，但她也已經將許多對自己和能用積極正向方式歸屬的能力的消極負向信念，納入生活型態中了。為了和這些信念相抗衡，我強調她的內在

資產，當她要求我在遊戲室做決定或替她做特別任務時回歸責任給她，並指出她的進步和努力。我開始將「跟別人不一樣的」重新框架為是獨一無二的，從不同的角度探索她獲得歸屬感和重要性的方式。

　　因為 Phoebe 的人格優先順序是控制，以及她不適應行為的主要目標是權力，我設置許多我們可以分享權力的情境。這些情況包括交替地決定我們在單元中要做什麼和玩我們需要在過程中輪流的遊戲（例如：來回丟球、疊疊樂、收銀員／商店），我們也限制她能更改規則以讓自己有優勢的次數。有時候在遊戲的過程中，我用悄悄話技巧讓她主導遊戲，但其他時候我沒有讓她掌控遊戲，採取自主地行動和說話而不諮詢她。我也對她行為的目的進行後設溝通，例如：「我猜妳想改變規則，好讓妳可以贏」或「妳不喜歡輸，並想改變遊戲規則來確保妳可以贏。」我猜測其他人對她競賽遊戲行為的看法，例如：「我打賭學校的孩子會生氣並且不想和改變規則的小孩一起玩。」我們也玩一些合作遊戲（例如：「睡著了」[Sleeping Grump]、「蝸牛競賽」[Snail Race] 及「大貓入侵」[Max]），以及做一些合作性的藝術作品（例如：使用熱熔膠槍將規格大小不一的材料製成火箭船；創作聯合拼貼），讓她體驗信任別人做他們各自的部分及分享想法和權力的感受像什麼。當她對這些合作機會消極負向地反應時，我將潑冷水法用在她認為總是要掌控的需求，以及她對合作的積極正向力量缺乏信任上。

　　在整個早期階段及第三階段，Phoebe 測試遊戲室的規則（例如：威脅要將一杯接一杯的水倒進沙箱、堅持將玩具帶回家、將軟式子彈槍瞄向我）。挑戰遊戲室規則，是那些人格優先順序為控制的兒童在失功能範圍的典型特徵。這些行為的主要目的，是向我展示我無法控制她，以及她可以做自己想要的選擇。我不會將這些假動作看作針對我個人，因為我知道這些是她對安全感及可預測性的需要。我利用機會對她的行為目的進行後設溝通，並與她合作產生替代且適當的行為。好幾次，她選擇違反我們已協商的決議（將沙倒在地毯、對單面鏡丟擲積木），因此我們不得不為未來的違規制訂結果。我用潑冷水法指出，當她做出這類行為時，事情幾乎都沒有照她的意思走，結果通常就是她不

能玩她最喜愛的玩具。我從來不需要行使我們建立的結果，因為在頭幾次違規後，她總是遵循協議。當她選擇願意遵循規則時，證明了她擁有遵循對她有意義之期待的能力。隨著時間過去，她變得較少投入在控制所有事與所有人上，並更朝向合作性，她停止測試限制——雖然有時她仍想要重新協商遊戲室的規則。

我使用暫時性假設、後設溝通和潑冷水法，來幫助 Phoebe 開始辨識她的不適應行為的目標、重要 C 信念和偏差信念。我後設溝通關於她覺得需要隨時在掌控中；關於她在感受到有能力、意義／重要性及與別人連結上的掙扎；以及關於她是權力較少的、不像別人有價值和注定要孤獨的偏差信念。我也使用這些技術，來挑戰 Phoebe 對於她總是要掌控，不然就得不到她想要的和需要的之看法。

在遊戲治療的這個階段，我對 Phoebe 後設溝通我們關係的模式、她的非語言溝通，以及她對我的陳述和問題的反應。我指出當她要求我做決定及為她做事情時，是為了讓我試圖控制她，因此她可以壓制我做的這些努力。當她因為想要一些東西而對我很好，而且認為她能藉由「討好我」來得到它，我對此模式進行後設溝通，而且將這個模式和她需要操弄及控制別人的偏差信念進行連結。當她談論她母親和她先前的學校時，我反映她看起來悲傷及孤獨。關於她只有在別人為她做事時才知道人們關心她，以及人們總是離開她的信念上，我使用潑冷水法。

貫穿整個關係，當我進行後設溝通並做暫時性假設來看 Phoebe 如何處理這些詮釋時，我會留意識別反射。起初，她相當反對並以一種明顯消極負向的方式來回應——爭吵、譏笑、咒罵我等。隨著時間過去，她開始更積極正向地對我的詮釋加以反應。她微笑著並點點頭、聳聳肩、皺著眉頭及搖了搖頭。我對各種反應進行後設溝通並推測其意涵。有時候她確認我的推測，有時她不理我。

許多時候在治療第三階段的單元裡，我們角色扮演、做手偶劇、創作關於學校和家庭情況的動力沙盤、將 Phoebe 的隱喻使用在各種情境及關係裡。我

們演出學校的情形，教師（有時由我扮演、有時由 Phoebe 扮演）一開始是「很兇的」、進入權力爭奪，及嚴厲懲罰兒童。隨著時間過去，教師逐漸變得不再那麼像暴君，且孩子們越來越合作。我們也演出家庭的情形——母親及孩子，主題是滋養的關係及失落；父親與孩子，主題是滋養、缺乏鼓勵和不確定性；及祖父母和孩子，主題是過度溺愛的關係、缺乏鼓勵和失望。母親與孩子的關係似乎有改善，因為與起初出現的纏著人、悲傷和絕望相比，孩子隨著時間過去顯得更自在及自信。父親與孩子的關係似乎有一點改善。孩子對父親的批評及生氣變少並有更多的理解與接納；父親變得更加關注（attentive）。祖父母與孩子的關係展現最多的變化，孩子變得能夠請求她所需要的而不是用命令的。

陸地及海洋動物家族也重複出現，隨著時間推移，他們的關係有了積極正向的演變。這些海豚角色，似乎總是代表著 Phoebe 和她對自己與別人不同的感知，以及無法融入其他人所歸屬及成長的世界。我使用這些互動來問問題、後設溝通、潑冷水、重新框架行為、建議替代性觀點和使用其他策略，幫助她對生活型態模式獲得洞察，特別是那些關於對她母親的失落、家庭和學校的改變，以及她的重要 C 信念。我跟海豚玩具有幾次對話，是關於跟別人不同的感受是什麼，以及有關持續想著與別人不同是消極負向的當中能得到什麼。我運用互相說故事和對酷斯拉（Godzilla）進行創意性角色的介入，酷斯拉似乎喜歡壓制別人，但其實是試圖保護自己與幫助別人。Phoebe 總結說，她覺得被誤解、悲傷、孤獨和不確定如何交朋友。

Phoebe 真的喜歡閱讀，所以讀書治療在幫助她以不同的方式看她自己、他人和這個世界上尤其成功。這些書似乎對她產生強而有力的影響：

- 《希望》（*Hope*）（Monk, 1999）：一本關於混血小女孩的書。
- 《嘟嘴巴的大頭魚》（*The Pout-Pout Fish*）（Diesen, 2008）；《貳》（*Two*）（Otoshi, 2014）；《小嘀咕找朋友》（*Scaredy Squirrel Makes a Friend*）（Watt, 2007）；《恐龍如何跟朋友玩耍？》（*How Do Dinosaurs Play With Their Friends?*）（Yolen, 2006）；《當龍搬進來》（*When a Dragon Moves In*）（Moore,

2011）：關於建立連結的書。

- 《零錯誤女孩》（*The Girl Who Never Made Mistakes*）（Pett, 2011）；《一個完美搞砸的故事》（*A Perfectly Messed-Up Story*）（McDonnell, 2014）：關於試圖完美的書。

- 《米莉的兇猛》（*Millie Fierce*）（Manning, 2012）：關於變得自信堅定而不帶侵略性的書。

- 《小女孩亞莉克西絲和幼龍拉爾夫》（*Alexis and Ralph the Dragon*）（Kowalski, 2009）；《名字罐》（*The Name Jar*）（Choi, 2003）；《長頸鹿不會跳舞》（*Giraffes Can't Dance*）（Andreae, 1999）：關於和別人不同／獨特的書。

- 《你今天裝滿桶子了嗎？》（*Have You Filled A Bucket Today?*）（McCloud, 2006）；《零》（*Zero*）（Otoshi, 2010）：關於價值、連結和社會情懷的書。

我鼓勵 Phoebe 家庭舉辦閱讀日，家庭成員彼此向其他人大聲朗讀故事，並就故事內容進行對話。他們最愛的故事是：《家庭、家庭、家庭》（*Families, Families, Families*）（Lang & Lang, 2015）；《一小撮平靜：四個鵝卵石的幸福》（*A Handful of Quiet: Happiness in Four Pebbles*）（Hanh, 2012）；以及《我的祖母是一位忍者》（*My Grandma's A Ninja*）（Tarpley, 2015）。家人們也喜歡看電影。他們看《小美人魚》（*The Little Mermaid*），而我給 Phoebe 祖父母一些建議是關於如何談論 Ariel（主要角色——給一兩個沒看過此電影的人說明一下）的轉化和適應在新環境生活。附帶的好處是，Ariel 的母親不是電影的一部分（她在電影開始前就已經去世了）。Ariel 跟她父親及她的海洋朋友一起住。當家人看完這部電影後，Phoebe 和我討論她和 Ariel 是如何的相似及不同。Phoebe 很快就注意到 Ariel 的母親已經死了。

我們做了一些藝術活動（例如：拼貼畫、玫瑰花叢、一起製作圖片）和結構性方案（例如：做一座塔、設計手鐲、創作面具），進而提供 Phoebe 合作的經驗。她結合了水上及陸上動物，並用動物圖片做了一個「完美家庭」的拼

貼。她用海星代表她自己（比起其他動物大非常多），她的父親是小馬，她的母親是海豚（之後她在母親身上添加細緻的鮮花及皇冠），她的祖母是犀牛，她的祖父是海龜（一種中等尺寸的動物，是卡通造型而不像其他的圖片是真實的樣子）。我解釋說我對海星只了解一點點；我知道海星非常地獨特及特別，因為如果在牠們身上發生了什麼事情，牠們可以把手臂重新長回來。她咧嘴大笑並說：「嘿，這跟我有點像！壞事發生在我身上，然後我也變好了。」我還指出海星是圖片中最大的動物。她解釋說這是因為她掌控整個家庭，且每個人總是擔心她。她說她媽媽真的非常特別及漂亮，就像一隻海豚，她但願能再見到她。她但願她父親能有多一點的時間陪伴她，她喜歡和他一起騎馬。她喜歡她的祖母像犀牛一樣有點皺紋，並但願她的祖母能放鬆一點，而不「總是擔心與坐立不安」。她說她的祖父已經是完美的——有趣及愛玩的。當她描述每種動物之後，她發現各式動物嬰兒的照片並瘋狂地將它們貼在紙上。她說即使這些嬰兒動物沒有在她的家庭，但她真的希望有朋友及其他小孩在家一起玩耍。

Phoebe 將這個拼貼帶回家，我跟 Simon 先生和太太談論關於這個拼貼及 Phoebe 所選動物的潛在意義。我們共同決定 Simon 先生和太太、Christopher 與 Phoebe，要共同創作一個關於 Phoebe 母親的拼貼。這是為了將她文化認同的部分納入。Phoebe 可以添加她所記得與想到關於她母親的東西的照片，其他人可以填補資訊之間的斷層，例如 Alicia 發現她懷孕的那一天，以及 Alicia 為 Phoebe 所唱的特別歌曲。

當我在之後的單元請她做一個關於「所有在你裡面的動物」的拼貼，Phoebe 似乎相當喜歡做這個活動且積極正向地回應。首先我們先描繪她的身體，然後她把圖片、文字和從雜誌上所剪下的，放進她的身體輪廓。我想讓她得到她的人格特質是多面向的概念，她擁有積極正向的特質以及她認為「壞」的特質。當她完成黏貼與畫畫時，她笑著說：「哇！我就像一座動物園。看看我所有的部分。有時候，當我愛發號施令時，我可以向人展現我是一隻老虎；其他時候，當我想要讓自己開心及傻傻的時候，我可以跟人展現我是一隻袋鼠。」我後設溝通關於她有決定她什麼時候想要向人們展現她不同部分的能

力。她說：「我知道那個。我可以選擇何時我是老虎、袋鼠或任何其他動物。」這對我而言可以說是十分驚人的洞察力。

貫穿我們的關係，我使用立即性和幽默感與 Phoebe 一起工作。因為她總是尋找批評性的回饋，我必須小心地以一種開朗、友善的聲音來表達立即性或幽默感的陳述，不然她就會變得防衛。好幾次，我可以從她非語言的反應中得知，她正將我所說的解讀為批評，因此我後設溝通關於她的反應，並使用鼓勵和面質，來指出我的陳述是帶有積極正向而非消極負向意涵的。

貫穿遊戲治療的這個階段，我與 Simon 先生和太太在他們自己生活型態上的議題、他們對 Phoebe 的看法，以及他們的家長教養（隔代教養？）技巧上面工作。我用幽默、後設溝通、潑冷水法和鼓勵，來幫助他們學習更多關於他們自己的生活型態，以及轉變對 Phoebe 的看法。我們討論他們的人格優先順序、重要 C 信念、偏差信念與個人邏輯，如何在他們與 Phoebe 的互動中產生困難。在他們努力學習更加一致和為 Phoebe 建立在家裡感受到更重要及更有力量的方法上，我提供支持。

到了第十八單元，Phoebe 已經從一個相對氣餒的生活型態位置，以及企圖不斷地維持控制一切和所有人中有所轉變。她在願意跟別人分享權力方面有顯著的進展。她似乎洞察到合作而不是控制，更有可能促成和別人有積極正向的互動。Phoebe 從以消極負向的方式想著自己是一個和別人不同的人，到認為自己是一個有潛力成為別人朋友的人，這點也有相當的進步。她已經開始看見自己的長處，並能辨識自己有能力的領域。她也轉移她的立場，從不知道她是否有價值到開始相信她能做出建設性的貢獻。在我的評估中，Phoebe 準備好進入重新導向及再教育的遊戲治療階段，因此每次單元中，我增加指出她在遊戲室以及她在家庭和學校的態度與行為之間關聯的次數。

在第十章這個案例的延續，我將描述使用來幫助 Phoebe 學習及練習能在家裡和學校實踐的新態度及行為的介入策略。也討論我和她的祖父母進行諮詢的方式，來協助他們支持這些改變，以及為 Phoebe 及她的祖父母對結束遊戲治療歷程做準備的方法。

摘要

在阿德勒遊戲治療的第三階段，主要目標是協助兒童對他／她的生活型態獲得洞察。治療師使用積極及詮釋性技巧（暫時性假設、後設溝通、隱喻、指導角色扮演、藝術技巧、沙盤技術、冒險治療活動、立即性、面質、遊戲單元行為與真實世界間的連結）來實現這個目標。與家長和教師工作時，遊戲治療師嘗試幫助他們獲得對兒童生活型態的洞察，同時也對自己的思考、感受和行為模式獲得洞察。對自己與兒童有了新的了解，能讓兒童生活中的重要成人改變態度、思考過程及行為。

 其他相關資源

● 治療中的隱喻

http://www.counseling.org/knowledge-center/vistas/by-year2/
   vistas-2005/docs/default-source/vistas/vistas_2005_vistas05-art12
http://www.lianalowenstein.com/articlesMovingStories.pdf
http://www.playtherapyseminars.com/Articles/Details/10003
http://www.researchgate.net/profile/Onno_Hart/publication/253853518_
   The_use_of_metaphors_in_psychotherapy/links/00b7d5210a9
   dd817e5000000.pdf

● 繪畫及藝術

http://www.creativecounseling101.com/art-therapy-counseling-techniques.html

http://www.creativecounseling101.com/the-mandala.html

http://files.eric.ed.gov/fulltext/EJ875395.pdf

http://intuitivecreativity.typepad.com/expressiveartinspirations/top-50-art-therapy-blogs.html

● 沙盤及物件

http://www.creativecounseling101.com/play-therapy-activity-miniature-work.html

http://www.creativecounseling101.com/sand-tray-therapy.html

http://www.goodtherapy.org/sand-tray-sand-play-therapy.html

http://www.counseling.org/knowledge-center/vistas/by-year2/vistas-2008/docs/default-source/vistas/vistas_2008_webber

https://www.txca.org/images/Conference/SCC/12/25Armstrong.pdf

● 其他技巧

http://www.mddcapt.org/Liana_Lowenstein_Article.pdf

http://pegasus.cc.ucf.edu/~drbryce/Narrative%20and%20Play%20Therapy.pdf

http://pegasus.cc.ucf.edu/~drbryce/Play%20Therapy%20Techniques.pdf

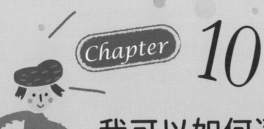

Chapter 10

我可以如何逐漸結束並收尾？
重新導向及再教育

在治療的第四及最後階段（可以說是這段旅程的最後），遊戲治療師稍微轉移角色，轉向比先前治療階段更具指導性、教學導向的功能。阿德勒遊戲治療的重新導向及再教育階段的主要目標，是讓兒童學習以積極正向的方式（1）觀看自己、他人和這個世界；（2）在各種情境下表達情感和行為；（3）與他人建立關係；（4）解決問題；（5）優化他們的內在資產；（6）掌握重要 C 信念；（7）運作人生任務；（8）展現在他們人格優先順序上有建設性的部分；以及（9）滿足他們的需求。為了實現這些目標，阿德勒遊戲治療師在遊戲室裡使用玩具、藝術媒材、沙盤和其他工具，伴隨角色扮演、治療性隱喻與讀書治療，以及肢體和冒險活動，來促進兒童個案與他們生命中重要他人的重新導向及再教育。

為了協助兒童鞏固在洞察階段（如果事情朝著我們想要的方向進行）對他們生活型態、個人邏輯和基本信念所獲得的新觀點，阿德勒遊戲治療師持續後設溝通有關他們的態度、情感、想法及行為模式。（我們知道你可能會厭煩我們說你應該要後設溝通；然而，這是阿德勒遊戲治療核心技巧之一。就如同我們常向我們的學生說：「後設溝通、後設溝通、後設溝通……」）

在這個階段，遊戲治療師也與兒童一起思考及選擇更具建設性的行為與互動模式，並發展更適切解決問題的方式和滿足他們的需求。當孩子開始探索新觀點、行為和技巧，心理師提供情境，讓他們可以在其中練習運用於第三治療階段遊戲單元中所學到的。遊戲治療師也幫助兒童學習去辨識及創造機會，將他們的所學在遊戲單元之外練習運用。重要的是，讓兒童有機會向治療師回報，在將新的學習運用到其他情境及關係的歷程中，發生了什麼。許多被轉介到遊戲治療的兒童，在社交技巧、協商技巧、分享權力策略、管理情緒方法、交朋友與維持友誼的策略等方面有所不足。在這個階段，遊戲治療師的主要任務之一，是為他們提供學習與練習這些技巧的機會。在這個諮商階段，遊戲治療師工作的核心要素之一，是鼓勵兒童與家長了解他們已經達到的成長，並幫助他們對結束遊戲治療關係做好準備。（「唉呀！」你說。我們知道這相當多，但請記得，你已經知道很多令人讚嘆的技術，可以用來教導兒童新技巧及行為。你只是要擴大你的教學重點，包含想法、情感、行為和態度，並朝更有系統、有趣及有創意的方向來傳遞你的教學。讓我們以「哇，哈！」來代替「唉呀！」。）

在遊戲治療的這個階段，你必須允許自己盡可能地想像。有無限創新的方法來產生替代方案、教導技巧、練習替代方式和技巧，以及鼓勵。我們描述了幾種不同的方式來達成這些任務，但我們希望你不要將自己侷限在我們的建議裡。在這個歷程中，你越有創意，就越能有效地依據你工作的兒童及家庭的需求和才能，量身訂製介入方法，邀請兒童及其家庭（與教師）共同創造阿德勒遊戲治療歷程。

⬥ 使用腦力激盪—問題解決來協助兒童產生替代性的建設性想法、情感、行動和態度

當兒童對自己的看法及如何獲得歸屬感與重要性／意義有所改變時，他們

思考、感受和行為的模式，也隨之轉變。如同我們在先前章節所提，人們以彷彿他們所相信自己、他人和這個世界的樣子就是真實的來行動。正因為如此，當兒童改變他們對自己、他人和這個世界的信念時，他們就會開始轉變行動及反應的方式。然而，他們花費了生命來證明他們過去對自己所相信的，而且沒有任何經驗表現彷彿他們已改變的感知是真實的，因此他們通常需要一些幫助來達成此轉變。我們從與人工作中學到最重要的一件事，就是我們不能要求個案放棄他們舊有的行動以及和他人互動的方式，除非我們已協助他們獲得新的行動及互動方式。

　　兒童經常比大多數成人所意識到的更聰明。（而且他們通常比他們生活中的成人更聰明──至少我們經常注意到，我們自己的小孩比我們聰明──年紀較大的小孩會毫不猶豫指出這一點。）很多時候，兒童知道他們應該要做什麼，但他們卻選擇不要使用適當、有建設性的行為，因為「可接受」的行為，並不符合他們對自己的感知。比方說，假如九歲的 LaDonna 認為她是一個「壞胚子」，她會以增強這個信念的方式來行動。與其他兒童一樣，「可接受」的行為，並不一定符合兒童行為的目標、他們的個人邏輯、他們對重要 C 信念的掌握，或他們的人格優先順序。兒童通常選擇似乎能滿足他們需求的行為，即使這些行為讓他們惹上麻煩。例如，當五歲 Fayyad 的母親生下雙胞胎時，他開始出現叛逆行為──耍脾氣、不合作和爭辯。Fayyad 的父母曾嘗試告誡、罰站及打他屁股，但這些方法似乎都無效。看看這種情形，我們猜測在目前這個家庭情境下，Fayyad 感到受冷落及某種程度的無力感，他不適應行為的目標是獲得關注和權力。他藉由要父母跟他互動並嘗試停止他的不適當行為，來讓自己對於獲得關注及權力的需求能有部分地滿足（很顯然是不適當地），他將繼續這些行為，除非他的家長找到其他方式給予他關注並幫助他更有控制感。

　　所幸在遊戲治療第三階段中，你將協助兒童獲得對他們的模式與偏差信念的洞察，以讓他們準備好學習新的、更有建設性的生活方式。幫助兒童往前邁進的一種方式，是協助他們檢驗自己在想要採取更具建設性行動的特定情境裡，相關的想法、情緒、行為和態度。藉由這個歷程，比起先前在那些情境中

的習慣表現，兒童可以探索更有助益及建設性的想法、情感、行為和態度。

這個過程可以直接或間接地完成，就如同遊戲治療的早期階段一樣。根據你對孩子的所知為基礎，你將選擇一個在先前階段行得通的互動方式。與一個傾向以語言進行歷程的兒童，你可以只是使用談話。你可以談談孩子在某些特定情境下，有過的思考、感受或作為，並幫助他／她產生一個清單，包含在未來情境中可以如何思考、感受及行為表現的可能替代方案。你可以設計一個治療性隱喻、閱讀一本讀書治療的書，或與兒童互相說故事，藉由隱喻的方式，來探索替代的想法、情感、行為和態度。你可以建議角色扮演或使用手偶、娃娃或沙盤，來重新演繹一個特定情境。重演過程中的一部分，是由你或孩子針對想法、情緒、行為和態度，做一個生動的實況報導，內容包含孩子過去使用的與孩子在未來可以使用的。與一位準備好用藝術進行自我表達的兒童，發展一個藝術活動讓他／她可以在所畫、塗色或蓋印出來的角色上，用漫畫對話框的方式，來表達想法、情感及態度，這麼做可能是有效的。你還可以使用音樂、舞蹈或肢體活動，給兒童一個平台進行創意性表達，以及產生出不同方式來思考、感受和行為表現。對於玩遊戲或進行冒險治療活動更自在的孩子，使用這些模式通常是有幫助的。

很多時候，兒童對行動和反應提出不同的可能性，而不需你為他們提供任何想法。邀請兒童參與為自己產生替代方案是重要的。比起遵循其他人所提的方案，他們更有可能持續遵循他們自己提出的替代方案。

對一開始就說他們想不到任何可能性的孩子，你可以嘗試腦力激盪和問題解決策略，來幫助產生替代方案。你可以用直接或透過隱喻的方式，請兒童列出他們想到的所有想法（不考慮實際性或可能性）。你可以列出他們建議的想法，甚至添加一、兩個意見。接下來，你檢查每一個建議的可能性，考慮每個想法的長處和弱點，以及兒童（或隱喻性介入中的角色）是否能在現實生活中實際地實現。你可使用此過程來消除任何太過牽強的想法，進而把可能性縮小到幾種選擇。接下來，你將和孩子合作來考量剩餘的可能性，並探索每個潛在的結局及結果。經過這個深思熟慮的過程，孩子選擇其中一種或兩種可能性去

嘗試（或讓隱喻的角色去嘗試）。

如果你正與一個喜歡直接溝通勝於用隱喻溝通的兒童工作，你可以邀請孩子在遊戲單元裡練習使用替代方案。在單元裡練習之後，接下來你會建議制定一個計畫，是有關如何讓兒童在家裡或學校的一個特定情況下，練習使用替代方案。你會想幫兒童想出，在家裡或學校中對他／她而言是安全的練習情境，這些情境可以最佳化兒童從其他參與者那裡獲得積極正向回饋的機會。有時候，你甚至可能想提醒家長和教師，兒童即將以新的想法、情感、行為或態度來進行實驗，以確保他們能夠支持孩子的練習，即使它不完美。在單元外的練習之後，接下來兒童可以向你陳述在他們嘗試新的想法、情感、行動或態度時，發生了什麼事。這讓你可以為兒童提供鼓勵與支持。以下是使用直接的方法，幫助兒童產生替代方案的例子。

Jacobsen 女士是 Kyle 的學校心理師，她與他建立關係、探索他的生活型態，並幫助他重新檢視對自己的看法，也就是他必須總是掌控，以及讓他感到安全的最佳方法就是恐嚇別人。在遊戲單元及他的教室裡，Kyle 感到較安全及沒那麼生氣，但是他不確定如果沒有侵略性時他要如何與別人互動。Jacobsen 女士想幫助 Kyle 學習在與他人的關係中更加安全及自信，可以適當地表達他的生氣與憤慨，並能在不試圖壓制其他人的狀態下，與他們互動。她選擇先與 Kyle 從和他人互動相關的行為開始工作。她指出他能夠在遊戲單元裡和她分享掌控權，並連結到 Kyle 有能力與心理師這樣做，那麼就有能力可以和他的老師這樣做。他們腦力激盪列出 Kyle 與他的老師分享控制權，而不用與他發生權力鬥爭的可能方法。這份清單包含選擇不回應他的老師；以小聲但自信堅定的語調告訴老師他的感受；當他對老師感到心煩時用手偶告訴她；以及對於他在課堂上願意做什麼，提供他的老師一些選擇。儘管他們判斷有幾個想法（在教室裡使用手偶、當老師說話時忽略她）到了 Kyle 的老師那邊，可能不會進展得太順利，但他們認為他所想到的一些想法可能還是會起作用。儘管 Jacobsen 女士建議 Kyle 只嘗試其中一個想法，但

他仍堅持嘗試用小聲但自信堅定的語調告訴老師他的感受，以及給老師選擇他在下一週的課堂上願意做什麼。他們使用角色扮演來練習如何在與他的老師互動中執行這些行為。

Kyle 在本週嘗試了這兩種新行為。其中一個執行得很好，另一個對他而言不是那麼有效。（猜猜看哪一個……告訴他的老師他願意要嘛就留在座位上、要不然就是停止不經思考的說話。但並不是兩者都做**不**好，他在以適當語氣溝通他的情感上就進行得非常順利。）當他下週和 Jacobsen 女士碰面時，他們評估他的進展，同時她為他的努力和他所做的改變，給予很大的鼓勵。他們制定計畫並為了下週進行更多行為改變的練習，以及討論 Kyle 可以在其他情況使用這些有效技巧的方式，例如與他母親的互動。當他鞏固這些行為變化的同時，他們也以類似的形式試著在他的想法、情感及態度上做改變。

有些兒童不願意或不能夠以這樣直接的方式來產生替代方案。若是這種情況，遊戲治療師在此歷程需要練習創造力，並使用遊戲媒材、藝術技巧、角色扮演、隱喻、讀書治療或其他可行的工具。對直接的方式感到不自在的兒童，通常願意藉由故事敘說或其他間接方式來進行相同的腦力激盪或問題解決歷程。你可以請他們為手偶或娃娃、一個故事或書本裡的角色，或他們所畫或者用毛根或黏土所製作的一個人——他們的象徵性代表，產生新主意。這個歷程由兒童協助決定對象徵性代表來說，哪個行動方案最好，以及他／她如何執行這些轉變。孩子甚至可以擔任教練的角色，來幫助娃娃或手偶（或其他象徵性代表）練習替代的想法、情感或行為。以下是以間接的方法幫助兒童產生替代方案的一個例子。

Masika 是一位國小二年級的女孩，當作業沒有百分之百正確時，她總是哭泣。Masika 的心理師 Pablo 探究她的生活型態，並發現她有完美的需求，這與她的心理出生序、她的家庭氣氛、她的人格優先順序和她的重要 C 信念有關。Masika 是在一個重視教育並有相當高標準的家庭中最大的孩子。她有超

越別人來覺得自己是有價值及重要的需求。卓越作為她的人格優先順序,她掙扎於其中一些消極負向的部分,她不相信自己是有價值的,除非她的學業表現是完美的。在家長諮詢中,Pablo 發現 Masika 家長的人格優先順序也都是卓越,傾向於藉由孩子的學校表現,來評斷他們作為家長是否勝任。Pablo 與 Masika 的家長工作,讓他們知道他們是非常好的家長,不管他們孩子的成績如何。Pablo 也跟他們一起合作,協助讓 Masika 知道她是有價值和重要的,無論她的成績如何。當 Pablo 猜測 Masika 對自己的信念:除非她是完美的,否則她不會是重要/有意義的或可愛的,Masika 否認了這個說法。因為 Pablo 辨識到 Masika 對她生活型態的主要部分有所防衛,且當她覺得不自在時,Masika 習慣使用隱喻來溝通感覺,於是他決定使用間接方式與她溝通這種模式。他使用隱喻、藝術作品和沙盤,來幫助 Masika 對她的生活型態獲得洞察,這似乎成效良好。Masika 開始放鬆一些並發展出強烈的自我接納感,但她仍對自己有不切實際的高標準。

　　Pablo 決定以手偶告訴 Masika 一個故事,並讓她腦力激盪為代表她的手偶產生一些替代性的想法。他告訴她一個關於綠青蛙的故事,一個認為他必須是池塘裡跳得最高的手偶。綠青蛙告訴自己,如果他不能比池塘裡其他所有的青蛙跳得高,他們不會再喜歡他,他就得去別的地方住。有一天,池塘裡的青蛙進行跳躍比賽。儘管綠青蛙盡他所能,但他並不是跳得最高的。他真的很尷尬並對自己很生氣。他甚至決定他需要搬到另一個池塘,因為現在其他的青蛙不會再喜歡他了。綠青蛙開始打包行李準備離開時,他的朋友黃青蛙來了。黃青蛙不敢相信綠青蛙認為他不得不搬家,只是因為他沒有跳得比其他青蛙高。Pablo 接下來請 Masika 幫他想一些黃青蛙可以告訴綠青蛙的事情:雖然他不是最好的跳躍者,但有其他積極正向的方式,可以讓綠青蛙在池塘裡被注意到。當綠青蛙聽到黃青蛙和其他青蛙分享他們喜愛他的地方之後,他決定也許其他青蛙會喜歡他,即使他不是跳得最高的。Pablo 知道 Masika 喜歡音樂,並提議他們為綠青蛙寫一首歌來提醒他「就是夠好的」。Pablo 將故事結束在綠青蛙開始願意去思考,也許其他青蛙喜歡他只是因為

他是他自己，以及他對自己和他在池塘裡的位置感到更開心。這個故事似乎幫助 Masika 轉移她對自己及她的高標準的想法。說完故事之後，她似乎更願意接受雖然她並不總是能夠完美，但她「就是夠好的」。

產生替代方案的過程該詳細敘述到什麼程度，取決於兒童的發展程度與推理能力。較年幼（最大到七歲）的兒童或沒有高度發展抽象推理能力的兒童，我們傾向把過程保持得非常簡單。與這個族群工作時，我們通常把行為當成目標（而不是想法、情感或態度），因為他們並不總是能覺察到可以掌控或改變他們的想法或情緒。當兒童改變他們對自己和對他們行為的觀感，以及當其他人對他們反應不同時，他們的想法、情緒和態度經常在不需要意識的努力下改變。我們也將計畫限制在一次改變一個行為，同時我們徵求家長和教師的幫助，進而支持任何形式的行為改變。

對年齡較大的兒童與具備高度發展抽象推理技巧的較年幼兒童，我們發現，他們通常喜歡那些對於他們的想法、情感、態度及行為是有掌控的主意。他們經常想要深入這個過程並一次改變所有事情。與這個族群工作時，我們的目標是發展一個兒童可以實際完成的合理計畫。我們通常要求他們一次專注於單一領域——想法、情感、行為、態度——聚焦在特定情況下改變兩或三個反應。這樣可避免計畫變得讓孩子不堪負荷。逐漸地，我們介紹整合替代想法、情感、行為和態度的方式，並把這些新的行動和反應的方法普及到其他情境。

🔖 教導新的技巧及行為

即使腦力激盪或問題解決的策略有效，而且兒童能整合新的建設性想法、情感及行為，許多兒童仍因缺乏特定技巧而受到挑戰。當這種情況發生時，遊戲治療師需要教導兒童新的技巧、行為，或是兩者都需要。治療師根據在遊戲室裡對兒童行為和互動的觀察，以及與家長及教師的諮詢，來決定他們需要培養哪些技巧和行為。跟遊戲治療其他策略一樣，治療師在此過程中，應該盡可

能具創造性，依據與特定兒童溝通的最有效方法，使用直接或間接的方法來教導技巧。

　　根據我們的經驗，兒童最常需要的技巧是社交技巧、協商技巧、遵循指示技巧和情緒自我調節技巧。許多情況下，兒童也需要去學習與他人分享權力的天生行為。這些當然不是你想要教導兒童的唯一一套技巧。個別個案可能需要學習如何決定問題為誰所有、要求他們的家庭承擔更多或更少的責任、要求他們需要的、自信堅定但不具侵略性、做出適當的決定、清晰適當地溝通想法及情感、讓焦慮平靜下來、停止強迫性想法，以及一百萬種其他技巧。要教導個案技巧，你必須決定你想要的期望結果為何。根據你自己對兒童行動和反應的觀察，再加上家長和教師的報告，你將界定你如何知道他們何時成功地習得所需的技巧。將複雜的任務和整套的技巧拆解成它們的組成部分，也有助於將教學變得可管理。雖然我（KMW）想要說，我即將要教導包山包海的溝通技巧（Grant communication skills），但首先必須決定他有哪些溝通技巧，以及他需要學習哪些溝通技巧。只有這樣，我才能教導他傳遞「我」訊息，並向他人反映情感。

　　有連結困難的兒童，在知道如何與他人適當地互動上有掙扎。許多被診斷有注意力不足／過動症（ADHD）或學習障礙的兒童，以及較高功能的自閉症類群障礙症的兒童，也能從如何與別人相處的訓練中受益。雖然我們應謹慎與家長溝通關於我們並不會奇蹟般地改造兒童，但是學習和練習社會技巧，通常對他們有幫助。思考教導社交技巧可能會有點讓人感到被壓垮，因為有一百萬種技巧可以幫助人們與他人相處融洽。如果你不熟悉構成可幫助孩子成功建立和維持關係的社交技巧的各種組成部分，諮詢社交技巧課程可能有幫助，例如：《教導青年社交技巧》（*Teaching Social Skills to Youth*）（Dowd & Tierney, 2005）或《國小兒童行為改變策略：教導利社會技巧指南》（*Skillstreaming the Elementary School Child: A Guide for Teaching Prosocial Skills*）（McGinnis, 2011）。當我們教導社交技巧，應包含如眼神接觸、微笑、分享、輪流、給予適當回饋、適當要求以滿足需求、遵循規則，以及合作地遊戲等行為。

　　你可以藉由玩簡單的遊戲來教導所有這些事情，例如把球來回滾動、輪流、眼神接觸，以及說請和謝謝你。另一個致力於發展這些技巧的方法是玩牌卡，例如 UNO、「釣魚趣」（Go Fish）、「無影脫牌手」（Blink），或是桌遊，像「抱歉」（Sorry）、「溜滑梯與爬樓梯」（Chutes and Ladders）、「麻煩」（Trouble）、「別讓鴿子開公車」（Don't Let the Pigeon Drive the Bus）或「四連環」（Connect 4）。當你想要教導結交朋友和維持友誼的必要行為時，你可以使用身體輪廓活動來設計完美的朋友，藉由角色扮演去練習如何設定界線及適當地表達情緒，或以手偶劇來示範如何邀請某個人一起玩。

　　你也可以使用沙盤、藝術活動和冒險治療技術來教導友誼技巧。如果你想跟兒童進行一個指導性的沙盤，你可以建議做一個關於正在尋找朋友的角色的沙盤，讓兒童選擇其他幾個角色，並想出如何和每一個角色成為朋友。我（TK）最喜歡的藝術活動之一，就是讓兒童描繪他們的手。在他們的左手，我讓他們以每個手指展示他們帶到關係中的特質。他們可以列一個清單、描繪事情，或使用貼紙或蓋印，來表示他們帶入友誼的事物。而在描繪他們的右手這邊，我讓他們使用相同的媒材，來探索他們想要的朋友特質。

　　一個我們經常使用的冒險治療策略就是「魔鏡，魔鏡」（Mirror Mirror）（Ashby et al., 2008）。在這個活動中，你和兒童彼此面對面，並決定誰要「先開始」。那個人是活動一開始的「領導者」。解釋配對裡的領導者將會進行一些身體的動作（模仿一些有趣的東西，像一隻手揮舞，或轉向一邊），配對的另一個參與者就要模仿那個動作，使它看起來就像領導者行動的鏡像。一段時間後，停止並交換角色。如果你和一個喜歡以語言處理活動的兒童一起工作，你可以簡單地與兒童談論他比較喜歡領導還是跟隨。如果你認為這對兒童有幫助，此對話也可以延伸到這如何運用在與朋友的關係之中。

　　你可能也想教導兒童跟成人適當互動的技巧。許多兒童需要學習使用禮貌的語言來表達他們的情感，以期能在與權威人士的關係中滿足他們的需求。你可以角色扮演擔任校長並和學生對話以練習尊重；玩學校遊戲時，你交替做老師和學生；或者邀請家長或教師進到單元裡遊戲。

　　如果你和人格優先順序是控制的兒童一起工作，他們需要學習與他人互動時不試圖壓制他人，那麼教導協商技巧就非常重要。這項工作首先幫助兒童學習去實際評估他們真正需要（或想要）什麼，以及他們願意放棄什麼來獲得他們需要的（或想要的）。當兒童進行協商時，他們必須清楚且具體地陳述他們需要（或想要）什麼，牢記他們在妥協下願意接受的。他們必須學習採取輪流，陳述自己的立場，並聽取他們正在協商的人的立場。

　　兒童還需要了解協商的最終結果可能是妥協，他們並不總是能得到他們所期望或預期的結果。你當然可以透過角色扮演、手偶劇和讀書治療來進行此項教導。合作性桌遊例如「小小貓頭鷹」（Hoot Owl Hoot!）、「石頭湯」（Stone Soup）、「故事接話任務」（Say the Word）及「大貓入侵」（Max），都是協助教導協商技巧的絕佳資源。你也可以玩原來就是設計為競爭性的遊戲並改變一些規則，來讓它變得更有合作性。我（TK）開發一個「蘋果到蘋果」（Apples to Apples）版本的活動來跟一群孩子玩，我們只需一致決定每一輪誰贏（讓我告訴你，這牽涉到**一大堆**的協商）。我們經常透過玩和兒童共同創造的遊戲，來教導協商技巧——在設計遊戲時，我們會討論我們想要的規則。實際上，即使偶爾我們玩桌遊或牌卡，我們也會協商我們想要的規則。例如，UNO 通常是每個人有七張牌卡來玩，我（TK）通常每次會用三張或十張牌卡來玩。即使我知道這個遊戲是讓你從一堆牌中抽牌，直到你得到一張你可以用的牌卡，有時候如果我手上沒有任何一張是可以使用的，我就會畫一張來玩。

　　通常這項工作的其中一部分，是教導兒童自我肯定技巧，特別是人格優先順序是取悅或安逸的孩童。如果你跟喜歡讀書治療的孩子工作，一本教導自信堅定非常棒的書就是《老鼠、怪獸和我：年輕人的自信堅定》（*The Mouse, the Monster, and Me: Assertiveness for Young People*）（Palmer, 2009）。如果你想藉由活動來幫忙教導自信堅定，《冷靜、平靜和自信：幫助孩子學習自我肯定技巧的手冊》（*Cool, Calm, and Confident: A Workbook to Help Kids Learn Assertiveness Skills*）（Schab, 2009）包含相當多有趣的練習。並不是所有的活動都涉及遊戲，但請記得你總是能從該手冊中挑選一個活動，並藉由使用玩具、手偶、藝術或沙盤物件，將

它變成一個遊戲活動。

我的許多遊戲治療案主，難以遵循指示且必須學習如何做到這一點。他們需要協助將指示拆解成三到四個步驟，在執行第一個步驟時，記得接續的步驟，接著把其餘的步驟以一次一個的方式來執行。我們教導他們去思考指令的每個組成部分，並且一次執行一個步驟來做事情。儘管這似乎過於簡單化，但這個想法對多步驟指示有困難的兒童來說，非常有幫助。為了做到這一點，你可以藉由玩具或沙盤物件來玩「捉迷藏遊戲」（hide-and-seek）、「媽媽我可以嗎？」（Mother May I？）和「老師說」（Simon Says）。我們也玩機器人——一個人是「控制器」，而另一個人是「機器人」，「機器人」必須遵循「控制器」所給的指示。有時我們輪流給予指示，讓另一個人在畫圖、製作摺紙人物，或在黏土（Model Magic）或培樂多（Play-Doh）上雕刻東西時，跟隨著指示。讓一個人畫一個圖，然後向另一個人描述所畫的，後者必須根據描述來進行繪圖或做沙盤，這也是有趣的。當你核對你與原始描繪的創作有多接近時，笑聲隨之而來。（這甚至可幫助孩子學習當事情結果不是他們所想要的，使用幽默感作為因應策略。這對適應不良的完美主義型兒童，以及在控制的人格優先順序上表現出不太適應的兒童來說，是非常好的技巧。）

對不適應行為的主要目標是權力的兒童而言，一個重要技巧是學習如何分享對情況的控制，而不試圖從他人身上攫取權力。我們希望這些孩子學習他們偶爾可讓別人負責決定。教導他們的一種方法，是讓他們經驗到當他等待輪到他擔任掌管者時，有其他人在控制情況。在我們的遊戲單元裡，我們設置由我們掌控的情境，因此他們能體驗到在關係中覺得安全、但自己不是控制的那一方是什麼樣的感覺。作為這個歷程的一部分，我們練習輪流及分享。要那樣做的一種方法，是在沙盤中共同創作一個故事。你可以為故事起頭，將一個物件放進沙盤，並用兩到三句話做介紹。接著兒童放一個物件到沙盤，添加幾句話來解釋發生了什麼，然後你挑選一個物件並增加幾句話，協助故事繼續下去。接替輪流地，你和兒童選擇物件並添加句子讓故事向前推展，並讓孩子放置最後一個物件完成故事來作為結尾。

　　兒童習慣和我們分享權力之後，我們通常請家長、一位手足或一位兒童到遊戲室，讓兒童有機會體驗與別人分享權力。接著，我們給家庭出家庭作業在家裡練習，同時我們經常請教師確保兒童在學校裡也有機會分享權力。許多活動被描述為可用來教導協商技巧和遵循指示技巧的媒介，對幫助兒童學習分享權力也行得通。

　　傾向於以不適應的方式表達他們人格優先順序的兒童，通常需要學習情緒調節的技巧。以取悅他人為優先的兒童通常是焦慮的，安逸的兒童在了解他們的情感上常有困難，致力於卓越的兒童往往輕易地被壓力擊垮，而需要控制的兒童經常有「憤怒管理議題」。受創傷的兒童、被診斷有注意力不足／過動症（ADHD）的兒童，以及有攻擊性的兒童，也可能有情緒調節的困難。與這些兒童工作，首先必須幫助他們學習辨識以及適當地表達他們的情感。對一些缺乏表達性詞彙來命名情緒的兒童，開發能擴展他們情緒字彙的活動是有幫助的。我們經常藉由閱讀有關不同感覺的書來達到這一點。以下是一些你可以用的書籍：

《我覺得……》（*The Way I Feel*）（Cain, 2000）

《今天我感到糊塗可笑及其他讓我感到美好的心情》（*Today I Feel Silly and Other Moods That Make My Day*）（Curtis, 1998）

《有時候我是隻爆爆龍》（*Sometimes I'm Bombaloo*）（Vail, 2002）

《感覺書》（*The Feelings Book*）（Parr, 2000）

《泡沫裡的怪物》（*The Monster in the Bubble*）（A. Green, 2012）

《在我心中》（*In My Heart*）（Witek, 2014）

　　有些孩子，特別是曾經歷創傷的孩子，需要學會與他們的身體核對，了解特定情緒在身體哪裡出現，以及當他們經驗這些情緒時，評估身體的感覺為何。通常，進行意念形象化（visualization）或身體掃描是有幫助的，這些能協助兒童學習注意到他們的身體並辨識身體的感覺。做身體掃描之後，許多兒童對於將他們所感受到的畫出來，並給予身體知覺情緒標示，有積極正向的回

應。其他孩子喜歡做沙盤、肢體活動或身體輪廓，來表達他們對自己身體的發現。當他們學習去辨識他們的情緒，以及它們如何且在身體哪裡出現，藉此探索它們的觸發因素，通常是有幫助的。有時候我們和他們玩猜謎遊戲，試圖縮小可能引發特定情緒反應的情境和關係。其他時候，我們配合繪畫、用水彩畫圖或做沙盤，來探索觸發物。當他們習得特定情緒的感受是如何及探索是什麼引發這些情緒，此時乃是兒童學習如何以適當方式來表達這些情緒的時候。有很多資源可以用來跟有特定情緒掙扎的孩子工作，特別是憤怒。如果你對將生氣視為一種挑戰情緒的兒童發展介入策略沒有經驗，《看見紅色：兒童之憤怒管理及反霸凌課程》（*Seeing Red: An Anger Management and Anti-Bullying Curriculum for Kids*）（Simmons, 2014）包含有用的建議，你會需要調整其中許多方法，以應用在遊戲治療場域。你可以用在這個族群的一些讀書治療資源，包括：

《我好生氣》（*When I Feel Angry*）（Spelman, 2000）

《菲菲生氣了：非常、非常的生氣》（*When Sophie Gets Angry—Really, Really Angry*）（Bang, 1999）

《我好抓狂》（*I Was So Mad*）（Mayer, 2000）

《安的憤怒》（*Anh's Anger*）（Silver, 2009）

《羊駝拉瑪生媽媽的氣》（*Llama Llama Mad at Mama*）（Dewdney, 2007）

你也能教導經常受到生活事件觸發的兒童，激活他們的副交感神經系統，作為讓自己平靜的一種方法。可以使用改編自 Levine 和 Kline（2007）以及 Hansen 和 Medius（2009）的技巧來進行，包含引導兒童做下列事情：

1. 放鬆——教導他們放鬆他們的舌頭、眼睛和頷肌；幫助他們感到緊繃從身體排出，並進入大地；請他們用溫水流過他們的手。

2. 逐漸放鬆——檢視他們的身體，尋找他們可以放鬆的緊繃部位。

3. 吐氣——使用大口吐氣作為帶來平靜與寧靜的一種方法。

4. 想像——教導他們想像一個安全的地方；想像他們能夠讓自己冷靜下

來；想像他們是超級英雄；想像他們的神仙教母／父或守護天使來幫
助他們等。

5. 平衡他們的心跳——教導他們：（1）呼吸，讓吐氣和吸氣的時間長度
相同；（2）想像他們的吸氣和吐氣，都通過他們心臟區域；以及（3）
在他們的呼吸中，想一個愉快溫暖的情感穿過他們的內心。

6. 聚焦在呼吸——教導他們吸氣、暫停、吐氣、暫停，並注意所發生的
任何生理變化。

7. 滑稽的說話——教導他們把舌尖抵在他們的下牙上、放鬆舌頭並試圖
說話。這樣做可以放鬆舌頭、驅動和放鬆大腦，引起腦脊髓液的流
動，進而協助他們感覺更放鬆。（我們一起工作的兒童**超愛**這個。）

8. 延伸舌頭——教導他們伸出舌頭並用乾淨的手指輕輕拉著。這放鬆了
舌頭根部及腦幹。

9. 有意識地打呵欠——這是不言自明的。它能幫助兒童「離開腦皮質層
往下走」，增加血清素的產量、平衡腦脊髓液的流動，這都是讓我們
平靜下來的好事。

10. 輕輕晃動——只是讓他們搖動身體。這促進了脈搏的節奏，進而支持
生命、活力及幸福；當我們感到僵硬或死板時，它也使我們放鬆。

◆ 為新的技巧及行為提供練習的機會

當兒童學習新的技巧及行為，在他們嘗試將新的技巧及行為融入其他關係
前，他們需要有機會在遊戲治療關係的安全氣氛中加以練習。你可以選擇讓兒
童在遊戲室中只和你進行練習，或是選擇讓其他人加入你與兒童。

♥ 與遊戲治療師練習

通常，這歷程的最初步驟是讓兒童使用手偶、娃娃、沙盤物件或其他玩

具，間接地藉由故事敘說或角色扮演，在遊戲室裡練習替代性行為。這個排練牽涉到兒童怎麼說、做、思考和感受，以及他們遇到的其他人將會怎麼說、做、思考和感受。你也能用較直接的方法請兒童角色扮演不同情節，讓他們有機會磨練新的技巧與獲得自信。透過遊戲來探索未來情境，兒童能夠獲得在遊戲室外如何應用新習得之行為的具體概念。他們也可以探索其他人的可能反應和特定情況下的可能障礙，並思考他們要如何處理困難。

♥ 與另一個人在遊戲室裡練習

隨著兒童對新行為、想法、態度和情感的舒適程度增長，你可以邀請家長、一或兩個手足、一位孩子的朋友，或另一個兒童個案參與遊戲單元。這提供兒童機會能在一個支持的和安全的環境中，與對他／她重要的人持續練習。舉例來說，兒童可以和他／她生活中的「真實」成員練習社交技巧、協商技巧、情感表達、自我調節，以及分享權力的方式。在此環境裡孩子也能得到分享你注意力及情感的經驗，他／她可以探索像嫉妒和痛苦的情緒。

如果我們讓其他個案或一位個案的朋友加入，期待能有一個小團體遊戲治療的經驗，我們會在這第二位兒童身上尋找特定的特質。我們試圖思考潛在團體成員落在連續向度的何處，從：（1）有攻擊性到順從；（2）主動到被動；（3）外向到退縮；以及（4）過動到沮喪，並選擇可以平衡我們兒童個案的一位孩子（或孩子們）。我們不希望兩個非常有控制慾的兒童在同一個單元，因為面對另一個控制型的兒童，即使他／她已學會在沒有控制權的情況下感到安全，但也會為了權力而爭鬥。我們也嘗試避免將一個控制型的兒童與一個取悅型的兒童放在一起，因為取悅型的孩子只會讓控制型的兒童得到他／她想要的，而從來不需去妥協。

當你帶另一位兒童進入，一如往常地，在小團體進行遊戲治療的關鍵（即使這個團體只有兩個兒童加上你）是與兒童同在──所有其他的都是次要的。你必須相當注意不被單元中所發生的「行為」過度吸引，這樣你才能與每位兒

童完全地同在並有連結。你會想要放鬆，並注意你自己的反應以及單元和互動的流動。重要的是，記得你不需要壓迫自己回答太快或太頻繁。比起個別單元，團體單元裡有非常多的行為與動作，因此花點時間去思考是重要的。你將不會像你通常在個別單元中一樣，有機會講那麼多的話（只有更少的時間），因此要讓你的陳述有價值。你的主要焦點要放在個案身上，較少關注在另一位兒童身上。你需要在下列動力中尋找模式：

1. **孩子間的互動、孩子間的關係、孩子間的溝通模式，以及獲得重要性／意義—歸屬感的方法。** 你可以問自己：「在關係中，權力在哪裡／誰擁有權力，以及他們如何在權力之間互動？」「關係中有取悅他人的模式嗎？」「他們如何彼此連結？」「他們在關係中如何展現勇氣？」「他們如何相互展現自己是有能力的？這在他們關係中是一個重要的部分嗎？」「在關係中他們如何建立自己是有價值的？孩子如何展現他們相信另一個人是有價值的？」「誰跟誰一起玩什麼？」「他們談論什麼？」

2. **孩子間那些與你有關的互動。** 你可以問自己像這樣的問題：「他們是否嫉妒我對另一個人（或人們）的任何關注？」「他們覺得有需要藉由耍花招，來從我身上得到權力或關注嗎？」「當有其他兒童在單元裡，與我產生聯繫對他們更重要嗎？」「當遊戲室還有另一位兒童的情境下，關於和我產生連結，他們怎麼做？」「誰試圖與我聯手，以便獲得超越另一位孩子的權力或控制？」「誰試圖確保得到我的關注，進而確認他們比另一個孩子更有價值？」

3. **每個孩子和你之間的個人互動。** 問問自己會在遊戲單元裡提出的常見問題，例如：「這個孩子行為的目的是什麼？」「這個孩子的人格優先順序是什麼，以及他／她的行為舉止如何和這個優先順序有關？」「這個孩子似乎把哪些重要 C 信念納入對他／她自己、對他人和對這個世界的觀點？」「這個孩子的偏差信念是什麼？」「這個孩子的內在

資產是什麼？」「這個孩子的個人邏輯如何阻礙他／她？」「這個孩子重新證明關於他／她自己的什麼？」「我能如何做出不同於孩子期望的反應，而不會增強這些想法？」

4. **此次單元中團體的情感性氛圍及流動。** 問你自己類似這樣的問題：「單元裡的情感性氛圍是什麼？」「單元裡每個人如何對單元的氛圍做出貢獻？」「今天誰對這個團體有重要影響，這個影響如何被展現出來？」「團體成員間的互動性流動是什麼？」「誰掌控這個單元？他們做了什麼在這單元裡獲得掌控？他們藉由在單元裡有的掌控去做了什麼？」「單元裡的內容有主題嗎？」

5. **隨著時間推移，團體的氛圍及流動。** 尋找隨著時間推移所產生的模式和主題。團體（即使只有兩位兒童和你）真的是社會的縮影——你可以發現孩子在真實世界如何行動、他們的生活像什麼、別人如何回應他們，以及他們如何藉由觀察團體的氛圍及流動來與其他人互動。問你自己類似這樣的問題：「團體情感性氛圍的模式是什麼？」「控制團體者的模式是什麼？」「團體互動性流動的模式是什麼？」「我如何運用每位孩子的優勢來幫助團體裡的其他孩子？」「孩子在團體的所做所為如何反映他們在生活中其他面向的想法、情緒及行為？」「我能如何運用在團體所發生的事，來教導孩子在生活中其他面向可用的新的互動及回應方法？」

為了避免混亂，你可能想要建立比只和一位兒童工作時更多的架構。你甚至可能想要在單元初始互動中為單元建立「時間表」。你會花多少分鐘進行某些計畫的活動，以及孩子有多少分鐘可以玩自發性遊戲？這些的順序是什麼？（最好在讓他們玩自由遊戲前進行任何已計畫的結構性活動。）每隔一段時間，你可能會想看看兒童在沒有任何結構下如何玩在一起。

當我們向個案介紹加入成員的想法時告訴他們，我們覺得在遊戲室讓另一位孩子（或兩、三位）加入我們，可能會很有趣。我們可以提出一些關於跟加

入的人分享有趣活動的建議。通常，孩子對在遊戲治療過程中加入其他人的想法感到興奮。若當我們這樣做的時候他們經常感到有點無聊，此時便是接近要準備結束他們的治療。

如果兒童對這個建議有猛烈地消極負向的反應，這通常意味著我們進行得太快，孩子並沒有如我們所假設的接近治療的結束。當這種情況發生時，我們藉由和兒童討論他／她在遊戲單元裡不想要有另一位孩子的目的，並諮詢家長（或老師，若我們在學校工作）關於他們對兒童最近怎麼了的印象，來重新評估兒童的進展。重新評估之後，我們和兒童討論這個情況並決定如何進行。大多數時候，兒童需要持續個別工作一段時間，當他／她準備好進行這個步驟時，他／她終究會提出讓另一個孩子加入我們的想法。

在我們介紹第二位兒童到遊戲室之前，我們跟個案談論關於保密及遊戲室規則，尤其是跟安全相關的規則。我們也談論第二位兒童會多常和我們一起在遊戲室裡。許多時候，我們決定讓新加入的孩子每隔一個單元才來一次，大約來四到六週。我們經常請家長和其他家庭成員參與遊戲治療單元，特別是在第四階段。有時候我們甚至轉換到進行家庭遊戲治療單元（Kottman & Meany Walen, in press）。這提供家庭其他成員一個機會，去嘗試更合適的互動模式和教養技巧。遊戲室可以作為家庭成員的實驗室，在一個安全的環境中去體驗新的連結方法，他們所付出的努力及進展也能獲得支持性的建議及鼓勵。

◆ 結案

在考慮結案時，你會想要找到主述議題的積極正向變化，以及在遊戲治療單元裡兒童行為的積極正向改變（Kottman, 2011）。你可以詢問與主述議題相關的問題：「兒童在家裡或學校造成困難的態度、關係和行為，是否往積極正向的方向改變？」藉由和家庭成員、教師與兒童討論這個問題，以及透過觀察孩子與家庭成員在等候室或遊戲室裡的家庭單元（和／或與教師及同學）的行為，你可以蒐集到跟主述議題進展相關的資訊。因為遊戲治療很少是一個「奇

蹟治療」（miracle cure），很重要的是，去比較兒童起初的功能與他／她現在的功能，而不是抽象地考慮當前的功能。如果你請與兒童互動的成人使用量尺或製表，來獲得對惱人行為發生次數的估計，有助於將這個過程更具體化。要求家長及教師用 1 到 10 分的量表，來量化他們對兒童整體的情感及幸福的評估，也是有幫助的。重要的是尋找改善之處，而不是要求完全的轉變。

在阿德勒遊戲治療，你會在單元中尋找兒童已經有改變他們的基本信念及生活型態的證據。這應該很明顯，他們的行為目標已經從破壞性的獲得關注、權力、報復或證明不足／不能勝任的消極負向目標，轉移到更積極正向的目標。他們應該已經獲得作為一個有勇氣的孩子所具有的許多積極正向特質，相信他／她能與人連結、是有能力的、是有價值的。兒童應該在他們對人格優先順序的行動上進行轉變——遠離受限的部分並邁向優勢。他們和他人的互動，應該展現社會情懷增加和覺察他人權利的證據。他們的行為應該更具建設性及適當性。

我們會想要讓兒童在最後一次單元前的三到四個單元，知道我們正在考慮停止會面，這樣兒童對朝向結案進行才不會感到驚訝。總結我們在遊戲室裡所觀察到的進展，以及兒童、家長和學校人員所注意到的進展。我們徵求他們和生活中重要他人在想法、情感、行為及關係上，所經驗到的改變之看法。經過討論之後，我們提出這樣的想法：他們已經有相當大的進步，我們認為他們不再需要像在遊戲室裡一樣的幫助了。我們密切關注消極負向的反應，來判斷這是兒童因為重要的支持關係將發生變化而引發的正常悲傷，還是有其他情緒反應顯示我們錯估了個案對結案的準備程度。我們反映情感、做詮釋和使用鼓勵，來協助他們探索想法及情感。我們也告訴他們，這並不意味著我們不再有關係。我（TK）再次給兒童我的名片並讓他們知道，在任何時候，他們覺得有必要回來或跟我說話時，他們隨時可以這麼做。

在剩餘的單元裡，你可以有一個「倒數計時」，這樣孩子就知道還剩下幾次單元。在結案前的最後幾次單元，兒童通常會很快地回到他們在整個遊戲治療歷程中所經歷的許多行為、態度和遊戲。他們正經驗著在遊戲治療歷程中已

學習到的，以及自己是如何改變的快轉重現。有必要提醒家長及教師，類似的情況可能發生在家裡及學校。通常，消失已久的行為和態度會突然出現，對擔憂的成人而言這可能令人害怕。如果你事先解釋這是一個正常的過程，通常能預防家長及教師回到舊有的模式去回應這個重現。

◆ 案例

這個案例是第五、七、八和九章中案例的延續。本章的敘述旨在說明心理師如何可以重新導向及再教育兒童，協助孩子產生積極正向的想法、情感和行動；學習新的行為和技巧；練習這些新的行為和技巧；並準備好結束遊戲治療。在這個個案研究，我（TK）也示範心理師透過阿德勒遊戲治療第四階段的家長諮詢，來執行實際改變的方法。

我對 Phoebe 在遊戲治療的重新導向及再教育階段的主要目標，是根據她日益增加對她自己、他人和這個世界的積極正向想法及情感，來幫助她建立一套有建設性的行為技能。我希望增加她以社交上適當的方式來解決問題的能力，以及提升她的社交技巧和協商技巧，如此一來，她便能在不要求自己的需求要立即被滿足的情形下，為社會做出貢獻。這牽涉到練習輪流、遵循規則，以及讓別人決定活動等。我也認為讓她和生活中其他重要的人練習分享權力是重要的，特別是和她的祖父母、父親和學校的潛在朋友。我相信 Phoebe 能從參與包括其他同年齡兒童的活動中獲益，例如足球、童子軍或戲劇。我認為 Phoebe 的一個重要任務是慶祝她的文化傳承，並描述她與其他家庭成員相似與不同之處。我也想要讓她能清楚地評估及向他人明確表達她自己的優勢，而不是傲慢的或苛刻的。

我同時與 Simon 先生和太太工作，幫助他們練習所學到的新技巧。我們特別著重在使用鼓勵、決定問題為誰所有、給予選擇、允許自然的結果，以及使用合理的結果。在與 Christopher 幾次工作的過程中，我強調花時間與 Phoebe 相處的重要性。他承諾去創造能和他女兒相處的時光，即使是小的機會。他做

了一些讓他能接近 Phoebe 的事情，包括在大學下課時打電話，以及在他需要長時工作的日子裡，留下傻呼呼的字條及驚喜給她。

跟隨 Phoebe 的領導，我決定結合直接和間接的溝通方式來和她工作。我們真誠的討論她願意直接探索的主題，對她生活中的真實情境進行腦力激盪，以及利用真實關係及情境來對一些情況進行角色扮演，其他情況則使用動物角色來代表她生活中的其他人。在幾個例子中，我們使用隱喻性的故事、讀書治療和藝術方案，來進行重新導向的工作。

因為 Phoebe 展現優秀的語言技巧及抽象推理能力，以語言直接地處理一些議題是可行的。我們談論在不發脾氣、不操弄，或要求事情按照她的方式進行的情況下，她在家裡可以如何滿足她的需求。我們談論她的母親，她有多思念她，以及她有時是如何的感到孤單。我們討論她渴望有更多朋友，並腦力激盪讓她能結交及維持同儕關係的方法。另一個互動中，我們處理她認為別人會離開她，且她注定會孤單的信念。起初，她不願談論種族及混血兒的身分。她渴望與母親有更多的連結，當我們將她的拉丁血統連結到她母親的文化根源時，她便願意談論種族。

在第三階段，Phoebe 享受閱讀並參與讀書治療，因此我用幾本書來幫助她更了解她母親的死亡、與祖父母同住及身為混血兒。我用來和 Phoebe 談論死亡的一些書籍是：《溫柔的柳樹》（*Gentle Willow*）（Mills, 2003）及《死亡是什麼？》（*What Is Death?*）（Boritzer, 2000），這些是關於因應死亡及失落的書籍。以及這本書：《沒什麼有什麼嗎？孩子關於生命、死亡、家庭、友誼及所有事物之間的問題及禪宗的回答》（*Is Nothing Something? Kids Questions and Zen Answers About Life, Death, Family, Friendship, and Everything in Between*）（Hanh, 2014），我用不同的方式來使用這本書的一部分，幫助 Phoebe 了解死亡、朋友的重要性和家庭。這本書和 Simon 家靈性上的信念是一致的，她的祖父母借這本書讀給她聽。我們還讀了《家庭書》（*The Family Book*）（Parr, 2003），幫助 Phoebe 看見不同的家庭組合，並給她一個談論種族和差異的平台。《讓我們談談種族》（*Let's Talk About Race*）（J. Lester, 2006）；《人類的膚色差異》（*Shades of People*）

（Rotner, 2010）；《我們的膚色》（*The Colors of Us*）（Katz, 2002）；和《無論你是誰》
（*Whoever You Are*）（Fox, 2001），也被用來促進關於種族和認同的對談。她的祖
父母也希望借這幾本書。

我們用手偶及娃娃來練習友誼技巧，並在分享想法、玩具及權力上努力工
作。我和 Phoebe 的學校心理師，安排她加入一個跟她同年級的友誼團體。
Phoebe 也開始上足球課。結果發現 Phoebe 天生具有足球本領。她等不及練習
和她的新「朋友」一起玩，並且也在家和祖父母及父親練習。她變得非常擅長
足球，並受到隊友的喜愛。作為一個額外的好處，Phoebe 知道她母親喜歡看
足球，以及當他們在電視上看到墨西哥隊比賽時，整個家都為他們加油。

我們繼續酷斯拉的故事並以改寫情節作為結束。如同 Phoebe 現在擁有的
那樣，酷斯拉已經不再砸毀建築物和汽車了。她說：「他學會如何對人好，並
告訴人們他的情緒，而不是吼叫、尖叫和不斷撞擊了。」鎮上的人們決定他
應該成為市長。他們幫他舉辦了一個盛大的舞會，而且每個人都出席了，「因
為他們太愛他了」。身為市長的酷斯拉指揮城鎮並為人民制定規則，他通常會
考慮其他人民的想法。在我看來，分享權力成為她生活型態中更整合及一致的
部分。偶爾，我會丟個難題讓她陷入無法掌控的情境，例如地震、交通堵塞、
新的人民搬到鎮上，或新的城鎮規則。她從容地應付了這些干擾，甚至讓城鎮
的人民對新規則投票，確定地說：「讓每個人都能決定時才是公平的。」透過
這個遊戲，我持續對她的行為目標及萌芽中的社交技巧進行後設溝通。我會說
像是：「酷斯拉真的學會成為一個領導者，因為他傾聽城鎮居民的想法」及
「嘿！酷斯拉有點像妳。妳過去經常生氣及愛指揮別人，但現在妳已經找到其
他方法來告訴別人妳的情緒了。」

在這個治療階段，我認為在許多我們的互動中加入 Simon 家庭的其他成員
是重要的。在好幾個單元裡，我們處理信任議題、玩小團體冒險挑戰遊戲
（Ashby et al., 2008）。在某次單元，我們進行了一輪長處轟炸，所有家庭成員
列出其他成員的積極正向特質。我們也使用家庭雕塑，讓 Phoebe 擔任雕塑家
來展現她在家裡感覺如何。某次 Christopher 在場的單元，他們做了一盤家庭

動力（kinetic family）沙盤。Phoebe 使用她的斑馬及海豚動物。單元結束之前，Simon 先生和太太各有一個斑馬物件，Christopher 與 Phoebe 有海豚物件。他們自發性地發展一個關於充滿愛的家庭故事，在裡面每個人都感到有歸屬且有價值。

當我們進行到第二十次單元時，Phoebe 已經停止暴躁脾氣的發作。她的友誼技巧已經開始綻放，到了第二十二次單元時，她甚至到學校裡一個女孩的家中過夜。就種族及與母親的連結方面而言，她有一個在發展中、關於自己是誰的意識。家人從避免討論關於 Alicia 的事，到定期並高興地談論著她。這似乎在不同方面上幫助到每位家庭成員。

儘管有這些令人讚嘆的成效，但 Phoebe 仍然需要在對祖母要求少一點上努力，Simon 太太也需要在她的界線以及對 Phoebe 所有的要求都願意讓步上工作。在第二十三次單元，我提醒 Simon 太太關於自然及合理的結果，且提供範例及角色扮演她可以用來與 Phoebe 互動的方式。我讓 Simon 太太閱讀《正向教養》（Positive Discipline）（Nelson, 2011）。我們討論這本書以及她可用在 Phoebe 身上的策略。接下來兩週，我與 Simon 太太核對。她說書裡提出的想法有幫助——她已經開始舉行家庭會議（family meetings），也已經注意到 Phoebe 與她彼此互動的方式有積極正向的改變。

Simon 先生在設定界線的意願上有非常大的進步。即使有新獲得的教養技巧，Simon 太太有時候仍掙扎於過度保護及呵護 Phoebe 的傾向。儘管他們有顯著的改善，他們兩人都沒有一致的設限。我決定介紹這個想法：也許他們自己的生活型態正干擾他們與 Phoebe 的關係和界線。我畫了一張圖表來說明我對他們從自己原生家庭所發展的關係模式、人格優先順序和重要 C 信念的「內心圖像」（mental picture）。（我是一個視覺型的人，且相信當我繪圖或使用圖表時，我能更清楚地溝通。）這個圖表的說明似乎幫助他們在個人邏輯上有一些小轉變，讓他們在界線及結果的運用上更前後一致。我也鼓勵他們相互支持。

雖然這肯定不是一個「奇蹟治療」，到了第三十次單元，很明顯的 Phoebe

已經對於她的目標有相當大的進步。她更具合作性、感到更有能力,可以清楚表達並能將許多她的積極正向特質「承認是歸她所有」,更有自信於在家庭及學校的歸屬,以及開始辨識到她可以為他人和這個世界做出顯著的貢獻。她也感覺到與她母親和她的文化有更多的連結。雖然 Phoebe 對身為混血兒感到較自在,但是她在學校仍對這一點感到有些不舒服。她在像是一個榮譽徽章一樣去炫耀她的墨西哥文化,與試圖隱藏它好讓自己覺得更像其他孩子之間擺盪著。偶爾她在家裡及學校惹麻煩,是因為她試圖讓其他人知道他們無法控制她。然而,這樣事件的強度及頻率都顯著降低。Phoebe 仍舊不喜歡輸掉比賽,但她更願意(且能夠)輪流、協商及妥協。Simon 先生和太太對自己身為祖父母的角色感到更自信,在幫助 Phoebe 了解她母親的死亡與她母親的文化連結上,也感到更自在。他們願意確保 Phoebe 有機會與其他孩子在有組織的團體(如:足球)和無組織的團體(如:生日派對、遊戲聚會)一起玩。

結案的時候,Christopher 剛好完成他的學業,正在找早班的全職工作。他最初的想法是繼續和他的父母同住,如此才不會干擾 Phoebe 的穩定家庭環境。假如他和 Phoebe 搬進屬於他們自己的房子,他了解與 Phoebe 度過有品質的時間,以及維持 Phoebe 和他父母之間的聯繫是重要的。整個家庭似乎更快樂且更平衡了。

在第三十次單元,我們(Phoebe、我自己、Simon 先生及太太,以及Christopher)決定 Phoebe 與我再進行兩次個別單元,以鞏固她已經學到的,並處理我們關係的結束。她遵循典型的模式,也就是搜遍遊戲室並玩她從我們一開始就曾經玩過的每一個玩具。最後一天,她拿了一張我的名片、給我一個擁抱,並且說:「謝謝(Gracias)。」我說:「不客氣(De nada)。」她說:「如果我再次需要你,我可以回來嗎?」我說:「當然可以!」她說:「如果我們需要你,我們全部可以回來嗎?」 我說:「當然可以!」她看著她的祖父母及她的父親,他們都坐著等她,她對著他們微笑、對著我微笑,並說:「我不認為我們會需要回來,但這很難說喔。」

摘要

　　阿德勒遊戲治療的重新導向及再教育階段，是整個歷程中最具指導性的階段。在這個階段，遊戲治療師使用遊戲歷程來幫助兒童操作及應用所有他們在先前階段於感受、思考及行為上所做的轉變。他們精熟在不同環境裡用新的方法來表達他們的情感及行為，致力於和其他人建立和維繫關係的技巧，以及實驗處理問題的方法。他們學習及練習能夠辨識和承認他們的內在資產「為他們所有」、掌握重要 C 信念、優化人生任務的功能、展現他們人格優先順序的積極正向元素，並以適當的方式來滿足他們的需求。

 其他相關資源

● **讀書治療**

　　http://www.ala.org/tools/bibliotherapy
　　http://www.best-childrens-books.com/bibliotherapy.html
　　http://www.carnegielibrary.org/research/parentseducators/parents/
　　　　bibliotherapy/
　　http://www.medscape.com/viewarticle/734236

● **角色扮演**

　　http://www.nadta.org/assets/documents/adolescent-fact-sheet.pdf
　　http://www.playtherapyseminars.com/articles/details/10007

● **結案**

http://www.counseling.org/resources/library/Selected%20Topics/
　　Play%20Therapy/voluntary%20play%20guidelines.pdf
http://creativityintherapy.blogspot.com/2012/09/memory-book-
　　termination-activity.html
http://eric.ed.gov/?id=EJ200434
http://www.prolibraries.com/apt/?select=session&sessionID=53

誰？我嗎？
進行研究？

　　我們懂。你可能對研究沒有太多的關注，也或許閱讀以前的研究的想法被列入你的待辦事項中，順序就排在挖一個大洞到世界的另一頭之後。請有耐心地與我們一起，我們覺得這些資訊從數個層面而言是有助益的：

- 你可以向家長、教師、行政人員、機構督導、保險公司和其他人分享關於對有實證支持的遊戲治療效能的主述議題、個案人口統計資料，以及場域資訊。
- 你可以探索我們所引用的研究期刊及書本章節，獲得在臨床實務工作上可以運用在處遇計畫，或和不同兒童工作的特定介入方式的建議。
- 你可能會發現有相當多不同的方式可用來進行有趣及有用的研究。
- 你可能會驚訝地學習到做研究可以很有趣！（我們知道不太可能，但無論如何我們想要試一試。）

🔶 遊戲治療的相關支持

遊戲治療已經成為一個被充分研究、具實證支持的方式，可用來和不同族群、場域、主述議題的兒童工作（Bratton & Ray, 2000; Bratton, Ray, Rhine, & Jones, 2005; LeBlanc & Ritchie, 2001; Lin & Bratton, 2015; Ray, 2006, 2011, 2015; Stewart & Green, 2015）。最常被研究的遊戲治療取向是兒童中心遊戲治療。兒童中心遊戲治療已顯示能有效地減少多樣貌的主述議題，包含教室內的行為問題、低學習成就、自我概念、焦慮，以及更多如身體型疾患（身心症）、注意力不足／過動症、間歇暴怒障礙症與自閉症類群障礙症等特定診斷的管理。兒童中心遊戲治療也已顯示能有效地運用在不同文化的族群，如：烏干達孤兒、無家可歸的兒童及智能發展障礙的兒童。（引證請參閱附錄 H。）

其他學者已經發表個案研究或建議策略，這些是探討用不同的遊戲治療取向，來和不同文化背景及主述議題的兒童工作。一些代表性的文化包含穆斯林、韓國及兒童難民。這些學者也納入遊戲治療策略或修正，運用在自閉症類群障礙症、生氣與攻擊、霸凌議題、選擇性緘默症、外化行為、依附障礙、哀傷與失落議題、性虐待、寄養機構的兒童、家長分居或準備離婚的兒童、罹患慢性疾病的兒童，以及經歷天然災害的兒童。（引證請參閱附錄 H。）

🔶 阿德勒遊戲治療研究

直到最近，阿德勒遊戲治療才在研究的場域出現。我們與一位同儕（Sue Bratton）發展並執行一個嚴謹的隨機對照試驗（randomized control trial）研究設計，來評估阿德勒遊戲治療的效能。Kottman（2009）創建了一份治療手冊，並對多位治療提供者給予進階阿德勒遊戲治療的訓練及持續的督導。Meany-Walen 監督該計畫，共有五十八位呈現邊緣或臨床程度破壞性課堂行為的兒童符合研究資格，並完成研究。研究結果達到顯著，並呈現有效能到非常

有效能的治療效果（treatment effects）。研究結果顯示兒童在接受阿德勒遊戲治療後，能降低問題行為及增加專注行為，此外，兒童的教師也感到較低程度的教學壓力（Meany-Walen, Bratton, & Kottman, 2014）。接續的研究論文同樣顯示阿德勒遊戲治療能有效地減少兒童的問題行為（Meany-Walen, Kottman, Bullis, & Dillman Taylor, 2015），以及增加兒童的專注行為（Dillman Taylor & Meany-Walen, 2015; Meany-Walen, Bullis, Kottman, & Dillman Taylor, 2015; Meany-Walen, Kottman et al., 2015）。

🔻 研究的考量

　　你可能有興趣執行你自己的阿德勒遊戲治療研究，我們想要鼓勵你這麼做。現今助人專業的氛圍是使我們朝向需要使用有證據支持它們效能的治療方式所前進，或是這樣的治療方式才能讓心理師獲得保險公司的支付。因此，需要更多的研究來支持阿德勒遊戲治療對於多元文化背景的兒童、廣泛的主述議題，以及不同的場域（如：學校、私人機構或醫院）的效能性。本章的目的是提供你資訊及工具，進而協助你執行及發表你自己的研究。

　　提醒：你將需要用到關於研究設計及分析的資訊，此資訊遠超過我們在本章所提供的。下列的資訊是用來協助你進行研究，並且提供我們相信執行阿德勒遊戲治療研究時有價值的資源。

❤好多的方法，好少的時間

　　量性研究、質性研究、混合研究……天啊！你可能正在想：哪一個是重要的？哪一個最簡單？哪一個我能做？沒有明確的答案存在。儘管人們會告訴你，但沒有一種研究方法比另一種更重要。每種研究方法都為遊戲治療文獻增添有價值的資訊，並有助於指導臨床實務。為了幫助你弄清楚這一點，請思考以下的問題。

1. **你想要知道什麼？**

   你將根據你想知道的內容，來決定要使用何種方法。舉例來說，如果你想知道阿德勒遊戲治療是否有效減輕憂鬱症狀以及達到何種程度，你可以使用隨機對照試驗，這是一種量化的研究方法。如果你有興趣了解家長對遊戲治療歷程的想法，你大概會使用許多質性研究方法中的一種。對有興趣了解阿德勒遊戲治療歷程及這過程發生了什麼的研究者，單一個案的研究設計可以被用來了解阿德勒遊戲治療介入之前、歷程中和之後，兒童的注意力不足／過動症（ADHD）行為是如何的改變。

2. **什麼或誰是你的支持者？**

   執行研究時你有什麼支持？以你使用的研究方法為基礎，有一些特定事項是你在發展研究計畫時需要考慮的。如果你在社區場域或私人機構工作，你可以考慮和鄰近的大學諮商、社工或心理教授成為合作夥伴。許多教授有執行研究的義務（希望也有興趣在此）。大學也較容易會有熱切想幫忙的統計專家和學生的資源。大學裡的職員或學生可以完成必要的機構審查委員會申請，以確保人類研究參與者的倫理研究。作為助理教授，我（KMW）常常執行研究，如果社區心理師邀請我成為研究夥伴，我會很熱血沸騰。別害羞。通常你能依照自己想要的決定貢獻多或少，並仍舊參與在研究中。

3. **你的財務需求是什麼？**

   研究是花錢的。如果你的研究參與者不是你平常的個案，你可能會或不會對你的服務收費。如果你沒有在你的辦公室見你的研究參與者，你就需要提供工藝美術材料、玩具或其他遊戲室媒材。你可能需要購買心理或行為評估量表或電腦計分軟體。這些量表通常有些昂貴。忠實度（fidelity）檢驗或質性訪談需要的錄音設備可能是你研究中必要的部分。如果你與研究參與者進行訪談或請他們填寫評估量表，你或許會為他們的時間提供補償，

例如提供當地咖啡店價值十美元的禮金卡。

其中一個處理研究財務花費的方法是在你的社區尋找基金會補助。我們曾經獲得地區、州及國家機構的補助，來支持我們的研究支出。有時候，補助是幾百美元，可用來支付評估量表的費用。其他時候，補助可達好幾千或上百萬美元。我們經常得到朋友和家人的協助，進而降低成本。Terry 的先生幫忙架設錄音設備，節省了電工及維修費用。Kristin 的先生和兒子建造娃娃屋及手偶劇場，以減少額外遊戲室媒材的支出。

4. 你的人員需求是什麼？

你的人員需求取決於（你推測的）你想知道的內容，以及你正在進行的研究類型。如果你做的是諮商介入的研究設計（混合或量化），你將需要考慮完成研究所需要的研究參與者及治療提供者的人數。在我（KMW）執行的某個研究，我有將近一百位的研究參與者及二十五位治療提供者。在另一項研究，我有五位研究參與者及一位治療提供者（我自己）。在研究開始之前，你要決定你需要多少人，以及有多少人是你可以使用的。

5. 你如何開始？

如果你認為自己是位研究新手，可以藉由和有經驗的人聯繫開始（一位同事、一位以前的教授、一個專業組織的成員）。這將有助於你持續受到鼓勵並在正確的軌道上。我們不願意見到你開始執行研究後，只因發現你沒有從一個清楚的計畫開始，而無法使用你的數據。你也可以藉由熟悉近期文獻來開始研究。其他研究人員做了什麼？你對哪些類型的論文最感興趣？你可以更深入地探討這些類型的研究設計，來獲得如何引導你的計畫的構想。

我們想要再次重申，這離一份做研究需要考慮之事項的完整清單還很遠。這只是讓你開始行動的方法，如此一來，你可以為成功打下基礎。

需仔細考慮的要點

　　讓我們有機會坐下來和每位想做阿德勒遊戲治療的人聊天是不大可能的，儘管這可能是令人愉快的。但是，當我們有機會和阿德勒遊戲治療師談論關於研究的進行，我們發現我們遇到了一些相同的問題。這些概念跟研究相關，因為說研究者正在做阿德勒遊戲治療，他／她必須，實際上，進行阿德勒遊戲治療。這意味著，遊戲治療師會著重兒童的生活型態和需求，量身訂製介入措施。

·我從阿德勒觀點進行概念化，但在遊戲室我就只是非指導性的。那還是阿德勒遊戲治療嗎？

　　這是內部消息——不是，如果你在遊戲室裡不曾是指導性的，你並不是在做阿德勒遊戲治療。阿德勒遊戲治療是建立在心理師將挑戰、教育或重新導向個案，以新的方式發現歸屬感及重要性／意義的預期上。阿德勒遊戲治療師在第一階段並不會非常地指導性（除非很偶爾的，為了要表現出有時兒童可以當指揮的人，有時治療師是當指揮的人）；但他們在第二、三、四階段總是會在某些時候是具指導性的。他們不會持續地有指導性，但在某些時候，他們會指導兒童的遊戲、對話或活動。如果你對於具指導性感到非常不舒服，阿德勒遊戲治療很顯然不適合你，而你大概也不會想要用這個取向進行研究。

·什麼決定了我要有多少指導性？

　　答案當然是「看情形」（我們臨床上回答所有事情的答案幾乎總是這個）。治療的階段、你的人格特質及你對這個兒童的了解，將引導你如何及何時有指導性。我們知道這有一點累贅，但（只是提醒）第一階段你大概不會太具指導性，但在第二階段（例如：詢問兒童問題、請兒童進行手偶劇、請兒童畫一張家庭圖等）、第三階段（例如：請兒童告訴你一個故事讓你們可以互相說故事、邀請兒童跟你一起做沙盤、為兒童進行一場手偶劇），以及第四階段（例

如：教導兒童如何「走得像埃及人」[walk like an Egyptian]、請兒童角色扮演如何邀請另一位孩子一起玩、給兒童玩冰上冒險 [Don't Break the Ice] 或排多米諾 [dominos] 骨牌並將其擊倒的選擇）會更有指導性。

如果你是一個相當自信堅定（愛發號施令）的人，你將更可能是具指導性的；如果你是比較含蓄（不愛發號施令）的人，你將有較小的可能會表現出指導性。Terry 比 Kristin 更有指導性**許多**，然而，我們都是阿德勒遊戲治療師。（但即使是 Kristin，有時也會指手畫腳——問問她的先生和孩子！）

兒童的主述議題及家庭動力可能也會影響你指導性的程度。如果一位孩子在他／她的生命裡，一直與成人有權力爭奪，你會想要了解家庭處理事情的方式。你處理一位有太多權力兒童的方式，將和有太少權力的兒童有所不同。（如果這聽起來不熟悉，請參閱第三章不適應行為的目標。）

兒童的生活型態也會影響你的指導程度。一位人格優先順序是控制的兒童，處在領導時會感到較自在。他／她可能不信任你做的決定。同樣地，一位以證明不足／不能勝任為不適應行為目標的兒童，可能會樂意讓你處於領導地位。在第三及四階段期間，我們讓這些孩子參與權力分享，但因為他們各有不同，所以我們會使用不同的方式。例如，我（KMW）的一位人格優先順序是控制的個案，規律地想要玩商店遊戲。她總是當收銀員，而我被告知要買什麼東西並且帶著這些物品去她的結帳通道排隊。在第三階段，我告訴她我想要當收銀員，她可以向我購買東西。儘管她一開始猶豫，但她仍跟我分享了這些角色。最終，她變得更願意分享權力，在遊戲室裡以及當她跟她的老師、朋友及母親在一起時，需要掌控的需求降低了。

·在單元前需要有多少計畫才是具指導性的？

指導性活動可以事先規劃或透過遊戲過程自發性發展。我（KMW）在一所當地的國小跟一群和同儕相處有困難的兒童工作。我通常讓他們做一些手偶劇、競賽或合作性工藝的活動，這些活動需要我事先規劃，並需要他們互動與協商。這些活動可能需要一整個單元或只花五分鐘。無論哪種方式，我學到一

些關於個案的事，我也創造機會提供回饋給他們，並鼓勵他們嘗試不同的利社會行為。其他時候我自發地指導遊戲。當這同一群兒童在學校環境裡太大聲了，我讓他們腦力激盪看有哪些方法可以提醒他們太大聲了。團員決定（靠他們自己）他們會用一隻腳跳並在空中甩臂（有一點跳舞的樣子），讓其他團員注意到團體變得太喧鬧了。這個方法為兒童創造協商及問題解決的機會。我無法在單元前事先規劃這個，我也無法允許噪音持續在那個程度。這個團體在我們之後的單元，使用了他們所創造的提醒舞蹈。

‧等等！治療手冊並沒有精確地告訴我何時及如何做事情。我該怎麼辦？

　　治療手冊是為了一些目的而設計的，並不侷限於：（1）在整個治療歷程，引導心理師、遊戲治療師及社工師等治療提供者；（2）概述一種有一些效果驗證的治療；（3）創造一種評估處遇忠實度的方式，亦即確保治療提供者有按照介入被設計的樣子進行；以及（4）促進治療提供者的訓練及督導。治療手冊或治療方案可以有不同的設計方式，從非常結構性到更具流動性且可以協商的計畫。治療方針決定了研究設計。

　　阿德勒遊戲治療的本質讓它的治療方案可以更具有流動的風格。我們的意思是這樣的。請記得，第一階段（建立關係）必須在第二階段開始前達到。但是，你永遠不會停止維持或強化合作關係。因此，你不能輕易地就把第一階段從待辦事項清單上劃掉。在第二階段，你的任務是探究和了解生活型態。你可以在一段時間內藉由很多種方式來達到這點（參閱第三章的舉例）。第三階段旨在協助兒童對他／她的生活型態獲得洞察。你將創造客製化的介入措施來回應兒童的需求及生活型態。因為治療介入是針對個人量身訂製的，我們不可能要求你遵循一套特定的技術。相反地，你將需要使用你的臨床判斷、經驗及反覆試驗，來決定使用什麼方式及如何評估它的有效性。也就是說，一開始，我們長時間努力讓阿德勒遊戲治療方案以線性及具體的方式呈現，以利研究進行更容易及更系統化。我們發覺到當我們聚焦在嚴謹地以一種烹飪書籍的方式將治療過程手冊化，我們便忽視了兒童的獨特性以及阿德勒理論的本質。

當然，這對阿德勒遊戲治療研究者是一個潛在障礙。但請等一下——我們設計了一個大綱及一些工具，進而協助你運用這份手冊、評估處遇忠實度及評估個案進展。我們相信接下來的資訊和資源對你跟個案工作、督導及研究是有幫助的。如果你有興趣以阿德勒遊戲治療進行研究，治療手冊（Kottman, 2009）是可以提供使用的，只要與我（Terry）聯繫，我就會寄給你。

◆ 進行阿德勒遊戲治療研究

♥ 治療師訓練

想要精熟阿德勒遊戲治療，治療師必須最少達到以下標準：心理健康領域的碩士學位、有修過相當於一門基礎程度遊戲治療的課程、阿德勒遊戲治療相關訓練四十小時（包含：個體心理學原理），以及用阿德勒遊戲治療與兒童工作並接受督導的經驗。理想情況下，督導需要是一位阿德勒遊戲治療師，但我們知道這在某些社區可能很難找到。督導需接受過個體心理學及遊戲治療的訓練。治療師需接受至少十小時的督導，其中包含督導觀察治療師使用阿德勒遊戲治療與兒童工作。這樣的訓練可以符合能夠進行阿德勒遊戲治療研究的最基本要求。

♥ 單元運作方式（logistics of sessions）

阿德勒遊戲治療單元通常介於三十到五十分鐘之間。單元的時間及頻率將依場域、兒童的發展及主述議題，或研究計畫主持人判定的其他重要因素來決定。無論時間及頻率如何，複製或調整治療設計都必須有一致性及可預測性。這也為孩童及需協調兒童照顧的成人提供架構及規劃。大多數時候，治療師會進行家長或教師諮詢。諮詢時間大約持續二十到三十分鐘，且可能與遊戲治療

單元的間隔時間不同。阿德勒遊戲治療並沒有定義讓歷程成功所需要的單元次數。專業判斷或在某些情境下的治療設計，被用來評估在阿德勒遊戲治療四個階段中兒童的進展及轉變。

♥ 治療師看起來的態度

對所有孩子，治療師需積極參與遊戲治療的歷程，對兒童所做、所說展現興趣。遊戲單元裡，治療師應該對兒童及遊戲感到放鬆且自在。重要的是，治療師的語調和情感要跟兒童的語調和情感相一致，同時治療師回應的語調和情感必須和治療師所說的內容一致。

◆ 你要怎麼做，以及什麼時候做？

以下所列的技巧清單是阿德勒遊戲治療師在阿德勒遊戲治療四個階段會使用到的。這是一份清單，而它就只是一份清單。你可以在本書章節所對應的階段，找到每個技巧的描述及概念。因為我們不想讓你有繁重的工作，為了方便，我們提供參考章節。

♥ 第一階段：建立一個平等的關係

在阿德勒遊戲治療的第一階段，心理師的目標是創造一個歡迎、吸引人及鼓勵的環境。心理師希望兒童感受到足夠的安全，進而分享（也許不分享）個人的訊息。這個關係為之後的諮商歷程創建了基礎。因為建立合作關係至關重要，同時兒童對於去參與並和遊戲治療師成為搭檔有不同程度的意願，所以不同的兒童會需要不一樣的時間來建立關係。舉例來說，對某位兒童而言，第一階段的建立可能只需要第一次單元一半的時間，但對另一個兒童來說可能需要至少三次單元。

治療師可以將此技巧清單使用於**所有**的兒童（參閱第五及六章）：

- 與兒童見面
- 詢問兒童：「你的家長（及／或教師）是怎麼告訴你關於來這裡的事？」
- 為兒童對遊戲治療歷程除神秘化
- 追蹤行為
- 重述內容
- 後設溝通
- 反映情感
- 回答問題
- 問問題
- 鼓勵
- 積極地與兒童互動

阿德勒遊戲治療師可以使用以下策略與**部分**的兒童工作：

- 回歸責任給兒童
- 使用兒童的隱喻
- 與兒童共同清理遊戲室
- 使用阿德勒歷程中的設限四步驟（參閱第六章）

♥ 第二階段：探索兒童的生活型態

在阿德勒遊戲治療的第二階段，治療師繼續使用第一階段的許多技巧，並為每位兒童增加下列技巧。根據本階段所蒐集的資訊，阿德勒遊戲治療師完成生活型態概念化和處遇計畫——兒童的表單（參閱附錄 G）。完成此表格是心理師已經做到阿德勒遊戲治療第二階段的證據。處遇計畫及目標設定將取決於以下這些訊息。

- 探索兒童的家庭氣氛（第七及八章）
- 探索兒童的家庭星座（第七及八章）
- 探索兒童的人生任務功能（第七及八章）
- 探索兒童的內在資產（第五及八章）
- 檢驗兒童的不適應行為的目標（第三及八章）
- 探索兒童的重要 C 信念（第三及八章）
- 探索兒童的人格優先順序（第三及八章）
- 探索兒童的生活型態信念及個人邏輯（第八章）

對部分兒童而言，治療師會使用以下的技巧：

- 回歸責任給兒童（第五章）
- 使用兒童的隱喻（第五及九章）
- 與兒童共同清理遊戲室（第五章）
- 使用阿德勒歷程中的設限四步驟（第六章）
- 徵求早期經驗回憶（第七及八章）

♥ 第三階段：協助兒童獲得洞察

在第三階段，阿德勒遊戲治療師繼續使用第一階段的技巧。第九章提供了設計讓遊戲治療師有機會協助兒童獲得洞察的技巧清單。這些建議及技巧是我們發現有幫助的。客製化的介入及其他活動也可能對阿德勒遊戲治療師和兒童有幫助。治療師在這個階段的回應將包含下列技巧：

- 後設溝通關於：
  - 一個事件、行為或互動，及／或該特定事件、行為或互動的意義
  - 一個單元中的模式
  - 一個跨單元的模式

- 一個遊戲治療室內發生的模式，延伸到遊戲室外的其他情境或關係
- 一個生活型態主題或信念、偏差信念或個人邏輯
- 對於孩子的偏差信念、個人邏輯或者自我挫敗行為，使用潑冷水法
- 使用一個隱喻技術
- 使用沙盤、藝術活動、肢體運動，及／或冒險治療活動

♥ 第四階段：對兒童重新導向及再教育

在第四階段，阿德勒遊戲治療師繼續使用先前階段的許多技巧，同時增加策略來教導兒童思考、感受及行動的新模式，這將有助於重新導向及再教育歷程（第十章）。

- 如果適合，協助兒童對下列事項產生想法：
  - 利用內在資產
  - 促進一個或多個人生任務的功能
  - 促進重要 C 信念的改善
  - 在人格優先順序上往健康的功能移動
  - 從不適應行為的目標轉換到更積極正向的目標
  - 用積極正向的信念取代偏差信念，並用常理取代個人邏輯
  - 減少自我挫敗行為和學習積極正向行為
  - 增加所需技巧的能力（例如：社交技巧、協商技巧、溝通技巧、自信堅定、承擔行為的適當責任等）
- 在遊戲室內及在遊戲室外的情境及關係中，提供兒童機會在適當的時候練習上述技巧

◆ 家長及教師諮詢

在阿德勒遊戲治療中，當兒童掙扎的議題是跟家庭、成長環境、學校及日常社會功能有關時，跟家長及／或教師進行諮詢通常是歷程中的一個組成部分。如果計畫主持人希望將研究擴展到家長、監護人或學校人員，他／她將用到下列所描述的家長—教師諮詢。

以下列出來跟家長／教師工作的階段和技巧，跟阿德勒遊戲治療師用在兒童身上的方式是類似的。阿德勒理論的基本原則並沒有改變。然而，研究者讓成人參與以及走過這四個階段的方式會有所轉變。

♥ 第一階段：與家長／教師建立一個平等的關係

這個技巧清單在與家長／教師工作時使用（參閱第四章）：

- 與家長／教師見面
- 向家長／教師描述遊戲治療的實用部分
- 知會家長／教師他們在諮商歷程的角色
- 向家長／教師描述遊戲治療的邏輯依據
- 向家長／教師蒐集被認定的問題本質及演變資訊
- 討論兒童及家長—教師在遊戲治療裡的目標
- 重述內容
- 後設溝通
- 反映情感
- 鼓勵

♥ 第二階段：探索家長／教師的生活型態

在第一及第二階段所提供給心理師的資訊，會增加他／她的了解並記錄在附錄 G 的「生活型態概念化」中。你和成人一起工作，蒐集關於兒童及關於家長或教師的資訊。你將做下列的事情（參閱第四章；附錄 B、C）：

- 向這位成人蒐集下列的資訊：
  - 兒童的發展
  - 兒童的生活型態
  - 兒童與其他孩子、成人、權威人士的互動
- 探索這位成人的內在資產
- 探索這位成人的人生任務功能
- 探索這位成人的重要 C 信念
- 探索這位成人的人格優先順序
- 探索這位成人的生活型態信念及個人邏輯

♥ 第三階段：協助家長／教師獲得洞察

在第三階段，諮詢是設計用來協助家長／教師對他／她的生活型態、兒童的生活型態，以及兒童與家長／教師的互動模式獲得洞察。你可以使用下列技巧及策略來和家長／教師一起工作（參閱第四章）：

- 向家長／教師解釋兒童的：
  - 內在資產
  - 重要 C 信念
  - 不適應行為的目標
  - 人格優先順序

- 生活型態
- 向家長／教師分享關於他／她的：
    - 內在資產
    - 重要 C 信念
    - 人格優先順序
    - 生活型態
- 心理師可以使用下列策略來協助促進家長／教師的洞察：
    - 後設溝通
    - 隱喻性技巧
    - 沙盤
    - 藝術技巧
    - 讀書治療
    - 討論
    - 對家長／教師的偏差信念、個人邏輯或自我挫敗行為，使用潑冷水法

♥第四階段：對家長／教師重新導向及再教育

在第四階段，阿德勒遊戲治療師提供訊息及機會給家長／教師，進而為他／她及兒童創造思考、感受及行動的新模式（參閱第四章）。

- 教導能增進家長／教師與兒童互動的技巧
- 教導家長／教師如何管教，包含如何使用合理及自然的結果
- 知會家長／教師關於阿德勒的原則，例如：內在資產、重要 C 信念、不適應行為的目標、人格優先順序及生活型態
- 提供諸如書籍、文章、影片或當地團體的資源，期能支持家長／教師，並提供有用及相關的資訊

‧ 在諮詢及人際互動中，提供家長／教師機會在適當的時候練習上述技巧

使用阿德勒遊戲治療家長諮詢技巧檢核表（附錄 I）或阿德勒遊戲治療教師諮詢技巧檢核表（附錄 J），計畫主持人可以確保治療師在治療歷程中，對所有的家長或教師使用相同的程序步驟。

◆ 治療的資源

♥ 生活型態概念化表單／處遇計畫工作單（附錄 G）

生活型態概念化表單／處遇計畫工作單引導心理師完成阿德勒概念化的過程。重要的關鍵原則摘要於表中，可以幫助心理師知道他們已經評估了兒童的一些重要領域的功能。完成生活型態概念化表單／處遇計畫工作單之後，心理師可以客製化介入措施，來滿足兒童的需求及回應兒童的內在資產。這個表格可與單元紀錄一起使用，用於臨床實務及研究。我們在研究中用這個表單證實第二階段已經建立，接下來我們可以邁向第三階段。

♥ 阿德勒遊戲治療技巧檢核表（附錄 I、J、K）

阿德勒遊戲治療技巧檢核表（The Adlerian Play Therapy Skills Checklists, APTSC）是用來指出遊戲治療師是否在做阿德勒遊戲治療的一種方法。在阿德勒理論中每一階段所需要的技巧或目標清單，以及完整的評量系統都被列出來。當觀看現場單元（在雙面鏡後）或單元錄影帶時，受過訓練的觀察者可以使用這些表格。不論這兩者中的哪一種情況，心理師須和監護人溝通過並取得觀察者能觀看單元的同意。在研究或督導中，藉由計算心理師展現的技巧及使

用這些技巧的機會之間的一致性，觀察者可使用檢核表來評估遊戲治療師是否正確地進行阿德勒遊戲治療。治療師展現的技巧中，至少要有百分之八十在與兒童工作上使用是適當的，才算符合阿德勒遊戲治療。例如，如果對某位特定兒童設限是不必要或不適合的，設限技巧就不會被列入百分之八十的計算。如同本章先前所述，忠實度在研究是重要的（雖然有點難處理）。它確保兒童所接受的介入措施與阿德勒理論以及阿德勒遊戲治療實務是前後一致的。

♥ 單元紀錄（附錄 L）

單元紀錄是刻意設計與傳統 SOAP 紀錄表類似。SOAP 紀錄表蒐集客觀（Subjective）、主觀（Objective）、評估（Assessment）及計畫（Plan）的資料。我（TK）制定紀錄表是為了滿足保險公司及社區機構標準與稽核員的要求，也是追蹤兒童在單元內自我揭露及遊戲行為的相對容易的方法。單元紀錄一開始是設計用在平常的個案單元，但在研究中也已經被用來追蹤進展。作為一個研究工具，這個表格可貫穿整個遊戲治療歷程，當作單元模式與遊戲或活動使用的證據。

♥ 進展單（附錄 M）

進展單是專為研究目的而設計的。在我（TK）最初發展治療方案及之後 Kristin 將它付諸行動時，我們遇到的障礙之一是督導或那些檢驗忠實度的人，假如沒有觀察全部的單元，就無法評估兒童的想法、情緒或行為的改變。終究，我們需要某種基準來知道事情是否有改變，對嗎？這個表格讓遊戲治療師在每次單元後，用來評估兒童功能的程度。這個表格旨在簡單扼要並能在兩分鐘內填寫完成。當檢驗忠實度的人觀看遊戲單元時，他／她也會使用進展單，這為判斷心理師在第三或第四階段運用阿德勒遊戲治療原則的能力，提供了有助益的資訊。我們還發現這個表格在臨床實務上能快速便利地提供額外的訊息。

☗ 確保治療方案的完整性

　　使用阿德勒遊戲治療進行研究時，計畫主持人必須確保阿德勒遊戲治療方案的完整性。以下建議的幾個步驟有助於忠實度檢驗的過程：

1. 計畫主持人要錄影及蒐集所有的研究遊戲治療單元。

2. 阿德勒遊戲治療師在第二階段之後，完成生活型態概念化表單和處遇計畫工作單（附錄 G）。

3. 阿德勒遊戲治療師在與兒童工作的每個單元之後，完成進展單（附錄 M）。

4. 從所有錄下來的遊戲單元中隨機挑選百分之十，用來審閱並與阿德勒遊戲治療技巧檢核表進行對比（附錄 I、J 及 K）。

5. 審閱者觀看每個被挑選的單元錄影帶十到十五分鐘，並使用 APTSC（阿德勒遊戲治療技巧檢核表）來確定心理師是否遵循阿德勒遊戲治療。

6. 計畫主持人分析已完成的 APTSC 表格，並計算回應類別內的一致性百分比。理想的一致性介於百分之八十到百分之百之間。

7. 阿德勒遊戲治療師保持定期督導（最少每兩週一次），是一種倫理義務以及維持客觀性個案照顧的一種策略。

8. 督導主題包含（但不侷限在）個案照顧，以及治療提供者根據阿德勒遊戲治療正確地概念化一個處遇計畫的能力。

摘要

　　遍及本章我們已經說過，而我們覺得這值得重述……本章的目的並不是要提供你如何進行優質研究設計的資訊。我們省略了很多重要研究策略的資訊。本章只是提供你關於如何開始的想法、支持你努力的資源和表格，以及阿德勒治療方案，來強化你的研究設計。我們希望的是你已經：（1）保持清醒地閱讀本章；（2）發現你可以進行研究，來幫助發揚遊戲治療並支持兒童與家庭；以及（3）決定追求以阿德勒遊戲治療進行研究。

 總結

　　我們希望你已學到許多關於個體心理學的理論，以及關於將阿德勒理論融合到與兒童、家長及教師工作的實際方法。請記得，你最重要的工具是你是誰以及你對人相信什麼。要鼓勵你自己和你所遇到的人，尤其是孩子們。記得要玩並玩得**開心**！

 其他相關資源

http://www.a4pt.org/?page=PlayTherapyPub
http://www.a4pt.org/?page=Research
http://cpt.unt.edu/researchpublications/play-therapy-outcome-research/
http://c.ymcdn.com/sites/www.a4pt.org/resource/resmgr/Publications/
　　Meta-AnalyticLiteratureRevie.pdf
http://www.moplaytherapy.org/uploads/media/Research_The_efficacy_
　　of_play_therapy_with_children.pdf

可在遊戲治療裡做的好玩的事

這只是一個抽樣範本。 還有數百本書在那裡呢……去探索吧！

● 冒險／活動治療

Ashby, J. S., Kottman, T., & DeGraaf, D. (2008). *Active interventions for kids and teens: Adding adventure and fun to counseling!* Alexandria, VA: American Counseling Association.

Barber, V. (2011). *Creating children's art games for emotional support.* Philadelphia, PA: Jessica Kingsley.

Delaney, T. (2009). *101 games and activities for children with autism, Asperger's, and sensory processing disorders.* New York, NY: McGraw-Hill eBooks.

Joiner, L. (2012). *The big book of therapeutic activities for children and teens.* Philadelphia, PA: Jessica Kingsley.

Kottman, T., Ashby, J., & DeGraaf, D. (2001). *Adventures in guidance: How to integrate fun into your guidance program.* Alexandria, VA: American Counseling Association.

Kottman, T., Strother, J., & Deniger, M. (1987). Activity therapy: An alternative therapy for adolescents. *Journal of Humanistic Education and Development, 25,* 180–186.

● 藝術技巧

Darley, S., & Heath, W. (2008). *The expressive arts activity book: A resource for professionals.*

Philadelphia, PA: Jessica Kingsley.

Green, E. J., Drewes, A. A., & Kominski, J. M. (2013). Use of mandalas in Jungian play therapy with adolescents diagnosed with ADHD. *International Journal of Play Therapy, 22,* 159–172.

Kellogg, R. (1970). *Analyzing children's art.* Palo Alto, CA: National Press Books.

Knoff, H., & Prout, H. (1985). *Kinetic drawing system for family and school: A handbook.* Los Angeles, CA: Western Psychological Services.

Leibowitz, M. (1999). *Interpreting projective drawings.* New York, NY: Brunner/Mazel.

Lombardi, R. (2014). Art therapy. In E. Green & A. Drewes (Eds.), *Integrating expressive arts and play therapy* (pp. 41–66). Hoboken, NJ: Wiley.

Malchiodi, C. (1998). *Understanding children's art.* New York, NY: Guilford Press.

Malchiodi, C. (2006). *The art therapy sourcebook* (Rev. ed.). New York, NY: McGraw-Hill.

Malchiodi, C. (Ed.). (2014). *Creative interventions with traumatized children* (2nd ed.). New York, NY: Guilford Press.

Malchiodi, C., & Crenshaw, D. (Eds.). (2014). *Creative arts and play therapy for attachment problems.* New York, NY: Guilford Press.

Oaklander, V. (1992). *Windows to our children: A Gestalt approach to children and adolescents.* New York, NY: The Gestalt Journal Press. (Original work published 1978)

O'Connor, K. (1983). The Color Your Life technique. In C. Schaefer & K. O'Connor (Eds.), *Handbook of play therapy* (pp. 251–257). New York, NY: Wiley.

Oster, G., & Gould, P. (1987). *Using drawings in assessment and therapy: A guide for mental health professionals.* New York, NY: Brunner/Mazel.

Steinhardt, L. (1985). Freedom within boundaries: Body outline drawings in art therapy with children. *The Arts in Psychotherapy, 12,* 25–34.

● 讀書治療

Golding, J. (2006). *Healing stories: Picture books for the big and small changes in a child's life.* New York, NY: Rowman & Littlefield.

Hynes, A., & Hynes-Berry, M. (1986). *Bibliotherapy: The interactive process*. Boulder, CO: Westview Press.

Jackson, S. (2001). Using bibliotherapy with clients. *Individual Psychology, 57,* 289–297.

Malchiodi, C., & Ginns-Gruenberg, D. (2008). Trauma, loss, and bibliotherapy: The healing power of stories. In C. Malchiodi (Ed.), *Creative interventions with traumatized children* (pp. 167–188). New York, NY: Guilford Press.

Myers, J. (1998). Bibliotherapy and DCT: Co-constructing the therapeutic metaphor. *Journal of Counseling & Development, 76,* 243–250. doi:10.1002/j.1556-6676.1998.tb02539.x

Pardeck, J. (1994). Using literature to help adolescents cope with problems. *Adolescence, 29,* 421–427.

Pardeck, J., & Markward, M. (1995). Bibliotherapy: Using books to help children deal with problems. *Early Childhood Development and Care, 106,* 75–90.

Pardeck, J., & Pardeck, J. (1993). *Bibliotherapy: A clinical approach for helping children*. Langhorne, PA: Gordon & Breach Science.

Pardeck, J. (1998). *Using books in clinical social work practice: A guide to bibliotherapy*. Gloucestershire, England: Hawthorn.

Recob, A. (2008). *Bibliotherapy: When kids need books*. Bloomington, IN: iUniverse.

Riordan, R., Mullis, F., & Nuchow, L. (1996). Organizing for bibliotherapy: The science in the art. *Individual Psychology, 52,* 167–180.

● 戲劇治療

Gil, E., & Dias, T. (2014). The integration of drama therapy and play therapy in attachment work with traumatized children. In C. Malchiodi & D. Crenshaw (Eds.), *Creative arts and play therapy for attachment problems* (pp. 100–120). New York, NY: Guilford Press.

Irwin, E. (2014). Drama therapy. In E. Green & A. Drewes (Eds.), *Integrating expressive arts and play therapy* (pp. 67–100). Hoboken, NJ: Wiley.

● 娛樂遊戲

Gardner, R. (2004). *Psychotherapeutic use of the Talking, Feeling & Doing game.* Wilkes-Barre, PA: Child's Work/Child's Play.

Jones, A. (2013). *Therapy games: Creative ways to turn popular games into activities that build self-esteem, teamwork, communication skills, anger management, self-discovery, and coping skills.* Lusby, MD: Rec Room.

● 隱喻性故事敘說

Gardner, R. (1971). *Therapeutic communication with children: The mutual storytelling technique.* Northvale, NJ: Jason Aronson.

Gardner, R. (1986). *The psychotherapeutic technique of Richard A. Gardner.* Northvale, NJ: Jason Aronson.

Gil, E. (2014). The creative use of metaphor in play and art therapy with attachment problems. In C. Malchiodi & D. Crenshaw (Eds.), *Creative arts and play therapy for attachment problems* (pp. 159–177). New York, NY: Guilford Press.

Kottman, T. (2003). Mutual storytelling: Adlerian style. In H. Kaduson & C. Schaefer (Eds.), *101 favorite play therapy techniques* (Vol. 3, pp. 203–208). Northvale, NJ: Jason Aronson.

Kottman, T., & Ashby, J. (2002). Metaphoric stories. In C. Schaefer & D. Cangelosi (Eds.), *Play therapy techniques* (2nd ed., pp. 133–142). Northvale, NJ: Jason Aronson.

Kottman, T., & Stiles, K. (1990). The mutual storytelling technique: An Adlerian application in child therapy. *The Journal of Individual Psychology, 46,* 148–156.

Lankton, C., & Lankton, S. (1989). *Tales of enchantment: Goal-oriented metaphors for adults and children in therapy.* New York, NY: Brunner/Mazel.

Mills, J., & Crowley, R. (2014). *Therapeutic metaphors for children and the child within* (2nd ed.). New York, NY: Routledge.

● 肢體活動及舞蹈

Devereaux, C. (2014). Moving with the space between us: The dance of attachment security. In C. Malchiodi & D. Crenshaw (Eds.), *Creative arts and play therapy for attachment problems* (pp. 84–99). New York, NY: Guilford Press.

LeFeber, M. (2014). Working with children using dance/movement therapy. In E. Green & A. Drewes (Eds.), *Integrating expressive arts and play therapy* (pp. 125–148). Hoboken, NJ: Wiley.

● 音樂

Hadley, S., & Steele, N. (2014). Music therapy. In E. Green & A. Drewes (Eds.), *Integrating expressive arts and play therapy* (pp. 149–180). Hoboken, NJ: Wiley.

Robarts, J. (2014). Music therapy with children with developmental trauma disorder. In C. Malchiodi & D. Crenshaw (Eds.), *Creative arts and play therapy for attachment problems* (pp. 67–83). New York, NY: Guilford Press.

● 以支持為主的遊戲介入

Goodyear-Brown, P. (2002). *Digging for buried treasure: 52 prop-based play therapy interventions for treating the problems of childhood.* Franklin, TN: Sundog.

Goodyear-Brown, P. (2005). *Digging for buried treasure 2: 52 more prop-based play therapy interventions for treating the problems of childhood.* Franklin, TN: Sundog.

Guttenberg, R. (2011). *"Funtastic" Adlerian techniques for change.* North Potomac, MD: Author.

Lowenstein, L. (2002). *More creative interventions for troubled children and youth.* Toronto, Ontario, Canada: Champion.

Lowenstein, L. (2010). *Assessment and treatment activities for children, adolescents, and families* (Vol. 2). Toronto, Ontario, Canada: Champion.

● 沙盤

Homeyer, L., & Sweeney, D. (2011). *Sand tray therapy: A practical manual* (2nd ed.). New York, NY: Routledge.

Mitchell, R. R., Friedman, H., & Green, E. (2014). Integrating play therapy and sandplay therapy. In E. Green & A. Drewes (Eds.), *Integrating expressive arts and play therapy* (pp. 101–124). Hoboken, NJ: Wiley.

兒童的生活型態
——給家長的問題

● 關於家庭氣氛與星座的問題

1. 如果 _____（主述問題）沒有發生，在你家中事情會如何不同？

2. 形容你家中的每個人。

3. 孩子的哪一個兄弟姊妹和他／她最不一樣？這個手足是如何不同於 _____ ？（對只有兩個孩子的家庭，詢問另一個手足與個案是如何不同。）

4. 孩子的哪一個兄弟姊妹和他／她最像？他／她是如何與 _____ 相像的？（對只有兩個孩子的家庭，詢問另一個手足是如何與個案相似。）

5. 誰是媽媽最喜歡的孩子？媽媽喜歡這個孩子的哪些地方？

6. 誰是爸爸最喜歡的孩子？爸爸喜歡這個孩子的哪些地方？

7. 在家裡所有孩子當中，哪一個最像爸爸？他／她是如何與爸爸相像？

8. 在家裡所有孩子當中，哪一個最像媽媽？他／她是如何與媽媽相像？

9. 哪一個家長是個案最喜歡的？在哪方面？（這題可能在問題 7 或 8 已經回答過，但這是稍微不同的問題，你可能需要家長闡述此題的答案。）

10. 描述家長之間的關係。由誰做決定？誰對孩子有更多期望？在哪些方面？如何處理兩人的意見不一致？對於什麼會意見不一致？

11. 你的管教哲學是什麼？與教養情況有關的話題，你們有不同的看法嗎？當你們對如何處理教養情況有不同看法時，會發生什麼事？

12. 有哪些其他大人在孩子的生活中一直是很重要的？祖父母？在哪些方面？其他親戚？在哪些方面？朋友或鄰居？在哪些方面？

13. 有哪些其他小孩在孩子的生活中一直是很重要的？在哪些方面？

14. 有任何家庭成員使用酒精或藥物嗎？到什麼程度？這如何影響家庭中的其他人？孩子對使用酒精與藥物的反應是什麼？

15. 如果你可以改變家庭裡的任何事，你會改變什麼？

16. 個案如何在家中成為顯眼突出的？用積極正向的方式？（他／她曾經在哪些活動或經驗中，取得成功或以積極的方式對家庭有貢獻？）用消極負向的方式？（他／她為了什麼而陷入麻煩？）

17. 當孩子長大之後，他／她想要做什麼？

18. 形容你家中典型一天的日常行程。

19. 孩子的責任有哪些：早上起床？去學校？夜晚上床睡覺？做家事？照顧寵物？他／她會待在家嗎？什麼時間待在家？用餐時間是什麼樣子的？

20. 孩子會作惡夢嗎？作一般的夢？是關於什麼的夢？孩子對惡夢如何反應？對其他的夢如何反應？你如何處理？

21. 孩子的生活中，發生過什麼創傷事件（死亡、離婚、虐待、家暴等）？孩子對創傷如何反應？為了幫助孩子處理他／她所經驗到的任何創傷，曾經做了什麼？

22. 你對孩子有什麼希望與夢想？

23. 形容你的原生家庭。你的出生序位置是什麼？你父母的管教風格是什麼？當你還是個孩子時，你在你的家中是以什麼而聞名的？你成長過程中，什麼是你家中最重要的核心價值？

24. 你現在的家庭與你成長的家庭有何相似之處？你現在的家庭與你成長的家庭有何不同之處？

25. 你的教養風格與你的父母有何相似之處？你的教養風格與你的父母有何不同之處？

● 關於學校的問題

1. ＿＿＿＿＿ 在學校過得如何？

2. 他／她在學校最喜歡什麼？

3. 他／她最喜歡哪一科？

4. 他／她最不喜歡學校的什麼？

5. 他／她最不喜歡哪一科？

6. 比起上學，他／她更寧願做什麼？

7. 他／她在學校做得最好的是什麼？

8. 他／她的老師喜歡他／她的什麼？

9. 對於學校，他／她想要改變什麼？

10. 在學校為了什麼，他／她會惹上麻煩？

11. 當他／她在學校惹上麻煩時，會發生什麼事？（學校人員會執行什麼結果？家裡的人會執行什麼結果？）

12. 他／她對學校的矯正和給予的結果會如何反應？

● 關於社交的問題

1. ＿＿＿＿＿ 與大人相處得如何？

2. 誰是他／她最喜歡相處的大人？

3. 這個大人喜歡他／她的什麼地方？

4. 他／她喜歡這個大人的什麼地方？

5. 誰是他／她最不喜歡相處的大人？

6. 那個大人不喜歡他／她的什麼地方？

7. ＿＿＿＿＿ 不喜歡那個大人的什麼地方？

8. ＿＿＿＿＿ 和他／她同齡的孩子相處得如何？

9. ＿＿＿＿＿和年紀比他／她小的孩子相處得如何？

10. ＿＿＿＿＿和年紀比他／她大的孩子相處得如何？

11. 誰是他／她最好的朋友？

12. 形容一下這個朋友。

13. 他們一起做些什麼樣的活動？

14. 這最好的朋友喜歡＿＿＿＿＿的什麼地方？

15. ＿＿＿＿＿喜歡這最好的朋友的什麼地方？

16. 關於＿＿＿＿＿與其他孩子的關係，你想要改變些什麼？

● 關於不適應行為目標的問題

1. ＿＿＿＿＿從事哪些行為讓你或其他家庭成員傷腦筋？

2. 當這種行為發生時，你或其他家庭成員的感受如何？

3. 你和家庭成員會做什麼來回應這種麻煩的行為？

4. 當你或家中的其他人糾正或指責＿＿＿＿＿時，他／她會做什麼？

● 手足評定量表

如果你必須按照以下的特質對家中的孩子進行評量，對於每一項特質你會給誰評定最強？你會給誰最弱？如果個案既非最強也非最弱，請用箭頭表示出他／她是傾向於較強那一端還是較弱那一端。如果孩子是獨生子女，那麼比起其他同齡的孩子，簡單地評量他／她在每一項特質是強或弱。

手足評定量表

特質	最強	最弱
聰明		
努力勤勉		
成績好		
遵守規則		
幫忙家務		
愛抱怨─吹毛求疵的		
體貼		
自私		
難以取悅		
感覺受傷		
發脾氣		
物質主義		
朋友多的		
高標準		
擅長運動的		
被寵壞的		
外表好看		
被處罰的		

● 關於情感的問題

1. _____ 最害怕的是什麼？關於上述答案，是什麼嚇到了他／她？他／她如何表達恐懼，或者你如何知道他／她在害怕？當他／她害怕時，你如何反應？當他／她害怕時，他／她似乎想要你做什麼？他／她處理恐懼的應對策略是什麼？這些應對策略效果如何？

2. _____ 會對什麼生氣？關於上述答案（人？關係？情況？問題？），是什麼讓他／她生氣？他／她如何表達生氣，或者你如何知道他／她在生氣？你對這樣的生氣如何反應？對於孩子的生氣，你的哪個回應似乎最有助於他／她對生氣的處理？他／她運用哪些應對策略來管理生氣的反應？這些應對策略效果如何？

3. _____ 對什麼感到難過？關於上述答案（人？關係？情況？問題？），是什麼讓他／她難過？他／她如何表達難過，或者你怎麼知道他／她在難過？當他／她表現難過時，你是如何反應的？對於孩子的難過，你的哪個回應似乎對這難過有幫助？他／她運用哪些應對策略來處理難過的心情？這些應對策略效果如何？

4. 什麼會讓 _____ 喜悅？關於上述答案（人？關係？情況？問題？），是什麼讓他／她喜悅？他／她如何表達喜悅，或者你如何知道他／她是快樂的？當他／她喜悅或快樂時，你是如何反應的？

5. 什麼會傷害 _____ 的感覺？關於上述答案（人？關係？情況？問題？），是什麼傷害了他／她的感覺？他／她如何表達受傷的感覺，或者你如何知道他／她有受傷的感覺？當他／她的感覺受傷時，你是如何反應的？他／她運用哪些應對策略來處理受傷的感覺？這些應對策略效果如何？

說明：這份問卷由 Rudolph Dreikurs 博士、Don Dinkmeyer Sr.博士、Don Dinkmeyer Jr.博士及 Bobbie Wilborn 博士所設計，Terry Kottman 博士所改編。

兒童的生活型態
——給教師的問題

● 一般性問題

1. 如果 _____（主述問題）沒有發生，你教室的情況會如何不同？
   對 _____（孩子的名字）來說，在學校的情況會如何不同？

2. 形容你自己與你身為教師的風格。

3. 你在管教上的哲學是什麼？

4. 你通常是如何處理教室裡的行為問題？

5. _____ 在教室裡如何以積極正向的方式脫穎而出？
   （在什麼活動或經驗中，他／她曾經成功或以積極正向的方式為學校
   或班級做出貢獻？）

6. _____ 在教室裡如何以消極負向的方式顯眼突出？
   （他／她因什麼而惹上麻煩？）

7. 當 _____ 這麼做時，你的感受如何？

8. 當 _____ 這麼做時，你如何執行管教的部分？

9. 當你管教時，_____ 如何反應？

10. 形容你的教室裡，典型一天之中會發生的例行日常行程。

11. 這孩子在學業上表現如何？

12. 這孩子如何對待轉變？

13. 他／她最喜歡學校的什麼？他／她在學校做得最好的是什麼？

14. 他／她最喜歡哪一科？

15. 他／她最不喜歡學校的什麼？

16. 他／她最不喜歡哪一科？

17. 比起去學校，他／她寧可做什麼？

18. ＿＿＿＿＿下課休息時間的狀況如何？

19. 你喜歡他／她的什麼？

20. 對於學校，他／她想要改變什麼？

21. 你知道孩子的生活中有發生過任何創傷事件嗎（死亡、離婚、虐待、
家暴等）？孩子對創傷如何反應？為了幫助孩子處理他／她所經驗到
的任何創傷，你曾經做了什麼？

22. ＿＿＿＿＿和他／她同齡的孩子相處得如何？

23. ＿＿＿＿＿和年紀比他／她小的孩子相處得如何？

24. ＿＿＿＿＿和年紀比他／她大的孩子相處得如何？

25. 誰是他／她在學校／你班上最好的朋友？

26. 形容這個朋友。

27. 他們一起做些什麼樣的活動？

28. 這個最好的朋友喜歡 ＿＿＿＿＿ 的什麼地方？

29. ＿＿＿＿＿喜歡這最好的朋友的什麼地方？

30. 關於 ＿＿＿＿＿ 與其他孩子的關係，你想要改變些什麼？

● 關於情緒的問題

1. ＿＿＿＿＿最害怕的是什麼？關於上述答案，是什麼嚇到了他／她？他／
她如何表達恐懼，或者你如何知道他／她在害怕？當他／她害怕時，
你如何反應？當他／她害怕時，他／她似乎想要你做什麼？他／她處
理恐懼的應對策略是什麼？這些應對策略效果如何？

2. ＿＿＿＿＿會對什麼生氣？關於上述答案（人？關係？情況？問題？），
是什麼讓他／她生氣？他／她如何表達生氣，或者你如何知道他／她

在生氣？你對這樣的生氣如何反應？對於孩子的生氣，你的哪個回應似乎最有助於他／她對生氣的處理？他／她運用哪些應對策略來管理生氣的反應？這些應對策略效果如何？

3. ＿＿＿＿＿對什麼感到難過？關於上述答案（人？關係？情況？問題？），是什麼會讓他／她難過？他／她如何表達難過，或者你怎麼知道他／她在難過？當他／她表現難過時，你是如何反應的？對於孩子的難過，你的哪個回應似乎對這難過有幫助？他／她運用哪些應對策略來處理難過的心情？這些應對策略效果如何？

4. 什麼會讓＿＿＿＿＿喜悅？關於上述答案（人？關係？情況？問題？），是什麼讓他／她喜悅？他／她如何表達喜悅，或者你如何知道他／她是快樂的？當他／她喜悅或快樂時，你是如何反應的？

5. 什麼會傷害＿＿＿＿＿的感覺？關於上述答案（人？關係？情況？問題？），是什麼傷了他／她的感覺？他／她如何表達受傷的感覺，或者你如何知道他／她有受傷的感覺？當他／她感覺受傷時，你是如何反應的？他／她運用哪些應對策略來處理受傷的感覺？這些應對策略效果如何？

說明：這份問卷由 Rudolph Dreikurs 博士、Don Dinkmeyer Sr.博士、Don Dinkmeyer Jr.博士及 Bobbie Wilborn 博士所設計，Terry Kottman 博士所改編。

兒童的生活型態問題

對於獨生子女，下列問題你可以請孩子比較他／她自己與朋友、表兄弟姊妹、鄰居、「其他和你同齡的孩子」，或是跳過問題（例如：跳過問題 7、8、9、10）。對於單親家庭，跳過不適用的問題。

● 關於家庭氣氛與星座的問題

1. 如果 _____（主述問題）沒有發生，你家中情況會如何不同？

2. 形容你家中的每個人。

3. 你和哪一個兄弟姊妹最不像？他／她和你是如何不像？（只有兩個孩子的家庭，詢問另一個手足與個案是如何不同。）

4. 你的哪一個兄弟姊妹最像你？他／她是如何與你相像？（只有兩個孩子的家庭，詢問另一個手足是如何與個案相像。）

5. 你爸爸是什麼樣的人？

6. 你媽媽是什麼樣的人？

7. 在家裡的所有孩子當中，哪一個最像你爸爸？他／她是如何與你爸爸相像？

8. 在家裡的所有孩子當中，哪一個最像你媽媽？他／她是如何與你媽媽相像？

9. 你爸爸最喜歡哪一個孩子？

10. 你媽媽最喜歡哪一個孩子？

11. 你最喜歡哪個家長？你是如何喜歡他／她的？（這題可能已經在問題 7 或 8 回答過了，但它是有些微不同的問題，你可能會要孩子闡述他／她的答案。）

12. 在家裡為了什麼，你會惹上麻煩？

13. 當你在家裡惹上麻煩時，會發生什麼事？（如果有的話，結果是什麼？）

14. 當你在家裡惹上麻煩時，你會做什麼（你會如何反應）？

15. 你的哪一個家長比較嚴格？他／她對什麼嚴格？

16. 當你的家長意見不同時，會發生什麼？

17. 他們對什麼會有不同意見？

18. 你的家人會一起從事什麼娛樂？

19. 如果你可以改變關於你家的任何事，你會想要改變什麼？

● 關於學校的問題

1. 你在學校過得如何？

2. 你在學校最喜歡什麼？

3. 你最喜歡哪一科？

4. 你最不喜歡學校的什麼？

5. 你最不喜歡哪一科？

6. 比起去上學，你更想要做什麼？

7. 你在學校做得最好的是什麼？

8. 你的老師喜歡你什麼？校長呢？學校心理師呢？學校警衛？

9. 對於學校，你想要改變什麼？

10. 在學校為了什麼，你會惹上麻煩？

11. 當你在學校惹上麻煩時，會發生什麼事？（如果有的話，結果是什麼？）

12. 在學校是誰管教你？你對這個人的感受如何？當你在學校被管教時，你如何反應？

● 關於社交的問題

1. 你和大人相處得如何？

2. 誰是你最喜歡的大人？

3. 你喜歡他／她的什麼？

4. 他／她喜歡你的什麼？

5. 誰是你最不喜歡的大人？

6. 你不喜歡他／她的什麼？

7. 你和與你同齡的孩子相處得如何？

8. 你和年紀比你小的孩子相處得如何？

9. 你和年紀比你大的孩子相處得如何？

10. 誰是你最好的朋友？

11. 形容一下他／她。

12. 你喜歡他／她的什麼地方？

13. 他／她喜歡你的什麼地方？

14. 你們一起做些什麼樣的活動？

15. 你其他的朋友是誰？你在哪裡碰見他們？你和他們做什麼樣的活動？

16. 你比較喜歡和很多孩子一起玩、只和幾個孩子玩、只和另一個孩子玩，或是自己玩？

17. 如果你可以改變關於你和其他孩子關係的任何事，你會改變什麼？

● 一般性問題

1. 如果你有三個願望，它們會是什麼？

2. 如果你可以是任何動物，你會是什麼動物？你喜歡那個動物的什麼？你認為那個動物如何像你？你希望你能擁有那個動物的什麼特質？

3. 如果你生活中的任何事可以不一樣,你想要改變什麼?

4. 如果你可以是遊戲室裡的任何玩具,你會是什麼玩具?你喜歡那個玩具的什麼?

5. 你最喜歡的書或故事是什麼?你喜歡那本書或故事的什麼?

6. 在書或故事中,誰是你最喜歡的角色?你喜歡他/她/它的什麼?

7. 你最喜歡的電影是什麼?你喜歡那個電影的什麼?

8. 誰是你最喜歡的電影角色?你喜歡他/她/它的什麼?

9. 你最喜歡的電視節目是什麼?你喜歡那個節目的什麼?

10. 誰是你在電視上最喜歡的角色?你喜歡他/她/它的什麼?

11. 你記得任何你在夜晚作的夢嗎?形容一下它們。當你醒來的時候,你的感受如何?當你告訴你的家長和其他人你的夢時,他們反應如何?

12. 讓你感到最害怕的是什麼?關於 _____ 的什麼會嚇到你?當你害怕的時候,你如何表現/你如何讓其他人知道你在害怕?當你感到害怕時,你的家長和其他人如何反應?

13. 讓你感到最生氣的是什麼?關於它,是什麼使你生氣?當你生氣時,你如何表現/你如何讓其他人知道你在生氣?當你感到生氣時,你的家長和其他人如何反應?

14. 讓你感到最難過的是什麼?關於它的什麼讓你感到難過?當你難過時,你如何表現/你如何讓其他人知道你在難過?當你感到難過時,你的家長和其他人如何反應?

15. 什麼會使你有受傷的感覺?關於 _____,是什麼傷到了你的感覺?當你感覺受傷了,你如何表現?當你感到受傷時,你的家長和其他人如何反應?

16. 當你感到害怕(生氣、難過、受傷),你可以做什麼幫助自己處理這些情緒?你生活中的其他人可以做什麼幫助你處理這些情緒?

17. 什麼會給你喜悅?關於它的什麼會給你喜悅?當你快樂或喜悅時,你會如何表現?

18. 你擅長什麼？

19. 什麼是你希望自己可以做得更好的？

20. 你喜歡自己的什麼地方？

說明：這份問卷由 Rudolph Dreikurs 博士、Don Dinkmeyer Sr.博士、Don Dinkmeyer Jr.博士及 Bobbie Wilborn 博士所設計，Terry Kottman 博士所改編。

針對動力圖的阿德勒問題策略

● **家庭動力圖（Kinetic Family Drawing, KFD）生活型態調查表**[1]

　　說：「畫一張包含你家中所有人的圖畫，大家都**正在做**某件事。試著畫完整的人，而非卡通或是簡單的火柴人。記得，讓家裡的每一個人都**正在做**某件事——某種動作。」當兒童完成圖畫，用以下問題向兒童詢問關於圖畫中的每一個人：

1. 這個人是誰？
2. 他／她跟你是什麼關係？
3. 他／她幾歲？
4. 你可以告訴我一些有關這個人的事嗎？
5. 這個人正在做什麼？
6. 這個人的感覺是什麼？
7. 這個人最需要的是什麼？
8. 你對這個人的感覺如何？
9. 這個人跟別人相處得如何？

---

1 Terry Kottman 根據 Dinkmeyer 和 Dinkmeyer（1977）、Eckstein 和 Kern（2009）、Griffith 和 Powers（2007），以及北德州大學兒童與家庭資源中心的前主任 Bobbie Wilborn 博士的著作，改編家庭動力圖（KFD）的原作問題系列（Knoff & Prout, 1985）。

從下列的問題中挑選一些問題來詢問關於圖畫中的個別人物：

1. 這個人有什麼願望？

2. 這個人正在想什麼？

3. 你喜歡這個人的什麼？

4. 你不喜歡這個人的什麼？

5. 在這張畫之前，這個人發生了什麼事？

6. 在這張畫之後，這個人將會發生什麼事？

7. 這個人在未來將會發生什麼事？

8. 這個人擅長的事情有哪些？

9. 這個人通常因為什麼事情而惹上麻煩？

10. 這個人害怕什麼？

11. 在其他孩子中，你跟哪個最像？如何相像？

12. 在其他孩子中，你和哪個最不一樣？如何不一樣？

13. 你跟他們中的哪個花最多時間相處？做些什麼事？

14. 哪一個小孩是媽媽的最愛？

15. 哪一個小孩是爸爸的最愛？

16. 哪一個小孩跟媽媽最像？如何相像？

17. 哪一個小孩跟爸爸最像？如何相像？

18. 你跟哪個家長最像？如何相像？

從下列的問題中挑選一些問題來詢問關於整個家庭：

1. 這個家在做什麼？

2. 在這張圖畫之後，這個家將會發生什麼事？

3. 在這張圖畫之前，這個家發生了什麼事？

4. 這個家在未來將會發生什麼事？

5. 如果你可以改變跟這個家有關的任何事情，你想要改變什麼？

● 學校動力圖（Kinetic School Drawing, KSD）生活型態調查表[2]

　　說：「我想要你畫一張學校的圖。把你自己、你的老師，還有一或兩個朋友都畫進這張圖裡。讓每一個人都**正在做**某件事。試著畫整個人並且畫出你最好的畫。記得，畫你自己、你的老師，還有一或兩個朋友，讓每個人都在做某件事情。」當兒童完成圖畫，用以下的問題向兒童詢問關於圖畫中的每一個人：

1. 這個人是誰？
2. 你可以告訴我一些有關這個人的事嗎？
3. 這個人正在做什麼？
4. 這個人的感覺是什麼？
5. 你對這個人的感覺如何？
6. 這個人跟別人相處得如何？

從下列的問題中挑選一些問題來詢問關於圖畫中的個別人物：

1. 這個人有什麼願望？
2. 這個人正在想什麼？
3. 你喜歡這個人的什麼？
4. 你不喜歡這個人的什麼？
5. 在這張畫之前，這個人發生了什麼事？
6. 在這張畫之後，這個人將會發生什麼事？
7. 這個人在未來將會發生什麼事？
8. 這個人擅長的事情有哪些？
9. 這個人通常因為什麼事情而惹上麻煩？
10. 當這個人惹上麻煩時，通常會發生什麼事？

---

2 Terry Kottman 根據 Dinkmeyer 和 Dinkmeyer（1977）、Eckstein 和 Kern（2009）、Griffith 和 Powers（2007），以及北德州大學兒童與家庭資源中心的前主任 Bobbie Wilborn 博士的著作，改編學校動力圖（KSD）的原作問題系列（Knoff & Prout, 1985）。

11. 這個人害怕什麼？

12. 這個人有什麼娛樂消遣？

13. 這個人覺得學校怎麼樣？

14. 你跟哪個朋友最像？如何相像？

15. 你跟哪個朋友最不一樣？如何不一樣？

16. 你跟哪個朋友花最多時間相處？

17. 哪一個朋友是老師的最愛？為什麼？

18. 老師不喜歡你的哪一個朋友？為什麼？

19. 對你來說，學校生活如何？

選擇下列一些問題對學校的互動提問：

1. 這個班級正在做什麼？

2. 在這張畫之後，這個班級將會發生什麼事？

3. 在這張畫之前，這個班級發生了什麼事？

4. 這個班級在未來將會發生什麼事？

5. 如果你可以改變這個班級的任何一件事，你會改變什麼？你會改變學
   校的什麼？

Lew 與 Bettner 的 重要 C 信念非正式評量

- ♥ 評量兒童的重要 C 信念與發展介入策略

- ♥ 評量家長的重要 C 信念與發展介入策略

- ♥ 評量教師的重要 C 信念與發展介入策略

♥ 評量兒童的重要 C 信念（Lew & Bettner, 2000）與 發展介入策略

勇氣：1 2 3 4 5 6 7 8 9 10

□ 是 □ 否　　願意嘗試新事物

□ 是 □ 否　　容易放棄

□ 是 □ 否　　願意在人際關係上冒險

□ 是 □ 否　　似乎感到自我不足／不能勝任

□ 是 □ 否　　願意承受課業方面的冒險

□ 是 □ 否　　試著避免挑戰

□ 是 □ 否　　相信自己可以成功

□ 是 □ 否　　將自己和他人負面地相比較

□ 是 □ 否　　相信自己能處理挑戰

□ 是 □ 否　　似乎抱有希望

他／她展現勇氣的情況／關係：

他／她缺乏勇氣的情況／關係：

似乎影響勇氣行為的因素：

其他與勇氣有關的評論：

增加勇氣的可能策略：

連結：1　2　3　4　5　6　7　8　9　10

☐ 是　☐ 否　　容易交朋友

☐ 是　☐ 否　　似乎有安全感

☐ 是　☐ 否　　努力維持友誼

☐ 是　☐ 否　　在社交上被孤立

☐ 是　☐ 否　　與他人合作

☐ 是　☐ 否　　有容易惹上麻煩的社交圈

☐ 是　☐ 否　　表達有歸屬感的信念

☐ 是　☐ 否　　在社交上被排擠

☐ 是　☐ 否　　以負面方式尋求注意力

在社交網絡的角色（例如，主導者、跟隨者、替罪羔羊、工蜂等）：

與朋友以及在社交網絡中與他人連結的方法：

他／她似乎有積極正向連結的情況／關係：

他／她似乎在連結上有困難的情況／關係：

似乎影響他／她連結能力的因素：

其他與連結有關的評論：

增強連結的可能策略：

能力：1　2　3　4　5　6　7　8　9　10

□ 是　□ 否　　表達精熟感

□ 是　□ 否　　認可自己的內在資產

□ 是　□ 否　　展現自我控制

□ 是　□ 否　　對自己負責

□ 是　□ 否　　展現自律

□ 是　□ 否　　對自己的能力有信心

□ 是　□ 否　　負責任的

□ 是　□ 否　　試圖向他人表現他們是無法有控制力的

□ 是　□ 否　　試圖控制他人

□ 是　□ 否　　依賴他人

- -

事實上在這些情況／主題上是有能力的：

相信他／她在這些情況／主題上是有能力的：

事實上在這些情況／主題上是有困難展現能力的：

有困難相信他／她在這些情況／主題上是有能力的：

其他與能力有關的評論：

增加能力**或**相信自己的能力的可能策略：

價值：1　2　3　4　5　6　7　8　9　10

□ 是　□ 否　　似乎覺得自己是有價值的且被重視的

□ 是　□ 否　　相信自己可以帶來改變

□ 是　□ 否　　有所貢獻

□ 是　□ 否　　無條件地相信自己

□ 是　□ 否　　似乎覺得自己不重要／沒有意義

□ 是　□ 否　　有著拙劣的自我形象

□ 是　□ 否　　炫耀，表現出自己比他人優越

在這些情況／關係，他／她相信自己是有價值的：

在這些情況／關係，他／她不相信自己是有價值的：

他／她用來感到重要／獲得意義的積極正向策略：

他／她用來感到重要／獲得意義的消極負向（自我挫敗）策略：

其他對於價值／獲得重要感／意義的評論：

增加自我重要感／價值感的可能策略：

♥ 評量家長的重要 C 信念（Lew & Bettner, 2000）與發展介入策略

勇氣：1　2　3　4　5　6　7　8　9　10

☐ 是　☐ 否　　願意嘗試新事物

☐ 是　☐ 否　　容易放棄

☐ 是　☐ 否　　願意在孩子身上冒險

☐ 是　☐ 否　　似乎感到自我不足／不能勝任

☐ 是　☐ 否　　試著避免挑戰

☐ 是　☐ 否　　對回饋有所抗拒

☐ 是　☐ 否　　相信自己可以成功

☐ 是　☐ 否　　將自己和他人負面地相比較

☐ 是　☐ 否　　相信自己能處理挑戰

☐ 是　☐ 否　　似乎抱有希望

- -

在這些情況／關係中，他／她在教養或與配偶互動時展現勇氣：

在這些情況／關係中，他／她在教養或與配偶互動時似乎缺乏勇氣：

似乎影響勇氣行為的因素：

增加勇氣的可能策略：

連結：1　2　3　4　5　6　7　8　9　10

□ 是　□ 否　　容易建立關係

□ 是　□ 否　　似乎有安全感

□ 是　□ 否　　努力維持關係

□ 是　□ 否　　社交孤立

□ 是　□ 否　　與他人合作

□ 是　□ 否　　以適當的方式與孩子連結

□ 是　□ 否　　表達歸屬感的信念

□ 是　□ 否　　以負面方式尋求注意力

□ 是　□ 否　　在社交上被排擠

在社交網絡的角色（例如，主導者、跟隨者、替罪羔羊、工蜂等）：

與他／她的孩子或者配偶連結的方式：

他／她似乎有積極正向連結的情況／關係：

他／她似乎在連結上有困難的情況／關係：

似乎影響他／她連結能力的因素：

增強連結的可能策略：

能力：1　2　3　4　5　6　7　8　9　10

□ 是　□ 否　　表達精熟感

□ 是　□ 否　　認可自己的內在資產

□ 是　□ 否　　展現自我控制

□ 是　□ 否　　對自己負責

□ 是　□ 否　　展現自律

□ 是　□ 否　　對自己的能力有信心

□ 是　□ 否　　負責任的

□ 是　□ 否　　試圖控制他人

□ 是　□ 否　　試圖向他人表現他們是無法有控制力的

□ 是　□ 否　　依賴他人

事實上在跟孩子或者配偶在這些情況／事情上是有能力的：

相信他／她跟孩子或者配偶在這些情況／事情上是有能力的：

事實上在這些教養／家庭情況上是有困難展現能力的：

有困難相信他／她在這些教養／家庭情況上是有能力的：

其他與能力有關的評論：

增加能力**或**相信自己的能力的可能策略：

價值：1　2　3　4　5　6　7　8　9　10

□ 是　□ 否　　似乎覺得自己是有價值的且被重視的

□ 是　□ 否　　相信自己可以帶來改變

□ 是　□ 否　　有所貢獻

□ 是　□ 否　　無條件地相信自己

□ 是　□ 否　　似乎覺得自己不重要／沒有意義

□ 是　□ 否　　有著拙劣的自我形象（一般而言或是與教養有關）

□ 是　□ 否　　炫耀，表現出自己比他人優越

和孩子或其他家庭成員在一起時，他／她相信自己是有價值的情況：

和孩子或其他家庭成員在一起時，他／她不相信自己是有價值的情況：

他／她用來感到重要／獲得意義的積極正向策略：

他／她用來感到重要／獲得意義的消極負向（自我挫敗）策略：

增加自我重要感／價值感的可能策略：

評量教師的重要 C 信念（Lew & Bettner, 2000）與發展介入策略

勇氣： 1 2 3 4 5 6 7 8 9 10

□ 是 □ 否　　願意嘗試新事物

□ 是 □ 否　　容易放棄

□ 是 □ 否　　願意在人際關係上冒險

□ 是 □ 否　　似乎感到自我不足／不能勝任

□ 是 □ 否　　試圖避免專業挑戰

□ 是 □ 否　　抗拒有建設性的回饋

□ 是 □ 否　　相信自己可以成功

□ 是 □ 否　　將自己和他人負面地相比較

□ 是 □ 否　　相信他／她自己能處理挑戰

□ 是 □ 否　　似乎抱有希望

他／她展現勇氣的情況／關係：

他／她似乎缺乏勇氣的情況／關係：

似乎影響有勇氣行為的因素：

增加勇氣的可能策略：

連結：1　2　3　4　5　6　7　8　9　10

□ 是　□ 否　　容易建立關係

□ 是　□ 否　　似乎有安全感

□ 是　□ 否　　努力維持關係

□ 是　□ 否　　在社交上被孤立

□ 是　□ 否　　與他人合作

□ 是　□ 否　　與兒童以適當的方式連結

□ 是　□ 否　　表達有歸屬感的信念

□ 是　□ 否　　以負面方式尋求注意力

□ 是　□ 否　　在社交上被排擠

在社交網絡的角色（例如，主導者、跟隨者、替罪羔羊、工蜂等）：

與朋友以及在社交網絡中與他人連結的方法：

他／她似乎以積極正向的方式連結的情況／關係：

他／她似乎在連結上有困難的情況／關係：

似乎影響他／她連結能力的因素：

增強連結的可能策略：

能力： 1　2　3　4　5　6　7　8　9　10

☐ 是　☐ 否　　表達精熟感

☐ 是　☐ 否　　認可自己的內在資產

☐ 是　☐ 否　　展現自我控制

☐ 是　☐ 否　　對自己負責

☐ 是　☐ 否　　展現自律

☐ 是　☐ 否　　對自己的能力有信心

☐ 是　☐ 否　　負責任的

☐ 是　☐ 否　　試圖向他人表現他們是無法有控制力的

☐ 是　☐ 否　　試圖控制他人

☐ 是　☐ 否　　依賴他人

事實上在這些情況／主題上是有能力的：

相信他／她在這些情況／主題上是有能力的：

事實上在這些情況／主題上是有困難展現能力的：

有困難在這些情況／主題上相信自己是有能力的：

增加能力**或**相信自己的能力的可能策略：

價值：1　2　3　4　5　6　7　8　9　10

☐ 是　☐ 否　　似乎覺得自己是有價值的且被重視的

☐ 是　☐ 否　　相信自己可以帶來改變

☐ 是　☐ 否　　有所貢獻

☐ 是　☐ 否　　無條件地相信自己

☐ 是　☐ 否　　似乎覺得自己不重要／沒有意義

☐ 是　☐ 否　　有著拙劣的自我形象

☐ 是　☐ 否　　炫耀，表現出自己比他人優越

- -

在這些情況／關係中，他／她相信自己是有價值的：

在這些情況／關係中，他／她不相信自己是有價值的：

他／她用來感到重要／獲得意義的積極正向策略：

他／她用來感到重要／獲得意義的消極負向（自我挫敗）策略：

其他對於價值／獲得重要感／意義的評論：

增加自我重要感／價值感的可能策略：

附錄 G

生活型態概念化和
處遇計畫

♥ 阿德勒遊戲治療生活型態概念化——兒童

內在資產：

人生任務的功能（可以用量表指出個案在每個人生任務上的功能如何；假如使用的話，1 ＝ 低 到 10 ＝ 高）：

> **學校：**　　　1　2　3　4　5　6　7　8　9　10
>
> **友誼：**　　　1　2　3　4　5　6　7　8　9　10
>
> **愛／家庭：**　1　2　3　4　5　6　7　8　9　10
>
> **自我：**　　　1　2　3　4　5　6　7　8　9　10
>
> **靈性／存在：**1　2　3　4　5　6　7　8　9　10

遊戲主題：

家庭星座─心理出生序位置（兒童對這個位置的理解如何影響他／她的生活型態）：

家庭氣氛（包含家長的生活型態和教養風格，以及兒童對這個氣氛的感知如何影響他／她的生活型態）：

早期經驗回憶（每個記憶的中心主題和記憶間的模式，以及關於兒童的生活型態，它們告訴了你什麼）：

不適應行為的目標（展現在什麼行為上／家長如何處理這個難題）：

重要 C 信念的評估（可以用量表指出功能；假如使用的話，1 = 低 到 10 = 高）：

> **有連結：** 1　2　3　4　5　6　7　8　9　10
> **有能力：** 1　2　3　4　5　6　7　8　9　10
> **有價值：** 1　2　3　4　5　6　7　8　9　10
> **有勇氣：** 1　2　3　4　5　6　7　8　9　10

人格優先順序（兒童和家長的人格優先順序，以及他們彼此如何互動？）：

生活型態信念（將偏差信念打上星號*）：

我是／我一定要……

其他人是／其他人一定要……

我和其他人的關係是／一定要……

這個世界是／這個世界應該要……

生活是／生活一定要……

基於這些信念／感知／想法／情緒，我的行為一定要……

個人邏輯（這個個案如何從信念轉化到行為？）：

♥ 阿德勒遊戲治療處遇計畫──兒童

你想要鼓勵的內在資產：

改變的目標：

策略：

用來測量進展的方式：

需要重新調整／平衡的人生任務功能：

改變的目標：

策略：

用來測量進展的方式：

在人格優先順序中，將積極正向特質最大化以及減少消極負向部分的方法：

改變的目標：

策略：

用來測量進展的方式：

需要重新調整的重要 C 信念：

改變的目標：

策略：

用來測量進展的方式：

需要重新調整的不適應行為的目標：

改變的目標：

策略：

用來測量進展的方式：

需要重新調整的偏差信念（自己／他人／這個世界／生活）：

改變的目標：

策略：

用來測量進展的方式：

你想要改變的自我挫敗／無助益的行為：

改變的目標（立即需要的）：

策略：

用來測量進展的方式：

改變的目標（長期的）：

策略：

用來測量進展的方式：

兒童需要學習的技巧：

改變的目標：

策略：

用來測量進展的方式：

♥ 阿德勒遊戲治療生活型態概念化——家長

內在資產（個人的以及與教養孩子有關的）：

人生任務的功能（量表是選擇性的；假如使用的話，1 = 低 到 10 = 高）：

工作： 1 2 3 4 5 6 7 8 9 10

友誼： 1 2 3 4 5 6 7 8 9 10

愛／親密： 1 2 3 4 5 6 7 8 9 10

自我： 1 2 3 4 5 6 7 8 9 10

靈性／存在：1 2 3 4 5 6 7 8 9 10

身為家長角色的功能（包含教養技巧的評估、對於教養孩子的態度、對於特定孩子的態度；量表是選擇性的；假如使用的話，1 = 低 到 10 = 高）：

1 2 3 4 5 6 7 8 9 10

家庭星座—心理出生序位置（家長對於他／她原生家庭的家庭星座的感知，如何影響他／她的生活型態以及身為一位家長的功能）：

家庭氣氛（家長對於他／她原生家庭的家庭氣氛的感知，如何影響他／她的生活型態以及身為一位家長的功能；家長從他／她的家長身上學到關於教養孩子的什麼）：

早期經驗回憶（每個記憶的中心主題和記憶間的模式，以及關於家長的生活型態，它們告訴了你什麼）：

重要 C 信念的評估（量表是選擇性的；假如使用的話，1 ＝ 低 到 10 ＝ 高）：

有連結：1 2 3 4 5 6 7 8 9 10

有能力：1 2 3 4 5 6 7 8 9 10

有價值：1 2 3 4 5 6 7 8 9 10

有勇氣：1 2 3 4 5 6 7 8 9 10

人格優先順序：

生活型態信念（將偏差信念打上星號＊）：

我是／我一定要……

其他人是／其他人一定要……

我和其他人的關係是／一定要……

這個世界是／這個世界應該要……

生活是／生活一定要……

基於這些信念／感知／想法／情緒，我的行為一定要……

個人邏輯：

♥ 阿德勒遊戲治療處遇計畫——家長諮詢

人格優先順序和重要 C 信念：

改變的目標：

策略：

用來測量進展的方式：

你想要鼓勵的內在資產：

改變的目標：

策略：

用來測量進展的方式：

需要重新調整／平衡的人生任務功能：

改變的目標：

策略：

用來測量進展的方式：

可能會干擾教養的生活型態元素：

改變的目標：

策略：

用來測量進展的方式：

需要的教養技巧／資訊：

改變的目標：

策略：

用來測量進展的方式：

♥ 阿德勒遊戲治療生活型態概念化——教師

內在資產（個人的以及與教學有關的）：

人生任務的功能（量表是選擇性的；假如使用的話，1 = 低 到 10 = 高）：

　　工作：　　　1　2　3　4　5　6　7　8　9　10

　　友誼：　　　1　2　3　4　5　6　7　8　9　10

　　愛／親密：　1　2　3　4　5　6　7　8　9　10

　　自我：　　　1　2　3　4　5　6　7　8　9　10

　　靈性／存在：1　2　3　4　5　6　7　8　9　10

　　身為教師角色的功能（包含教學技巧和班級經營技巧的評估、對於教學的態度、對於特定「類型」孩子的態度、教學的哲學；量表是選擇性的；假如使用的話，1 = 低 到 10 = 高）：1　2　3　4　5　6　7　8　9　10

　　家庭星座—心理出生序位置（教師對於他／她原生家庭的家庭星座的感知，如何影響他／她的生活型態以及身為一位教師的功能；描述在他／她成長時，哪個手足是特別有狀況的）：

　　家庭氣氛（教師對於他／她原生家庭的家庭氣氛的感知，如何影響他／她的生活型態；教師從他／她的家長身上學到關於管教的什麼）：

　　學校經驗（教師對於他／她自身學校經驗的感知，如何影響他／她與學校有關的生活型態、態度和行為）：

　　早期經驗回憶（每個記憶的中心主題和記憶間的模式，以及關於教師的生活型態，它們告訴了你什麼——把焦點放在那些和學校經驗有關的回憶）：

重要 C 信念的評估（量表是選擇性的；假如使用的話，1 ＝ 低 到 10 ＝ 高）：

> 有連結：1 2 3 4 5 6 7 8 9 10
>
> 有能力：1 2 3 4 5 6 7 8 9 10
>
> 有價值：1 2 3 4 5 6 7 8 9 10
>
> 有勇氣：1 2 3 4 5 6 7 8 9 10

人格優先順序：

生活型態信念（將偏差信念打上星號*）：

我是／我一定要……

其他人是／其他人一定要……

兒童是／應該要……

我和其他人的關係是／一定要……

這個世界是／這個世界應該要……

生活是／生活一定要……

學校是／學校一定要……

基於這些信念／感知／想法／情緒，我的行為一定要……

個人邏輯：

♥ 阿德勒遊戲治療處遇計畫──教師諮詢

人格優先順序和重要 C 信念：

　　改變的目標：

　　策略：

　　用來測量進展的方式：

你想要鼓勵的內在資產：

　　改變的目標：

　　策略：

　　用來測量進展的方式：

可能會干擾教學以及和學生互動的生活型態元素：

　　改變的目標：

　　策略：

　　用來測量進展的方式：

可能會幫助和學生的關係以及增進課堂氣氛所需的班級經營技巧／資訊：

　　改變的目標：

　　策略：

　　用來測量進展的方式：

支持遊戲治療對特定族群之功效的研究和軼事

● 學業成就

Blanco, P. J., & Ray, D. C. (2011). Play therapy in elementary schools: A best practice for improving academic achievement. *Journal of Counseling & Development, 18,* 235–243. doi:10.1002/j.1556-6678.2011.tb00083x

Sheely-Moore, A., & Ceballos, P. (2015). Child-centered play therapy and school-based problems. In D. Crenshaw & A. Stewart (Eds.), *Play therapy: A comprehensive guide to theory and practice* (pp. 247–261). New York, NY: Guilford Press.

● 憤怒與侵略性

Crenshaw, D. (2015). Play therapy with "children of fury." In D. Crenshaw & A. Stewart (Eds.), *Play therapy: A comprehensive guide to theory and practice* (pp. 217–231). New York, NY: Guilford Press.

● 焦慮

Baggerly, J. (2004). The effects of child-centered group play therapy on self-concept, depression, and anxiety of children who are homeless. *International Journal of Play Therapy, 12,* 31–51.

Guerney, L. (2015). Filial therapy with children with anxiety disorders. In D. Crenshaw & A. Stewart (Eds.), *Play therapy: A comprehensive guide to theory and practice* (pp. 428–438). New

York, NY: Guilford Press.

Shen, Y. (2002). Short-term group play therapy with Chinese earthquake victims: Effects on anxiety, depression, and adjustment. *International Journal of Play Therapy, 11,* 43–63.

● 依附障礙

Anderson, S. M., & Gedo, P. M. (2013). Relational trauma: Using play therapy to treat a disrupted attachment. *Bulletin of the Menninger Clinic, 77,* 250–268. doi:10.1521/bumc.2013.77.3.250

Baggerly, J., & Green, E. (2014). Mending broken attachment in displaced children: Finding "home" through play therapy. In C. Malchiodi & D. Crenshaw (Eds.), *Creative arts and play therapy for attachment problems* (pp. 275–293). New York, NY: Guilford Press.

Gil, E. (2014). The creative use of metaphor in play and art therapy with attachment problems. In C. Malchiodi & D. Crenshaw (Eds.), *Creative arts and play therapy for attachment problems* (pp. 159–177). New York, NY: Guilford Press.

Shi, L. (2014). Treatment of reactive attachment disorder in young children: Importance of understanding emotional dynamics. *American Journal of Family Therapy, 42,* 1–13.

● 注意力不足／過動症

Barzegary, L., & Zamini, S. (2011). The effect of play therapy on children with ADHD. *Procedia-Social and Behavioral Sciences, 30,* 2216–2218.

Kaduson, H. (2006). Short-term play therapy for children with attention-deficit/hyperactivity disorder. In H. Kaduson & S. Schaefer (Eds.), *Short-term play therapy for children* (2nd ed., pp. 101–142). New York, NY: Guilford Press.

Kaduson, H. (2015). Play therapy with children with attention-deficit/hyperactivity disorder. In D. Crenshaw & A. Stewart (Eds.), *Play therapy: A comprehensive guide to theory and practice* (pp. 415–427). New York, NY: Guilford Press.

Ray, D., Schottelkorb, A., & Tsai, M. (2007). Play therapy with children exhibiting symptoms of attention deficit hyperactivity disorder. *International Journal of Play Therapy, 16,* 95–111.

Reddy, L., Spencer, P., Hall, T., & Rubel, E. (2001). Use of developmentally appropriate games in a child group training program for young children with attention-deficit/hyperactivity disorder. In A. Drewes, L. Carey, & C. Schaefer (Eds.), *School-based play therapy* (pp. 256–276). New York, NY: Wiley.

● 自閉症類群障礙症

Hess, E. (2012). DIR/Floortime: A developmental/relationship play therapy approach for treating children impacted by autism. In L. Gallo-Lopez & L. Rubin (Eds.), *Play-based interventions for children and adolescents with autism spectrum disorders* (pp. 231–248). New York, NY: Routledge.

Hull, K. (2015). Play therapy with children on the autism spectrum. In D. Crenshaw & A. Stewart (Eds.), *Play therapy: A comprehensive guide to theory and practice* (pp. 400–414). New York, NY: Guilford Press.

Josefi, O., & Ryan, V. (2004). Non-directive play therapy for young children with autism: A case study. *Clinical Child Psychology and Psychiatry, 9,* 533–551. doi:10.1177/1359104504 046158

Mittledorf, W., Hendricks, S., & Landreth, G. (2001). Play therapy with autistic children. In G. Landreth (Ed.), *Innovations in play therapy: Issues, process, and special populations* (pp. 257–269). Philadelphia, PA: Taylor & Francis.

Parker, N., & O'Brien, P. (2011). Play therapy: Reaching the child with autism. *International Journal of Special Education, 26,* 80–87.

Ray, D., Sullivan, J., & Carlson, S. (2012). Relational intervention: Child-centered play therapy with children on the autism spectrum. In L. Gallo-Lopez & L. Rubin (Eds.), *Play based-interventions for children and adolescents with autism spectrum disorders* (pp. 159–175). New York, NY: Routledge.

● 行為問題

Bratton, S., Ceballos, P., Sheely, A., Meany-Walen, K., Pronchenko, Y., & Jones, L. (2013).

Child-centered play therapy compared to mentoring as a Head Start mental health intervention: Effects on children exhibiting disruptive behavior in the classroom. *International Journal of Play Therapy, 22,* 28–42. doi:10.1037/a0030318

Fall, M., Navelski, L. F., & Welch, K. K. (2002). Outcomes of a play intervention for children identified for special education services. *International Journal of Play Therapy, 11,* 91–106.

Garza, Y., & Bratton, S. C. (2005). School-based child-centered play therapy with Hispanic children: Outcomes and cultural considerations. *International Journal of Play Therapy, 14,* 51–79.

Meany-Walen, K., Bratton, S., & Kottman, T. (2014). Effects of Adlerian play therapy on reducing students' disruptive behavior. *Journal of Counseling & Development, 92,* 47–56. doi:10.1002/j.1556-6676.2014.00129.x

Meany-Walen, K., & Kottman, T. (2015). Adlerian play therapy with children affected by externalizing behavior disorders. In E. Green & A. Myrick (Eds.), *Play therapy with vulnerable populations: No child forgotten* (pp. 177–194). Lanham, MD: Rowman & Littlefield.

Meany-Walen, K. K., Kottman, T., Bullis, Q., & Dillman Taylor, D. (2015). Adlerian play therapy with children with externalizing behaviors: Single case design. *Journal of Counseling & Development, 93,* 418–428. doi:10.1002/jcad.12040

Muro, J., Ray, D., Schottelkorb, A., Smith, M. R., & Blanco, P. J. (2006). Quantitative analysis of long-term child-centered play therapy. *International Journal of Play Therapy, 15,* 35–58.

Packman, J., & Bratton, S. (2003). A school-based group play/activity therapy intervention with learning disabled preadolescents exhibiting behavior problems. *International Journal of Play Therapy, 12,* 7–29.

Sheely-Moore, A., & Ceballos, P. (2015). Child-centered play therapy and school-based problems. In D. Crenshaw & A. Stewart (Eds.), *Play therapy: A comprehensive guide to theory and practice* (pp. 247–261). New York, NY: Guilford Press.

Swan, K., & Ray, D. (2014). Effects of child-centered play therapy on irritability and hyperactivity behaviors of children with intellectual disabilities. *The Journal of Humanistic Counseling, 53,* 120–133. doi:10.1002/j.2161-1939.2014.00053.x

● 霸凌

Baron, S. (2015). Play therapy with the spectrum of bullying behaviors. In D. Crenshaw & A. Stewart (Eds.), *Play therapy: A comprehensive guide to theory and practice* (pp. 232–246). New York, NY: Guilford Press.

● 慢性疾病

Parson, J. (2015). Holistic mental health care and play therapy for hospitalized chronically ill children. In E. Green & A. Myrick (Eds.), *Play therapy with vulnerable populations: No child forgotten* (pp. 125–138). Lanham, MD: Rowman & Littlefield.

● 憂鬱

Baggerly, J. (2004). The effects of child-centered group play therapy on self-concept, depression, and anxiety of children who are homeless. *International Journal of Play Therapy, 12,* 31–51.

Shen, Y. (2002). Short-term group play therapy with Chinese earthquake victims: Effects on anxiety, depression, and adjustment. *International Journal of Play Therapy, 11,* 43–63.

● 解離性身份障礙症

Klein, J., & Landreth, G. (2001). Play therapy with dissociative identity disorder clients with child alters. In G. Landreth (Ed.), *Innovations in play therapy: Issues, process, and special populations* (pp. 323–333). Philadelphia, PA: Taylor & Francis.

● 多元族群

Baggerly, J., & Abugideiri, S. E. (2010). Grief counseling for Muslim preschool and elementary school children. *Journal of Multicultural Counseling and Development, 38,* 112–

124. doi:10.1002/j.2161-1912.2010.tb00119.x

DeHaene, L., Dalgaard, N. T., Montgomery, E., Grietens, H., & Verschueren, K. (2013). Attachment narratives in refugee children: Interrater reliability and qualitative analysis in pilot findings from a two-site study. *Journal of Traumatic Stress, 26,* 413–417. doi:10.1002/jts.21820

Jeong, H. (2014). Considerations of indigenous ethos in psychotherapeutic practices: Pungryu and Korean psychotherapy. *Asia Pacific Journal of Counseling and Psychotherapy, 5,* 10–20. doi:10.1080/21507686.2013.864318

Ojiambo, D., & Bratton, S. C. (2014). Effects of group activity play therapy on problem behaviors of preadolescent Ugandan orphans. *Journal of Counseling & Development, 92,* 355–365. doi:10.1002/j.1556-6676.2014.00163.x.

● 離婚及分居

Gil, E. (2015). Reunifying families after critical separations: An integrative play therapy approach to building and strengthening family ties. In D. Crenshaw & A. Stewart (Eds.), *Play therapy: A comprehensive guide to theory and practice* (pp. 353–369). New York, NY: Guilford Press.

Kenney-Noziska, S., & Lowenstein, L. (2015). Play therapy with children with of divorce: A prescriptive approach. In D. Crenshaw & A. Stewart (Eds.), *Play therapy: A comprehensive guide to theory and practice* (pp. 290–303). New York, NY: Guilford Press.

● 害怕與恐懼

Knell, S. (2000). Cognitive–behavioral play therapy for childhood fears and phobias. In H. Kaduson & C. Schaefer (Eds.), *Short-term play therapy for children* (pp. 3–27). New York, NY: Guilford Press.

Kottman, T. (2002). Billy, the teddy bear boy. In L. Golden (Ed.), *Case studies in child and adolescent counseling* (3rd ed., pp. 8–20). Columbus, OH: Merrill Prentice Hall.

● 寄養

Crenshaw, D., & Tillman, K. (2015). Trauma narratives with children in foster care. In D. Crenshaw & A. Stewart (Eds.), *Play therapy: A comprehensive guide to theory and practice* (pp. 262–276). New York, NY: Guilford Press.

Drewes, A. (2014). Helping foster care children heal from broken attachments. In C. Malchiodi & D. Crenshaw (Eds.), *Creative arts and play therapy for attachment problems* (pp. 197–214). New York, NY: Guilford Press.

● 哀傷與失落

Baggerly, J., & Abugideiri, S. E. (2010). Grief counseling for Muslim preschool and elementary school children. *Journal of Multicultural Counseling and Development, 38,* 112–124. doi:10.1002/j.2161-1912.2010.tb00119.x

Pass, S. (2014). The mummy at the door: Play therapy and surviving loss. *Journal of Infant, Child and Adolescent Psychotherapy, 13,* 142–153. doi:10.1080/15289168.2014.905343

Seymour, J. (2014). Integrated play therapy with childhood traumatic grief. In C. Malchiodi & D. Crenshaw (Eds.), *Creative arts and play therapy for attachment problems* (pp. 259–274). New York, NY: Guilford Press.

Steele, W. (2015). Play therapy for children experience grief and traumatic loss. In D. Crenshaw & A. Stewart (Eds.), *Play therapy: A comprehensive guide to theory and practice* (pp. 304–320). New York, NY: Guilford Press.

● 無家可歸的兒童

Baggerley, J. (2003). Child-centered play therapy with children who are homeless. *International Journal of Play Therapy, 12,* 87–106.

Baggerly, J. (2004). The effects of child-centered group play therapy on self-concept, depression, and anxiety of children who are homeless. *International Journal of Play Therapy, 13,* 31–51.

Baggerly, J., & Jenkins, W. W. (2009). The effectiveness of child-centered play therapy on developmental and diagnostic factors in children who are homeless. *International Journal of Play Therapy, 18,* 45–55. doi:10.1037/a0013878

Sturm, D., & Hill, C. (2015). Play therapy with children experiencing homelessness. In D. Crenshaw & A. Stewart (Eds.), *Play therapy: A comprehensive guide to theory and practice* (pp. 276–289). New York, NY: Guilford Press.

● 智能不足（智能發展障礙症）

Swan, K., & Ray, D. (2014). Effects of child-centered play therapy on irritability and hyperactivity behaviors of children with intellectual disabilities. *The Journal of Humanistic Counseling, 53,* 120–133. doi:10.102/j.2161-1939.2014.00053.x

● 間歇性暴怒障礙症

Paone, T. R., & Douma, K. B. (2009). Child-centered play therapy with a seven-year-old boy diagnosed with intermittent explosive disorder. *International Journal of Play Therapy, 18,* 31–44.

● 天然災難

Baggerly, J., & Allen-Auguston, M. (2015). Disaster response play therapy with vulnerable children. In E. Green & A. Myrick (Eds.), *Play therapy with vulnerable populations: No child forgotten* (pp. 105–123). Lanham, MD: Rowman & Littlefield.

Baggerly, J., & Exum, H. (2008). Counseling children after natural disasters: Guidance for family therapists. *American Journal of Family Therapy, 36,* 79–93.

Dugan, E., Snow, M., & Crowe, S. (2010). Working with children affected by Hurricane Katrina: Two case studies in play therapy. *Child and Adolescent Mental Health, 15,* 52–55.

Jordan, B., Perryman, K., & Anderson, L. (2013). A case for child-centered play therapy with natural disasters and catastrophic event survivors. *International Journal of Play Therapy, 22,* 219–230.

Shen, Y. (2002). Short-term group play therapy with Chinese earthquake victims: Effects on anxiety, depression, and adjustment. *International Journal of Play Therapy, 11,* 43–63.

Stewart, A., Echterling, L., & Mochi, C. (2015). Play-based disaster and crisis intervention: Roles of play therapists in promoting recovery. In D. Crenshaw & A. Stewart (Eds.), *Play therapy: A comprehensive guide to theory and practice* (pp. 370–384). New York, NY: Guilford Press.

● 自我概念

Baggerly, J. (2004). The effects of child-centered group play therapy on self-concept, depression, and anxiety of children who are homeless. *International Journal of Play Therapy, 12,* 31–51.

Fall, M., Navelski, L. F., & Welch, K. K. (2002). Outcomes of a play intervention for children identified for special education services. *International Journal of Play Therapy, 11,* 91–106.

● 選擇性緘默症

Shu-Lan, H., Spencer, M. S., & Dronamraju, R. (2012). Selective mutism: Practice and intervention strategies for children. *Children and Schools, 34,* 222–230.

● 性虐待

Lilly, J. P. (2015). Jungian analytical play therapy with a sexually abused child. In D. Crenshaw & A. Stewart (Eds.), *Play therapy: A comprehensive guide to theory and practice* (pp. 321–335). New York, NY: Guilford Press.

Prendiville, E. (2015). Healing young children affected by sexual abuse: The therapeutic touchstone. In E. Green & A. Myrick (Eds.), *Play therapy with vulnerable populations: No child forgotten* (pp. 65–83). Lanham, MD: Rowman & Littlefield.

● 身體型疾患

Dutta, R., & Mehta, M. (2006). Child-centered play therapy in management of somatoform disorders. *Journal of Indian Association for Child and Adolescent Mental Health, 2,* 85–88.

阿德勒遊戲治療
家長諮詢技巧檢核表

♥ 阿德勒遊戲治療家長諮詢技巧檢核表

● 第一階段：建立關係

評定量表：

1 = 沒有機會或不適合去做

2 = 有機會、適合，但沒有做

3 = 有機會、適合，並適當地做

治療師：＿＿＿＿＿＿＿　兒童姓名／年齡：＿＿＿＿＿＿＿／＿＿＿＿

家長姓名／年齡：＿＿＿＿＿＿＿＿＿＿＿＿＿＿＿／＿＿＿＿

觀察者：＿＿＿＿＿＿＿＿＿　日期／單元次數：＿＿＿＿＿＿＿

	1	2	3
簡述語意			
摘要			
反映情感			
鼓勵			
後設溝通			
詢問關於兒童發展的問題			
詢問關於主述議題過去史的問題			
提供關於遊戲治療的資訊			
提供關於家長在歷程中投入之重要性的資訊			
提供關於阿德勒理論／治療的資訊			
提供關於治療運作方式的資訊			

● 第二階段：探究家長的生活型態

評定量表：

1 = 沒有機會或不適合去做

2 = 有機會、適合，但沒有做

3 = 有機會、適合，並適當地做

治療師：＿＿＿＿＿＿＿ 兒童姓名／年齡：＿＿＿＿＿＿／＿＿

家長姓名／年齡：＿＿＿＿＿＿＿＿＿＿＿＿／＿＿

觀察者：＿＿＿＿＿＿＿＿＿ 日期／單元次數：＿＿＿＿＿

	1	2	3
簡述語意			
摘要			
反映情感			
鼓勵			
後設溝通			
詢問問題及提供資訊			
詢問問題（可使用藝術技巧、沙盤等）進而蒐集下列中至少一項關於家長感知的資訊：			
兒童的內在資產			
兒童在人生任務的功能			
家庭星座、出生序如何影響兒童			
兒童不適應行為的目標			
兒童對重要 C 信念的掌握			
兒童的人格優先順序			
兒童的生活型態信念、偏差信念，及／或個人邏輯			
詢問問題、使用藝術技巧，及／或沙盤，進而蒐集下列中至少一項關於家長對他們自己感知的資訊：			
人生任務的功能			
對兒童及教養的態度			
教養策略及技巧			
教養的哲學觀			
人格優先順序			
重要 C 信念的掌握			
原生家庭的家庭星座			
生活型態信念、偏差信念及個人邏輯			
家庭價值觀			

（下頁續）

	1	2	3
詢問問題、使用藝術技巧，及／或沙盤，進而蒐集下列中至少一項關於家長對他們自己感知的資訊（續）：			
未解決的跨世代功能失常模式			
配偶／伴侶關係及此關係如何影響兒童			
家庭結構、界線、階層及權力			
手足關係			
可能妨礙教養的未解決議題			
可能對兒童產生負面影響的未解決議題			

● 第三階段：協助家長獲得對兒童及自身的洞察

評定量表：

1 = 沒有機會或不適合去做

2 = 有機會、適合，但沒有做

3 = 有機會、適合，並適當地做

治療師：＿＿＿＿＿＿＿ 兒童姓名／年齡：＿＿＿＿＿＿／＿＿＿

家長姓名／年齡：＿＿＿＿＿＿＿＿＿＿＿＿＿＿／＿＿＿

觀察者：＿＿＿＿＿＿＿＿＿＿＿ 日期／單元次數：＿＿＿＿＿

	1	2	3
簡述語意			
摘要			
反映情感			
鼓勵			
後設溝通			
詢問問題及提供資訊			
重新框架兒童的行為			
對家長使用潑冷水法在其偏差信念、個人邏輯或自我挫敗行為，進而協助家長獲得洞察			
使用客製化的治療性隱喻、互相說故事、創意性角色或讀書治療			
使用後設溝通、藝術技巧、隱喻及故事敘說，及／或沙盤，協助家長對下列中至少一項獲得洞察：			
兒童人生任務的功能如何影響兒童			
出生序及家庭星座如何影響兒童			
兒童不適應行為的目標如何在家庭及其他關係中展現出來			
兒童對重要 C 信念的掌握如何影響在家庭及其他關係的互動			
兒童的人格優先順序如何在家庭及其他關係中展現出來			
兒童的生活型態信念、偏差信念及個人邏輯如何影響兒童及他／她的互動			
家長人生任務的功能如何影響教養及兒童			

（下頁續）

	1	2	3
使用後設溝通、藝術技巧、隱喻及故事敘說，及／或沙盤，協助家長對下列中至少一項獲得洞察（續）：			
家長對兒童及教養的態度如何影響教養及兒童			
家長教養策略及技巧如何影響教養及兒童			
家長教養的哲學觀如何影響教養及兒童			
家長的人格優先順序如何影響教養及兒童			
家長對重要 C 信念的掌握如何影響教養及兒童			
家長原生家庭的家庭星座及出生序如何影響教養及兒童			
家長的生活型態信念、偏差信念及個人邏輯如何影響教養及兒童			
家庭價值觀如何影響教養及兒童			
未解決的跨世代功能失常模式如何影響教養及兒童			
配偶／伴侶關係如何影響家庭氣氛、教養及兒童			
家庭結構、界線、權力及階層如何影響家庭氣氛、教養及兒童			
手足關係如何影響兒童			
家長未解決的個人議題如何影響家庭氣氛、教養及兒童			

● 第四階段：對家長重新導向及再教育

評定量表：

1 = 沒有機會或不適合去做

2 = 有機會、適合，但沒有做

3 = 有機會、適合，並適當地做

治療師：＿＿＿＿＿＿＿＿　兒童姓名／年齡：＿＿＿＿＿＿＿／＿＿＿

家長姓名／年齡：＿＿＿＿＿＿＿＿＿＿＿＿＿＿＿＿／＿＿＿

觀察者：＿＿＿＿＿＿＿＿＿＿＿　日期／單元次數：＿＿＿＿＿

	1	2	3
簡述語意			
摘要			
反映情感			
鼓勵			
對兒童生活型態模式、家長生活型態模式，以及兩者間的互動模式進行後設溝通			
對家長使用潑冷水法在其偏差信念、個人邏輯或自我挫敗行為，進而協助家長改變思考、感受及行為的模式			
使用腦力激盪、討論、隱喻及故事敘說、藝術技巧、角色扮演，及／或教導式教學，進而協助家長學習下列中至少一項技巧：			
鼓勵			
反映式傾聽			
對兒童進行設限			
界定問題歸誰所有			
辨識不適應行為的目標			
調整教養策略進而回應不同的不適應行為目標			
設定合理的結果			
促進重要 C 信念			
在兒童對人生任務的掌握上，促進已有改善的功能			
充分利用家長人格優先順序及兒童人格優先順序間的互動			
轉介個人諮商			
轉介婚姻諮商			
轉介家庭諮商			

阿德勒遊戲治療
教師諮詢技巧檢核表

♥ 阿德勒遊戲治療教師諮詢技巧檢核表

◗ 第一階段：建立關係

評定量表：

1 = 沒有機會或不適合去做

2 = 有機會、適合，但沒有做

3 = 有機會、適合，並適當地做

治療師：＿＿＿＿＿＿＿　　兒童姓名／年齡：＿＿＿＿＿＿＿／＿＿＿

教師姓名／年齡：＿＿＿＿＿＿＿＿＿＿＿＿＿＿＿＿＿／＿＿＿

觀察者：＿＿＿＿＿＿＿＿＿＿　　日期／單元次數：＿＿＿＿＿＿

	1	2	3
簡述語意			
摘要			
反映情感			
鼓勵			
後設溝通			
詢問關於兒童在校史的問題			
詢問關於嘗試解決主述議題的問題			
提供關於遊戲治療的資訊			
提供關於教師在歷程中投入之重要性的資訊			
提供關於阿德勒理論／治療的資訊			

● 第二階段：探究教師的生活型態

評定量表：

1 = 沒有機會或不適合去做

2 = 有機會、適合，但沒有做

3 = 有機會、適合，並適當地做

治療師：＿＿＿＿＿＿＿ 兒童姓名／年齡：＿＿＿＿＿＿＿／＿＿＿

教師姓名／年齡：＿＿＿＿＿＿＿＿＿＿＿＿＿＿／＿＿＿

觀察者：＿＿＿＿＿＿＿＿＿ 日期／單元次數：＿＿＿＿＿＿

	1	2	3
簡述語意			
摘要			
反映情感			
鼓勵			
後設溝通			
詢問問題及提供資訊			
詢問問題（可使用藝術技巧，及／或沙盤等）進而蒐集下列中至少一項關於教師感知的資訊：			
兒童的內在資產			
兒童在人生任務的功能			
兒童不適應行為的目標			
兒童對重要 C 信念的掌握			
兒童的人格優先順序及如何在學校關係中展現出來			
兒童的生活型態信念、偏差信念，及／或個人邏輯			
教師在人生任務的功能			
教師對該兒童的態度			
教師對教學哲學觀的態度			
教師的班級經營技巧			
教師的人格優先順序，其如何影響教學以及和兒童及其他學生的互動			
教師對重要 C 信念的掌握，其如何影響教學與和兒童及其他學生的互動			
教師那些可能表露在與兒童及其他學生互動中的生活型態信念、偏差信念及個人邏輯			
教室結構、界線、權力及階層			

● 第三階段：協助教師獲得對兒童及自身的洞察

評定量表：

1 = 沒有機會或不適合去做

2 = 有機會、適合，但沒有做

3 = 有機會、適合，並適當地做

治療師：＿＿＿＿＿＿＿＿ 兒童姓名／年齡：＿＿＿＿＿＿＿／＿＿＿

教師姓名／年齡：＿＿＿＿＿＿＿＿＿＿＿＿＿＿＿＿＿＿＿／＿＿＿

觀察者：＿＿＿＿＿＿＿＿＿＿ 日期／單元次數：＿＿＿＿＿＿

	1	2	3
簡述語意			
摘要			
反映情感			
鼓勵			
詢問問題及提供資訊			
重新框架兒童的行為			
對教師使用潑冷水法在其偏差信念、個人邏輯或自我挫敗行為，進而協助教師獲得洞察			
使用後設溝通、藝術技巧、隱喻及故事敘說，及／或沙盤，協助教師對下列中至少一項獲得洞察：			
兒童人生任務的功能如何影響兒童在校行為及表現			
兒童不適應行為的目標如何影響兒童在校行為及表現			
兒童對重要 C 信念的掌握如何影響兒童在校行為及表現			
兒童的人格優先順序如何影響兒童在校行為及表現			
兒童的生活型態信念、偏差信念及個人邏輯如何影響兒童在校行為及表現			
教師對兒童的態度如何影響兒童在校行為及表現			
教師對教學的態度及哲學觀如何影響兒童在校行為及表現			
教師的教學策略及技巧如何影響兒童在校行為及表現			
教師的班級經營技巧如何影響兒童在校行為及表現			
教師的人格優先順序如何影響兒童在校行為及表現			
教師對重要 C 信念的掌握如何影響兒童在校行為及表現			
教師的生活型態信念、偏差信念及個人邏輯，可能如何表露在與兒童的互動，以及如何影響兒童在校行為及表現			

◑ 第四階段：對教師重新導向及再教育

評定量表：

1 = 沒有機會或不適合去做

2 = 有機會、適合，但沒有做

3 = 有機會、適合，並適當地做

治療師：＿＿＿＿＿＿＿　兒童姓名／年齡：＿＿＿＿＿＿／＿＿＿

教師姓名／年齡：＿＿＿＿＿＿＿＿＿＿＿＿＿＿＿／＿＿＿

觀察者：＿＿＿＿＿＿＿＿＿　日期／單元次數：＿＿＿＿＿

	1	2	3
簡述語意			
摘要			
反映情感			
鼓勵			
詢問問題及提供資訊			
對兒童生活型態模式、教師生活型態模式，以及兩者間的互動模式進行後設溝通			
對教師使用潑冷水法在其偏差信念、個人邏輯或自我挫敗行為，進而協助教師改變思考、情感及行為的模式			
使用腦力激盪、討論、隱喻及故事敘說、藝術技巧、角色扮演，及／或教導式教學，進而協助教師學習下列中至少一項技巧：			
鼓勵			
反映式傾聽			
對兒童進行設限			
界定問題歸誰所有			
辨識不適應行為的目標			
調整教學及班級經營策略進而回應不同的不適應行為目標			
設定合理的結果			
在教室裡促進重要 C 信念			
在兒童對與學校相關的行為及表現的人生任務之掌握上，促進已有改善的功能			
充分利用教師人格優先順序及兒童人格優先順序間的互動			

阿德勒遊戲治療
技巧檢核表

♥ 阿德勒遊戲治療技巧檢核表（APTSC）

● 階段一：建立關係

評定量表：

1 = 沒有機會或者不適合去做

2 = 有機會、適合，但沒有做

3 = 有機會、適合，並適當地做

治療師：_____　兒童的名字／年齡：_____／_____

觀察者：_____　日期／單元次數：_____

治療師看起來的態度：

□有　□沒有　　積極的參與

□有　□沒有　　看起來有興趣

□有　□沒有　　放鬆／自在

□有　□沒有　　語調和情緒與兒童的情緒是一致的

	1	2	3
和兒童見面 [a]			
將遊戲治療過程去神秘化 [a]			
追蹤行為			
重述內容			
反映情感			
鼓勵			
問問題			
後設溝通			
給予解釋和回答問題			
回歸責任			
運用兒童使用的隱喻			
一起清理房間			
設限			

a 通常在諮商關係中只發生一次。

● 階段二：探究兒童的生活型態

評定量表：

1 = 沒有機會或者不適合去做

2 = 有機會、適合，但沒有做

3 = 有機會、適合，並適當地做

治療師：_____　兒童的名字／年齡：_____／_____

觀察者：_____　日期／單元次數：_____

治療師看起來的態度：

□有　□沒有　　積極的參與

□有　□沒有　　看起來有興趣

□有　□沒有　　放鬆／自在

□有　□沒有　　語調和情緒與兒童的情緒是一致的

	1	2	3
追蹤行為			
重述內容			
反映情感			
鼓勵			
問問題			
後設溝通			
給予解釋和回答問題			
回歸責任			
運用兒童使用的隱喻			
一起清理房間			
設限			
探索人生任務的功能			
探索家庭星座			
探索不適應行為的目標			
探索重要 C 信念			
探索人格優先順序			
探索生活型態信念、偏差信念及個人邏輯			
徵求早期經驗回憶			

● 階段三：協助兒童獲得洞察

評定量表：

1 = 沒有機會或者不適合去做

2 = 有機會、適合，但沒有做

3 = 有機會、適合，並適當地做

治療師：＿＿＿＿＿＿＿＿　兒童的名字／年齡：＿＿＿＿＿／＿＿＿

觀察者：＿＿＿＿＿＿＿＿　日期／單元次數：＿＿＿＿＿＿＿＿＿

治療師看起來的態度：

□有　□沒有　　積極的參與

□有　□沒有　　看起來有興趣

□有　□沒有　　放鬆／自在

□有　□沒有　　語調和情緒與兒童的情緒是一致的

	1	2	3
追蹤行為			
重述內容			
反映情感			
鼓勵			
問問題			
給予解釋和回答問題			
回歸責任			
設限			
運用兒童使用的隱喻			
一起清理房間			

（下頁續）

	1	2	3
把後設溝通當作獲得有關下列這些部分之洞察的一個方式：			
一個單一事件的行為或互動			
關於這個特定事件、行為或互動的意義			
一個單元中的模式			
跨單元的模式			
延伸到遊戲室外其他情境的模式			
生活型態主題、信念、偏差信念或個人邏輯			
內在資產和長處			
人生任務的功能			
重要 C 信念			
不適應行為的目標			
行為的目的			
人格優先順序			
家庭星座對兒童的影響			
自我挫敗行為模式			
遊戲主題			

● 階段四：重新導向及再教育

評定量表：

1 = 沒有機會或者不適合去做

2 = 有機會、適合，但沒有做

3 = 有機會、適合，並適當地做

治療師：_____　兒童的名字／年齡：_____／_____

觀察者：_____　日期／單元次數：_____

治療師看起來的態度：

□有　□沒有　積極的參與

□有　□沒有　看起來有興趣

□有　□沒有　放鬆／自在

□有　□沒有　語調和情緒與兒童的情緒是一致的

	1	2	3
追蹤行為			
重述內容			
反映情感			
鼓勵			
問問題			
後設溝通			
給予解釋和回答問題			
回歸責任			
運用兒童使用的隱喻			
一起清理房間			
設限			
對於兒童的偏差信念、個人邏輯或者自我挫敗行為使用潑冷水法			
運用客製化的治療性隱喻、互相說故事、創意性角色或者讀書治療			

（下頁續）

	1	2	3
運用腦力激盪、討論、故事敘說和隱喻的技術、藝術技巧、手偶戲、教導、成為示範，和／或角色扮演，來協助兒童為了下列技巧中至少一項產生計畫：			
利用內在資產			
增進人生任務的功能			
培養重要 C 信念的提升			
在人格優先順序上往健康的功能移動			
從不適應行為的目標轉換到更積極正向的目標			
用積極正向的信念來取代偏差信念，並用常理來取代個人邏輯			
減少自我挫敗行為和學習積極正向行為			
增加技巧像是社交技巧、協商技巧、溝通技巧、自信堅定、為行為負責任等			
運用腦力激盪、問題解決技術、討論、故事敘說和隱喻的技術、藝術技巧、手偶戲、教導、成為示範，和／或角色扮演，來教導兒童下列中至少一項的觀念和／或技巧：			
利用內在資產			
增進人生任務的功能			
培養重要 C 信念的提升			
在人格優先順序上往健康的功能移動			
從不適應行為的目標轉換到更積極正向的目標			
用積極正向的信念來取代偏差信念，並用常理來取代個人邏輯			
減少自我挫敗行為和學習積極正向行為			
增加技巧像是社交技巧、協商技巧、溝通技巧、自信堅定、為行為負責任等			
運用故事敘說和隱喻的技術、藝術技巧、手偶戲、角色扮演，和／或家庭作業，讓兒童能夠練習下列中至少一項：			
利用內在資產			
增進人生任務的功能			
培養重要 C 信念的提升			
在人格優先順序上往健康的功能移動			
從不適應行為的目標轉換到更積極正向的目標			
用積極正向的信念來取代偏差信念，並用常理來取代個人邏輯			
減少自我挫敗行為和學習積極正向行為			

阿德勒遊戲治療
單元紀錄

♥ 單元紀錄

日期／單元次數：＿＿＿＿＿＿　兒童姓名／年齡：＿＿＿＿＿＿／＿＿＿

心理師：＿＿＿＿＿＿＿＿＿　診斷：＿＿＿＿＿＿＿＿＿＿＿＿＿＿＿

主述議題的潛藏目的：＿＿＿＿＿＿＿＿＿＿＿＿＿＿＿＿＿＿＿＿＿＿

特定介入技巧的使用：

□ 追蹤	□ 重述內容	□ 反映情感
□ 回歸責任	□ 問問題	□ 設限
□ 後設溝通	□ 隱喻／故事敘說	□ 讀書治療法
□ 潑冷水法	□ 角色扮演	

□ 藝術活動：＿＿＿＿＿＿＿＿＿＿＿＿＿＿＿＿＿＿＿＿＿＿＿＿＿

□ 沙盤	□ 教導式教學	□ 示範

□ 練習新技巧：＿＿＿＿＿＿＿＿＿＿＿＿＿＿＿＿＿＿＿＿＿＿＿＿

l. **主觀（情緒的表達）**。勾選所有表達的情緒並圈選主要的情緒：

　高興：□ 放心的　□ 滿意的　□ 開心的　□ 喜悅的　□ 興奮的

　　　　　□ 驚訝的　□ 淘氣可笑的

難過：　□ 失望的　　□ 絕望的　　　□ 消極的　　□ 氣餒的
　　　　　□ 孤單的

生氣：　□ 不耐煩的　□ 惱怒的　　　□ 沮喪的　　□ 憤怒的
　　　　　□ 惡劣的　　□ 忌妒的　　　□ 被激怒的

害怕：　□ 脆弱的　　□ 無助的　　　□ 不信任的　□ 焦慮的
　　　　　□ 膽怯的　　□ 害怕的　　　□ 恐懼的

平淡：　□ 受限制的　□ 泰然自若的　□ 含糊不清的

有自信：□ 自豪的　　□ 強壯的　　　□ 有權力的　□ 有決心的
　　　　　□ 自由的

猶豫：　□ 羞怯的　　□ 困惑的　　　□ 緊張的　　□ 丟臉尷尬的
　　　　　□ 慚愧羞恥的

好奇：　□ 有興趣的　□ 專心的　　　□ 熱切的

II.客觀

A.玩具／遊戲行為。如果是兒童開始，寫下「CH」；如果是治療師開始，寫下「TH」：

＿＿＿	沙箱／水／水槽	＿＿＿	木偶／戲院
＿＿＿	廚房／烹煮／食物	＿＿＿	畫架／水彩／黑板／白板
＿＿＿	不倒翁／豆型袋	＿＿＿	著裝／珠寶／帽子／面具／魔杖
＿＿＿	手工藝／黏土／彩色筆／水彩／剪刀／膠水	＿＿＿	床單／毯子／布料
＿＿＿	娃娃屋／娃娃家庭／奶瓶／奶嘴／嬰兒娃娃	＿＿＿	收銀機／錢／電話／相機
＿＿＿	樂器	＿＿＿	醫藥箱／OK繃
＿＿＿	遊戲／保齡球／球／套圈圈	＿＿＿	建造類玩具（修補玩具、樂高、磚塊）
＿＿＿	汽車／飛機／船	＿＿＿	動物（馴養類、動物園、鱷魚、蛇、恐龍）
＿＿＿	士兵／武器／手銬	＿＿＿	沙盤／物件

B.重要的口語表達：

_____

C.設限於：

_____

D.將責任回歸給兒童，當……

_____

E. 在以下的項目中，幫助兒童獲得洞察／轉變，或調整／朝更有建設性的應用前進：

☐ 人生任務的功能（學校、友誼、自我、靈性／存在）：_____

☐ 對家庭星座／家庭氣氛的解釋：_____

☐ 人格優先順序：_____

☐ 重要 C 信念：_____

☐ 不適應行為的目標：_____

☐ 「擁有」的內在資產：_____

☐ 偏差信念：_____

☐ 自我挫敗行為：_____

☐ 個人邏輯：_____

III. 評量

A. 單元的動力。圈選以下量表上的數字代表兒童在單元中的行為：

低活動力	1 2 3 4 5 6 7 8 9 10	高活動力
低程度自我調節	1 2 3 4 5 6 7 8 9 10	高程度自我調節
低強度	1 2 3 4 5 6 7 8 9 10	高強度
很少納入治療師	1 2 3 4 5 6 7 8 9 10	很常納入治療師
破壞性遊戲	1 2 3 4 5 6 7 8 9 10	建設性遊戲

混亂的／無秩序的	1 2 3 4 5 6 7 8 9 10	整齊的／有組織的
侵略性的	1 2 3 4 5 6 7 8 9 10	和平的
依賴的	1 2 3 4 5 6 7 8 9 10	獨立的
太緊繃	1 2 3 4 5 6 7 8 9 10	太放鬆
低於年齡／過度成熟	1 2 3 4 5 6 7 8 9 10	符合年齡的
散亂的、衝動的、過度興奮的	1 2 3 4 5 6 7 8 9 10	專心的、有目的的、冷靜的

B. 遊戲主題。指出所有相關主題並描述與該主題符合的行為。勾選主要主題：

☐ 探索：＿＿＿＿＿＿＿＿＿＿＿＿＿＿＿＿＿＿＿＿＿＿

☐ 關係：＿＿＿＿＿＿＿＿＿＿＿＿＿＿＿＿＿＿＿＿＿＿

☐ 權力／控制：＿＿＿＿＿＿＿＿＿＿＿＿＿＿＿＿＿＿

☐ 自我不足／無法勝任／無助的感覺：＿＿＿＿＿＿＿＿

☐ 侵犯／報復：＿＿＿＿＿＿＿＿＿＿＿＿＿＿＿＿＿＿

☐ 安全／安穩／信任：＿＿＿＿＿＿＿＿＿＿＿＿＿＿＿

☐ 精熟：＿＿＿＿＿＿＿＿＿＿＿＿＿＿＿＿＿＿＿＿＿

☐ 撫育滋養：＿＿＿＿＿＿＿＿＿＿＿＿＿＿＿＿＿＿＿

☐ 死亡／失落／悲傷：＿＿＿＿＿＿＿＿＿＿＿＿＿＿＿

☐ 創傷：＿＿＿＿＿＿＿＿＿＿＿＿＿＿＿＿＿＿＿＿＿

☐ 退化：＿＿＿＿＿＿＿＿＿＿＿＿＿＿＿＿＿＿＿＿＿

☐ 使有性特徵（sexualized）：＿＿＿＿＿＿＿＿＿＿＿＿

☐ 其他：＿＿＿＿＿＿＿＿＿＿＿＿＿＿＿＿＿＿＿＿＿

C. 計畫／建議。包含與家長或教師的諮詢：

阿德勒遊戲治療進展單

單元次數／階段：＿＿＿＿＿＿

人生任務的功能（1＝低至10＝高）

學校： 1 2 3 4 5 6 7 8 9 10

友誼： 1 2 3 4 5 6 7 8 9 10

愛／家庭： 1 2 3 4 5 6 7 8 9 10

自我： 1 2 3 4 5 6 7 8 9 10

靈性／存在：1 2 3 4 5 6 7 8 9 10

重要 C 信念（1＝低至10＝高）

有連結：1 2 3 4 5 6 7 8 9 10

有能力：1 2 3 4 5 6 7 8 9 10

有價值：1 2 3 4 5 6 7 8 9 10

有勇氣：1 2 3 4 5 6 7 8 9 10

不適應行為的目標（1＝頻率／強度低至10＝頻率／強度高）

獲得關注： 1 2 3 4 5 6 7 8 9 10

權力： 1 2 3 4 5 6 7 8 9 10

報復： 1 2 3 4 5 6 7 8 9 10

證明不足／不能勝任：1 2 3 4 5 6 7 8 9 10

人格優先順序（1＝健康 至 10＝不健康）

取悅：1　2　3　4　5　6　7　8　9　10

卓越：1　2　3　4　5　6　7　8　9　10

控制：1　2　3　4　5　6　7　8　9　10

安逸：1　2　3　4　5　6　7　8　9　10

生活型態信念／偏差信念／個人邏輯上，值得注意的改變：

參考文獻

Adler, A. (1954). *Understanding human nature* (W. B. Wolf, Trans.). New York, NY: Fawcett Premier. (Original work published 1927)

Adler, A. (1958). *What life should mean to you.* New York, NY: Capricorn. (Original work published 1931)

Adler, A. (1963). *The problem child.* New York, NY: Putnam Capricorn. (Original work published 1930)

Adler, A. (2011). *Social interest: A challenge to mankind.* Mansfield Center, CT: Martino. (Original work published 1938)

Albert, L. (2002). *A teacher's guide to cooperative discipline: How to manage your classroom and promote self-esteem.* Circle Pines, MN: American Guidance Service.

Alizadeh, H. (2012). Individual Psychology and Islam: An exploration of social interest. *The Journal of Individual Psychology, 68,* 216–224.

Ames, L., & Haber, C. (1985). *Your 7-year-old: Life in a minor key.* New York, NY: Delta.

Ames, L., & Ilg, F. (1979). *Your 5-year-old: Sunny and serene.* New York, NY: Delta.

Andreae, G. (1999). *Giraffes can't dance.* New York, NY: Scholastic.

Ansbacher, H., & Ansbacher, R. (Eds.). (1956). *The Individual Psychology of Alfred Adler: A systematic presentation in selections from his writings.* San Francisco, CA: Harper & Row.

Ashby, J., & Kottman, T. (1998, October). *Play therapy applications of Adlerian personality priorities.* Paper presented at the 15th Annual International Play Therapy Conference, Phoenix, AZ.

Ashby, J., Kottman, T., & DeGraaf, D. (2008). *Active interventions for kids and teens: Adding adventure and fun to counseling!* Alexandria, VA: American Counseling Association.

Association for Play Therapy. (2014). *Why play therapy?* Retrieved from http://www.a4pt.org/? page=WhyPlayTherapy

Bang, M. (1999). *When Sophie gets angry—Really, really angry.* New York, NY: Blue Sky.

Barr, C. (2013). *Best books for children, supplement to the 9th edition: Preschool through Grade 6.* Santa Barbara, CA: Libraries Unlimited.

Barr, C., & Gillespie, J. (2010). *Best books for children: Preschool through Grade 6* (9th ed.). Santa Barbara, CA: Libraries Unlimited.

Bartlett, K. (2012). *Encouraging words for kids: What to say to bring out a child's confidence.* Retrieved from http://www.amazon.com/Encouraging-Words-Kids-Kelly-Bartlett-ebook/dp/ B009OH52G2/ref=pd_sim_kstore_9?ie=UTF8&refRID=149B1QZRKPY3HSKQ75KB

Beames, T. B. (1992). *A student's glossary of Adlerian terminology* (2nd ed.). Chicago, IL: Adler School of Professional Psychology.

Bettner, B. L., & Lew, A. (1990). *Raising kids who can: Using family meetings to nurture responsible, cooperative, caring, and happy children.* Newton Centre, MA: Connexions Press.

Bettner, B. L., & Lew, A. (1998). *Raising kids who can: Leader's guide.* Newton Centre, MA: Connexions Press.

Bitter, J. (2012). On the essence and origin of character. In J. Carlson & M. Maniacci (Eds.), *Alfred Adler revisited* (pp. 89–95). New York, NY: Taylor & Francis.

Bitter, J. (2014). *Theory and practice of family therapy and counseling* (2nd ed.). Belmont, CA: Brooks/ Cole.

Bixler, R. (1949). Limits are therapy. *Journal of Consulting Psychology, 13,* 1–11.

Bordon, B. (1982). Early recollections as a diagnostic technique with primary age children. *Individual Psychology, 38,* 207–212.

Boritzer, E. (1990). *What is God?* Buffalo, NY: Firefly.

Boritzer, E. (2000). *What is death?* Los Angeles, CA: Veronica Lane.

Bottner, B., & Kruglik, G. (2004). *Wallace's lists.* New York, NY: Katherine Tegan.

Bowers, N. R. (2013). *Play therapy with families: A collaborative approach to healing.* Lanham, MD: Jason Aronson.

Brack, G., Hill, M., & Brack, C. (2012). Individual Psychology in South Africa. *The Journal of Individual Psychology, 68,* 294–307.

Bratton, S., Landreth, G., Kellum, T., & Blackard, S. (2006). *CPRT package: Child Parent Relationship Therapy (CPRT) treatment manual: A 10-session filial therapy model for training parents.* New York, NY: Routledge.

Bratton, S., & Ray, D. (2000). What the research shows about play therapy. *International Journal of Play Therapy, 9,* 47–88.

Bratton, S. C., Ray, D., Rhine, T., & Jones, L. (2005). The efficacy of play therapy with children: A meta-analytic review of treatment outcomes. *Professional Psychology: Research and Practice, 36,* 376–390. doi:10.1037/0735-7028.36.4.376

Briggs, N., & Shea, D. (2011). *How to make & keep friends: Tips for kids to overcome 50 common social challenges.* Seattle, WA: CreateSpace.

Brooks, R. (1981). Creative characters: A technique in child therapy. *Psychotherapy, 18,* 131–139.

Brown, S., & Vaughn, C. (2009). *Play: How it shapes the brain, opens the imagination, and invigorates the soul.* New York, NY: Penguin Books.

Bruel, N. (2015). *Bad kitty.* New York, NY: Roaring Brook Press.

Buchalter, S. (2009). *Art therapy techniques and applications.* Philadelphia, PA: Jessica Kingsley.

Buck, J. (1992). *House–Tree–Person projective drawing technique: Manual and interpretive guide* (Revised by W. L. Warren). Los Angeles, CA: Western Psychological Services.

Burke, K. (2008). *What to do with the kid who . . . ? Developing cooperation, self-discipline, and responsibility in the classroom* (3rd ed.). Thousand Oaks, CA: Sage.

Burns, G. (2005). *101 healing stories for kids and teens: Using metaphors in therapy.* Hoboken, NJ: Wiley.

Burns, R. (1990). *A guide to family-centered circle drawings.* New York, NY: Brunner/Mazel.

Cain, J. (2000). *The way I feel.* Seattle, WA: Parenting Press.

Carey, L. (Ed.). (2006). Introduction. In L. Carey (Ed.), *Expressive and creative arts methods for trauma survivors* (pp. 15–19). Philadelphia, PA: Jessica Kingsley.

Carlson, J., & Slavik, S. (Eds.). (1997). *Techniques in Adlerian psychology.* Washington, DC: Accelerated Development.

Carmichael, K. D. (2006). Legal and ethical issues in play therapy. *International Journal of Play Therapy, 15,* 83–99.

Cave, K. (2003). *You've got dragons.* Atlanta, GA: Peachtree.

Chang, C. Y., Ritter, K. B., & Hays, D. G. (2005). Multicultural trends and toys in play therapy.

International Journal of Play Therapy, 14, 69–85.

Chapman, G., & Campbell, R. (2012). *The 5 love languages of children.* Chicago, IL: Northfield.

Choi, Y. (2003). *The name jar.* Logan, IA: Perfection Learning.

Cocca-Leffler, M. (2002). *Bravery soup.* Morton Grove, IL: Albert Whitman.

Cook, J. (2009). *My mouth is a volcano!—Activity and idea book.* Chattanooga, TN: National Center for Youth Issues.

Cook, J. (2011). *I just don't like the sound of no!* Boys Town, NE: Boys Town Press.

Cook, J. (2012). *Wilma Jean, the worry machine.* Chattanooga, TN: National Center for Youth Issues.

Cook, J. (2014). *Hygiene . . . you stink.* Boys Town, NE: Boys Town Press.

Cooper, S. (2005). *Speak up and get along! Learn the mighty might, thought chop, and more tools to make friends, stop teasing, and feel good about yourself.* Minneapolis, MN: Free Spirit.

Crenshaw, D., & Barker, G. (2008). Sports metaphors and stories in counseling with children. In L. Rubin (Ed.), *Popular culture in counseling, psychotherapy, and play-based interventions* (pp. 297–314). New York, NY: Springer.

Crenshaw, D., Brooks, R., & Goldstein, S. (Eds.). (2015). *Play therapy interventions to enhance resiliency.* New York, NY: Guilford Press.

Crenshaw, D., & Stewart, A. (Eds.). (2015). *Play therapy: A comprehensive guide to theory and practice.* New York, NY: Guilford Press.

Crimi, C. (1999). *Don't need friends.* New York, NY: Random House.

Curtis, J. L. (1998). *Today I feel silly and other moods that make my day.* New York, NY: Harper.

Dean, J., & Dean, K. (2013). *Pete the cat and his magic sunglasses.* New York, NY: HarperCollins.

Dewdney, A. (2005). *Llama llama red pajama.* New York, NY: Penguin.

Dewdney, A. (2007). *Llama llama mad at mama.* New York, NY: Penguin.

Dewdney, A. (2012). *Llama llama time to share.* New York, NY: Penguin.

Dewey, E. (1971). Family atmosphere. In A. Nikelly (Ed.), *Techniques for behavior change* (pp. 41–47). Springfield, IL: Charles C Thomas.

Dewey, E. (1978). *Basic applications of Adlerian psychology for self-understanding and human relationships.* Coral Spring, FL: CMI Press.

Diamond, S. (2011). *Social rules for kids: The top 100 social rules kids need to succeed.* Shawnee Mission, KS: AAPC.

Diesen, D. (2008). *The pout-pout fish.* New York, NY: Farrar, Straus, & Giroux.

Diesen, D. (2010). *The pout-pout fish in the big-big dark.* New York, NY: Farrar, Straus, & Giroux.

Diesen, D. (2014). *The pout-pout fish goes to school.* New York, NY: Farrar, Straus, & Giroux.

Dillman Taylor, D. (2013). *Confirming the constructs of the Adlerian Personality Priority Assessment (APPA)* (Unpublished doctoral dissertation). University of North Texas, Denton, TX.

Dillman Taylor, D., & Meany-Walen, K. K. (2015). *Investigating the effectiveness of Adlerian play therapy with children with disruptive behaviors: A single-case research design.* Manuscript submitted for publication.

Dinkmeyer, D., & Dinkmeyer, D. (1977). Concise counseling assessment: The children's life-style guide. *Elementary School Guidance and Counseling, 12,* 117–124.

Dinkmeyer, D., & Dinkmeyer, D. (1983). Adlerian approaches. In H. T. Prout & D. Brown (Eds.), *Counseling and psychotherapy with children and adolescents: Theory and practice for school and clinic settings* (pp. 289–327). Tampa, FL: Mariner.

Dinkmeyer, D., McKay, G., & Dinkmeyer, D. (2007). *The parent's handbook: Systematic Training for Effective Parenting (STEP)* (Rev. ed.). Circle Pines, MN: American Guidance Service.

Dowd, T., & Tierney, J. (2005). *Teaching social skills to youth* (2nd ed.). Boys Town, NE: Boys Town Press.

Draper, K., White, J., O'Shaughnessy, T., Flynt, M., & Jones, N. (2001). Kinder Training: Play-based consultation to improve the school adjustment of discouraged kindergarten and first grade students. *International Journal of Play Therapy, 10,* 1–30.

Dreikurs, R. (1948). *The challenge of parenthood.* New York, NY: Duell, Sloan & Pearce.

Dreikurs, R. (1967). *Psychodynamics, psychotherapy, and counseling.* Chicago, IL: Alfred Adler Institute.

Dreikurs, R., & Soltz, V. (1964). *Children: The challenge.* New York, NY: Hawthorn/Dutton.

Drewes, A., & Schaefer, C. (Eds.). (2010). *School-based play therapy.* Hoboken, NJ: Wiley.

Duba, J. (2012). The structure of neurosis. In J. Carlson & M. Maniacci (Eds.), *Alfred Adler revisited* (pp. 213–217). New York, NY: Taylor & Francis.

Duba Sauerheber, J., & Bitter, J. R. (2013). An Adlerian approach in premarital counseling with religious couples. *The Journal of Individual Psychology, 69,* 305–327.

Duffy, M., & Chenail, R. (2012). Qualitative assessment. In L. Sperry (Ed.), *Family assessment: Contemporary and cutting-edge strategies* (2nd ed., pp. 17–52). New York, NY: Routledge.

Eckstein, D., & Kern, R. (2009). *Psychological fingerprints* (6th ed.). Dubuque, IA: Kendall/Hunt.

Edwards, N., Varjas, K., White, J., & Stokes, S. (2009). Teachers' perceptions of Kinder Training: Acceptability, integrity, and effectiveness. *International Journal of Play Therapy, 18,* 129–146.

Edwards, P. (2003). *The worrywarts.* New York, NY: Harper Children.

Egan, T. (2007). *The pink refrigerator.* New York, NY: Houghton Mifflin.

Enfield, G., & Grosser, M. (2008). Picking up the coins: The use of video games in the treatment of adolescent social problems. In L. Rubin (Ed.), *Popular culture in counseling, psychotherapy, and play-based interventions* (pp. 181–196). New York, NY: Springer.

Esbaum, J. (2014). *I am cow, hear me moo!* New York, NY: Dial.

Faber, A., & Mazlish, E. (2012). *How to talk so kids will listen and listen so kids will talk* (30th anniversary ed.). New York, NY: Simon & Schuster.

Fallon, M. K. (2004). Adlerian therapeutic techniques for professional school counselors. In B. Erford (Ed.), *Professional school counseling: A handbook of theories, programs, and practices* (pp. 113–122). Austin, TX: PRO-ED.

Ferry, T. (2015). *Stick and stone.* New York, NY: Houghton Mifflin.

Fox, M. (2001). *Whoever you are.* Orlando, FL: Harcourt.

Frey, D. (2006). Video play therapy. In L. Carey (Ed.), *Expressive and creative arts methods for trauma survivors* (pp. 193–206). Philadelphia, PA: Jessica Kingsley.

Frey, D. (2015). Play therapy interventions with adults. In D. Crenshaw & A. Stewart (Eds.), *Play therapy: A comprehensive guide to theory and practice* (pp. 452–464). New York, NY: Guilford Press.

Gallo-Lopez, L., & Schaefer, C. (2005). *Play therapy with adolescents.* Lanham, MD: Jason Aronson.

Gardner, B. (2015). Play therapy with adolescents. In D. Crenshaw & A. Stewart (Eds.), *Play therapy: A comprehensive guide to theory and practice* (pp. 439–451). New York, NY: Guilford Press.

Gardner, R. (1993). *Storytelling in psychotherapy with children.* Northvale, NJ: Jason Aronson.

Gardner, R. (2004). *Psychotherapeutic use of the Talking, Feeling & Doing Game and other projective techniques.* Wilkes-Barre, PA: Child's Work/Child's Play.

Garrett, M. (2014). Beyond play therapy: Using the sand tray as an expressive arts intervention in counselling adult clients. *Asia Pacific Journal of Counseling & Psychotherapy, 5,* 99–105.

Gassman, J. (2013). *You get what you get*. Mankato, MN: Picture Window Books.

Geras, A. (2002). *Blossom's revenge*. New York, NY: Yearling.

Gil, E. (2006). *Helping abused and traumatized children: Integrating directive and nondirective approaches*. New York, NY: Guilford Press.

Gil, E. (Ed.). (2010). *Working with children to heal interpersonal trauma*. New York, NY: Guilford Press.

Gil, E. (2014). The creative use of metaphor in play and art therapy with attachment problems. In C. Malchiodi & D. Crenshaw (Eds.), *Creative arts and play therapy for attachment problems* (pp. 159–177). New York, NY: Guilford Press.

Gil, E., & Drewes, A. (2005). *Cultural issues in play therapy*. New York, NY: Guilford Press.

Gil, E., & Selekman, M. (2015). *Family play therapy* (2nd ed.). New York, NY: Guilford Press.

Goldblatt, R. (2004). *The boy who didn't want to be sad*. Washington, DC: Magination Press.

Gordon, T. (2000). *Parent effectiveness training* (30th anniversary ed.). New York, NY: Three Rivers.

Gray, C., & Atwood, T. (2010). *The new social story book* (Rev. ed.). Arlington, TX: Future Horizons.

Green, A. (2012). *The monster in the bubble*. Jersey City, NJ: Monsters in My Head.

Green, E., Drewes, A., & Kominski, J. (2013). Use of mandalas in Jungian play therapy with adolescents diagnosed with ADHD. *International Journal of Play Therapy, 22,* 159–172.

Greive, B. (2006). *A teaspoon of courage: The little book of encouragement*. Kansas City, MO: Andrews McMeel.

Griffith, J., & Powers, R. L. (2007). *The lexicon of Adlerian psychology* (2nd ed.). Port Townsend, WA: Adlerian Psychology Associates.

Guerney, L. (2013). *Group filial therapy: The complete guide to teaching parents to play therapeutically with their children*. Philadelphia, PA: Jessica Kingsley.

Hadley, S., & Steele, N. (2014). Music therapy. In E. Green & A. Drewes (Eds.), *Integrating expressive arts and play therapy* (pp. 149–180). Hoboken, NJ: Wiley.

Hanh, T. N. (2012). *A handful of quiet: Happiness in four pebbles*. Berkeley, CA: Plum Blossom.

Hanh, T. N. (2014). *Is nothing something? Kids' questions and Zen answers about life, death, family, friendship, and everything in between*. Berkeley, CA: Plum Blossom.

Hall, M. (2015). *Red: A crayon's story*. New York, NY: Greenwillow.

Hansen, R., & Medius, R. (2009). *Buddha's brain: The practical neuroscience of happiness, love and wisdom*.

Oakland, CA: New Harbinger.

Harris, R. (2008). *The day Leo said I hate you!* Boston, MA: Little, Brown.

Henderson, D., & Thompson, C. L. (2011). *Counseling children* (8th ed.). Pacific Grove, CA: Brooks/Cole.

Henkes, K. (1991). *Chrysanthemum.* New York, NY: Greenwillow.

Henkes, K. (1996). *Lilly's purple plastic purse.* New York, NY: Greenwillow.

Henkes, K. (1997). *Chester's way.* New York, NY: Greenwillow.

Henkes, K. (2000). *Wemberly worried.* New York, NY: Greenwillow.

Herring, R., & Runion, K. (1994). Counseling ethnic children and youth from an Adlerian perspective. *Journal of Multicultural Counseling and Development, 22,* 215–226.

Hess, B., Post, P., & Flowers, C. (2005). A follow-up study of Kinder Training for preschool teachers of children deemed at-risk. *International Journal of Play Therapy, 14,* 103–115.

Higgins-Klein, D. (2013). *Mindfulness-based play-family therapy: Theory and practice.* New York, NY: Norton.

Hinman, C. (2003). Multicultural considerations in the delivery of play therapy services. *International Journal of Play Therapy, 12,* 107–122.

Homeyer, L., & Sweeney, D. (2011). *Sand tray therapy: A practical manual* (2nd ed.). New York, NY: Routledge.

Hutchins, H. J. (1996). *Katie's babbling brother.* Toronto, Ontario, Canada: Annick Press.

Jeffers, O. (2004). *How to catch a star.* New York, NY: Philomel.

Joiner, L. (2012). *The big book of therapeutic activities for children and teens.* Philadelphia, PA: Jessica Kingsley.

Jones-Smith, E. (2015). *Theories of counseling and psychotherapy: An integrative approach* (2nd ed.). Thousand Oaks, CA: Sage.

Karges-Bone, L. (2015). *Bibliotherapy.* Dayton, OH: Lorenz Educational Press.

Katz, K. (2002). *The colors of us.* New York, NY: Henry Holt.

Kaufman, D., Chalmers, R., & Rosenberg, W. (2014). Poetry therapy. In E. Green & A. Drewes (Eds.), *Integrating expressive arts and play therapy with children and adolescents* (pp. 205–230). New York, NY: Wiley.

Kfir, N. (1981). Impasse/priority therapy. In R. Corsini (Ed.), *Handbook of innovative psychotherapies* (pp. 400–415). New York, NY: Wiley.

Kfir, N. (1989). *Crisis intervention verbatim*. New York, NY: Hemisphere.

Kfir, N. (2011). *Personality and priorities: A typology*. Bloomington, IN: Author House.

Kim, Y., & Nahm, S. (2008). Cultural considerations in adapting and implementing play therapy. *International Journal of Play Therapy, 17,* 66–77.

Kissel, S. (1990). *Play therapy: A strategic approach*. Springfield, IL: Charles C Thomas.

Klassen, J. (2012). *This is not my hat*. Somerville, MA: Candlewick.

Knoff, H., & Prout, H. (1985). *Kinetic drawing system for family and school: A handbook*. Los Angeles, CA: Western Psychological Services.

Kottman, T. (1999). Using the Crucial Cs in Adlerian play therapy. *Individual Psychology, 55,* 289–297.

Kottman, T. (2003). Mutual storytelling: Adlerian style. In H. Kaduson & C. Schaefer (Eds.), *101 favorite play therapy techniques* (Vol. 3, pp. 203–208). Northvale, NJ: Jason Aronson.

Kottman, T. (2009). *Treatment manual for Adlerian play therapy*. Unpublished manuscript.

Kottman, T. (2011). *Play therapy: Basics and beyond* (2nd ed.). Alexandria, VA: American Counseling Association.

Kottman, T. (with Dougherty, M.). (2013). Adlerian case consultation with a teacher. In A. M. Dougherty (Ed.), *Psychological consultation and collaboration in school and community settings: A casebook* (6th ed., pp. 61–78). Belmont, CA; Brooks/Cole.

Kottman, T., & Ashby, J. (1999). Using Adlerian personality priorities to custom-design consultation with parents of play therapy clients. *International Journal of Play Therapy, 8,* 77–92.

Kottman, T., & Ashby, J. (2002). Metaphoric stories. In C. Schaefer & D. Cangelosi (Eds.), *Play therapy techniques* (2nd ed., pp. 133–142). Northvale, NJ: Jason Aronson.

Kottman, T., & Ashby, J. (2015). Adlerian play therapy. In D. Crenshaw & A. Stewart (Eds.), *Play therapy: A comprehensive guide to theory and practice* (pp. 32–47). New York, NY: Guilford Press.

Kottman, T., Ashby, J., & DeGraaf, D. (2001). *Adventures in guidance: Integrating fun into your guidance program*. Alexandria, VA: American Counseling Association.

Kottman, T., Bryant, J., Alexander, J., & Kroger, S. (2009). Partners in the schools: Adlerian school counseling. In A. Vernon & T. Kottman (Eds.), *Counseling theories: Practical applications with children and adolescents in school settings* (pp. 47–83). Denver, CO: Love.

Kottman, T., & Heston, M. (2012). The child's inner life and a sense of community. In J. Carlson & M. Maniacci (Eds.), *Alfred Adler revisited* (pp. 113–121). New York, NY: Taylor & Francis.

Kottman, T., & Meany-Walen, K. (in press). Adlerian family play therapy. In E. Green, J. Baggerly, & A. Myrick (Eds.), *Integrative family play therapy*. Lanham, MD: Rowman & Littlefield.

Kowalski, B. (2009). *Alexis and Ralph the dragon*. Frederick, MN: American Star Books.

Kronemyer, D. (2009, October 3). Alfred Adler's concept of "social interest." In D. Kronemyer (Ed.), *Phenomenological psychology*. Retrieved from http://phenomenologicalpsychology. com/2009/10/alfred-adlers-concept-of-social-interest/

Landreth, G. (2009, September). *Healing the hurt child: The necessary dimensions of child-centered play therapy*. Paper presented at the meeting of the Iowa Association for Play Therapy, Coralville, IA.

Landreth, G. L. (2012). *Play therapy: The art of the relationship* (3rd ed.). New York, NY: Brunner-Routledge.

Lang, S., & Lang, M. (2015). *Families, families, families*. New York, NY: Random House.

Langenfeld, S., & Main, F. (1983). Personality priorities: A factor analytic study. *Individual Psychology, 39,* 40–51.

La Voy, S. K., Brand, M. J. L., & McFadden, C. R. (2013). An important lesson from our past with significance for our future: Alfred Adler's *Gemeinschaftsgefuhl. The Journal of Individual Psychology, 69,* 280–293.

LeBlanc, M., & Ritchie, M. (2001). A meta-analysis of play therapy outcomes. *International Journal of Play Therapy, 14,* 149–163.

LeFeber, M. (2014). Working with children using dance/movement therapy. In E. Green & A. Drewes (Eds.), *Integrating expressive arts and play therapy* (pp. 125–148). Hoboken, NJ: Wiley.

Leman, K. (2009). *The birth order book* (Rev. ed.). Grand Rapids, MI: Revell.

L'Engle, M. (2001). *The other dog*. San Francisco, CA: Chronicle Books.

Lester, H. (1987). *Score one for the sloths*. New York, NY: Houghton Mifflin.

Lester, H. (2001). *Princess Penelope's parrot*. New York, NY: Houghton Mifflin.

Lester, H. (2012). *All for me and none for all*. New York, NY: Houghton Mifflin.

Lester, J. (2006). *Let's talk about race*. New York, NY: Amistad.

Levine, P., & Kline, M. (2007). *Trauma through a child's eyes: Awakening the ordinary miracle of healing.* Berkeley, CA: North Atlantic Books.

Lew, A. (1999). Parenting education. In R. Watts & J. Carlson (Eds.), *Interventions and strategies in counseling and psychotherapy* (pp. 181–191). Philadelphia, PA: Taylor & Francis.

Lew, A., & Bettner, B. L. (1998). *Responsibility in the classroom: A teacher's guide to understanding and motivating students.* Newton Centre, MA: Connexions Press.

Lew, A., & Bettner, B. L. (2000). *A parent's guide to understanding and motivating children.* Newton Centre, MA: Connexions Press.

Lin, Y., & Bratton, S. (2015). A meta-analytic review of child-centered play therapy approaches. *Journal of Counseling & Development, 93*, 45–58. doi:10.1002/j.1556-6676.2015.00180.x

Lionni, L. (1997). *A color of his own.* New York, NY: Knopf.

Lombardi, R. (2014). Art therapy. In E. Green & A. Drewes (Eds.), *Integrating expressive arts and play therapy* (pp. 41–66). Hoboken, NJ: Wiley.

Lord, B. (1982). On the clinical use of children's early recollections. *Individual Psychology, 38,* 198–206.

Lucado, M. (1997). *You are special.* Wheaton, IL: Crossways Books.

Ludwig, T. (2011). *Better than you.* New York, NY: Knopf.

Ludwig, T. (2013). *The invisible boy.* New York, NY: Knopf.

Malchiodi, C. (Ed.). (2014). *Creative interventions with traumatized children* (2nd ed.). New York, NY: Guilford Press.

Malchiodi, C., & Ginns-Gruenberg, D. (2008). Trauma, loss, and bibliotherapy: The healing power of stories. In C. Malchiodi (Ed.), *Creative interventions with traumatized children* (pp. 167–188). New York, NY: Guilford Press.

Maniacci, M., Sackett-Maniacci, L., & Mosak, H. (2014). Adlerian psychotherapy. In D. Wedding & R. J. Corsini (Eds.), *Current psychotherapies* (10th ed., pp. 55–94). Belmont, CA: Thomson Brooks/Cole.

Manly, L. (1986). Goals of Misbehavior Inventory. *Elementary School Guidance and Counseling, 21,* 160–161.

Manning, J. (2012). *Millie fierce.* New York, NY: Philomel.

Mayer, M. (2000). *I was so mad.* New York, NY: Random House.

McBrien, R. (2012). The problem of distance. In J. Carlson & M. Maniacci (Eds.), *Alfred Adler revisited* (pp. 139–147). New York, NY: Taylor & Francis.

McCloud, C. (2006). *Have you filled a bucket today?* Northville, MI: Nelson.

McCready, A. (2012). *If I have to tell you one more time . . . : The revolutionary program that gets your kids to listen without nagging, reminding, or yelling.* New York, NY: Penguin.

McDonnell, P. (2014). *A perfectly messed-up story.* New York, NY: Little, Brown.

McGinnis, E. (2011). *Skillstreaming the elementary school child: A guide for teaching prosocial skills* (3rd ed.). Champaign, IL: Research Press.

McKay, G. (2005). *Parent group handbook for calming the family storm.* Attascadero, CA: Impact.

McKay, G. (2012). Position in family constellation influences lifestyle. In J. Carlson & M. Maniacci (Eds.), *Alfred Adler revisited* (pp. 71–88). New York, NY: Taylor & Francis.

Meany-Walen, K., Bratton, S., & Kottman, T. (2014). Effects of Adlerian play therapy on reducing students' disruptive behavior. *Journal of Counseling & Development, 92,* 47–56. doi:10.1002/j.1556-6676.2014.00129.x

Meany-Walen, K. K., Bullis, Q., Kottman, T., & Dillman Taylor, D. (2015). Group Adlerian play therapy with children with off-task behavior. *Journal for Specialists in Group Work, 40,* 418–314. doi:10.1080/01933922.2015.1056569

Meany-Walen, K. K., Kottman, T., Bullis, Q., & Dillman Taylor, D. (2015). Adlerian play therapy with children with externalizing behaviors: Single case design. *Journal of Counseling & Development, 93,* 294–428. doi:10.1002/jcad.12040

Milgrom, C. (2005). An introduction to play therapy with adolescents. In L. Gallo-Lopez & C. Schaefer (Eds.), *Play therapy with adolescents* (pp. 3–17). Lanham, MD: Jason Aronson.

Miller, K. (2001). *Ages and stages: Developmental descriptions and activities, birth through eight years* (Rev. ed.). West Palm Beach, FL: TelShare.

Mills, J. C. (2003). *Gentle willow: A story for children about dying.* Washington, DC: American Psychological Association.

Mills, J., & Crowley, R. (2014). *Therapeutic metaphors for children and the child within* (2nd ed.). New York, NY: Routledge.

Monk, I. (1999). *Hope.* Minneapolis, MN: Carolrhoda Books.

Moore, J. (2011). *When a dragon moves in.* Chicago, IL: Flashlight Press.

Mosak, H. (1971). Life-style. In A. Nikelly (Ed.), *Techniques for behavior change: Applications of Adlerian theory* (pp. 77–81). Springfield, IL: Charles C Thomas.

Mosak, H. (1977). *On purpose*. Chicago, IL: Alfred Adler Institute.

Mulcahy, W. (2012). *Zach gets frustrated*. Minneapolis, MN: Free Spirit.

Nagaraja, D. (2008). *Buddha at bedtime*. London, England: Duncan Baird.

Nash, J. B., & Schaefer, C. (2011). Play therapy: Basic concepts and practices. In C. Schaefer (Ed.), *Foundations of play therapy* (2nd ed., pp. 3–13). Hoboken, NJ: Wiley.

Nelson, J. (2011). *Positive discipline* (Rev. ed.). New York, NY: Ballantine.

Nelson, J., & Erwin, C. (2000). *Parents who love too much: How good parents can learn to love more wisely and develop children of character*. New York, NY: Three Rivers.

Nelson, J., Lott, L., & Glenn, S. (2007). *Positive discipline A–Z: 1001 solutions to everyday parenting problems* (3rd ed.). New York, NY: Harmony Books.

Nelson, J., Lott, L., & Glenn, S. (2013). *Positive discipline in the classroom: Developing mutual respect, cooperation, and responsibility in your classroom* (4th ed.). New York, NY: Three Rivers Press.

Nemiroff, M., & Annunziata, J. (1990). *A child's first book about play therapy*. Washington, DC: American Psychological Association.

Nicoll, W. G., Pelonis, P., & Sperry, L. (2012). Individual Psychology in Greece. *The Journal of Individual Psychology, 68,* 249–259.

Niel, B., & Landreth, G. (2001). Have toys—will travel: A traveling play therapist in the school setting. In G. Landreth (Ed.), *Innovations in play therapy: Issues, process, and special populations* (pp. 349–360). Philadelphia, PA: Taylor & Francis.

Noll, A. (2009). *I need my monster*. Brooklyn, NY: Flashlight.

Nurse, A. R., & Sperry, L. (2012). Standardized assessment. In L. Sperry (Ed.), *Family assessment: Contemporary and cutting-edge strategies* (2nd ed., pp. 53–82). New York, NY: Routledge.

Nystul, M. (1980). Nystulian play therapy: Applications of Adlerian psychology. *Elementary School Guidance and Counseling, 15,* 22–29.

Oaklander, V. (1992). *Windows to our children: A Gestalt approach to children and adolescents*. New York, NY: The Gestalt Journal Press. (Original work published 1978)

Oberst, U., & Stewart, A. (2003). *Adlerian psychotherapy: An advanced approach to Individual Psychology*. New York, NY: Brunner-Routledge.

O'Connor, K. (2000). *The play therapy primer* (2nd ed.). New York, NY: Wiley.

O'Connor, K. (2005). Addressing diversity issues in play therapy. *Professional Psychology: Research and Practice, 36,* 566–573. doi:10.1037/0735-7028.36.5.566

O'Connor, K., & New, D. (2002). The Color-Your-Life technique. In C. Schaefer & D. Cangelosi (Eds.), *Play therapy techniques* (2nd ed., pp. 245–256). Northvale, NJ: Jason Aronson.

Offill, J. (2014). *Sparky!* New York, NY: Schwartz & Wade.

Ojiambo, D., & Bratton, S. C. (2014). Effects of group activity play therapy on problem behaviors of preadolescent Ugandan orphans. *Journal of Counseling & Development, 92,* 355–365. doi:10.1002/j.1556-6676.2014.00163.x

O'Neill, A., & Huliska-Beith, L. (2002). *Recess queen.* New York, NY: Scholastic.

Oryan, S. (2014). The family council: Different styles of family deliberation in two cultures. *The Journal of Individual Psychology, 70,* 128–147.

Oster, G., & Crone, P. (2004). *Using drawings in assessment and therapy: A guide for mental health professionals* (2nd ed.). New York, NY: Brunner-Routledge.

Otoshi, K. (2008). *One.* Mill Valley, CA: KO Kids Books.

Otoshi, K. (2010). *Zero.* Mill Valley, CA: KO Kids Books.

Otoshi, K. (2014). *Two.* Mill Valley, CA: KO Kids Books.

Overholser, J. C. (2010). Psychotherapy that strives to encourage social interest: A simulated interview with Alfred Adler. *Journal of Psychotherapy Integration, 20,* 347–363. doi:10.1037/a0022033

Palmer, P. (2009). *The mouse, the monster and me: Assertiveness for young people* (Rev. ed.). Oakland, CA: Uplift Press.

Parr, T. (2000). *The feelings book.* New York, NY: Little, Brown.

Parr, T. (2003). *The family book.* New York, NY: Little, Brown.

Pepper, F. (1980). Why children misbehave. *Individual Psychologist, 17,* 19–37.

Perrow, S. (2008). *Healing stories for challenging behavior.* Stroud, Gloucestershire, England: Hawthorn Press.

Pett, M. (2011). *The girl who never made a mistake.* Naperville, IL: Sourcebooks Jabberwocky.

Petty, D. (2015). *I don't want to be a frog.* New York, NY: Random House.

Petty, K. (2009). *Developmental milestones of young children.* St. Paul, MN: Redleaf Press.

Pew, W. (1976). The number one priority. In *Monograph of the International Association of Individual Psychology* (pp. 1–24). Munich, Germany: International Association of Individual Psychology.

Piper, W. (2005). *The little engine that could.* New York, NY: Philomel.

Popkin, M. (2014). *Active parenting: A parent's guide to raising happy and successful children* (4th ed.). Atlanta, GA: Active Parenting.

Post, P., & Tillman, K. (2015). Cultural issues in play therapy. In D. Crenshaw & A. Stewart (Eds.), *Play therapy: A comprehensive guide to theory and practice* (pp. 496–510). New York, NY: Guilford Press.

Rathmann, M. (2006). *Ruby, the copycat.* New York, NY: Scholastic.

Ray, D. (2006). Evidence-based play therapy. In C. Schaefer & H. G. Kaduson (Eds.), *Contemporary play therapy: Theory, research, and practice* (pp. 136–157). New York, NY: Guilford Press.

Ray, D. (2011). *Advanced play therapy: Essential conditions, knowledge, and skills for child practice.* New York, NY: Routledge.

Ray, D. (2015). Research in play therapy: Empirical support for practice. In D. Crenshaw & A. Stewart (Eds.), *Play therapy: A comprehensive guide to theory and practice* (pp. 467–482). New York, NY: Guilford Press.

Ray, D. C., Lee, K. R., Meany-Walen, K. K., Carlson, S. E., Carnes-Holt, K. L., & Ware, J. N. (2013). Use of toys in child-centered play therapy. *International Journal of Play Therapy, 22,* 43–57. doi:10.1037/a0031430

Ray, D., Perkins, S., & Oden, K. (2004). Rosebush fantasy technique with elementary school students. *Professional School Counseling, 7,* 277–282.

Recob, A. (2008). *Bibliotherapy: When kids need books.* Bloomington, IN: iUniverse.

Reynolds, P. (2004). *Ish.* Somerville, MA: Candlewick.

Reynolds, P. (2012). *Sky color.* Somerville, MA: Candlewick.

Richmond, M. (2010). *If I could keep you little.* Naperville, IL: Sourcebooks Jabberwocky.

Richmond, M. (2011). *I believe in you.* Naperville, IL: Sourcebooks Jabberwocky.

Riviere, S. (2008). The therapeutic use of popular electronic media with today's teenagers. In L. Rubin (Ed.), *Popular culture in counseling, psychotherapy, and play-based interventions* (pp. 343–364). New York, NY: Springer.

Rotner, S. (2010). *Shades of people*. New York, NY: Holiday House.

Rousaki, M. (2003). *Unique Monique*. San Diego, CA: Kane/Miller.

Rubin, J. (2011). *Introduction to art therapy: Sources and resources*. New York, NY: Routledge.

Rubin, L. (Ed.). (2008). *Popular culture in counseling, psychotherapy, and play-based interventions*. New York, NY: Springer.

Salzberg, B. (2010). *Beautiful oops!* New York, NY: Workman.

Santat, D. (2014). *The adventures of Beckle: The unimaginary friend*. New York, NY: Little, Brown.

Santen, B. (2015). Treating dissociation in traumatized children with body maps. In C. Malchiodi (Ed.), *Creative interventions with traumatized children* (2nd ed., pp. 126–149). New York, NY: Guilford Press.

Schab, L. (2009). *Cool, calm, and confident: A workbook to help kids learn assertiveness skills*. Oakland, CA: New Harbinger.

Schaefer, C. (Ed.). (2003). *Play therapy with adults*. New York, NY: Wiley.

Schaefer, C. (Ed.). (2011). *Foundations of play therapy* (2nd ed.). Hoboken, NJ: Wiley.

Schaefer, C., & DiGeronimo, T. (2000). *Ages and stages: A parent's guide to normal childhood development*. New York, NY: Wiley.

Schaefer, C., & Drewes, A. (2013). *The therapeutic powers of play: 20 core agents of change* (2nd ed.). Hoboken, NJ: Wiley.

Schaefer, C. E., Kelly-Zion, S., McCormick, J., & Ohnogi, A. (2008). *Play therapy for very young children*. Lanham, MD: Jason Aronson.

Schafer, A. (2009). *Honey, I wrecked the kids: When yelling, screaming, threats, bribes, time-outs, sticker charts and removing privileges all don't work*. Ottawa, Ontario, Canada: Wiley.

Schafer, A. (2011). *Ain't misbehavin': Tactics for tantrums, meltdowns, bedtime blues, and other perfectly normal kid behaviors*. Ottawa, Ontario, Canada: Wiley.

Segel, R. (1991, January). *Integrating art, music, creative movement, photo therapy, guided imagery within family therapy*. Paper presented at the Texas Association for Marriage and Family Therapy Annual Conference, Dallas, TX.

Shannon, D. (2004). *A bad case of stripes*. New York, NY: Scholastic.

Shechtman, Z. (2009). *Treating child and adolescent aggression through bibliotherapy*. New York, NY: Springer.

Shragg, K. (2001). *A solstice tree for Jenny.* Amherst, NY: Prometheus Books.

Silver, G. (2009). *Anh's anger.* Berkeley, CA: Plum Blossom.

Simmons, J. (2014). *Seeing red: An anger management and anti-bullying curriculum for kids.* Gabriola Island, British Columbia, Canada: New Society.

Simon, F. (2001). *Horrid Henry's revenge.* London, England: Orion.

Slattery, K. (2010). *If I could ask God anything: Awesome Bible answers for curious kids.* Nashville, TN: Thomas Nelson.

Sobol, B. (2010). "I am an artist": A sexually traumatized girl's self-portraits in paint and clay. In E. Gil (Ed.), *Working with children to heal interpersonal trauma: The power of play* (pp. 240–263). New York, NY: Guilford Press.

Solis, C. M. (2006). Implementing Kinder Training as a preventive intervention: African-American preschool teacher perceptions of the process, effectiveness, and acceptability. *Dissertation Abstract International: Section A. Humanities and Social Sciences, 66*(7-A), 2488.

Spelman, C. (2000). *When I feel angry.* Morton Grove, IL: Albert Whitman.

Sperando, C., & Zimmerman, B. (2007). *Lunch box letters: Writing notes of love and encouragement to your children.* Buffalo, NY: Firefly.

Sperry, L., & Carlson, J. (2012). The global significance of Individual Psychology: An introduction and overview. *The Journal of Individual Psychology, 68,* 205–209.

Spires, A. (2014). *The most magnificent thing.* Tonawanda, NY: Kids Can Press.

Star, F. (Ed.). (2011). *What do you believe? (Big questions).* New York, NY: DK Publishing.

Steinhardt, L. (1985). Freedom within boundaries: Body outline drawings in art therapy with children. *The Arts in Psychotherapy, 12,* 25–34.

Stewart, A., & Green, E. (2015). Integrating play therapy and evidence-informed interventions with vulnerable populations: An overview. In E. Green & A. Myrick (Eds.), *Play therapy with vulnerable populations: No child forgotten* (pp. 3–22). Lanham, MD: Rowman & Littlefield.

Sun, S., & Bitter, J. R. (2012). From China to South Korea: Two perspectives on Individual Psychology in Asia. *The Journal of Individual Psychology, 68,* 233–248.

Sweeney, T. J. (2009). *Adlerian counseling and psychotherapy: A practitioner's approach* (5th ed.). New York, NY: Taylor & Francis.

Tarpley, T. (2015). *My grandma's a ninja.* New York, NY: NorthSouth Books.

Taylor de Faoite, A. (2014). Indirect teaching. In C. Schaefer & A. Drewes (Eds.), *The therapeutic powers of play* (2nd ed., pp. 51–68). Hoboken, NJ: Wiley.

Terr, L. (1990). *Too scared to cry*. New York, NY: Harper & Row.

Trelease, J. (2013). *The read aloud handbook* (7th ed.). New York, NY: Penguin.

Trice-Black, S., Bailey, C. L., & Riechel, M. E. K. (2013). Play therapy in school counseling. *Professional School Counseling, 16,* 303–312.

Vail, R. (2002). *Sometimes I'm bombaloo*. New York, NY: Scholastic.

VanFleet, R. (2009). Filial therapy. In K. O'Connor & L. M. Braverman (Eds.), *Play therapy theory and practice: Comparing theories and techniques* (2nd ed., pp. 163–202). New York, NY: Wiley.

VanFleet, R. (2013). *Filial therapy: Strengthening parent–child relationships through play* (3rd ed.). Sarasota, FL: Professional Resource Press.

VanFleet, R., Sywulak, A., & Sniscak, C. (2010). *Child-centered play therapy*. New York, NY: Guilford Press.

Vaughn, K. M. (2012). *Play therapist's perspectives on culturally sensitive play therapy* (Unpublished doctoral dissertation). University of New Orleans, New Orleans, LA.

Waber, B. (2002). *Courage*. New York, NY: Houghton Mifflin.

Wagenbach, D. (2009). *The grouchies*. Washington, DC: Magination Press.

Walton, F. X., & Stoykova, Z. (2012). Individual Psychology in Bulgaria. *The Journal of Individual Psychology, 68,* 216–224.

Watt, M. (2006). *Scaredy Squirrel*. Tonawanda, NY: Kids Can Press.

Watt, M. (2007). *Scaredy Squirrel makes a friend*. Tonawanda, NY: Kids Can Press.

Watts, R. (2012). On the origin of striving for superiority and of social interest. In J. Carlson & M. Maniacci (Eds.), *Alfred Adler revisited* (pp. 41–56). New York, NY: Taylor & Francis.

Watts, R. (2013). Adlerian counseling. In B. Irby, G. Brown, & S. Jackson (Eds.), *The handbook of educational theories for theoretical frameworks* (pp. 459–472). Charlotte, NC: Information Age.

Weiner, M., & Niemark, J. (2009). *I want your moo*. Washington, DC: Magination Press.

Wells, R. (1988). *Shy Charles*. New York, NY: Penguin.

Wells, R. (1997). *Noisy Nora*. New York, NY: Penguin.

White, J., Flynt, M., & Draper, K. (1997). Kinder Therapy: Teachers as therapeutic agents. *International Journal of Play Therapy, 6,* 33–52.

White, J., Flynt, M., & Jones, N. P. (1999). Kinder Therapy: An Adlerian approach for training teachers to be therapeutic agents through play. *The Journal of Individual Psychology, 55,* 365–382.

White, J., & Wynne, L. (2009). Kinder Training: An Adlerian-based model to enhance teacher–student relationships. In A. Drewes (Ed.), *Blending play therapy with cognitive behavioral therapy: Evidence-based and other effective treatments and techniques* (pp. 281–296). Hoboken, NJ: Wiley.

Willis, J., & Reynolds, A. (2015). *Elephants can't jump.* London, England: Anderson.

Witek, J. (2014). *In my heart: A book of feelings.* New York, NY: Harry N. Abrams.

Wolf, R. (2014). The therapeutic uses of photography in play therapy. In E. Green & A. Drewes (Eds.), *Integrating expressive arts and play therapy* (pp. 181–204). Hoboken, NJ: Wiley.

Wood, C. (2007). *Yardsticks: Children in the classroom ages 4–14* (3rd ed.). Turner Falls, MA: National Foundation for Children.

Wood, D. (2007). *Old turtle.* New York, NY: Scholastic.

Yang, J., Milliren, A., & Blagen, M. (2010). *The psychology of courage: An Adlerian handbook for healthy social living.* New York: NY: Routledge.

Yarlett, E. (2014). *Orion and the dark.* Somerville, MA: Templar.

Yolen, J. (2006). *How do dinosaurs play with their friends?* New York, NY: Scholastic.

Yura, M., & Galassi, M. (1974). Adlerian usage of children's play. *Journal of Individual Psychology, 30,* 194–201.

Note

國家圖書館出版品預行編目（CIP）資料

遊戲中的夥伴：阿德勒取向的遊戲治療 / Terry Kottman, Kristin
Meany-Walen著；程翼如等譯. -- 初版. -- 新北市：
心理，2019.04
　　面；　公分.--（心理治療系列；22167）
譯自：Partners in play: an Adlerian approach to play therapy /3e
ISBN 978-986-191-857-0（平裝）

1. 遊戲治療　2.心理治療

178.8　　　　　　　　　　　　　　　　　　108001980

心理治療系列22167

遊戲中的夥伴：阿德勒取向的遊戲治療

作　　者：Terry Kottman & Kristin Meany-Walen
譯　　者：程翼如、萬光珊、蔡美香、鍾巧鳳
執行編輯：陳文玲
總　編　輯：林敬堯
發　行　人：洪有義
出　版　者：心理出版社股份有限公司
地　　址：231026 新北市新店區光明街 288 號 7 樓
電　　話：(02) 29150566
傳　　真：(02) 29152928
郵撥帳號：19293172 心理出版社股份有限公司
網　　址：https://www.psy.com.tw
電子信箱：psychoco@ms15.hinet.net
排　版　者：菩薩蠻數位文化有限公司
印　刷　者：辰皓國際出版製作有限公司
初版一刷：2019 年 4 月
初版二刷：2021 年 9 月
I S B N：978-986-191-857-0
定　　價：新台幣 600 元